하이델베르크 요리문답을 기초로 세우는
크리스천 믿음 상

하이델베르크 요리문답을 기초로 세우는
크리스천 믿음 상

1쇄 인쇄 2017년 10월 16일
1쇄 발행 2017년 10월 25일

지은이 양승헌
펴낸이 고종율

일러스트 지민규

펴낸곳 주)도서출판 디모데〈파이디온선교회 출판 사역 기관〉
등록 2005년 6월 16일 제 319-2005-24호
주소 서울특별시 서초구 서초대로 141-25(방배동, 세일빌딩 8층)
전화 마케팅실 070) 4018-4141
팩스 마케팅실 031) 902-7795
홈페이지 www.timothybook.com

값 19,000원
ISBN 978-89-388-1620-7 04230
ISBN 978-89-388-1619-1 04230 (세트)
ⓒ 주) 도서출판 디모데 2017 〈Printed in Korea〉

＊이 책에서 인용한 문답 부분은 성약출판사와 저작재산권 이용 계약을
　맺은 후 실었음을 밝힙니다.

하이델베르크 요리문답을 기초로 세우는
크리스천 믿음

양승헌 지음

차례

들어가는 글   8

서론

1장 무슨 힘으로?(1문)   17
2장 반드시 알아야할 세 가지(2문)   31

1부 죄와 비참에 관하여

3장 그것을 어떻게 아는가?(3–5문)   45
4장 죄와 비참의 원인(6–8문)   57
5장 의로우신 하나님(9–11문)   71
한눈에 보는 하이델베르크 요리문답 구조   82

2부 우리의 구속(救贖)에 관하여

6장 우리의 곤경(12–15문)   85
7장 길은 오직 하나뿐(16–19문)   97
8장 참된 믿음이란?(20–21문)   109

사도신경에 관하여

9장 우리 믿음의 기준(22–23문)   117
10장 셋인데 하나?(24–25문)   129

성부 하나님과 우리의 창조에 관하여

11장 하나님은 누구신가?(26문)   141

12장 하나님의 섭리(27-28문)   149

성자 하나님과 우리의 구속에 관하여

13장 유일한 구주(29-30문)   163

14장 예수는 그리스도(31문)   175

15장 크리스천? 크리스천!(32문)   187

16장 아들 하나님(33-34문)   199

17장 처녀가 아들을?(35-36문)   211

18장 나를 위한 고난(37-39문)   223

19장 죽음을 죽인 죽음(40-44문)   237

20장 예수님의 부활(45문)   251

21장 예수님의 승천(46-49문)   263

22장 예수님의 통치(50-51문)   273

23장 예수님의 재림(52문)   285

성령 하나님과 우리의 성화(聖化)에 관하여

24장 성령을 믿사오며(53문)   297

25장 교회와 성도의 교제를 믿사오며(54-55문)   311

26장 죄의 용서(56문)   323

27장 몸의 부활과 영생(57-58문)   335

하이델베르크 요리문답을 기초로 세우는
크리스천 믿음 하

차례

들어가는 글

2부 우리의 구속(救贖)에 관하여

의롭다 하심에 관하여
28장 어떻게 하나님 보시기에 의롭게 되는가?(59–61문)
29장 우리의 선행(62–64문)

말씀과 성례에 관하여
30장 믿음은 어디서 오는가?(65–68문)
31장 세례란 무엇인가?(69–71문)
32장 세례에 대한 오해(72–74문)
33장 성찬은 왜 해야 하는가?(75–77문)
34장 성찬은 어떻게 해야 하는가?(78–82문)
35장 천국의 열쇠(83–85문)
프리드리히 제후의 서문

3부 우리의 감사에 관하여
36장 왜 선행을 해야 하는가?(86–87문)
37장 참 회개와 참 선행(88–91문)

십계명에 관하여

38장 삶의 절대 기준선(92–93문)

39장 제1계명(94–95문)

40장 제2계명(96–98문)

41장 제3계명(99–102문)

42장 제4계명(103문)

43장 제5계명(104문)

44장 제6계명(105–107문)

45장 제7계명(108–109문)

46장 제8계명(110–111문)

47장 제9계명(112문)

48장 제10계명(113문)

49장 십계명 결론(114–115문)

주기도에 관하여

50장 주기도 서론(116–119문)

51장 하늘에 계신 우리 아버지(120–121문)

52장 이름이 거룩히 여김을 받으시오며(122문)

53장 나라가 임하시오며(123문)

54장 뜻이 하늘에서 이루어진 것같이(124문)

55장 일용할 양식을 주시옵고(125문)

56장 용서해 주시옵고(126문)

57장 시험에 들게 하지 마시옵고(127문)

58장 주기도 송영(128–129문)

나오는 글

들어가는 글

크리스천

나는 우리 가문에서 처음으로 '크리스천'이라는 이름을 얻은 사람이다. 이 이름 때문에 많은 멸시와 미움을 받았고, 마음고생도 많았다. 그러나 지금 이 이름은 내 삶의 이유이자 가치이며 원리와 목표다.

크리스천이란 교회 다니는 사람을 말하지 않는다. 그런 사람을 나는 '교인'(churchian)이라고 부른다. 크리스천이란 기독교가 종교인 사람을 말하지도 않는다. 그런 사람을 나는 '기독교인'(christianitian)이라 부른다. 나는 크리스천을 그리스도(Christ)가 내(i) 안(an)에 살아 계시는 사람이라고 정의하기를 좋아한다. 내 멘토인 댈러스 신학대학원의 하워드 헨드릭스 교수는 크리스천의 삶이란 부활하셔서 지금 살아 계신 그리스도가 내 안에서 재생하시는 삶이라고 정의하고, 그렇게 가르치며, 그렇게 살다 가셨다.

크리스천이란 말이 처음 쓰인 곳은 현재 터키에 속한 안디옥이다. 안디옥 사람들의 눈에 예수님을 따르는 안디옥 성도들은 그들과는 아주 다른 사람들로 보였다(행 11:26). 삶의 목표도 그리스도, 삶의 원리도 그리스도, 삶의 가치도 그리스도, 삶의 이유도 그리스도, 삶의 동력도 그리스도…. 그리스도를 빼면 아무것도 아닌 존재들처럼 보인 것이다. 그래서 이해할 수 없는 삶을 사는 그들을 조롱하는 의미로 크리스천이란 별명을 붙여 불렀다.

1세기에는 사람 이름 뒤에 '-ian'을 붙이면, '그 이름으로 불리는 사람의 집에 속한 자'(族)라는 뜻이었다. 그 의미가 좀 더 확장되어, '그 이름으로 불리는 사람과 같은 당'(黨)이라는 뜻으로 사용되었고 나중에는 '그 이름으로 불리는 사람과 같은 종류'(類)라는 뜻으로 일반명사처럼 사용되었다. 그렇다면 크리스천이란 그리스도의 생명이 그 안에 살아 있는 그리스도의 족속(族)이고, 그리스도의 가치와 목적과 원리와 이유를 공유하는 그리스도 당(黨)이며, 그리스도의 인격과 삶을 닮아가는 그리스도의 류(類)라고 정의할 수 있다.

믿음

우리는 어떻게 크리스천이 되었는가? 그리스도 때문이다. 하나님의 아들이 이 땅에 오신 이유는 우리를 영원히 계속될 그 끔찍한 노예 상태, 인질 상태에서 구출하기 위해서다. 예수님은 십자가에서 우리의 모든 죄를 다 뒤집어쓰고 죽으셨다. 그 생명으로 우리의 몸값을 치르기 위해서였다. 예수님은 죽은 자 가운데서 다시 살아나셨고, 하늘에 오르셨으며, 그분의 영으로 이 땅에 다시 오셨다. 성령으로 이 땅에 오신 예수님은 시간과 공간의 제약을 뛰어넘어 그분의 구원 사역을 이루신다. 예수님은 복음을 통해 우리를 부르셨다. 그 부르심에 믿음으로 반응해 그분을 구주와 주님으로 모심으로 우리는 크리스천이 되었다. 크리스천은 하나님의 자녀, 하나님의 백성, 예수님의 제자와 같은 말이다.

그런데 예수님에 대한 믿음은 하나님의 자녀가 되기 위해, 하늘나라 현관으로 들어가기 위해서만 필요한 것이 아니다. 크리스천은 그리스도에 대한 믿음을 삶의 원리로 삼는 사람이다. 그리스도 예수님을 믿음으로 시작한 우리의 새 생명은 그리스도 안에서, 그리스도와 함께, 그리스도를 통해 사는 믿음의 원리로만 유지되고 기능하며 성장할 수 있다. 그래서 성경은 "믿음을 따라 하지 아니하는 것은 다 죄"(롬 14:23)라고 말한다. 그렇다면 그리스도를 구주와 주님으로 모시고 믿는 크리스천으로서 우리는 어떻게 살고 있는가? 크리스천으로 살고 있는가? 믿음으로 살고 있는가?

문제와 반성

이런 질문은 우리만 던지는 게 아니라, 개혁가들의 질문이기도 했다. 중세 교회 모습을 살펴보자. 교회는 바른 믿음을 잃어버렸고, 심각한 부패에 빠져 사람들의 삶을 약탈하는 권세로 전락했다. 교회에서 바른 믿음을 배우지 못한 교인들은 미신과 맹종 속에서 생명도 확신도 평안도 없는 지옥을 살고 있었다.

이런 어두운 상황 속에 있는 백성과 교회를 깨우기 위해 하나님은 어떤 일을 하셨을까? 바로, 바른 믿음을 회복하는 것이었다. 하나님의 말씀을 깊이 연구하던 마르틴 루터(Martin Luther, 1483-1546)는 성경을 연구하는 중에 하나님이 백성에게 요구하시는 바른 믿음이 무엇인지를 깨달았다. 그는 교황이나 교회가 가르치는 믿음이 성경이 말하는 믿음에서 멀리 벗어난 것을 지적하며 1517년 개혁의 깃발을 올렸다. 이것이 교회와 세상의 역사를 바꾼 종교개혁이다. 바른 믿음의 기준을 잃어버릴 때, 사람들의 삶은 부패하고, 교회는 세상을 혼란스럽게 하는 어둠의 근원이 되며, 세상은 제 소견에 옳은 대로 행하는 무법천지가 된다. 그것은 500년 전이나 오늘날이나 다르지 않다. 바른 믿음은 바른 인격과 바른 삶을 세운다. 그런 믿음이 있는 사람은 바른 가정과 바른 사회를 세운다. 세상의 빛과 소금으로서 세상을 바르게 개혁할 우리의 가장 중요한 과제는 바른 믿음을 세우는 것이다.

종교개혁가들이 목숨을 바쳐 지켰던 바른 믿음의 원리는 이 시대 우리 믿음의 기준이 되어야 한다. 오직 그리스도(*sola Christos*), 오직 성경(*sola scriptura*), 오직 은혜(*sola gratia*), 오직 믿음(*sola fide*), 오직 하나님의 영광(*soli Deo gloria*).

바른 믿음을 세우는 것은 성도 개개인과 교회 공동체가 하나님의 복을 누리며 살고 하나님의 복을 세상에 관개(灌漑)하는 데 가장 중요한 조건이다. 그렇다면 어떻게 이런 바른 믿음을 확립하고, 다음 세대에게 심어줄 수 있을까? 이를 위해 하나님이 사용하신 학습 도구 중 하나가 하이델베르크 요리문답이다.

하이델베르크 요리문답이란?

1563년 2월, 독일 팔츠 지역의 수도였던 하이델베르크에서 요리문답이 발간되었다. 요리문답(要理問答)이란 성경 전체가 말하는 중요한 교리를 질문과 답변의 형식을 빌려 정리해놓은, 믿음의 골격을 반듯하게 세울 수 있도록 돕는 교재를 말한다. 팔츠의 선제후, 다시 말해 교황을 선출할 권리가 있었던 제후 프리드리히 3세(Friedrich III, 1486-1525)는 그 당시 모두가 그랬듯이 중세 교회의 사람이었다. 그런데 그 왕후가 마르틴 루터의 종교개혁의 영향으로 성경적 믿음을 갖게 되었다. 왕후의 영향으로 프리드리히 3세도 예수 그리스도를 구주로 믿어 구원받는 개신교적 복음을 받아들였다. 그 때문에 교황청에 소환되기까지 했지만, 그는 교황 앞에서 담대히 선언했다. "바르지 않은 믿음으로 왕 노릇을 하느니 바른 믿음을 가진 서민이 되겠다." 그는 담대하게 믿음을 지키며 팔츠 지역을 성경적인 믿음으로 다스린다.

그러나 문제가 있었다. 종교개혁 이후에 수많은 개혁교회가 제각기 다른 믿음과 신학을 주장한 것이다. 특별히 루터파의 성찬 개념은 기존 것과 확연히 달랐다. 이런 차이 때문에 개혁교회의 신앙과 신학이 통일되지 못하는 어려움을 겪으면서 교회는 불화하고 분열했다. 프리드리히 3세는 이런 신앙과 신학의 혼란을 정리하고 다음 세대에게 바른 믿음을 전수하기 위해서는 믿음의 골격이자 성경의 중요 교리를 압축한 교리문답서가 필요하다는 생각을 하게 된다. 그는 저명한 신학자였던 우르시누스(Zacharias Ursinus, 1534-1583)와 올레비아누스(Caspar Olevianus, 1536-1587)에게 그 일을 부탁한다. 이들은 왕의 명령에 대한 충성심과 교회를 사랑하는 마음으로 이 문답서를 작성해 1563년에 발간했다.

이 문답서를 만든 중요한 이유 가운데 하나는 다음 세대가 확실한 믿음 위에 서게 하기 위해서였다. 하이델베르크 요리문답 서문에 프리드리히 3세가 쓴 글이 있다.

"짐은 방년(芳年)의 젊은이들이…학교와 교회에서 기독교적 교훈을 아무렇게나 가르치거나 도무지 가르치지 않는 점에서 심각한 결핍이 있음을 발견하였노라. 어느 곳에서나 체계적으로 가르치는 일이 없고… 각 사람이 자기 자신의 계획이나 생각을 따라서 가르치는 것을 목도하노라. 여기에서부터 갖가지 큰 악이 나올 뿐 아니라 무엇보다도 젊은이들이 하나님을 경외함도 모르고 그분의 말씀을 아는 것도 없이 자라나고 있을 뿐 아니라 통일된 교육을 받지 못하며, 잡다하고 불필요한 질문들과 가끔은 그릇되고 적대적인 교훈으로 짐 지워진 것을 목도하노라."

왜 어린이 사역자가 이 책을 썼는가?

왜 하이델베르크 요리문답인가? 나는 지난 45년간 어린이 사역자로 살아왔다. 조직 신학자도, 교리 연구가도 아닌 어린이 사역자가 이 책을 써야 하는 이유는 무엇인가?

　우리 다음 세대를 위해서다. 이 아이들은 머지않아 우리의 자리를 차지할 내일의 주인이다. 이들이 바른 믿음 위에 서지 않으면, 우리의 내일은 소망이 없다. 문제는 많은 다음 세대가 하나님과 하나님의 교회를 등지고 떠나고 있다는 것이다. 여기에는 많은 이유와 핑계가 있지만, 근본적인 이유는 우리가 삶과 가르침으로 바른 믿음의 골격을 세우는 일에 실패했기 때문이다. 이 실패의 원인은 이들을 바른 삶의 기준으로 세워야 할 부모와 교사를 바른 믿음 위에 확실하게 세우지 못한 데 있다. 어른 세대도 다음 세대도 믿음의 골격이 무너지고 있다. 자신이 무엇을 믿는지 성경적 믿음의 원리로 정확하게 대답할 수 있는 사람이 얼마나 될까? 이것이 우리 교회가 직면한 최대 위기다. 기둥이 썩은 집이 얼마나 버틸 수 있겠는가?

　어린이 사역자인 내가 이 책을 쓰는 목적은 다음 세대와 다음 세대를 세우는 동역자와 부모를 바른 믿음 위에 세우는 것이다. 그리고 이 책은 학술 목적이 아닌 교육과 목회 목적으로 쓰였다.

양해를 구하며

2017년 1월 첫 주로 내가 어린이 사역자로 살아온 햇수가 45년이 되었다. 변명 같지만, 이해를 구하기 위해 이 말을 미리 해두는 것이 좋을 것 같다. 같은 일을 오래, 계속하다 보면 직업병이 생긴다. 내 직업병은 청중이나 독자를 못 믿는 것이다. 예를 들면 이런 것이다. '아무리 쉽게 말해도 못 알아들을 것이다. 더 쉽게 설명해야 한다. 아무리 강조해서 말해도 잊어버릴 것이다. 여러 번 반복해야 한다. 아무리 재미있게 말해도 지루해할 것이다. 더 생생하게 그림이 그려지도록 말해야 한다.'

그래서 딱딱하고 어려운 믿음의 진리를 설명하면서도 나는 더 쉬운 말, 더 생생하게 그려질 어휘, 더 흥미 있는 설명을 서슴지 않았다. 특히 중요한 복음 진리에 대해서는 여러 번 같은 설명을 반복했다.

긴 글을 읽는 지루함을 견디기 어려워하는 사람을 위해 매 장마다 '졸여 읽기'를 두었다. 힘들면 먼저 요리문답과 '졸여 읽기'만 읽어도 좋다. 혹은 전체 내용을 읽고 난 뒤 되새기는 차원에서 요리문답과 '졸여 읽기'만 반복해서 읽어도 좋다. '아, 이 사람의 직업병이 심각하구나' 하는 너그러운 마음으로 진리를 마음에 새겨나가길 부탁한다.

빚진 마음으로

이 책에서 인용한 성경은 개역개정4판 성경전서이며, 하이델베르크 요리문답 본문은 독립개신교회에서 번역하고 성약출판사에서 출간한 『하이델베르크 요리문답』(2004)을 사용했다. 다만, 성약출판사의 번역 중 '성신'은 한국교회에 익숙한 '성령'으로 바꾸었다. 하이델베르크 요리문답 번역을 사용할 수 있도록, 또한 프리드리히 3세의 원본 서문을 사용할 수 있도록 허락해주신 독립개신교회와 성약출판사에 감사를 드린다.

하이델베르크 요리문답을 공부하고 가르치는 동안 여러 자료를 읽고 배웠지만, 특별히 아래에 나오는 멘토들의 소중한 연구를 참고했다.

자카리아스 우르시누스, 하이델베르크 요리문답 해설, 원광연 역(크리스천 다이제스트, 2006).
Andrew Kuyvenhoven, *Comfort and Joy: A Study of the Heidelberg Catechism*(Faith Alive, 1988).
이성호, 특강 하이델베르크 요리문답(흑곰북스, 2013).
편집부, 하이델베르크 요리문답(성약출판사, 2004).
G. I. Williamson, *The Heidelberg Catechism: A Study Guide*(P & R Publishing, 1994).
Kevin DeYoung, *The Good News We Almost Forgot: Rediscovering the Gospel in a 16th Century Catechism*(Moody Publishers, 2010).(『왜 우리는 하이델베르크 교리문답을 사랑하는가』 부흥과 개혁사).

감사할 대상에서 2년 동안 길고 지루한 긴 강해를 고집스럽게 진행하는 동안, 겸손하고 부드러운 마음으로 말씀을 받은 세대로교회 성도들을 빼놓을 수 없다. 그들은 하이델베르크 요리문답을 통해 반듯한 믿음을 세워간 축복의 대상일 뿐 아니라, 이 축복을 한국 교회 성도들과 나눌 수 있도록 나를 준비되게 한 축복의 통로이기도 하다. 특히 세대로교회 사역 팀에게 감사한다. 이들은 매주 자신들이 담당한 세대의 눈높이에 맞게 이 교리를 가르치고 적용하면서 온 세대가 믿음의 기초를 든든히 세우는 일에 헌신했다. 또 귀한 시간을 내 번쇄한 초고를 책답게 다듬어준 평생의 친구이자 동역자인 이정남 목사님과 서은선 전도사님께 깊은 감사를 드린다. 늘 말씀에 골몰하는 남편 옆에서 묵묵히 기도하며 도와주는 최상의 친구요 동역자인 아내에게 그리고 언제나 힘찬 응원으로 사역을 격려하는 가족에게 고마움을 전한다.

이 책이 우리를 먼저 바른 믿음에 굳게 세우고, 우리의 자녀를 믿음 위에 세울 주님의 도구로 쓰이기를 기도한다.

2017년 1월 1일 종교개혁 500주년을 맞는 해에
양승헌

서론

chapter 1

무슨 힘으로?

1문 살아서나 죽어서나 당신의 유일한 위로는 무엇입니까?

답 살아서나 죽어서나[1] 나는 나의 것이 아니요,[2] 몸도 영혼도 나의 신실한 구주 예수 그리스도의 것입니다.[3]

그리스도께서는 그의 보혈로 나의 모든 죗값을 완전히 치르고[4] 나를 마귀의 모든 권세에서 해방하셨습니다.[5] 또한 하늘에 계신 나의 아버지의 뜻이 아니면 머리털 하나도 땅에 떨어지지 않도록[6] 나를 보호하시며,[7] 참으로 모든 것이 합력하여 나의 구원을 이루도록 하십니다.[8]

그러하므로 그의 성령으로 그분은 나에게 영생을 확신시켜 주시고,[9] 이제부터는 마음을 다하여 즐거이 그리고 신속히 그를 위해 살도록 하십니다.[10]

---

1. 롬 14:8, 살전 5:9–10 2. 고전 6:19–20 3. 고전 3:23, 딛 2:14 4. 벧전 1:18–19, 요일 1:7, 요일 2:2, 12
5. 요 8:34–36, 히 2:14–15, 요일 3:8 6. 마 10:29–30, 눅 21:18 7. 요 6:39, 요 10:27–30, 살후 3:3, 벧전 1:5
8. 롬 8:28 9. 롬 8:16, 고후 1:22, 고후 5:5, 엡 1:13–14 10. 겔 36:26–27, 롬 8:14 고후 3:6, 18, 요일 3:3

> **졸여 읽기**
>
> "우리가 살아도 주를 위하여 살고 죽어도 주를 위하여 죽나니 그러므로 사나 죽으나 우리가 주의 것이로다"(롬 14:8).
>
> 질병, 사고, 죽음, 파산, 범죄, 재해, 전쟁…. 삶은 정말 엄청난 힘으로 우리를 압박한다. 이런 우리에게 가장 필요한 것은 위로다. 여기서 말하는 위로는 신경안정제나 크고 푹신한 소파, 우황청심환이 주는 감정적이고 일시적인 편안함을 말하는 것이 아니다.
>
> 위로는 영어로 comfort인데 comfort는 com(함께, 혹은 가지고)과 fort(힘)의 합성어다. 위로란 삶의 압력을 견디어내며 계속 의도한 삶을 유지할 수 있는 내부적 대응력을 말한다. 이 위로는 하나님께 범죄한 이후 인간이 계속해서 갈구해온 가장 오래된 필요다. 또한 인간이 추구하는 가장 근원적이고 본질적인 필요다. 그렇다면 참된 위로를 어떻게 얻을 수 있을까?
>
> 1문에서는 이렇게 묻고 대답한다. "살아서나 죽어서나 당신의 유일한 위로는 무엇입니까?" "살아서나 죽어서나 나는 나의 것이 아니요, 몸도 영혼도 나의 신실한 구주 예수 그리스도의 것입니다."
>
> 예수 그리스도는 보배로운 피로 우리를 구속하셨다. 예수 그리스도는 우리를 보호하신다. 예수 그리스도는 성령으로 영생의 확신을 주신다. 그리고 우리가 그 은혜에 응답해 그분을 위해 살도록 새로운 삶의 동기와 동력을 제공하신다.
>
> 자신이 그런 예수 그리스도의 소유임을 인식하고 사는 것만이 살아서나 죽어서나 나를 붙드는 유일하고 진정한 위로다.

스네일 피시 이야기

스네일 피시(Snail fish)라는 희한한 물고기에 대해 읽은 적이 있다. 스네일 피시는 지금까지 밝혀진 어종 중 가장 깊은 해저 7,600미터에 살고 있다. 일반 잠수함의 잠항 깊이는 150m, 최첨단 핵잠수함도 500-700m가 그 한계라고 한다. 이 물고기가 사는 해저 7,600미터에는 잠수함이 들어갈 수 없다. 어떠한 강철 잠수함도 견디기 어려운 엄청난 수압 때문이다. 이 깊이에서는 1평방미터에 가해지는 압력이 8,000톤에 이른다고 한다. 1평방미터에 8,000톤의 압력? 환산하면, 소형차 위에 1,600마리의 다 자란 코끼리를 올려놓은 것과 같다고 한다. 강철 잠수함도 뒤틀어지고 쭈그러질 엄청난 압력 속에서 면도칼로 한 번 긋기만 해도 내장이 쏟아져 나올 것 같은 얇은 피부를 가진 스네일 피시가 유유히 살아간다는 것이 참으로 신기하기만 하다. 과학자들은 이 물고기 속에 외부의 압력에 대응할 내부적 대응력이 있기 때문에 그것이 가능하다고 설명할 뿐이다.

스네일 피시(Snail fish)

스네일 피시를 생각할 때 이 땅을 살아가는 나 자신과 주변의 크리스천 친구의 모습이 겹쳐진다. 우리가 사는 현실도 우리를 으스러뜨리기에 족한 압력으로 우리를 조이고 있다. 태어나면서부터 우리는 끊임없는 삶의 압력 속에서 살고 있다. 병에 걸린다. 일이 엉킨다. 관계가 꼬인다. 경제적으로 파산하기도 한다. 평생 회복되지 못할 장애를 입기도 한다. 마른하늘에 날벼락 같은 사고나 재해가 삶을 덮치기도 한다. 인정하든 인정하지 않든, 우리는 삶이 주는 큰 압력 속에 살아가고 있다. 압력이 사라지거나, 압력이 없는 삶에 대한 소원은 부질없는 생각일 뿐이다.

압력을 피할 수 없다면 압력을 이길 내적 대응력을 갖추는 수밖에 없다. 어떻게, 어디서 삶의 압력을 이길 내적 대응력을 얻을 수 있는가? 그것은 에덴동산에서 쫓겨난 이후 인류가 던져온 가장 궁극적인 질문이다. 어떤 사람은 재물에서, 어떤 사람은 권력에서, 어떤 사람은 술이나 쾌락에서, 어떤 사람은 종교에서 이 내부적 대응력을 찾으려 애를 쓴다. 그러나 안타깝게도 애만 쓸 뿐 별 도움이 안 되는 게 현실이다. 그 현실 속에서 우리는 고생만

하며 살아가고 있다.

내적 대응력, 위로

하이델베르크 요리문답은 우리가 직면하는 가장 심각한 문제, 삶의 압력에 으스러지지 않을 힘을 어디서 얻을 수 있는가에 대한 질문으로 시작한다. "살아서나 죽어서나 당신의 유일한 위로는 무엇입니까?"

여기서 말하는 위로는 푹신한 침대나 소파가 주는 안락함을 말하지 않는다. 또는 엄마의 자장가나, 괴로운 밤 잠들게 해주는 수면제나, 놀랐을 때 먹는 우황청심환 같은 심정적 위안을 말하지도 않는다. 과거 일본 군인들은 우리 처녀들을 붙잡아다 성 노예로 삼아 욕구를 해소하면서 그들을 위안부(慰安婦)라고 불렀다. 참으로 위로란 말에 대한 구역질나는 모독이다. 살아서나 죽어서나 우리에게 가장 필요한 위로는 그런 육체적이고 일시적인 위로가 아니다.

위로를 영어로는 comfort라고 한다. comfort는 com이란 접두사와 fort가 결합된 단어다. com은 '함께' 혹은 '무엇을 가지고'라는 의미를 부여하는 접두사다. fort는 라틴어 어근으로 '힘'을 뜻한다. 합치면, '힘을 가지고'라는 뜻이다. 그것이 comfort다. 스네일 피시를 염두에 두고 1문을 다시 쓴다면 이렇게 정리할 수 있다. "살아서나 죽어서나 당신의 외부에서 가해지는 삶의 압력을 '그 힘을 가지고' 헤쳐 나갈 내부적 대응력이 무엇입니까?"

그러면 1문에 대한 답을 들어보자.

"살아서나 죽어서나 나는 나의 것이 아니요, 몸도 영혼도 나의 신실한 구주 예수 그리스도의 것입니다."

사실 이 위로는 성경 전체의 주제이며, 하이델베르크 요리문답 전체의 주제이기도 하다. 살아 있을 때만 일시적으로 얻는 위로가 아닌, 죽어서까지 위로가 될 당신의 유일한 위로는 무엇인가? 하이델베르크 요리문답은 두 가지 답을 준다. 첫 번째 위로는 '나는 나의 것이 아니라는 사실'이고, 두 번째 위로는 '나는 그리스도의 것이라는 사실'이다.

당신도 많은 사람처럼 그렇게 생각할지 모르겠다. '내가 나의 것이 아니다? 살아서나 죽어서나 나는 나의 것이 아니라고? 숨 쉬는 이 몸은 엄연히 내 몸이고 그 위에 걸친 것은 내 옷인데? 내 주머니에 있는 돈은 내가 번 내 돈이고 내가 사는 집도 내 집인데 왜 내 것이 아니라고 하지?'

그러나 잘 생각해보면 우리 존재는 우리로 인해 시작되지 않았다. 내가 나를 만들지도, 태어날 나라와 가정을 선택하지도 않았다. 내 시작에 내가 관여하거나 결정한 것이 아무것도 없다. 그뿐만 아니라 우리의 끝도 우리가 결정할 수 없다. 오는 순서는 있어도 가는 순서는 없다고 하지 않는가? 시작도 내가 한 것이 아니고 끝도 내가 결정할 수 없다면 우리는 우리 것이 아닌 게 분명하다. 그런데도 우리는 자신의 주제를 잊어버리고 내 마음대로 내 뜻대로 사는 삶에서 위로를 찾으려고 한다. "살아서나 죽어서나 당신의 위로가 무엇입니까?"라는 질문의 답을 엉뚱한 곳에서 찾으려고 하기 때문에 엉뚱한 삶을 사는 엉뚱한 인간이 되고 마는 것이다. 잘못된 답은 자신의 삶을 낭비하고 다른 사람과 세상을 해치게 만든다.

누가복음 12장에는 예수님이 제자들에게 말씀해주신 비유 하나가 나온다. 한 부자가 있었다. 엄청난 부자였다. 그런데 그해에 엄청난 소출을 얻었다. 그러자 그는 이렇게 말한다. "심중에 생각하여 이르되 내가 곡식 쌓아 둘 곳이 없으니 어찌할까 하고 또 이르되 내가 이렇게 하리라 내 곳간을 헐고 더 크게 짓고 내 모든 곡식과 물건을 거기 쌓아 두리라 또 내가 내 영혼에게 이르되 영혼아 여러 해 쓸 물건을 많이 쌓아 두었으니 평안히 쉬고 먹고 마시고 즐거워하자 하리라 하되"(17-19절).

예수님이 이어서 말씀하신다. "하나님은 이르시되 어리석은 자여 오늘 밤에 네 영혼을 도로 찾으리니 그러면 네 준비한 것이 누구의 것이 되겠느냐"(20절). 그가 그 넘치는 곡식을 저장할 거대한 창고를 다섯 배나 더 크게 고쳐 지었다고 치자. 오늘 밤 죽은 그에게 그 창고가 무슨 위로가 되고 힘이 되겠는가? 예수님은 자기를 위해 재물을 쌓고 하나님께 부유하지 못한 자의 어리석음에 대해 말씀하시며 그의 부가 아무 힘도, 아무 소용도, 아무 도움도, 아무 위안도, 아무 축복도 되지 못한다고 말씀하셨다.

2015년 2월, 70세인 아우가 엽총으로 자기 형과 형수를 죽이고 그를 말리러 온 파출소장을 죽이고 결국 자살한 사건이 일어났다. 아버지가 물려준 재산을 놓고 갈등하다 일어난 사건이다. 형도 아우도 목숨 걸고 지켜내려 했던 내적 대응력은 무엇인가? 돈이다. 돈만 있으면 평생에 위로와 힘이 있을 거라고, 그 힘으로 삶의 모든 압력과 위협에서 벗어날 수 있을 거라고 생각하는 이 시대의 물질주의적 사고에 1문은 원자폭탄을 투하한다. 살아서나 죽어서나 나의 위로는 절대 돈에서 나오지 않는다고.

성적인 위로는 어떤가? 2015년 2월 26일 헌법재판소에서 간통죄가 위법이 아니라는 위헌 심사가 발표되었다. 이제 대한민국에서 간통은 죄가 아니다. 그날 저녁 뉴스를 들으며 마음이 너무 씁쓸했다. 간통제 폐지가 선언되자 피임 기구 업체, 등산복 업체, 유전자 감식 업체의 주가가 치솟았다는 뉴스였다. 정말 성적인 위로가 삶의 압력을 이겨내는 힘이 될까?

엉뚱한 데서 위안을 찾으면 삶 또한 엉뚱한 방향으로 가게 된다. 나는 내 것이 아니다. 내 것이 아닌 '나와 '내 것' 안에서 위로를 찾으려 한다면 절대로 삶의 압력을 이길 수 없다. 삶의 압력은 물론 죽음과 죽음 다음의 압력도 이길 수 없다. 삶의 압력에 이지러지지 않고 승리하고 싶다면 하나님이 말씀하시는 바른 힘, 참된 위로를 붙들고 살아야 한다. 살아서나 죽어서나 나는 나의 것이 아니요, 몸도 영혼도 나의 신실한 예수 그리스도의 것이라는 사실만이 참 위로다.

어떻게 내가 예수님 것이 되었을까?

어떻게 우리가 예수 그리스도의 것이 되었는가? 우리는 '원래' 예수님의 것이었다. 사람의 몸을 입고 이 세상에 오시기 전 예수님은 인간을 흙으로 빚으셨던 바로 그 창조주 하나님이셨다. 우리의 생명은 그분으로부터 온다. 예수님은 선언하셨다. "나는 생명이요!" 그러나 인간이 에덴동산에서 범죄한 결과로 우리는 죄에 팔리게 되었다. 죄와 사탄과 세상의 노예로 팔리게 된 인류의 삶은 자자손손 죄와 죄가 가져다주는 고통과 압력 속에서 멸망할 운명이었다. 그러나 인간을 빚으셨던 하나님은 자신의 형상대로 지은 인간을 사랑하셔서 그들을 구해낼 놀라운 계획을 세우셨다. 그래서 친히 사람의 몸을 입고 이 땅에 오셨다. 그분이 예수님이다. 예수님은 이 땅에서 우리가 경험하는 모든 삶의 고통과 압력을 다 경험하시고, 십자가에 못 박혀 우리의 모든 죗값을 치르셨다. 죄의 인질로 잡혔던 우리를 풀어주시기 위해 자신의 생명으로 몸값을 치르신 것이다. 그리스도는 우리를 해방하셨을 뿐 아니라 그분의 소유를 삼으셨다. 그것을 우리는 '구속(救贖)'이라고 부른다. 예수 그리스도를 자신의 구세주와 주님으로 모셔 들이는 사람은 하나님의 자녀가 된다. 크리스천은 더는 죄의 노예도 마귀의 노예도 아니다.

그래서 바울과 함께 우리는 이렇게 선언할 수 있게 되었다. "우리가 살아도 주를 위하여 살고 죽어도 주를 위하여 죽나니 그러므로 사나 죽으나 우리가 주의 것이로다"(롬 14:8).

이 시점에서 확인하고 넘어갈 게 있다. 예수님이 십자가에 죽으신 것이 당신과 상관이 있는가? 십자가에서 예수님이 죽으심으로 당신을 구속하셨음을 믿는가? 그렇다면 당신의 영혼은 예수님의 것이다. 맞는가? 당신의 영혼뿐만 아니라 몸도 예수님의 것이다. 맞는가? 그렇다면 몸을 유지하기 위해서 주신 모든 것, 건강도 외모도 지위도 재정도 돈도 소유도 모두 예수님의 것이다. 맞는가? 살아서도 예수님이 당신의 주인이신가? 죽은 다음에도 예수님은 당신의 주인이신가? 스무 살 때 주인이셨던 예수님이 내가 아흔 살이 되어도 나를 책임지실 주인이라는 사실을 믿는가?

그것이 바로 삶과 죽음의 압력을 이겨낼 당신의 내부적인 대응력이다. 나는 예수님 것이고, 예수님은 내 것이다. 그러므로 우리의 참된 그리고 유일한 위로가 있다면 내가 예수님의 것이라고 선언하는 것이다. 그것이 첫 번째 일이다.

왜 위로가 첫 질문이어야 하는가?

이런 질문이 떠오른다. 삶에는 실존적 질문이 많은데, 왜 위로를 첫 번째 문제로 제시하는가? 웨스트민스터 소요리문답 1문은 "사람의 제일 되는 목적이 무엇인가?"로 시작한다. 인간의 존재 목적에 대한 거대 담론이 펼쳐진다. 답은 무엇인가? "하나님을 영화롭게 하고 영원토록 하나님을 즐거워하는 것입니다." 하이델베르크 문답은 이런 신학적인 문답으로 시작하지 않고, "살아서나 죽어서나 당신의 유일한 위로는 무엇입니까?"라고 묻는다. 왜 이런 실존적인 질문으로 시작할까? 그때나 지금이나 사람들에게 가장 필요한 것은 삶의 외부적 압력에 대응할 내부적인 대응력인 위로이기 때문일 것이다.

하이델베르크 요리문답이 쓰였던 당시에는 이 문답을 가르치거나 배우면 죽임을 당할 수도 있었다. 이를 소지하기만 해도 추방당해야 했다. 그 당시 종교 세력이었던 로마 가톨릭교회는 루터로부터 시작된 종교개혁에 대해 크게 반발하고 경계하고 있었다. 로마 가톨릭교회에게 루터는 새로운 이단이었고 그 이단은 가톨릭 체제 전체를 뒤엎을 위협적인 존재였다. 당시 로마 가톨릭교회 교인들은 하나님 백성이 이 땅에서 누려야 할 참 위로를 얻지 못하고 있었다. 구원받으려면 자신이 지은 죄보다 더 많은 선행을 해야 하는데 아무리 선행을 해도 자신의 죄가 사해졌다는 확신을 할 수가 없었기 때문이다. 그래서 가톨릭교회는 이 문제를 해결하려고 연옥 교리를 만들어 가르쳤다. 사람이 죽으면 천국도 지옥도 아닌 '연옥'이라 불리는 중간 지역에 들어간다는 것이다. 내 선행이나 공로로 천국에 입성하기에는 함량 미달이지만, 살아 있는 가족이나 친구가 죽은 나를 위해 기도해주면 그 공로의 지원 사격(?)으로 연옥에서 천국으로 가게 된다는 편리한 제도다. 로마 교황청의 재정이 악화되자 백 년분, 천 년분 죄를 용서받는 면죄부를 돈을 받고 팔기에 이르렀다. 헌금통에 돈이 땡그랑 떨어지는 순간 그가 사랑하는 사람의 영혼이 연옥에서 천국으로 올라간다고 가르치기까지 했다.

그러니 이런 교리 아래 살고 있는 사람들에게 무슨 믿음의 확신이 있을 수 있겠는가? 이들에게는 성경이 말하는 참 위로가 없었다. 내가 주님의 것이라는 확신이 없었기 때문이다. 내가 죽어도 주님의 것으로 천국에서 깨어 난다는 확신이 없었기 때문이다.

그러나 행위나 공로가 아닌, 오직 예수 그리스도를 구주로 믿는 믿음으로서만 구원을 얻는다는 성경의 복음을 받아들인 개혁교회 성도들은 달랐다. 이들은 자신이 예수님의 것이며, 예수님이 자신의 주 되심을 아는 영생의 기쁨과 확신 속에서 살았다. 믿음과 삶의 중심을 로마 가톨릭교회에서 예수님께로 옮기게 되자 이들은 교권의 눈먼 추종자가 되는 것을 목숨을 걸고 거부했다. 성경적 의식이 깨어나기 시작하자 믿음의 근거와 권위를 로마 가톨릭교회가 아닌 성경 말씀에 두게 되었다. 로마 가톨릭교회의 권위를 인정하지 않는 이 개신교도들은 '이단'의 누명을 쓰고 엄청난 핍박을 당해야 했다. 수만 명이 살해당하거나 다른 지역으로 추방되었고, 교권자들의 집요한 핍박을 피해서 떠돌며 살아야 했다. 바른 신앙을 지키기 위해 그들은 이런 삶의 혹독한 압력을 견뎌내야 했다.

당신이 그들 중 한 사람이라고 상상해보라. 이때 그에게 가장 필요한 것은 무엇이었을까? 넉넉한 재산일까? 건강일까? 안정된 직업일까? 아니다. 그것은 '힘'이다. 외부의 핍박과 압력과 회유에 맞서 나갈 내부적 대응력이다. 그럴 때 그들이 던졌을 질문이 무엇이었을까? '그 힘이 어디서 나오지?' '무슨 힘으로 이겨나가지?' 그래서 그들은 하이델베르크 요리문답에서 찾은 그 처절하고 긴박한 질문에 대한 대답을 참된 신앙 고백의 모퉁잇돌을 삼았다. 살아서나 죽어서나 나는 나의 것이 아니요 몸도 영혼도 나의 신실한 구주 예수 그리스도의 것이다.

종교개혁 당시와 우리 상황이 많이 달라 보이는가? 그렇지 않다. 우리는 동일한 세상과 죄와 마귀의 심각한 압력과 유혹 아래 있다. 우리가 이 악한 연합 세력을 이겨낼 내부적 대응력은 단 하나뿐이다. 살아서나 죽어서나 나는 나의 것이 아니요 몸도 영혼도 나의 신실한 구주 예수 그리스도의 것임을 확실하게 붙드는 것이다.

그것만이 아니었다. 이 문답이 발간된 직후에 30년 전쟁이 발발했다. 이

전쟁은 로마 가톨릭교회를 따르는 국가와 개신교를 따르는 국가 사이에서 벌어진 종교전쟁이다.

1618년 신성 로마 제국의 페르디난트 2세(Ferdinand II, 1578-1637)가 보헤미아의 개신교도를 탄압한 것에 대해 개신교 보헤미아 귀족들이 반발해 일어난 전쟁이다. 이 전쟁으로 루터교회뿐만 아니라 개혁교회(Reformed Church)도 신앙의 자유를 얻게 되었다. 그렇긴 해도, 이 전쟁 때문에 여자와 아이들이 큰 피해를 당했다. 이 전쟁으로 독일 인구가 크게 줄었고, 지역 대부분이 황폐화되었다. 수많은 사람이 삶의 터전을 잃고, 수많은 여성이 남편과 자식을 잃었다. 그들에게 살아낼 힘이 하나도 남아 있지 않은 것처럼 보였다. 그럴 때 이렇게 묻게 된다. 컴포트(Comfort)? 무슨 힘으로 살아가야 하는가? 항상 그렇듯이 전쟁 이후에는 괴질이 돌기 마련이다. 30년 전쟁이 끝난 뒤 심각한 전염병이 돌기 시작했다. 전염병 때문에 헐떡거리며 숨을 거두고 있는 가족을 볼 때 그 어미는 이렇게 물었을 것이다. 컴포트? 무슨 힘으로 이 고통을 이겨낼 수 있을까? 당시에는 기근도 심했다. 기근으로 사람들이 굶어 죽어가는 것을 보면서 사람들은 물었을 것이다. 컴포트? 어디서 이 시련을 이겨낼 힘을 얻을 수 있을까?

나쁜 소식과 좋은 소식

외부의 압력보다 더 심각한 것은 내부적 압력인 것 같다. 종류와 유형만 다를 뿐, 모든 사람의 삶은 심해어 스네일 피시처럼 엄청난 압력을 받고 있다. 이 압력은 이 땅을 살아가는 사람들이 직면하는 삶의 실제다. 욥이 말하지 않았는가? "여인에게서 태어난 사람은 생애가 짧고 걱정이 가득하며"(욥 14:1). 어느 세대나 예외가 없고, 사는 지역이나 차지한 지위와도 관계없다. 어린아이부터 노인, 잘살고 못사는 사람, 배운 사람과 무지한 사람 모두 슬프고 고통스러운 인간 타락의 유산을 함께 나누고 있는 것이다. 나쁜 소식은 이 압력을 이겨낼 힘이 우리에게 있지 않다는 것이다. 그러나 기쁜 소식은 이 압력을 이겨낼 힘이 예수님께 있다는 것이다.

왜 우리가 예수님의 것이라는 사실이 유일하고 참된 위안이 될까? 하이델베르크 요리문답은 이렇게 설명한다.

"살아서나 죽어서나 나는 나의 것이 아니요, 몸도 영혼도 나의 신실한 구주 예수 그리스도의 것입니다. 그리스도께서는 그의 보혈로 나의 모든 죗값을 완전히 치르고 나를 마귀의 모든 권세에서 해방하셨습니다. 또한 하늘에 계신 나의 아버지의 뜻이 아니면 머리털 하나도 땅에 떨어지지 않도록 나를 보호하시며, 참으로 모든 것이 합력하여 나의 구원을 이루도록 하십니다. 그러하므로 그의 성령으로 그분은 나에게 영생을 확신시켜 주시고, 이제부터는 마음을 다하여 즐거이 그리고 신속히 그를 위해 살도록 하십니다."

혹시 펜을 가지고 있다면 위 문장에서 다음 네 부분에 동그라미를 쳐보라. '해방, 보호, 확신, 그를 위해 살도록.'

이는 우리가 예수님의 것이 된 사실이 어떻게 살아서나 죽어서나 위안이 되는지를 네 가지 근거로 말해주고 있다. 이 네 가지는 예수님이 우리를 위해 해주셨고 지금도 하고 계시고 앞으로 하실 일이다.

첫째, 예수님은 우리를 구속하셨다. 구약 성경에서 구속이란 노예나 포로된 자를 속량하기 위해 치르는 몸값을 뜻한다(출 21:30, 30:12, 민 35:31). 예수님은 죄에 인질로 잡힌 우리를 속량하기 위해 십자가에서 자신의 생명을 몸값으로 주셨다(히 2:1-15). 그 엄청난 대가를 치르고 예수님은 우리를 해방하셨을 뿐 아니라 하나님의 자녀로 삼으셨다(요 8:34-36). 성경에는 이런 말씀이 나온다.

"우리가 살아도 주를 위하여 살고 죽어도 주를 위하여 죽나니 그러므로 사나 죽으나 우리가 주의 것이로다"(롬 14:8).

"너희는 그리스도의 것이요 그리스도는 하나님의 것이니라"(고전 3:23).

둘째, 예수님은 우리를 보호하신다. 하나님 아버지가 허락하시지 않으면 우리 머리카락 하나도 떨어지지 않도록 보호하신다(눅 21:18). 예수님이 진실한 그분의 입술로 약속하셨다.

"참새 두 마리가 한 앗사리온에 팔리지 않느냐 그러나 너희 아버지께서 허락하지 아니하시면 그 하나도 땅에 떨어지지 아니하리라 너희에게는 머리털까지 다 세신 바 되었나니"(마 10:29-30).
"내가 그들에게 영생을 주노니 영원히 멸망하지 아니할 것이요 또 그들을 내 손에서 빼앗을 자가 없느니라 그들을 주신 내 아버지는 만물보다 크시매 아무도 아버지 손에서 빼앗을 수 없느니라"(요 10:28-29).

셋째, 예수님은 우리에게 확신을 주신다. 성령을 통해 영생을 주셨다는 사실을 확신하게 해주신다. '나는 네 것, 너는 내 것'이라고. '나는 예수님 것, 예수님은 내 것', 그것은 소망 사항이 아니고 보장 사항이다. 그것은 이해나 설득이 아닌 성령님이 주시는 확신이다.

"성령이 친히 우리의 영과 더불어 우리가 하나님의 자녀인 것을 증언하시나니"(롬 8:16).
"그 안에서 너희도 진리의 말씀 곧 너희의 구원의 복음을 듣고 그 안에서 또한 믿어 약속의 성령으로 인치심을 받았으니 이는 우리 기업의 보증이 되사 그 얻으신 것을 속량하시고 그의 영광을 찬송하게 하려 하심이라"(엡 1:13-14).

마지막으로 예수님은 우리에게 삶의 목표를 주신다. 그분을 위해 살게 하신다. 다음 성경 말씀을 보라.

"우리가 살아도 주를 위하여 살고 죽어도 주를 위하여 죽나니 그러므로 사나 죽으나 우리가 주의 것이로다"(롬 14:8).

"너희 몸은 너희가 하나님께로부터 받은 바 너희 가운데 계신 성령의 전인 줄을 알지 못하느냐 너희는 너희 자신의 것이 아니라 값으로 산 것이 되었으니 그런즉 너희 몸으로 하나님께 영광을 돌리라"(고전 6:19-20).

만년필 이야기

내가 가장 좋아하는 필기구는 만년필이다. 연필로 쓰면 왠지 글이 확신이 없어 보이고, 볼펜으로 쓰면 흘러나오는 잉크의 농도가 다르거나 잉크가 몰려나와 그때마다 생각의 흐름이 끊긴다. 여러 해 전 한 형제가 아주 비싼 만년필을 하나 선물해주었다. 내 이름까지 새겨서. 그 형제는 이 펜을 사려고 큰돈을 썼다. 돈을 내는 순간 상인의 소유였던 만년필은 더 이상 상인의 상품이 아닌, 내 소유가 되었다. 주님은 어떤 돈으로도, 어떤 선행이나 공로로도 벗어날 수 없는 죄의 노예, 마귀의 소유였던 나를 되사기 위해 자신의 생명을 그 몸값으로 치르셨다(벧전 1:18-19). 이 이야기는 내가 어떻게 주님의 것이 되었는지를 보여준다. 또한 어떻게 예수님이 나의 주인이 되셨는지를 보여준다.

내가 집을 나설 때마다 챙기는 게 있다. 바로 만년필이다. 누구에게도 이 만년필을 빌려준 적이 없다. 볼펜과 달리 만년필은 다른 사람의 손에 들어가면 필기감이 달라지기 때문이다. 빌려주었다 안 돌아올까 걱정이 되기도 한다. 내 만년필에 인격이 있다면, 이렇게 말할 것 같다. "내가 양승헌의 것이라는 사실이 너무 안심되고 영광스럽다." 하물며 예수님이 그분의 목숨으로 맞바꾼 자신의 소유인 나를 아끼고 보호하실 것을 어떻게 의심하겠는가?

내 만년필에 내 이름이 새겨진 사실도 중요하다. 누구라도 이것을 보면 내 만년필임을 알 수 있다. 거기 양승헌이라고 쓰여 있기 때문이다. 그것은 성령님이 우리에게 주신 확신을 생각나게 한다.

만년필에 인격이 있다면, 내가 만년필을 쓸 때마다 만년필이 이렇게 말할 것 같다. "나를 비싼 값을 치르고 소유해주시고, 나를 잃어버리지 않도록 늘 신경 써주시며, 자기 이름까지 새겨주신 주인님을 최선을 다해 섬기겠습니다." 이 만년필은 실제로 그렇게 충성스럽게, 내 생각의 흐름이 끊어지지 않고 표현되도록 날 섬기고 있다. 그것이 바로 예수님을 믿는 우리 삶의 목적이다. 예수님을 위해 사는 것이 바로 우리가 예수님의 것이라는 사실을 보여주는 것이다.

이젠 자신에게 물을 차례다. 한번 곰곰이 생각해보라. 나는 어떤 위로를 붙들고 살아왔는가? 지금까지 나를 위로해온 것은 무엇인가. 돈인가, 쾌락인가, 지위인가, 명예인가? 살아서나 죽어서나 나의 유일한 위로는 무엇인가? 살아서나 죽어서나 나는 나의 것이 아니요, 몸도 영혼도 나의 구주 예수 그리스도의 것이라고 말할 수 있는가? 이것만이 삶과 죽음의 모든 압력을 견뎌내고 승리하고 힘 있게 살아가게 할 힘, 위로, 컴포트가 된다.

chapter 2

반드시 알아야 할 **세 가지**

2문 이러한 위로 가운데 복된 인생으로 살고 죽기 위해서 당신은 무엇을 알아야 합니까?

답 다음의 세 부분을 알아야 합니다.[1]
첫째, 나의 죄와 비참함이 얼마나 큰가,[2]
둘째, 나의 모든 죄와 비참함으로부터 어떻게 구원을 받는가,[3]
셋째, 그러한 구원을 주신 하나님께 어떻게 감사를 드려야 하는가를 알아야 합니다.[4]

---

1. 마 11:28–30, 엡 5:8 2. 마 9:12, 요 9:41, 롬 3:9–10, 요일 1:9–10 3. 눅 24:46–47, 요 17:3, 행 4:12, 행 10:43, 고전 6:11, 딛 3:3–7 4. 시 50:14–15, 시 116:12–13, 마 5:16, 롬 6:12–13, 엡 5:10, 딤후 2:15, 벧전 2:9, 12

좁여 읽기

"회당에서 나와 곧 야고보와 요한과 함께 시몬과 안드레의 집에 들어가시니 시몬의 장모가 열병으로 누워 있는지라 사람들이 곧 그 여자에 대하여 예수께 여짜온대 나아가사 그 손을 잡아 일으키시니 열병이 떠나고 여자가 그들에게 수종드니라"(막 1:29-31).

그리스도 안에 있는 위로의 부요를 누리려면 무엇을 알아야 하는가? 이 놀라운 위로의 축복 속에서 살고, 그 안에서 죽기를 원한다면 무엇을 알아야 하는가?

하이델베르크 요리문답 2문에는 이런 대답이 나온다.

"첫째, 나의 죄와 비참함이 얼마나 큰가, 둘째, 나의 모든 죄와 비참함으로부터 어떻게 구원을 받는가, 셋째, 그러한 구원을 주신 하나님께 어떻게 감사를 드려야 하는가를 알아야 합니다."

이 세 가지가 우리가 반드시 인식하고 살아야 할 참된 복음의 세 가지 요소다. 죄(sin)-구원(salvation)-섬김(service). 이 세 가지는 독자적으로 존재하지 않고 내부적으로 서로 연결되어 있다. 이것들은 행복한 크리스천의 삶에 이르는 세 개의 정거장이 아니다. 하나를 지나 다른 것으로 가지 않는다. 또 이 셋은 서로 다른 것들과 엮여 있고, 다른 것들의 빛 아래서만 그 실체를 볼 수 있다. 죄의 비참을 모르는 사람이 어떻게 구원자를 향해 손을 내밀고, 골고다 십자가를 모르는 사람이 어떻게 죄의 깊이를 알 수 있겠으며, 그 구원의 은혜가 뭔지 모르는 사람이 어찌 감사함으로 주님을 섬기겠는가? 감사함으로 주님께 순종하지 않는 사람이 정말 구원을 받은 사람인지 어떻게 알 수 있겠는가?

유일한 위로는 내가 예수 그리스도의 소유라는 것이다. 이 참된 위로를 누리는 건강한 믿음의 삶을 살려면, 이 세 가지 참 믿음의 요소를 균형 있게 인식해야 한다. 물론 이 지식은 성령님이 주시는 영적인 지식이다.

다시 생각해도 스네일 피시는 참 놀라운 물고기다. 그런데 따지고 보면 우리는 그보다 더 놀라운 존재다. 무자비하고 강력한 압력을 받고 있지만 그 압력을 이겨낼 내부적인 대응력으로서 참된 위로가 있다는 것이 얼마나 놀라운 일인가. 살아서나 죽어서나 내 몸과 영혼이 오직 나의 구주 예수 그리스도의 것이라는 사실이 우리의 위로다.

그런데 이보다 더욱 놀라운 사실이 있다. 이 놀라운 위안이 우리의 것인데, 많은 크리스천이 이것을 누리지 못하고 산다는 것이다. 소유하는 것과 누리는 것은 별개의 문제다. 많은 사람이 재물을 벌려고 죽을 고생을 하지만 정작 누리지는 못한다. 재물에 치여서 삶이 불행해지는 일이 얼마나 많은가. 주님이 주시는 위로의 부요를 누리려면 어떻게 해야 할까? 그것이 2문이 다루는 내용이다. "이러한 위로 가운데 복된 인생으로 살고 죽기 위해서 당신은 무엇을 알아야 합니까?"

여기서 잠깐, 예수님의 사건 현장 한 곳을 둘러보자. 어느 날 예수님은 급히 와서 도와달라는 소리를 들으시게 된다. 베드로의 장모가 열병으로 엄청난 고통을 당하고 있다는 소식이었다. 예수님은 가셔서 그녀의 손을 잡아 일으키셨다. 그러자 언제 아팠느냐는 듯 즉시 열병이 떠났다. 감기 몸살만 앓아도 다시 정상적인 활동을 할 때까지는 후유증을 수습할 시간이 필요한 법이다. 그러나 베드로의 장모는 즉시 일어나서 예수님과 제자들에게 음식을 차려주며 이들의 수종을 들었다.

만약에 이 이야기를 영화나 드라마로 구성한다면 3막으로 엮어야 할 것이다. 1막은 이 장모가 정말 아무것도 할 수 없는 비참한 상태를 보여주어야 한다. 2막은 예수님이 오셔서 그녀의 손을 잡아 일으키시자 병이 단번에 그리고 완벽하게 100퍼센트 회복되는 내용이다. 3막은 방금 전까지 아파서 온 몸을 땀으로 적시던, 방금 전까지 신음 소리로 방을 채우던 그녀가 언제 아팠냐는 듯 일어나서 기뻐하며 감사하며 예수님 일행을 섬기는 장면이 될 것이다.

이는 대단히 상징적인 사건이다. 왜 그런가? 우리의 죄와 비참, 우리의 구원 그리고 우리의 감사의 섬김이라는 복음의 본질을 담고 있기 때문이다. 이 세 가지 요소는 우리가 반드시 알아야 할 믿음의 세 가지 요소이기도 하다. 그래야만 이 위로를 누리며 살고 이 위로 속에서 죽을 수 있다.

삼발이 의자 비유

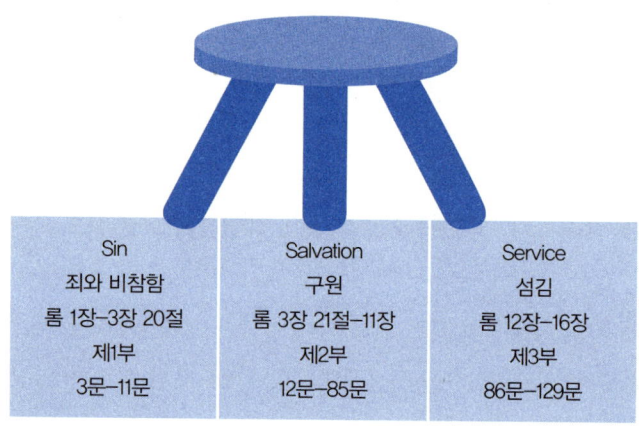

이 내용을 쉽게 이해하고 기억할 수 있도록 삼발이 의자로 설명해보겠다.

삼발이 의자는 가장 안정적 구조를 가진 가구이기도 하지만, 가장 불안정한 가구이기도 하다. 세 다리 중 하나가 짧거나 부러지면 더 이상 의자로서의 기능은커녕 서 있을 수조차 없다.

왜 요리문답은, '주님의 위로 가운데 복된 인생으로 살고 죽기 위해서는, 나의 죄와 비참함이 얼마나 큰지를 알고 죄와 비참함에서 어떻게 구원을 받는가를 알며 이러한 구원을 주신 하나님께 어떻게 감사를 드려야 하는지를 알아야 한다'고 말하는 걸까?

지금부터 450여 년 전 하이델베르크 요리문답이 기록될 당시 종교개혁가들이 가장 많이 읽고 묵상했던 성경은 무엇일까? 로마서다. 로마서를 연구했기 때문에 사람을 종교의 노예로 전락시킨 로마 가톨릭교회의 잘못된 가르침에 맞설 수 있었다. 이 세 가지 주제, 죄와 비참과 구원 그리고 감사의 섬김은 바로 로마서의 주제다. 로마서는 영어 알파벳 s자로 시작하는 세 단어 죄(sin), 구원(salvation), 섬김(service)으로 요약할 수 있다. 1장-3장 20절은 죄와 비참함에 대해서 말하고, 3장 21절-11장은 우리가 그 비참함에서 어떻게 구원을 받았는지를 말하며, 11장-16장은 그렇게 구원을 받은 우리가 어떻게 감사함으로 하나님을 섬겨야 하는지를 말하고 있다. 이 세 개의 주제가 하이델베르크 문답 전체를 구성하는 세 부분이다. 제1부는 3문부터 11문 죄와 비참함에 대해서, 제2부는 12문-85문 우리가 어떻게 구원받았는가에 대해서 그리고 제3부는 86문-129문은 주의 은혜로 구원받은 우리가 어떻게 섬기며 살아야 하는지에 대해 다룬다.

우리가 참 위로를 누리기 위해서 알아야 할 세 가지에 대해 좀 더 자세히 살펴보자.

첫 번째로 알아야 할 것, 죄와 비참

첫 번째로 우리는 자신의 죄와 비참함이 얼마나 큰지 알아야 한다. 이것은 주로 성부 하나님과 관련된 이야기다. 성부 하나님은 율법으로 우리의 죄를 깨닫게 해주신다. 어떻게 죄를 깨닫고 죄를 인식하는 것이 위로가 될 수 있는가? 누가 당신의 잘못을 지적할 때 큰 위로를 받아본 적이 있는가? 누가 그렇겠는가? 죄와 비참을 아는 것이 어떻게 위로받는 길이 되겠는가? 죄와 비참을 아는 것 자체는 위로가 될 수 없지만, 위로로 인도하는 도약판이나 현관은 될 수 있다.

혹시 위내시경을 해본 적이 있는가? 카메라 호스가 목구멍을 통과해 위까지 들어갈 때 그 느낌을 즐기는 사람이 있겠는가? 그 굵은 호스가 내려가면서 일으키는 이물감은 정말 끔찍하다. 그런데 내시경 호스를 우리 내장 속에 집어넣어야 하는 이유는 무엇일까? 내시경을 통해 우리 내장 기관 속을 전문가의 육안으로 살핌으로 염증의 유무를 찾기 위해서다.

내가 죄인이고, 얼마나 비참한 사람인지를 아는 것은 절대로 유쾌한 일이 아니다. 그래서 사람들은 다 자기를 미화하고 포장한다. '나는 죄인이긴 하지만 그 정도로 나쁜 사람은 아니다.' '비참하다고 인정하기에는 내 삶은 그런대로 행복하다.' 사람들은 자신의 죄와 비참을 인정하기 싫어한다. 문제는 이것이다. 자기가 죄인인 사실을 모르는 사람은 예수님을 믿어야 할 이유가 없다. 아픈 줄 모르는 사람이 어떻게 수술대 위에 자기 몸을 눕히겠는가? 내가 비참한 줄 모르는데 무엇 때문에 구원을 열망해야 하는가? 내가 죄인이 아니라고 생각하는데 예수님의 십자가가 뭐 그렇게 중요하겠는가? 많은 사람은 예수님의 십자가 죽음이, 그분의 부활이 자기와 아무 관계가 없다고 생각한다. 그 이유는 자신이 얼마나 큰 죄인이며 얼마나 큰 비참에 처해 있는지 알지 못하기 때문이다. 하늘의 위로를 누리기 위해서는 내가 얼마나 큰 죄인이며 얼마나 큰 비참 속에 있는지를 알아야만 한다.

두 번째로 알아야 할 것, 구원의 길

살아서나 죽어서나 그 위로를 즐기고 누리며 살기 위해 두 번째로 알아야 할 것은 '나의 모든 죄와 비참함으로부터 어떻게 구원받는가'이다. 이것은 주로 예수님과 관련된 부분이다. 물에 빠져 죽어가는 사람이 두 손으로 자신의 머리카락을 움켜쥐고 치켜 올려 물에서 나올 수는 없다. 죄에 빠진 우리는 스스로의 노력으로 자신을 구원할 수도 없고, 남을 구원할 수도 없다. 우리를 구원할 수 있는 힘은 외부에서 와야만 한다. 사람이 아닌 완전한 하나님이며 동시에 완전한 인간인 존재만이 우리를 죄와 비참에서 끄집어낼 수 있다. 그 구원자가 예수님이시다. 성경은 말한다.

"미쁘다 모든 사람이 받을 만한 이 말이여 그리스도 예수께서 죄인을 구원하시려고 세상에 임하셨다 하였도다 죄인 중에 내가 괴수니라"
(딤전 1:15).

"다른 이로써는 구원을 받을 수 없나니 천하 사람 중에 구원을 받을 만한 다른 이름을 우리에게 주신 일이 없음이라 하였더라"(행 4:12).

예수님만이 우리를 죄에서 건져내고 비참에서 해방하실 수 있다.

세 번째로 알아야 할 것, 구원의 은혜에 대한 감사

세 번째로는 나를 구원해주신 그 은혜에 어떻게 감사해야 하는지를 알아야 한다. 이 부분은 주로 성령님과 관련된다. 성령님은 새로운 삶의 목표, 새로운 삶의 원리, 새로운 삶의 동기, 새로운 삶의 동력을 주신다. 그렇게 해야만 우리가 감사하고 순종하는 삶을 살 수 있기 때문이다.

나는 1972년에 처음 교회에 발을 들여놓았다. 첫 1년은 뭐가 뭔지 알 수가 없었다. 마치 탈북한 사람처럼 그 1년 동안 새로운 믿음에 적응하기 위해 겪은 마음의 혼란이란 이루 말할 수 없었다. 그런 나를 붙들어준 말씀을 나는 지금껏 붙들고 살아가고 있다. 1973년쯤 출애굽기를 읽고 있었다. 출애굽기 21장까지 읽어 내려가다 내 눈에서 비늘이 떨어졌다. 그 본문은 히브리 노예 제도에 관한 것이었다.

히브리인에게도 종이 있었다. 남에게 빚을 지거나 남의 재산을 도둑질했는데, 그것을 배상할 능력이 없을 때는 그 집에 들어가서 종살이를 해야 했다. 그런데 6년까지는 종살이를 하지만 7년이 되면 그 돈을 다 갚든지 못 갚든지 관계없이 무조건 자유를 얻을 수 있었다. 세계 어느 문화에도 없는 히브리 노예 제도의 특별한 점이었다. 그런데 어떤 종 중에는 도둑이었던 자기를, 빚 때문에 파산했던 자기를 아들처럼 사랑해주고 자기 자녀를 친손자처럼 돌봐준 주인의 은혜를 잊을 수가 없어서 죽는 날까지 주인의 종으로 있겠다고 자원하는 사람이 있었다. 그럴 때는 그 사람을 재판장에게로 데려가서 재판을 해야 했다. 평생 주인의 종으로 살기로 한 것이 그 사람의 자발적인 결정이었음을 확인하기 위해서다. 그것이 확인되면 재판장은 그 사람을 주인집으로 데리고 가서 문설주에 귀를 대고 송곳으로 뚫었다.

이 히브리 종은 왜 그런 선택을 했을까? 그가 감사함으로 그 주인을 섬길 수 있었던 이유는 무엇인가? 자신이 얼마나 비참했었는지, 비참에서 구해준 주인의 은혜가 얼마나 큰지 그리고 주인을 위해 어떻게 감사함으로 섬겨야 할지 이 세 가지를 기억하고 있었기 때문일 것이다.

이 본문을 읽다가 이런 생각을 했다. '아무리 그래도 그렇지. 지긋지긋한 종살이를 빨리 끝내고 나가서 자기 삶을 살아야지 평생 종으로 살기를 자원하다니. 대체 왜 그랬을까?' 이런 질문이 떠올랐을 때, 주인 안에서 예수님이, 종 안에서 내 모습이 겹쳐 보였다. 예수님의 십자가 사건, 그 사건은 바로 죄에 팔린 나를 구하기 위한 사건이었다는 것이 실감이 났다. 예수님의 십자가 앞에 서자 그분의 죽음이 나를 대신한 죽음이고 내 죄가 얼마나 큰지를 처음으로 깨닫게 되었다. 그 전까지 나 자신을 완벽하진 않지만 착하고 괜찮은 사람이라고 생각했다. 규칙을 잘 지키는 모범생, 모범 시민인 나를 죄인으로 규정한다는 것은 억지스럽고 못마땅한 일이었다. 그러나 그날의 십자가는 거울처럼 내가 얼마나 큰 죄인인지를 처음으로 보게 해주었다. 성경이 말하는 죄는 다른 사람을 거울삼아 자신을 보는 것이 아니다. 성경이 말하는 죄는 십자가 거울 앞에서 나를 볼 때 제대로 인식할 수 있다. 예수님이 고통을 당하며 죽으신 것을 보며 내 죄가 얼마나 큰지 깨달았다. 또 내 죄의 심각성을 깨닫게 되자 예수님의 십자가의 은혜가 얼마나 크게 다가오는지 목이 메었다. 그래서 나는 남은 생을 예수님이 기뻐하시는 삶으로 살겠다고 결정했다. 그날 이후 이 세 가지 깨달음은 매일 더 커지고 더 확장되어서 내 삶을 위로로 채우고, 그 힘으로 외부적인 압력을 이겨나가게 하며, 내가 가야 할 소명의 길을 갈 수 있는 힘이 되었다.

대학 4학년 때 나는 어린이 설교집을 하나 썼는데 그 설교집 이름을 『뚫린 귀』(디모데)라고 붙였다. 아직 성경 보는 눈이 밝지 못해 부족한 부분이 많지만, 예수님을 믿고, 사랑하며, 소망하는 내 마음의 열정을 아이들에게 심어주고 싶은 열망만은 넘쳐났다. 대한민국에서 전도사 과정을 거친 사람 중에 그 책을 읽지 않고 설교를 한 사람이 거의 없다고 할 만큼 그 책은 어린이 설교의 교과서가 되었다. 그때나 지금이나 내 소원은 이 땅의 모든 어린이가 이런 복음의 축복 속에 사는 것이다. 내가 얼마나 큰 죄인이었는지, 내가 그 죄에서 어떻게 해방됐는지 그리고 그 은혜에 대한 감사를 어떻게 표현해야 할지를 더 깊이 더 분명히 알아갈수록 내 삶은 계속해서 변화되고 있다.

기억하라, 삼발이 의자를

죄와 비참함, 구원, 이어서 섬김. 이것을 한 정거장을 떠나 다른 정거장으로 가는 기차역처럼 이해해서는 안 된다. 처음에는 죄와 비참함을 깨닫고 20년쯤 지나면 구원을 받고 30년쯤 지나면 섬기는 것이 아니다. 이 개념들은 정거장이 아니라, 삼발이 의자로 이해해야 한다. 예수님을 처음 믿었을 때나 성숙한 성도로 자랐을 때나 똑같이 이 세 가지는 같이 그리고 서로 엮여 있다.

　죄와 비참함을 모르는데 무엇 때문에 예수님께 손을 내밀어야 하는가? 물에 빠지지 않았는데 왜 구조선을 애타게 찾겠는가? 병들지 않았는데 왜 병원을 찾겠는가? 또 예수님의 구원을 모르는 사람이, 예수님께 빚졌다는 게 확실하지 않은 사람이 어떻게 뜨거운 가슴으로 주님께 감사드리며 예배하겠는가? 주님께 받은 은혜가 뭔지도 모르는데 뭐가 그리 감사하겠는가? 그렇다고 구원만을 강조하면 방종에 빠지게 된다. 죄인이었는데 예수님 은혜로 구원받았음. 끝! 그게 무슨 신앙생활인가? 당신이 구원받았다는 것을 무엇으로 증명할 수 있겠는가? 감사의 섬김으로 증명해야 한다. 만약 죄의 비참함도 구원의 영광도 모른 채 섬김만 강조하면 뭐가 될까? 행위주의와 율법주의에 빠지게 된다.

　나의 믿음을 돌아보자. 그리스도가 유일한 위로가 되신다면, 그것을 누리기를 원한다면 이 세 가지가 같이 있어야 한다. 같이 엮여 있어야 하고 하나는 다른 것의 빛 아래서 해석되어야 한다.

개종한 사람? 회심한 사람?

어떤 면에서 하이델베르크 요리문답 2문은 우리에게 갈등을 불러일으키는 문제다. 2문 앞에 서 있는 우리에게는 갈림길이 기다리고 있기 때문이다. 바로 개종자와 회심자, 둘 중 하나를 선택해야만 하는 것이다.

어떤 선교학자가 말했다. 한국 교회는 사람들을 개종시키는 데는 성공했지만 회심시키는 데는 실패했다고. 개종과 회심은 다르다. 개종은 내가 믿는 종교를 바꾸는 것이다. 4월 초파일에 절에 다니던 사람이 매 주일 교회에 출석하는 변화는 개종이다. 개종으로는 그리스도가 나의 것이고 내가 그리스도의 것인 참 위로를 누릴 수 없다. 회심의 길로 가야 한다. 회심은 주님을 향한 내 마음을 바꾸는 것이다. 혹시 자신이 개종한 사람인지 회심한 사람인지 잘 모르겠는가?

내가 개종했을 때의 이야기를 들려주면 그림이 아주 분명해질 것 같아 40여 년 전 기억을 더듬어본다. 개척 교회 목사님 한 분이 산 기도를 하는 것을 '간첩'으로 확신해 신고한 사건 덕분에 나는 교회라는 낯선 곳에 처음 발을 들여놓았다. 목사님의 강권에 매주 교회에 갔지만 세 가지가 이해되지 않았다. 첫째는 내가 죄인이라는 강요된 정체성에 동의할 수 없었다. 교회에서 내 귀에 들어오는 가장 빈번한 단어는 '죄'였다. 찬송에도, 설교에도, 기도에도 온통 죄 이야기뿐이었다. 난 속으로 생각했다. 왜 이 사람들은 죄를 그렇게 많이 짓고 살까? 좀 제대로 살지. 나는 자신을 죄인으로 인정하고 인식하며 고백하는 많은 사람을 이해할 수가 없었다. 나도 어쩌다 한 번씩 양심에 찔리는 짓을 한다는 것은 인정했지만, 예수님이 대신 죽을 필요가 있을 만큼, 더구나 지옥에 가야 할 만큼 큰 죄인은 아니었다. 혹시 당신도 그런 상태라면 당신이 바로 개종자다. 회심자가 아니라는 말이다.

두 번째로 이해되지 않았던 것은 예수님에 대한 사람들의 반응이었다. 찬송마다, 설교마다, 대화마다 십자가의 은혜를 말하는 교인들, 십자가를 생각하며 눈물을 흘리고, 감동하고…. 예수님이 십자가에서 흘리신 보혈의 은혜가 크다는데 그것이 도통 이해가 되지 않았다. 우리가 빚지고 있는 사람이 얼마나 많은가? 부모의 은혜, 조상의 은혜, 스승의 은혜…. 그런데 교회에서 그 많은 은혜의 대상이 칭찬과 찬양의 축에 끼지도 못하는 것이 참으로 이상했다. 왜 그랬을까? 그것은 내가 개종자였기 때문이다. 종교만 바꾸었지 마음이 바뀌지 않았는데 그 은혜가 이해될 리가 있겠는가?

마지막으로 교인들의 섬김을 이해할 수가 없었다. 내가 내 것이지 어떻게 예수님의 것이 되는지 이해되지 않았다. 더 많은 것을 내 것으로 붙들고 살아도 다 못 살 삶을 왜 예수님한테 드리겠다고 하는지 알 수 없었다. 매주 헌금 시간이 되면 이 봉헌 찬송을 불렀다. "내게 있는 모든 것을 아낌없이 바치네 사랑하고 의지하여 주만 따라 가겠네 주께 드리네 주께 드리네 사랑하는 구주 앞에 모두 드리네." 드릴 돈이 없는 부담도 큰 부담이지만, 그 찬송 가사가 너무 싫었다. '내게 있는 전 재산은 학교에 갈 차비뿐인데, 나보고 어쩌라고? 여기 있는 사람들은 정말 모든 것을 다 드렸을까? 그리고 솔직히 예수님의 은혜가 고맙다지만 그렇게 다 드려야 할 만큼은 아니지 않나?' 이런 생각에 헌금 시간마다 마음이 불편했다. 그것은 돈 문제가 아닌 마음의 문제였다. 내가 개종자였기 때문이다.

그러던 어느 날, 내가 죄인인 것이 깨달아졌다. 예수님의 십자가가 나의 죄 때문에 발생한 사건임이 깨달아지자, 그 은혜를 갚을 길이 없어 내 몸, 내 삶, 내 인생을 드리겠다고 주님께 약속했다. 그날 이후 은혜에 대한 감사는 내 모든 삶의 동기가 되었다. 내 안에 회심이 일어난 것이다.

당신은 어떤가?

혹시 '나는 죄인이다'라는 말이 과장된 표현처럼 들리진 않는가? '예수님의 십자가 은혜가 너무 고마워서…'라는 말을 기독교적 상투어라고 생각하지는 않는가? '예수님께 내 삶을 송두리째 드린다는 것은 너무 깊이 빠진 거지' 하는 생각이 드는가? 분명히 말하지만, 그렇다면 당신은 개종자이고 교인이다. 당신은 기독교에 귀화한 종교인일 뿐이다. 그러니 회심한 사람은 아니다. 회심한 사람과 개종한 사람의 차이는 지금 이 세 가지를 내 것으로 가지고 살아가느냐 아니냐에서 드러난다.

자신이 개종한 사람인지, 회심한 사람인지 사람들은 잘 모른다. 하나님과 당신 자신만 안다. 아직도 개종한 사람으로 남아 있다면 당신 자신의 마음의 고백으로 이 세 가지를 받아들이기를 바란다. 이미 그 세 가지를 인정한 회심자라고 생각하는가? 수년 전 혹은 수십 년 전 소위 '은혜받은' 그때, 그 고백에 지금도 머물러 있다면 당신은 자라지 않고 있는 것이다. 날마다 죄에 대한 인식이 더 깊어지고 더 민감해지며, 예수님의 은혜와 사랑에 대한 깨달음에 깊이를 더해가야 한다. 그리고 예수님께 드리는 우리의 손과 우리의 삶이 더 커져야 한다. 이 세 가지 주제에 대한 인식이 날마다 더 확장되고 날마다 더 깊어지고 날마다 더 높아지기를 기도해야 한다.

1부
죄와 비참에 관하여

chapter 3

그것을 **어떻게** 아는가?

3문 당신의 죄와 비참함을 어디에서 압니까?

답 하나님의 율법에서 나의 죄와 비참함을 압니다.[1]

4문 하나님의 율법이 우리에게 요구하는 것은 무엇입니까?

답 그리스도는 마태복음 22장에서 이렇게 요약하여 가르치십니다. "예수께서 이르시되 네 마음을 다하고 목숨을 다하고 뜻을 다하여 주 너의 하나님을 사랑하라 하셨으니 이것이 크고 첫째 되는 계명이요 둘째도 그와 같으니 네 이웃을 네 자신 같이 사랑하라 하셨으니 이 두 계명이 온 율법과 선지자의 강령이니라"(마 22:37-40).[2]

5문 당신은 이 모든 것을 온전히 지킬 수 있습니까?

답 아닙니다.[3] 나에게는 본성적으로 하나님과 이웃을 미워하는 성향이 있습니다.[4]

---

1. 롬 3:20, 롬 7:7, 23-24 **2.** 레 19:18, 신 6:5, 막 12:30-31, 눅 10:27 **3.** 롬 3:10, 20, 23, 요일 1:8, 10 **4.** 창 6:5, 창 8:21, 렘 17:9, 롬 7:23-24, 롬 8:7, 엡 2:3, 딛 3:3

좁여 읽기

"그러므로 율법의 행위로 그의 앞에 의롭다 하심을 얻을 육체가 없나니 율법으로는 죄를 깨달음이니라"(롬 3:20).

추방, 쫓겨나는 비참함을 경험해본 적이 있는가? 사실 요리문답의 '비참'이란 말은 '쫓겨남'이란 뜻의 독일어 '엘렌트'(elend)를 번역한 것이다. 에덴에서 추방된 그날, 인류의 비참은 시작되었다.

많은 사람은 자신이 비참해질 만큼 죄를 짓지도, 죄를 짓긴 했지만 심각할 만큼 비참하지 않다고 생각한다. 왜인가? 자신을 객관적으로 비추어볼 거울이 없기 때문이다. 우리 영혼의 상태를 보여주는 객관적인 거울은 율법이다. 3문에서는 이렇게 묻는다. "당신의 죄와 비참함을 어디에서 압니까?" 이에 대한 답은 이렇다. "하나님의 율법에서 나의 죄와 비참함을 압니다."

도대체 하나님의 율법이 우리에게 요구하는 것은 무엇인가? 예수님은 이 모든 율법을 두 마디로 요약하셨다. "마음을 다하고 성품을 다하고 힘을 다하여 하나님을 사랑하고, 이웃을 네 몸 사랑하듯 하라."

우리 속에 5문의 질문이 자연스럽게 떠오른다. "당신은 이 모든 것을 온전히 지킬 수 있습니까?" 5문의 답은 우리의 속내를 섬뜩하게 고발한다. "아닙니다. 나에게는 본성적으로 하나님과 이웃을 미워하는 성향이 있습니다." 우리가 이 모든 것을 지킬 수도 없고, 지킬 의지도 없는 죄인임을 선언하는 것이다. 하나님과 이웃을 미워하는 성향이란 하나님과 이웃에 대해 우리에게 요구하시는 그분의 말씀에 침묵, 무시, 무반응, 무관심한 마음의 경향성, 즉 기울기를 말한다.

비참의 원인은 마음을 다하고 성품을 다하고 힘을 다해 하나님을 사랑하고, 이웃을 네 몸 사랑하듯 하라는 주님의 요구를 지킬 수도 없고, 지키고 싶어 하지도 않는 우리의 죄성에서 발원된다.

슬픈 결론은 우리 힘으로 죄와 그것의 결과인 비참함에서 벗어날 수 없다는 것이다. 그러나 우리는 그 상태에 머물 필요가 없다. 그 비참함이 우리를 밝은 소망으로 인도하기 때문이다. 하나님이 우리에게 구원의 길이신 예수님을 보내주셨기 때문이다.

몇년 전 장마 때 팔당댐에 갔다. 홍수로 불어난 물 구경을 하기 위해서였다. 팔당댐 위까지 가득 찬 물이 열린 수문 밑으로 박차며 하늘로 솟아오르는 모습은 장관이었다. 나는 시뻘건 흙탕물이 굉음을 내며 솟구치고 소용돌이치는 모습을 즐기며 서 있었다. 기념으로 사진도 찍었다. 웃는 표정으로…. 그 물은 무시무시한 힘이 있었지만 뚝방에 서 있는 나에게 아무런 해도 아무런 힘도 미칠 수가 없었기 때문이다.

그러나 한번 상상해보자. 만약 내가 실족해 그 물속에 빠졌다면 어땠을까? 상황은 크게 달라진다. 그 물은 더 이상 웅장한 구경거리가 아니다. 그 물은 엄청난 힘을 발휘해 내 생명을 위협하고 파괴하는 세력이 된다. 안타깝게도 이 일은 우리 삶에 실제로 일어났다. 홍수 흙탕물 속에 빠져 있는 상태처럼, 우리 인간들은 죄와 비참에 빠져 있는 상태가 되었으니 말이다.

비참이라는 말은 슬프다, 참담하다 정도처럼 느껴지지만, 사실 그 의미는 더 깊고 슬프다. 독일어 'elend'에서 번역한 이 '비참'이라는 말에는 추방이라는 뜻이 담겨 있다. 추방이란 원래 있어야 할 자리에서 쫓겨난 상태를 말한다. 사실 추방된 상태 자체가 비참이다. 에덴동산에 쫓겨난 상태가 비참이고, 가인이 아벨을 쳐 죽인 다음 그 땅에서 쫓겨나 정처 없이 방황하고 방랑했던 삶이 비참이며, 하나님이 허락해주신 땅에서 쫓겨나 바벨론 포로로 끌려간 이스라엘의 삶이 비참이다. 나라를 잃고 떠나는 보트 피플의 삶이 비참이며, 지금도 난민촌에 수용된 시리아 난민들의 삶이 그 자체로 비참이다. 공통점은 무엇인가? 있어야 할 자리에 있지 못하고 쫓겨난 것이다. 물고기는 물에서 추방된 그 순간부터 비참하다. 인간은 하나님께로부터 쫓겨나 하나님 없이 살면서 비참해졌다.

이 땅을 살아가는 사람 중 비참함을 경험하지 않는 사람은 아무도 없다. 나이가 들수록 삶이 결코 쉽지 않다고 느낀다. 삶이 힘들어졌기 때문이 아니라, 삶의 힘든 실재를 인식하는 눈이 떠지기 때문이다. 십 대들이 생각하는 것처럼 황홀하고 낭만적인 인생은 현실과는 거리가 멀다. 가끔 찾아오는 여우볕 같은 따사로운 삶이 있을지라도 대부분의 날은 우울하고 구름 낀 날의 연속이다. 공허한 삶도 비참하고 병도 비참하며 슬픔도 비참하고 죽음도 비참하다. 돈이 없는 것도 비참하고 남들과 비교하며 스스로 작아지는 나를 보는 것도 비참한 일이다. 그러나 우리가 비참한 진짜 이유는 따로 있다. 그것은 죄다. 인간이 비참한 모든 원인이 죄다. 죄에서 이 모든 비참이 시작되었다.

그러나 많은 사람은 비참 속에서 살고 있다고 느끼지 못한다. 이렇게 비참해질 만큼 자신이 죄를 지었다고도 생각하지 않는다. 대부분의 사람은 이렇게 생각한다. '나는 삶이 비참한 지경에 이를 정도로 악한 죄인이 아니다.' 왜 그렇게 믿을까? 자신을 객관적으로 보지 못하기 때문이다. 사람마다 죄에 대한 기준과 정의가 다른 것도 문제다. 다른 사람과 비교하며 자신은 죄인이 아니라고 생각한다. 그러나 그것은 가면일 뿐, 우리의 맨 얼굴은 여전히 우울하고 여전히 비참하다.

내가 죄인이라고? 무슨 근거로?

그러면 우리가 죄인인 것을 어디서 알 수 있는가? 우리가 비참한 상태에 있다는 것을 어디에서 확인할 수 있는가? 우리 죄에 대한 객관적 기준, 객관적 거울은 무엇일까? 그것이 3문에서 던지는 질문이다.

"당신의 죄와 비참함을 어디에서 압니까?" 무슨 뜻인가? '당신이 죄를 지었다는 사실과 그로 인해 비참해질 수밖에 없다는 것을 어디에서 아는가? 그런 객관적인 정의와 기준을 어디에서 찾을 수가 있는가?'라는 뜻이다.

답이 뭔가? "하나님의 율법에서 나

의 죄와 비참함을 압니다."

하나님은 말씀하신다. "그러므로 율법의 행위로 그의 앞에 의롭다 하심을 얻을 육체가 없나니 율법으로는 죄를 깨달음이니라"(롬 3:20).

우리 죄에 대한 객관적인 기준은 율법이다. 우리가 죄인인 모습을 보여주는 객관적인 거울이 있다면 그것은 율법뿐이다. 율법을 통해서만 우리의 참 모습이 어떤지, 우리 상황이 어떤지 정확하게 알 수 있다.

하나님은 질서의 하나님이시다. 하나님은 그분이 지으신 세상이 조화롭고 평화롭게 복을 누리며 살게 하기 위해 법칙을 두셨다. 그것을 사람들은 자연법칙이라고 말한다. 물건을 위로 던지면 밑으로 떨어지는 법칙을 만유인력의 법칙 혹은 뉴턴의 법칙이라고 부른다. 그런데 사실 이것은 하나님이 우주를 만드실 때 자연 속에 둔 창조의 법칙이다. 당신과 내가 지금 안정된 표면 위에 이렇게 똑바로 앉아 있는 것 같지만 사실은 그렇지 않다. 지구본을 놓고 본다면 우리는 모두 동그란 공의 옆면을 보고 서 있는 것이다. 만일 중력의 법칙이 없어진다면, 우리는 물론 온 지표면의 모든 것이 우주 공간 어디론가 튕겨나가고 말 것이다. 우리는 지금 보이지 않는 강력한 힘이 지구 중심에서 우리를 붙들고 있도록 하나님이 법칙을 만들어놓으셨다는 것에 감사해야 한다. 다른 예를 들어보자. 물고기는 물속에서 살도록 하나님이 규정해놓으셨다. 고기가 물속에서만 사는 것은 불행한 일이 아니다. 물속에서 살 때 고기는 가장 복되고 안전하다. 나무는 땅속에 뿌리를 내리고 살도록 계획하셨다. 만약에 나무가 오늘 대구로 다음 달에는 제주도로 이사를 다닌다면 그 나무는 자유를 얻은 나무가 아니고 죽음과 비참을 얻은 나무가 되고 만다.

이렇게 자연법칙을 만드신 하나님은 하나님의 형상대로 지어진 인간이 행복하고 조화로우며 건강하고 참되게 살기 위한 법칙을 인간에게도 주셨다. 그 법칙이 바로 율법이다. 율법은 '무엇은 하지 마라', '무엇은 하라' 같은 명령의 모습으로 주어져 있긴 하지만, 그것이 율법의 핵심이 아니다. 유대인은 '이런 것을 하지 마라' 365개, '이렇게 해라' 248개, 모두 합쳐서 율법이 613개로 이루어져 있다고 믿었다. 그들은 율법을 제대로 잘 지키기 위해서 율법 조항마다 수많은 실행 규칙을 두어서 그 규칙에 어긋나면 정죄하고 그 규칙을 지킨 사람은 의롭다고 여기며 살았다.

그런데 예수님은 율법이 무엇인지 정확하게 요약해주셨다. 하이델베르크 요리문답 제4문은 묻는다. "하나님의 율법이 우리에게 요구하는 것은 무엇입니까?" 4문의 답으로 예수님의 요약을 사용한다. 그리스도는 마태복음 22장에서 이렇게 요약하여 가르치셨다. "네 마음을 다하고 목숨을 다하고 뜻을 다하여 주 너의 하나님을 사랑하라고 하셨으니 이것이 크고 첫째 되는 계명이요 둘째도 그와 같으니 네 이웃을 네 자신 같이 사랑하라 하셨으니 두 계명이 온 율법과 선지자의 강령이니라."

위대한 계명(great commandment)이라고 불리는 이 말씀은 613개나 되는 유대인의 율법을 예수님이 단순히 짧은 두 문장으로 요약하신 것이 아니다. 이것은 우리가 인간으로서 이 땅에 살 동안 붙들어야 할 우리 삶의 본질이며 핵심이며 원리다. 모든 율법의 핵심, 원리, 본질은 무엇인가? 그것은 사랑이다. 법의 본질이 무엇인가? 그것은 사랑이다. 그 법이 바른 법이고 제대로 되었다면, 그것의 본질은 사랑이어야 한다. 법과 사랑을 연결하는 것이 이상한가? 경찰이 사랑 때문에 일한다고 느껴지는가? 경찰을 생각하면 사랑부터 생각나는가? 아니다. 이상하게 불편하지, 사랑이 생각나지 않는다. 그러나 이 땅에 존재하는 모든 법은 당신과 나의 생명과 권리를 사랑하여 그것을 보존하기 위한 법 정신에서 나온 것이다. 신호등을 예로 들어보자. 교통 당국은 왜 신호등을 거기에 세웠는가? 우리를 사랑하기 때문이다. 교통 신호가 없으면 교통사고가 나서 사람이 다치게 되거나 죽게 될까 봐 신호등을 세운 것이다. 그렇다면 사랑 때문에 세워진 그 신호등의 신호를 지키는 우리의 자세는 어떠해야 하는가. 신호를 안 지키면 경찰에게 딱지를 뗄까 봐 지키는 그 마음은 법 정신이 아니다. 교통 신호를 지키지 않을 경우 사람들에게 비난 받을까 봐 지키는 것도 법 정신이 아니다. 교통 신호를 지키는 이유는 나와 다른 사람들의 생명을 사랑하기 때문이다. 만약에 당신이 사랑하지 않는 마음으로 법을 지킨다면 당신이 얻을 축복은 딱지 떼지 않는 것 하나밖에는 없을 것이다.

제대로 된 모든 법의 본질은 사랑이다. 사랑은 삶의 원리다. 바른 삶은 사랑 때문에 가능하다. 의로운 삶도 사랑 때문에 가능하다. 예수님이 유대인을 여러 번 책망하신 이유는 그들이 하나님이나 형제에 대한 사랑 없이 껍데기 율법의 조항만을 지키려 했기 때문이다. 여기서 말하는 사랑이란 몇 가지 외적인 행위를 말하는 것이 아니라 하나님을 향한 우리 마음의 상태를 말하는 것이다.

그것을 다 지킬 수 있나?

자연스럽게 떠오르는 질문이 있다. 마음을 다하고 목숨을 다하고 뜻을 다하여 하나님을 사랑하고, 내 이웃을 내 몸처럼 사랑하는 것이 가능한 일일까? 우리 마음속에 떠오르는 이 질문에 대해 다루는 것이 5문이다.

"당신은 이 모든 것을 온전히 지킬 수 있습니까?" 답은 "아니다"이다. 왜 그런가? 사람에게는 본성적으로 하나님과 이웃을 미워하는 성향이 있기 때문이다.

이런 글을 읽은 적이 있다. 한 사람이 손님이 찾아오는 꿈을 꾸었다. 그는 그 손님과 이런저런 이야기를 하다가 자기가 얼마나 열심히 주님의 일을 하는가에 대해 자랑을 했다. 그러자 손님이 그 사람에게 열심을 보여달라고 했다. 그 사람은 서슴지 않고 자기 품에서 열심 덩어리를 꺼내 그에게 주었다. 그의 열심 덩어리를 받은 손님은 가지고 다니던 저울에 그것을 달아보았다. 60킬로그램이나 되었다. 손님은 "무게가 많이 나가는군요"라고 했다. 이 사람은 너무나 기뻤다. 내 열심이 60킬로그램이나 되다니. 손님은 열심 덩어리를 쪼개더니 구성 요소를 분석하기 시작했다. 열심 덩어리를 세세히 분석한 후 그가 말했다. "야심이 20퍼센트, 의심이 19퍼센트, 영웅심이 30퍼센트, 기타 28퍼센트 예수님에 대한 사랑은 3퍼센트도 안 되는군요."

남 보기에 그리고 스스로 생각하기에, 자신이 주님을 사랑하는 것처럼 보일 수 있다. 그러나 그 안에는 정말 마음을 다하고 뜻을 다하고 성품을 다해 주님을 사랑하지 않는 많은 요소가 있을 수 있다는 것을 인정할 수밖에 없다. 이웃을 사랑하는 마음으로 선한 일을 한다고 하지만 많은 경우는 나의 기쁨을 위해 혹은 우월감을 확인하기 위해, 내가 더 나은 위치에 있다는 것을 확인하기 위해 또는 다른 사람에게 인정받기 위해 한 일일 수도 있다. 이것이 우리가 사랑이라고 부르는 것의 실상이다.

죄, 율법을 지키지 못한 것

율법을 어기는 것은 다 죄다. '죄'는 그리스어로 '하마르티아'다. 이 말은 원래 '빗나간 화살'을 가리켰다. 화살 표적 옆에 한 사람이 서 있다가 화살이 다른 데로 날아가면 '하마르티아!'라고 소리를 질렀다고 한다. 빗나가는 것이 바로 죄다. 하나님이 우리에게 율법을 통해 요구하신 것은 에덴동산에서 인간을 창조할 때 요구하신 것과 같다. 그 요구는 마음을 다하고 뜻을 다하고 성품을 다하고 힘을 다해 우리 하나님을 사랑하고 이웃을 자기 몸처럼 사랑하는 사랑의 원리로 사는 것이었다. 그러나 우리는 그 사랑의 원리에, 하나님의 요구에 적중하지 못하는 삶, 빗나간 삶을 살고 있다.

성경은 말한다. "이 율법의 말씀을 실행하지 아니하는 자는 저주를 받을 것이라 할 것이요"(신 27:26). 이 율법의 말씀대로 살지 않은 사람은 죄 지은 사람이라는 뜻이다. 사도 바울은 갈라디아서에서 이 말씀을 받아 이렇게 말한다. "무릇 율법 행위에 속한 자들은 저주 아래에 있나니 기록된 바 누구든지 율법 책에 기록된 대로 모든 일을 항상 행하지 아니하는 자는 저주 아래에 있는 자라 하였음이라"(갈 3:10). 우리가 율법대로 하지 않은 것은 법을 어긴 것이고 그것이 바로 죄라는 것이다. 예수님이 말씀하셨다. "그러므로 하늘에 계신 너희 아버지의 온전하심과 같이 너희도 온전하라"(마 5:48). 그 온전함에 이르지 못하는 것이 다 죄라면 우리 중에 죄를 짓지 않은 사람은 아무도 없다.

우리가 자신에 대해서 정직하게 고백해야 할 첫 번째 고백은 'Can not!'이다. 우리는 이 율법을 지킬 수 없다. 다시 말해서 우리는 율법의 저주 아래 있다. 율법을 지키지 못한 형벌 아래 있다. 그러나 'Can not'이 다가 아니다. 듣기 거북하지만 한마디 더 있다. 'Will not!' 우리는 율법을 지키고 싶어 하지 않는다. 주님과 이웃을 사랑하고 싶어 하지 않는 근성이 우리 속에 깊이 뿌리박고 있다. 그것에 대해 5문은 이렇게 말한다. "당신은 이 모든 것을 온전히 지킬 수 있습니까?" "아닙니다. 나에게는 본성적으로 하나님과 이웃을 미워하는 성향이 있습니다."

5문은 참 듣기 불편하다. 어려서부터 한 번도 이런 식으로 나 자신을 평가한 적이 없는데, 나는 항상 착한 사람으로 인정받으며 살아왔는데, 나에게 본성적으로 하나님과 이웃을 미워하는 성향이 있다니. 인정하고 싶지 않겠지만 이것은 사실이다. 미움은 하나님을 모독하거나 부정하거나 아니면 이웃을 살해하거나 이웃의 것을 박탈하는 외적 행동을 말하는 것이 아니고 내적인 성향을 말한다. 우리는 하나님과 하나님의 요구에 무관심하고 무시하며 불순종하는 마음으로 기울어져 있다. 컵이 기울어져 있다면 그 안에 들어 있는 물은 기운 쪽으로 쏟아지게 되어 있다. 돈이 많아지면 보통 그 돈을 한 사람을 거룩하게 하는 용도로 쓰기보다 대부분 죄를 짓는 데 쓴다. 과학도 마찬가지다. 과학이 발달하면 과학 기계 문명은 인류의 복지를 위해 쓰이기 전에 죄를 짓는 데 사용되기 쉽다. 건강이 넘치면 그 건강을 하나님을 사랑하고 이웃을 사랑하는 데 쓰는 게 아니고 죄를 짓는 데 쓴다. 이것은 우리 성향이 죄로 기울어져 있는 상태를 보여주는 증거다.

내가 죄인이라고?

죄는 학습된 것이 아니며 미움은 배우는 것이 아니다. 우리는 미움을 타고났다. 불순종의 기질을 타고났다는 것이다. '그래도 나를 죄인이라고 단정적으로 말하는 것은 좀 너무하지.' 이런 생각이 들 수도 있다. 나도 처음 예수님을 믿을 때 그런 생각을 했었다.

한번은 어떤 사람이 유치부 아이들에게 이렇게 물었다. "너희들은 누구를 최고로 사랑하니?" 한 아이가 말했다. "선생님이요." 아주 정치적인 아이다. 또 다른 아이가 말했다. "난 우리 엄마요." 아주 자연스럽고 아이다운 반응이다. 그런데 말을 하지 않는 한 아이가 있었다. 그 아이를 쳐다보며 물었다. "너는 누구를 최고로 사랑하니?" "예수님이요." 그 대답에 질문한 사람은 깜짝 놀랐다. "넌 왜 예수님을 사랑하는데?" "예수님이 저의 죄를 위해 십자가에서 죽으셨으니까요." "오 그래, 네 죄를 위해 죽으셨단 말이지? 그럼 너도 죄를 지었겠네?" "네." "그럼 무슨 죄를 지었는지 물어도 되겠니?" 아이는 한참을 생각하더니 대답했다. "몰라요. 죄 지은 게 없는데 교회에서 자꾸 내가 죄인이라고 그래서 죄 지었다고 그러는 거예요. 그렇지만 암만 생각해도 죄 지은 게 없어요." "한 가지만 생각해봐." 그 아이가 말했다. "엄마 몰래 과자 먹은 거요." 여섯 살짜리뿐만 아니라 열여섯 살짜리도, 예순 살도 똑같은 대답을 하는 것이 우리의 현실이다. 남들이 다 짓고 사는 아주 평범하고 작은 죄 중에 하나를 떠올리면서 생각한다. '이런 걸 가지고 내가 죄인이라고 말하면 이건 진짜 너무 심하다.'

우리가 큰 죄인이라고 할 때는 범죄 횟수나 범죄 흉악도를 두고 말하는 게 아니다. 우리가 자신을 큰 죄인이라고 고백할 때, 그것은 크신 하나님을 사랑할 마음도 순종할 마음도 없는 우리의 반역적인 기질과 상태를 말하는 것이다.

구원받은 다음에도 이 말은 중요하다. 나는 하나님의 율법에 순종할 수도 없고, 순종하고 싶지도 않은 큰 죄인이다. 이런 정확한 인식이 없으면 우리는 망가진다. 왜 많은 크리스천이 매너리즘에 빠질까? 왜 예전에 처음 예수님을 믿고 세례받을 때 눈물 흘렸던 그 시절을 그리워하며 살까? 왜 앞으로 나가지 못하고 자꾸 뒤만 쳐다보고 그때가 좋았다고 말할까? 왜 예배가 의무로 바뀌었는가? 왜 섬김이 짐으로 둔갑하는가? 왜 육신의 안일을 추구하고 세상 가치와 열망 안으로 미끄러져 들어갈까? 왜 하나님과 자꾸 서먹서먹해질까? 식상해진 부부처럼 하나님보다 세상 즐거움이 더 크고 더 소중하게 느껴지는 이유가 뭘까? 그 이유는 하나다. 망각! 우리의 분수를 잊은 것이다.

그래서 2장에서 우리가 한평생 행복한 하나님의 사람으로 그 위로 속에 살려면 세 가지를 알아야 한다고 반복해서 이야기했다. 기억나는가? 첫째, 내가 얼마나 큰 죄인이었는지를 기억하고 둘째, 예수님이 얼마나 큰 구원을 베풀어주셨는지를 기억하며 셋째, 그 은혜를 기억하고 감사함으로 그분을 섬겨야 한다고 말했다. 첫 번째 명제는 영적인 삶의 첫 단추가 된다. 죄지은 게 없는데 예수님의 십자가 은혜가 그렇게 눈물겹게 고맙겠는가. 이것이 우리의 문제다. 오늘 우리는 주의 음성을 기억해야 한다. 죄란 우리가 행동으로 짓는 몇 가지 죄들(sins)을 말하는 것이 아니다. 우리의 상태(the Sin)를 말하는 것이다. 하나님이 만드신 인간의 법칙에 순종할 수도 없고 순종하기도 싫어하는 우리 자신의 마음의 기울기에 대해서 말하는 것이다.

나쁜 소식은 좋은 소식으로 들어가는 현관

이 장에서 당신이 들은 소식은 아주 나쁜 소식이다. 우리는 모두 죄인이라는 것이다. 주님의 법칙에 순종할 수도 없고 그것을 다 지켜 살기를 원하지도 않는 어쩔 수 없는 죄인이라는 것이다. 그런데 왜 이것을 이렇게 강조하는가? 이것이 기쁜 소식으로 이어지는 현관이 되기 때문이다. 어떻게 그럴 수 있는가? 병이 난 줄 알아야 병원을 찾듯이, 자신이 주님의 법칙에 순종할 수도 없고 순종하기도 싫어하는, 완전히 기울어버린 상태에 있다는 사실을 알 때 우리는 구원의 손길을 내밀 수 있다. 물에 빠졌다는 인식이 없는 사람은 구조대를 바라지 않는다. 죄에 빠진 우리를 구하기 위해 하늘에서 온 구조자가 있다. 예수님이시다. 이것이 우리의 좋은 소식이다. "모든 사람이 죄를 범하였으매 하나님의 영광에 이르지 못하더니"(롬 3:23). 이 말씀은 나쁜 소식이다. 그러나 곧바로 좋은 소식이 이어진다. "그리스도 예수 안에 있는 속량으로 말미암아 하나님의 은혜로 값없이 의롭다 하심을 얻은 자 되었느니라"(롬 3:24). 당신과 내가 갚을 수 없는, 갚고 싶어 하지도 않는 이 죄에 대한 빚을 담당하시기 위해 예수님이 오셨다. 우리를 빚으셨고, 우리에게 삶의 규칙을 정해주셨던 창조주 하나님이 사람의 몸을 입고 이 땅에 오셔서 십자가에서 비참하게 죽으신 것이다.

내가 죄인인 것을 확실히 알고 인식할 때만 예수님이 구세주가 되신다는 사실을 확실히 인식할 수 있다. 이 영광스러운 소망을 향해 그리고 이 영광스러운 은혜를 날마다 누리기 위해 잊지 말아야 할 첫 번째는 자신이 하나님의 법에 복종할 수도 없고 복종하려고도 하지 않는 죄인임을 인식하는 것이다.

chapter 4

죄와 비참의 **원인**

6문 그러면 하나님께서는 사람을 그렇게 악하고 패역한 상태로 창조하셨습니까?

답 아닙니다. 하나님은 사람을 선하게,[1] 또한 자신의 형상,[2] 곧 참된 의와 거룩함으로 창조하셨습니다.[3] 이것은 사람으로 하여금 자신의 창조주 하나님을 바르게 알고, 마음으로 사랑하며, 영원한 복락 가운데서 그와 함께 살고, 그리하여 그분께 찬양과 영광을 돌리기 위함입니다.[4]

7문 그렇다면 이렇게 타락한 사람의 본성은 어디에서 왔습니까?

답 우리의 시조(始祖) 아담과 하와가 낙원(樂園)에서 타락하고 불순종한 데서 왔습니다.[5] 그때 사람의 본성이 심히 부패하여 우리는 모두 죄악 중에 잉태되고 출생합니다.[6]

8문 그렇다면 우리는 그토록 부패하여, 선은 조금도 행할 수 없으며 온갖 악만 행하는 성향을 지니고 있습니까?

답 그렇습니다.[7] 우리가 하나님의 성령으로 거듭나지 않는 한 참으로 그렇습니다.[8]

---

1. 창 1:31 **2.** 창 1:26–27 **3.** 엡 4:24, 골 3:10 **4.** 시 8:4–9, 계 4:11 **5.** 창 3장, 롬 5:12, 18–19 **6.** 시 51:5, 요 3:6 **7.** 창 6:5, 8:21, 욥 14:4, 사 53:6, 딛 3:3 **8.** 요 3:3, 5, 고전 12:3, 고후 3:5

> **줄여 읽기**
>
> "그런즉 한 범죄로 많은 사람이 정죄에 이른 것같이 한 의로운 행위로 말미암아 많은 사람이 의롭다 하심을 받아 생명에 이르렀느니라 한 사람이 순종하지 아니함으로 많은 사람이 죄인 된 것같이 한 사람이 순종하심으로 많은 사람이 의인이 되리라" (롬 5:18–19).
>
> 왜 인간은 하나님의 요구에 순종할 수도 없고(can not), 순종할 의지도 없는(will not) 죄성을 갖게 되었는가? 우리의 죄와 비참에 대해 하나님께 책임을 돌릴 수 있는가? 아니다. 하나님은 인간을 완전히 선하게 만드셨다. 창세기 1장에 일곱 번이나 '좋았더라'고 말씀하신 하나님이 인간을 그분의 형상대로 창조하신 후에는 '심히 좋았다'고 말씀하셨다.
>
> 그렇다면 사람의 타락한 본성은 어디서 왔는가? 우리의 시조 아담과 하와가 타락한 데서 왔다. 그까짓 과일 하나 따 먹은 것이 뭐 그렇게 죄와 비참의 원인이 되는가라고 생각하는 사람이 많다. 아니다. 첫 번째 죄의 본질은 열매나 열매를 따 먹은 행위가 아니라, 하나님처럼 되고자 하나님을 거역한 그들의 교만과 탐욕에 있다. 아담과 하와는 남이 아니다. 나를 포함한 인류의 대표자일 뿐 아니라, 나에게 생명을 물려준 핏줄의 시작, 즉 시조다. 아담과 하와가 지은 죄의 독은 인류 속에 핏줄을 타고 수직적으로 퍼질 뿐 아니라, 수평적으로 인간 존재의 모든 부분을 감염시켜 부패에 이르게 했다.
>
> 그렇다면 해결책은 없는가? 이 전적 부패의 해독제는 두 번째 아담 예수님의 피뿐이다.

오렌지법이란 게 있다. 1975년 미국에서 통과된 이 법 이름은 오렌지법이지만 실제로 사람들은 이 법을 레몬법이라고 부른다. 자동차 회사들이 자동차 광고를 얼마나 멋지게 하는지 사람들이 혹해서 오렌지처럼 맛있는 줄 알고 샀다. 그런데 몇 번 타보니 광고와 달리 문제가 엄청 많음을 발견한 소비자들이 이 차는 오렌지가 아니라 시금털털해서 먹을 수 없는 레몬과 같다고 불평했다. 그래서 정부는 소비자들이 자동차 제조사가 광고한 그대로 오렌지를 샀으면 오렌지로 누릴 수 있도록 법을 바꾸기에 이른 것이다. 오렌지법은 소비자 보호법이다. 이 법은 자동차를 샀는데 똑같은 문제가 1년간 네 번 이상 반복되면 조건 없이 전액 환불하든지, 아니면 새 차로 바꾸어주라는 법이다. 토요타를 비롯해서 전 세계 모든 자동차 회사는 리콜 제도를 적용하고 있다. 제조 결함일 때 그 제조 결함을 일으키는 부품이 들어가 있는 모든 차를 소환해서 무료로 고쳐주는 것이다. 토요타는 한때 1,200만 대가 넘는 차를 리콜했다.

인간의 결함

하나님은 세상을 만드실 때 조화롭고 안전하게 유지하기 위해 많은 법칙을 두셨다. 중력의 법칙, 물이 높은 곳에서 낮은 곳으로 흐르는 물리적인 법칙, 하나에 하나를 더하면 둘이 되는 수리 법칙, 봄이 지나면 여름과 가을을 거쳐 겨울이 오는 계절의 법칙…. 우리가 의식하지 못할 뿐, 이런 법칙들은 우리 삶에 한순간도 빠짐없이 적용된다. 그러나 이 법칙을 깨는 순간 우리는 위험에 빠지게 된다. 30층에서 떨어지면 죽는 것처럼 말이다.

그렇다고 우리가 그 자연법칙 아래 노예처럼 매여 있는 것은 아니다. 오히려 우리는 자연법칙의 보호를 받고 있다. 이렇게 하나님은 인간을 만드실 때에 인간에게 멋지고 복되게 귀하고 소중한 인생을 살 수 있는 법칙을 주셨다. 하나님은 그것을 모세를 통해 우리에게 주셨는데 그것이 십계명이다.

하나님 외에 다른 신을 두지 말라.
우상을 섬기지 말라.
하나님의 이름을 망령되게 일컫지 말라.
안식일을 기억하여 거룩하게 지키라.
네 부모를 공경하라.
살인하지 말라.

간음하지 말라.
도둑질하지 말라.
거짓 증거 하지 말라.
탐내지 말라.

예수님은 이 열 가지 계명이 열 가지 규칙이 아니라는 사실을 가르쳐주시기 위해서 이 계명들을 두 가지로 요약해주셨다. "마음을 다하고 목숨을 다하고 성품을 다해 하나님을 사랑하고 네 이웃을 네 몸처럼 네 자신처럼 사랑하라." 결국 인간이 인간으로서 행복하게 사는 가장 중요한 법 정신은 무엇인가? 사랑이다. 행복한 가정을 이루기를 원하는가? 하나님을 사랑하고 서로 사랑해야 한다. 행복한 나라가 되기를 원하는가? 하나님을 경외하고 서로 사랑해야 한다. 그런데 문제가 있다. 우리에게는 그것을 지킬 수 없는 (can not) 연약함이 있다는 것이다. 그뿐만 아니라 그것을 지키고 싶어 하지 않는(will not) 완악함이 있다는 것이다. 그 연약함과 완악함 때문에 머리로는 행복의 원리를 알면서도 그대로 살지 않고, 살려고 하지도 않으며, 또 살려고 해도 살 수가 없는 것이다. 피할 수도 없고 숨길 수도 없는 결함이다. 당신과 나는 다 종합적인 장애, 특별히 치명적인 장애인 '영적인 장애'를 입었다.

하나님의 말씀에 순종할 수도 없고 순종하고 싶어 하지도 않는 이 결함, 이것은 제조자 하나님의 잘못이 아닐까? 하나님이 우리를 만드실 때 너무 급하게 만드셔서 나사가 몇 개 빠진 게 아닐까? 하나님이 퍼서 만든 흙에 불순물이 섞여 있지는 않았을까? 하나님이 부실 공사를 하신 것이 아닐까?

내가 어린 시절 아버지에게 들은 인간 창조에 대한 이야기는 이랬다. 창조주가 사람을 만들 때 하나하나 손으로 빚었는데 시간이 많이 들고 공이 많이 들어 이렇게 해서 어느 세월에 세상을 채우겠냐 싶었단다. 그래서 진흙을 많이 반죽해 쌓아놓고 줄로 튕겨서 줄에 맞아서 튕겨나가는 것이 다 인간이 됐는데, 손으로 만든 인간은 좋은 인간이 되었고, 줄로 튕겨 만든 인간은 나쁜 인간이 되었다는 것이다.

제조 결함인가?

우리는 의문을 품게 된다. 우리의 연약함에 대한 그리고 우리의 완악함에 대한 책임은 우리를 빚은 제조자 하나님께 있지 않은가? 6문이 그것에 대해 묻고 있다. "그러면 하나님께서는 사람을 그렇게 악하고 패역한 상태로 창조하셨습니까?"

요리문답은 단호히 대답한다. 아니다. 절대로 하나님께 책임이 있지 않다. 인간의 연약함과 완악함은 제조 결함이 아니다. 하나님은 사람을 선하게 창조하셨다. 하나님이 사람을 악하게 창조하셨다면 인간의 악에 대해서 우리는 책임이 없다. 하나님 책임일 뿐이다. 그리고 많은 사람이 생각하듯이 사람의 절반은 착하고 사람의 절반은 악하게 만들어진 것도 아니다. 사람은 100퍼센트 완전히 선하게 창조되었다. 창세기 1장을 읽다 보면 "하나님 보시기에 좋았더라"라는 말이 일곱 번이나 반복된다. 7이라는 숫자는 근동 지방에 특히 이스라엘 사람들에게는 완전수를 말한다. 하나님의 창조가 완전했고 그 과정에 제조 결함이 없었던 것을 말한다. 그렇기 때문에 우리의 연약함과 완악함은 하나님 탓이 아니라는 것이다.

또한 하나님은 우리를 하나님의 형상대로 만드셨다. '형상'은 관계라는 개념으로 이해할 때 쉽게 정리된다. 하나님은 하나님의 의롭고 거룩한 성품이 우리 속에 있도록 만드셨다. 우리는 하나님을 닮은 사람이다. 짐승에게 없는 정의감이 우리에게 있다. 짐승에게는 없는 자비로움이 우리 마음속에 있다. 그것이 죄로 말미암아 무디어지고 연약해지고 흐려졌을지언정 우리 속에 긍휼의 마음, 거룩을 사모하는 마음 그리고 공의를 추구하는 마음을 주셨기에 그나마 우리가 서로 약속을 지키고 살아갈 수가 있는 것이다.

우리에게는 하나님을 알고 사랑하며 하나님과 동행하면서 그분을 찬양하고 영화롭게 할 수 있는 삶의 특권이 있다. 하나님을 닮은 것이다.

성경에서는 하나님이 자신의 형상대로 사람을 만드시되 남자와 여자를 창조하셨다고 말하고 있다(창 1:27). 왜 그러셨을까? 하늘에는 알 수 없는 계산법이 있다. 셋인데 하나고 하나인데 셋인 계산법이다. 성부와 성자와 성령은 분명히 세 분인데 한 분이며 한 분인데 또 세 분이다. 창세기 1장 26절에서 "우리의 형상을 따라 우리의 모양대로 우리가 사람을 만들자"라고 하셨을 때, 그 우리는 누구인가? 성부와 성자와 성령이시다. 그런데 27절에는 "자기 형상 곧 하나님의 형상대로 사람을 창조하"셨다고, 단수로 받으신다. 셋인데 하나고 하나인데 셋인 이 비밀이, 둘인데 하나이고 하나인데 둘인 사람의 관계를 통해 반사되도록 인간을 만드셨다. 우리 인간은 하나님을 닮게 만들어진 것이다.

자연 세계와의 관계에서도 우리는 하나님을 닮았다. 하나님이 온 우주만물을 만드시고 그것을 다스리신다. 하나님은 인간에게 하나님이 지으신 자연 세계를 정복하고 다스리며 돌보도록 위임하셨다. 인간은 그런 점에서 만물 위에 뛰어나고, 만물을 지배하고 다스릴 권한을 가졌다는 점에서도 하나님을 닮았다. 그러므로 우리의 연약함과 완악함은 하나님 탓이 아니다. 제조 결함이 아니라는 것이다.

그럼 우리는 어떻게 이렇게 된 걸까?

그렇다면 누가 우리를 이렇게 만들었는가? 7문은 이렇게 묻는다. "그렇다면 이렇게 타락한 사람의 본성은 어디에서 왔습니까?"

많은 사람은 에덴동산에서 아담과 하와가 타락한 이야기를 신화로 취급한다. 곰과 환웅이 혼인해 우리의 조상 단군 할아버지를 낳았다는 신화같이 말이다.

그러나 신화나 우화를 읽듯 창세기 3장을 읽으면 안 된다. 이 이야기는 절대로 신화나 우화가 아니다. 인류의 온갖 비참과 악을 설명할 진리는 이 사건밖에 없다. 수천 년 동안 사람들은 한도 끝도 없는 반론과 의혹과 시비로 이 사실을 부정하려 애를 썼다. 이제 당신은 이런 반론을 하던 자리에서 이런 반론에 대답할 사람의 자리에 서야 한다. 수천 년 동안 사람들이 물어왔던 시비와 반론은 세 가지로 압축할 수 있다.

원죄에 대한 오해들
"선악과, 만들지나 말지. 원인 제공을 해놓고…."
"그까짓 열매 하나 따 먹었다고…."
"왜 남이 지은 죄 때문에 내가 죄인이 되어야 하는 건데?"

"선악과, 만들지나 말지. 원인 제공을 해놓고…."

첫 번째는, 그럴 걸 뻔히 아시면서 왜 선악과를 만들었느냐는 것이다. 선악과를 만들지나 말지, 원인 제공을 해놓고 그걸 따 먹었다고 인간을 정죄하는 하나님이 정당하냐는 말이다. 이 말 어디서 많이 듣던 말 같지 않은가? 그렇다. 마귀의 말이다. 에덴동산에서 하나님을 아주 못된 하나님으로 오해하게 함으로써 아담과 하와를 죄에 빠뜨렸던 바로 마귀의 음성이다. 마귀의 사주를 받은 세상은 지금도 그렇게 말한다. "원인 제공자는 하나님이다. 선악과를 왜 만들어서…. 아예 안 만들었으면 문제가 없을 것 아니냐?" 아니다. 선악과는 이 세상 모든 피조물 중에 인간에 대한 하나님의 최대의 예우다. 선악과는 우리에게 완전한 자유의지가 있음을 확증하는 증거물이기 때문에 그렇다.

고속도로를 달리다보면 공사 구간에 어김없이 서 있는 사람이 있다. 안전봉을 위아래로 흔들며 천천히 그리고 조심해서 운전할 것을 알려준다. 비가

와도, 눈이 와도, 뙤약볕이 내리쬐어도, 깊은 어둔 밤에도 꿈쩍하지 않고 그 자리에서 충성스럽게 우리의 안전을 위해 봉사하고 있다. 그러나 단 한 사람도 차를 멈추고 고맙다고 말하거나, 그 사람에게 음료수 한 병 내밀면서 격려하는 이는 없다. 아니, 차가 오든 말든 그 사람은 계속 같은 동작을 하고 있다. 왜일까? 그것은 사람이 아니기 때문이다. 사람 모양을 한 기계일 뿐이다. 전기가 연결되고 스위치를 켜면 모터가 망가질 때까지 그 일을 하도록 만들어진 기계일 뿐이다. 하나님은 우리를 기계나 로봇으로 만들지 않으셨다. 하나님은 우리를 완전한 자유의지가 있는 존재, 순종할 수 있는 능력이 있지만 자기를 지은 하나님을 반역할 수도 있는 완전한 자유의지를 가진 인간으로 만드셨다.

아이 키우는 이야기로 바꾸어보자. 아이를 키우는 것보다는 아이 인형을 사는 것이 훨씬 비용이 적게 든다. 인형은 먹이지 않아도 되고 기저귀를 갈아줄 필요도 없다. 무엇보다 좋은 건 내 의지대로 인형을 부릴 수 있다는 점이다. 인형은 언제나 웃고 있다. 인형은 속 썩이는 일도 하지 않는다. 그렇다고 자식을 팔아 인형을 살 사람이 있겠는가? 없다. 절대 없다. 인형은 물건일 뿐이다. 인형에게는 자기 의지가 없다. 그러나 말을 안 듣고 속 썩일 수도 있는 아이들이 스스로의 결정으로 순종할 때 그것이 부모 됨의 기쁨이고 영광이다. 공부를 안 할 수도 있는데 공부하겠다고 끙끙거리는 모습을 보는 것이 기쁨이 아닌가? 우리는 안 할 수도 있는데 하려고 하는 자유의지를 지닌 자녀를 사랑하지, 미동도 없이 앉아 있는 인형을 사랑하지는 않는다. 선악과는 그 자체에 악을 만들어내는 독소가 있는 과일이 아니다. 선악과는 하나님이 우리를 향해서 '너는 나를 닮은 완전한 자유의지를 가진 피조물'이라는 사실을 입증하는 증거다.

"그까짓 열매 하나 따 먹었다고…."

두 번째 질문은 당신도 많이 해봤을 것이고 사람들에게 많이 들어봤을 질문이다. "그까짓 열매 하나 따 먹었다고 하나님이 쪼잔하게 인간을 죄인으로 모냐. 그까짓 열매 하나로?"

그까짓 열매 하나 때문이 아니다. 이것은 첫 번째 죄가 아니다. 선악을 알게 하는 나무의 열매를 따 먹은 것은 인류가 지은 첫 번째 죄가 아니다. 그 행위보다 훨씬 앞서 지은 죄가 있다. 그게 뭐냐고? 스스로 하나님이 되려고 한 것이다. 열매를 딴 손의 범죄보다 하나님처럼 되고 싶어서 하나님의 말씀을 반역하는 마음의 범죄가 먼저 일어났다. 그 탐욕 때문에 하나님이 금하신 열매를 따 먹은 것이다. 그러니까 분명히 하자. 첫 번째 죄는 하나님이 되려는 탐욕이다. 하나님이 되려는 반역이고 하나님이 되려는 불순종이었다.

이것은 원래 사탄이 하늘나라에서 지은 죄다. 사탄이 하늘에서 쫓겨나서 이 땅에 와서 한 일은 하나님의 최고의 피조물을 망가뜨리는 일이었다. 에덴동산에서 지은 죄나 당신과 내가 살아가면서 짓는 죄나 그 본질은 똑같다. 죄의 본질은 '내 마음대로'다. 우리는 수틀리면 말한다. "내 맘이야." 죄의 본질은 하나님을 제쳐놓고 내가 하나님 행세를 하는 것이다. 자식이 자기 마음대로 살아가면 그 부모는 불행해진다. 남편이 자기 마음대로 살면 그 가정은 불행해진다. 모든 국민이 제각기 자기 마음대로 산다면 나라는 무법천지, 불행한 세상이 될 것이다. 하나님을 사랑하고, 하나님이 지은 사람을 사랑하며 살아야 할 인간이 그렇게 하기를 거부할 때, 우리 삶은 죄의 비참에 빠지게 된다. 내가 하나님이 되어 스스로 기준으로 세우고, 선과 악을 정의하는 최종 권위를 지닌 하나님 행세를 하기 시작할 때 우리 삶은 죄에 빠지게 된다.

"왜 남이 지은 죄 때문에 내가 죄인이 되어야 하는 건데?"

세 번째 많은 질문은 이것이다. "왜 남이 지은 죄 때문에 내가 죄인으로 분류되어야 하는 건데. 왜 남이 지은 죄 때문에 내가 고생을 해야 하는데…."

아니다. 남이 아니다. 아담과 하와는 당신과 나의 남이 아니다. 나는 습관적으로 아담 할아버지 하와 할머니라고 부른다. 왜 그런가? 그들이 내 조상이기 때문이다. 문중의 조상을 언급할 때, 얼마나 예를 담아 그 이름을 말하는가? 그렇게 하지 않는 사람을 근본이 없는 사람, 상스러운 사람이라고 여기지 않는가? 하물며 우리 근본 중의 근본인 아담 할아버지와 하와 할머니를 인정하지 않는 사람이 근본을 논할 수 있겠는가? 그들은 온 인류의 대표자다. 그리고 그 대표자와 우리가 떨어져 있지 않고 핏줄로 연결되어 있기에 그들의 죄는 우리에게 심각한 문제가 된다. 당신과 내 속엔 아담 할아버지의 피가 흐르고 있다. 그가 우리의 대표자고 그가 우리의 시조다. 우리는 자갈돌 중 하나가 아니다. 전 세계에 70억 인구가 살고 있는데 우리는 70억 돌멩이 중에 하나로 이 자리에 앉아 있는 것이 아니다. 돌과 돌 사이에는 아무런 연결이 없다. 인류는 바닷가에 있는 조약돌같이 따로따로 있는 존재가 아니다.

당신과 나는 거대한 한 그루의 나무에 붙은 가지다. 뱅골보리수(Banyan Tree)에 대해 들어본 적이 있는가? 이 나무는 인도의 나라 나무다. 뱅골보리수는 가지가 뻗으면 그 가지에서 공중 뿌리가 실처럼 내려온다. 그 끝이 땅에 닿으면 뿌리를 내려 기둥으로 자란다. 이런 식으로 계속해서 가지를 연장해나가기 때문에 나무 한 그루가 초등학교 운동장을 덮을 만큼 큰 나무가 된다. 여러 나무처럼 보이지만 한 나무이고 모든 가지는 한 뿌리에서 나온 게 분명하다. 우리 모두는 아담 할아버지, 하와 할머니 한 조상에서 나왔다. 그들의 피를 물려받았고 지금도 그들의 영향 속에서 살고 있는 것이다.

그들은 우리의 대표자다. 그것이 대표성의 원리다. 가장이 엉뚱한 결정을 해 파산하면 온 가족이 길거리에 나앉게 된다. 자녀가 '난 그런 결정 한 적 없다'고 항의해도 소용이 없다. 그 가정의 대표자인 아버지가 그렇게 결정했기 때문이다. 이완용이라는 매국노가 나라를 대표해 일본에 나라를 팔아버렸다. 그래서 우리나라는 일본 식민 통치에 시달렸다. 2002년 우리나라는 월드컵 4강에 들었다. 당시 한국 국가 대표 팀의 대표 선수는 홍명보였다. 그가 승부차기에서 골을 넣었을 때 우리는 다 이렇게 말했다. '와- 우리가 이겼다!' 이것이 대표성의 원리다. 우리의 대표 선수인 아담 할아버지와 하와 할머니가 하나님께 반역했을 때 우리는 그 안에서 그들의 반역에 동참했던 것이다.

더 적절한 예가 생각난다. 어느 해 여름 한 나라에 단기 선교를 갔다. 그 나라 돈을 바꾸어 성경책 갈피에 넣어두었다. 사역지로 이동하는 중 비를 맞으며 걸어가는데 성경이 담긴 배낭 속으로 물이 배어들었다. 그 물은 성경책 속까지 스며들었다. 그때 성경 갈피 속에 있었던 그 돈은 어떻게 됐을까? 젖었다. 왜 젖었을까? 그 안에 있었기 때문이다. 당신과 나의 모든 죄는 바로 그러한 아담과 하와, 우리 인류 대표 선수의 죄에서 발원되는 것이다. 그것을 신학적으로 원죄(原罪)라고 부른다. 원죄는 타고나는 죄다. 우리가 갖고 있는 죄성을 말하는 것이다. 타고난 죄성은 작은 흠결이 아니다. 그 죄성은 우리로 자범죄(自犯罪, actual sin)를 짓게 만드는 원뿌리다. 다른 사람들이 죄를 짓는 것을 보면 어이가 없다. 그러나 그렇게 어이없어 할 건 아니다. 왜냐하면 그와 같은 형편이나 환경에 처하게 된다면 우리도 그런 짓을 할 수 있다. 태어난 지 몇 개월 안 된 아기들을 잘 보라. 얼마나 예쁘고 순결해 보이는가. 그러나 조금만 더 자세히 보라. 이 연약한 아기들이 얼마나 이기적이고 얼마나 완고하며 얼마나 고집 센지. 얼마나 제 마음대로 하기를 원하는지. 이것이 아담과 하와의 원죄가 우리에게도 흐르고 있음을 보여주는 명백한 증거가 아닌가?

죄의 독이 퍼지다

그래서 8문의 질문은 이렇다. "그렇다면 우리는 그토록 부패하여 선은 조금도 행할 수 없으며 온갖 악만 행하는 성향을 지니고 있습니까?"

그렇다. 방울뱀에게 물리면 그 뱀의 독이 정맥을 통과해서 심장 정맥으로 들어가고 동맥으로 다시 나오면서 온몸에 퍼지게 된다. 독이 우리의 혈관을 타고 흐르는 것처럼 아담 할아버지와 하와 할머니의 죄는 우리 존재 깊이 영향을 미치게 되었다. 성경은 말한다. "기록된 바 의인은 없나니 하나도 없으며 깨닫는 자도 없고 하나님을 찾는 자도 없고 다 치우쳐 함께 무익하게 되고 선을 행하는 자는 없나니 하나도 없도다"(롬 3:10-12).

그러나 오해하지 말아야 할 것이 있다. 선은 조금도 행할 수 없고 온갖 악만 행하는 성향이 있다 해서 우리에게 있는 하나님의 형상이 소멸되었다는 뜻이 아니다. 인간으로서의 가치를 잃어버렸다는 것은 더더욱 아니다. 생각해보라. 5만 원 짜리가 길에 떨어져 있다. 그런데 그 돈이 심각하게 구겨져 있다. 휴지처럼 꼬깃꼬깃하게 구겨졌어도 여전히 그 값은 5만 원이다. 다섯 사람이 밟고 지나갔다고 치자. 흙이 잔뜩 묻은 발로 밟고 지나갔다고 치자. 구멍도 뚫리고 귀퉁이도 찢어졌다고 치자. 가치가 달라졌는가? 아니다. 5만 원의 가치는 그대로 있다. 죄를 지었다고 우리 안에 하나님 형상이 소멸된 것이 아니다. 사람 속에는 뭔가를 의지해야 한다는 변하지 않는 종교심이 있다. 그대로 살지는 못할지라도, 사람 속에는 양심이란 것이 있다. 또 사람 속에는 수치심도 있고 생각이나 창의성도 있다. 그래서 사람은 문화를 만들기도 하고 예술을 만들기도 한다.

문제는 우리가 아는 모든 일, 지성, 감정 의지가 만들어낸 모든 일에 그 죄성이 전부 다 개입되고 있다는 데 있다. 이것은 나쁜 소식이다. 우리 힘으로 거기서 나올 방법이 없다. 교육을 많이 받은 사람은 다 착한 사람이 될까? 공부를 많이 한 박사들은 초등학교만 나온 사람보다 착한 사람이라고 말할 수 있는가? 아니다. 교육과 사람의 죄성은 아무 관계가 없다.

큰 죄에 빠진 날 위해 주 보혈 흘려주시고

그래서 우리는 이렇게 찬송한다.

> 큰 죄에 빠진 나를 주 예수 건지사
> 그 넓은 품에 다시 품으신 은혜는 저 바다보다 깊고 저 하늘보다 높다

그 사랑 영원토록 나 찬송하리라
날로 더욱 귀하다
날로 더욱 귀하다
한이 없이 넓은 우리 주의 사랑
날로 더욱 귀하다.

앞부분에 나오는 "큰 죄에 빠진 나"에 대해 살펴보자. 이것은 나쁜 소식이다. 우리는 바깥에서 구해주지 않으면 스스로의 힘으로는 도무지 나올 수 없는 물에 빠진 사람과 같다. 다시 말하지만, 여기 큰 죄라는 말은 죄의 횟수나 흉악도를 말하는 것이 아니다. 우리 힘으로 도무지 헤어나올 수 없는 원죄, 죄성에 갇혔다는 뜻이다.

그러나 좋은 소식도 있다. 예수님이 우리 스스로는 나올 수 없는 죄의 감옥에서 우리를 끄집어내시기 위해 십자가에 죽으셨고 그 보혈로 우리의 죗값을 대신하셨다. 예수님밖에는 없다. 그래서 성경은 말한다. "예수께서 이르시되 내가 곧 길이요 진리요 생명이니 나로 말미암지 않고는 아버지께로 올 자가 없느니라"(요 14:6). "다른 이로써는 구원을 받을 수 없나니 천하 사람 중에 구원을 받을 만한 다른 이름을 우리에게 주신 일이 없음이라 하였더라"(행 4:12).

이제는 왜 우리가 그렇게 예수님께 감사해야 하는지 이해가 되는가? 아무도 건져줄 수 없는 죄의 늪에서 예수님이 우리를 건져주셨기 때문이다.

chapter 5
의로우신 하나님

9문 하나님께서 사람이 행할 수 없는 것을 그의 율법에서 요구하신다면 이것은 부당한 일이 아닙니까?

답 아닙니다. 하나님은 사람이 행할 수 있도록 창조하셨으나,¹ 사람은 마귀의 꾐에 빠져 고의(故意)로 불순종하였고,² 그 결과 자기 자신뿐 아니라 그의 모든 후손도 하나님의 그러한 선물들을 상실하게 되었습니다.³

10문 하나님께서는 그러한 불순종과 반역을 형벌하지 않고 지나치시겠습니까?

답 결코 그렇지 않습니다. 하나님께서는 원죄(原罪)와 자범죄(自犯罪) 모두에 대해 심히 진노하셔서 그 죄들을 이 세상에서 그리고 영원히 의로운 심판으로 형벌하실 것입니다.⁴ 하나님께서는 "누구든지 율법 책에 기록된 대로 모든 일을 항상 행하지 아니하는 자는 저주 아래에 있는 자라 하였음이라"(갈 3:10)고 선언하셨습니다.⁵

11문 그러나 하나님은 또한 자비하신 분이 아닙니까?

답 하나님은 참으로 자비하신 분이나⁶ 동시에 의로우신 분이십니다.⁷ 죄는 하나님의 지극히 높으신 엄위를 거슬러 짓는 것이므로 하나님의 공의는 이 죄에 대해 최고의 형벌, 곧 몸과 영혼에 영원한 형벌을 내릴 것을 요구합니다.⁸

---

1. 창 1:27, 2:16-17 **2.** 창 3:4-6, 13, 요 8:44, 딤전 2:13-14 **3.** 롬 5:12 **4.** 창 2:17, 출 20:5, 34:7, 시 5:4-5, 7:11-13, 나 1:2, 롬 1:18, 5:12, 엡 5:6, 히 9:27 **5.** 신 27:26 **6.** 출 20:6, 34:6-7 **7.** 출 20:5, 23:7, 신 7:9-11, 히 10:30-31 **8.** 나 1:2-3, 마 25:45-46, 살후 1:8-9.

좁여 읽기

"그런즉 우리가 무슨 말을 하리요 하나님께 불의가 있느냐 그럴 수 없느니라"(롬 9:14).

내가 죄에 빠졌고 형벌을 피할 수 없다고? 이 말은 죄성 충만한 우리 육이 가장 싫어하고 인정하기를 거부하는 말이다.

수천 년 인류 역사에서 인간이 죄의 형벌에 대해 뱉어온 대표적인 세 개의 변명이 있다. 첫째, 지킬 수도 없는 요구를 하고 지키지 못한다고 정죄하고 벌주는 하나님의 처사는 부당하다. 둘째, 모두가 죄를 짓고 형벌을 받아야 한다면 하나님은 형벌을 철회하고 그냥 넘어가실 수밖에 없지 않겠는가? 셋째, 사랑이신 하나님이 설마 죄인들을 지옥에 보내시기까지 하겠는가? 우리가 사는 세상의 논리와 경험에 근거해 생각해보면 맞는 이야기같이 들린다. 세상이 그러하기 때문이다.

그러나 하나님은 이 세 가지 변명에 대해 그분의 말씀으로 답하신다. 하나님은 사람이 다 행할 수 있도록 창조하셨으나(창 1:27), 사람이 하나님의 그러한 선물을 상실한 것이다(창 3:1-24). 하나님은 결코 그냥 넘어가지 않고, 인간이 지은 원죄(原罪)와 자범죄(自犯罪) 모두에 대해 심히 진노하시며 의로운 심판관으로서 그 죄들을 형벌하실 것이다(출 34:7). 그리고 하나님은 참으로 자비한 분이실 뿐 아니라, 동시에 의로운 분이시기에 하나님의 공의로는 이 죄에 대한 형벌을 내릴 수밖에 없다(나 1:2-3).

슬픈 소식은 피할 길이 없다. 어떤 변명과 반항으로도 죄와 형벌에서 빠져나갈 길이 없다. 그러나 기쁜 소식이 있다. 탈출할 수 있는 길은 없으나 구조될 길이 있다. 하나님의 절대 공의와 절대 자비가 만나는 한 지점, 예수님의 십자가가 그 유일한 길이다. 우리는 결정해야 한다. 우리의 죄를 예수님의 십자가에서 처벌되게 하든가, 아니면 우리가 자신의 형벌을 짊어지고 영원한 처벌을 받아야 한다.

1995년 6월 29일 오후 5시 55분경, 우리 역사에 기억될 아주 부끄럽고 끔찍한 사건이 터졌다. 한국 전쟁 이후 최대 인명 피해를 낸 사건이 벌어진 것이다. 502명이 사망하고 937명이 부상했고 6명이 실종됐다. 삼풍백화점이 무너진 사건이 그것이다. 그때 건물만 무너진 것이 아니고 많은 사람의 삶이 함께 무너져내렸다. 건물 잔해 속에 갇히거나 매몰된 사람들은 얼마나 처절한 탈출을 시도했을까. 사방이 거대한 콘크리트 덩어리로 막혀 있다. 팔은 없어지고 다리는 잘려져 나갔다. 수많은 사람이 탈출을 시도했지만 실패했다.

그 가슴 아프고 비참한 사건을 떠올리는 이유가 무엇인가? 그 상황이 우리의 영적 상태를 여실하게 보여주기 때문이다. 우리는 모두 죄의 어두움에 빠져 있었다. 어떻게 느끼든 관계없이 우리는 이미 죄 속에 빠져 있었다. "모든 사람이 죄를 범하였으매 하나님의 영광에 이르지 못하더니"(롬 3:23). 이 말씀에는 분명히 "모든 사람"이라고 나온다. 갓 태어난 신생아에서 90이 넘은 할아버지까지 살아 있는 모든 사람은 다 죄에 갇혀 있다는 것이다. 죄(the Sin)에 빠져 있기 때문에 쉴 사이 없이 죄(sins)를 짓고 살 수밖에 없는 것이다. 사람들은 죄를 끊어버리고 수렁에서 나오기 위해 허우적거리며 탈출을 시도한다. 어금니를 깨물며 다시는 그런 짓을 안 하겠다고 결심한 것이 한두 번인가? 그러나 그렇게 되는가? 잘해보겠다고 목표를 세우고 결심한 적은 얼마나 많은가? 그러나 그 결심처럼 되던가? 왜 그게 안 될까? 우리가 본질적으로 죄에 빠져 있기 때문이다. 여전히 자신이 삶을 비참하게 할 만큼 큰 죄를 지은 적이 없다고 생각할 수 있다. 나도 그렇게 믿는다. 그러나 우리가 죄에 빠진 것은 우리가 지은 몇 가지 악한 행위 때문이 아니다. 그 악한 행위는 죄에 빠져 있는 증거이지 죄에 빠지게 한 원인은 아니다. 우리의 시조 아담 할아버지와 하와 할머니가 인류를 대표해서 하나님께 반역하고 스스로 하나님 행세를 하는, 하나님으로부터 분리된 삶을 선택한 이유로 그 죄는 우리에게까지 이르러 피를 타고 흐르고 있다. 하나님은 말씀하신다.

"선악을 알게 하는 나무의 열매는 먹지 말라 네가 먹는 날에는 반드시 죽으리라 하시니라"(창 2:17).

"그러므로 내가 너희에게 말하기를 너희가 너희 죄 가운데서 죽으리라 하였노라 너희가 만일 내가 그인 줄 믿지 아니하면 너희 죄 가운데서 죽으리라"(요 8:24).

"죄의 삯은 사망이요"(롬 6:23).

"한 번 죽는 것은 사람에게 정해진 것이요 그 후에는 심판이 있으리니"(히 9:27).

아무도 죄의 늪에서 스스로 빠져나올 수 없다. 죄 때문에 받게 될 형벌을 피할 수 없다.

탈출 시도

우리 인간이 죄에 빠졌다는 분명한 증거가 있다. 죄를 지적당하면 모두가 탈출을 시도한다는 것이다. "내가 안 그랬어." "그러려고 한 게 아니라…." "나 때문이 아니고…." 우리는 어떻게 해서든지 죄의 지적과 화살을 피하기 위해 수많은 탈출 시도를 한다. 죄를 부정하고 부인하며 반박하고 변명한다. 수천 년 역사 동안 인류가 반복해온 세 가지 탈출 시도가 있다.

첫째, 하나님께 책임을 돌리는 것이다. "죄를 지을 수밖에 없는 연약한 인간을 만들어놓은 하나님이 잘못하신 거지." 둘째, 하나님도 이미 엎질러진 물에 대해선 어쩔 수 없을 거라는 생각이다. "모든 사람이 죄를 짓고 사는데…. 모든 사람을 다 벌줄 수는 없는 노릇이다. 그러므로 하나님이 그냥 넘어가실 거다." 셋째, 하나님의 속성에 대한 오해다. "사랑의 하나님이 어떻게 우리를 지옥에 보낼 생각을 하실 수 있단 말인가. 그럴 수는 없지."

마치 우리 마음속을 꿰뚫어 보듯, 하이델베르크 요리문답의 저자들은 아주 정확하게 그런 핑계에 대해 다루고 있다. 이 세 가지 질문은 세상의 논리

의로우신 하나님을
모를 때 하는 엉뚱한 소리들
"하나님이 부당하신 거야!"
"하나님이 그냥 넘어가실 거야"
"하나님은 사랑이시니까 봐주실 거야!"

로 보면 그럴듯하다. 그러나 이 질문에 대한 답은 여론 조사나 전문가의 토론으로 얻을 수 있는 것이 아니다. 국민 투표나 여론몰이로 해답을 얻을 수는 없다. 오직 성경만이 그 답을 줄 수 있다.

그렇다. 9문과 10문은 사람들이 그들의 삶에서 얻은 경험과 세상의 관계를 토대로 하나님께 적용하는 질문이다. 그리고 그 질문에 대해서 성경이 하는 말을 요약해 답하고 있다. 이런 것을 우문현답(愚問賢答)이라고 한다. 세상의 어리석은 질문에 대해서 성경의 지혜로움으로 대답하고 있다. 세 가지 질문에 대해서 하나씩 살펴보자.

하나님이 부당하신 게 아닌가

개를 보고 하늘을 날지도 못하는 멍청이 같다고 말한다면 그것은 부당하다. 물고기를 보고 육지에서 뛰어다니지도 못하는 무능한 것이라고 정죄한다면 그런 판단을 하는 사람이 무식하고 불의한 것이다. 사람들은 그 논리를 그대로 하나님께 적용해서 이렇게 따진다. "아니 지킬 수도 없는 사람에게 율법을 지키라고 요구해놓고 지키지 못한다고 정죄하고 벌준다면 하나님이 부당하고 불의하신 거 아닌가?" 9문의 답에 담긴 의미는 이렇다. '아니다.

개에게 날개가 없고 물고기에게 다리가 없는 것처럼, 인간은 율법을 지킬 수 없고 하나님의 요구 사항을 지킬 수 없는 존재로 창조된 것이 아니다. 사람은 선하고 완전하게 창조되었고 하나님의 형상대로 창조되었지만 범죄로 말미암아 그 능력을 상실했다. 그러므로 책임은 하나님께 있는 것이 아니고 죄 지은 인간에게 있다.'

이렇게 생각해보자. 나이 든 아버지가 두 아들에게 공평하게 유산을 나누어주었다. 한 아들이 도시에 나가서 보니 한 푼, 두 푼 모으는 식으로는 큰 부자가 될 수가 없다는 것을 깨닫는다. 아들은 그 돈을 전부 경마에 투자했고, 유산 전부를 날리고 알거지가 되었다. 이 아들이 아버지에게 와서 말한다. "아버지, 돈 좀 대주세요." 아버지는 "안 돼. 네 인생이니 네가 알아서 해. 너에게 줄 건 이미 다 줬어"라고 말했다. 아들이 화가 나서 아버지를 고소한다. "피도 눈물도 없는 우리 아버지를 잡아 가두십시오." 그러면 판사가 그 아버지를 불의하다고 판결하겠는가?

또 다른 예를 들어보자. 당신이 은행에서 3억을 빌렸다고 치자. 그 돈으로 장사를 시작했는데 장사가 잘 안 됐다. 3억이 다 날아갔다. 당신은 이제 완전히 파산한 상태다. 그런데 당신에게 돈을 빌려준 은행이 계속해서 독촉장을 보낸다. 언제까지 안 갚으면 집을 차압하겠다고. 그런데 어느 날 그 일이 벌어졌다. 냉장고에도 텔레비전에도 침대에도…. 온 살림살이에 빨간 딱지가 붙었다. 화가 난 당신은 이들을 고소한다. "갚을 수도 없는 내게 자꾸 갚으라고 하는 은행의 불의한 처사에 대해 심판해주시기 바랍니다." 법원이 당신에게 손을 들어주겠는가? 잘못된 경영으로 3억을 탕진한 당신에게?

하나님도 마찬가지다. 그래서 로마서 9장 14절은 이렇게 말한다. "그런즉 우리가 무슨 말을 하리요 하나님께 불의가 있느냐 그럴 수 없느니라."

하나님이 그냥 넘어가시지 않겠는가

두 번째로 많은 오해는 하나님이 죄에 대해 그냥 넘어가실 거라는 것이다.

"이렇게 많은 사람이 죄를 지었는데 차마 하나님이 다 벌하실라고? 하나님이 그냥 넘어가실 것이 뻔하다. 하나둘도 아니고 모두가 죄를 지었는데 형벌을 철회하고 그냥 넘어가시지 않겠는가?" 세상의 방식으로 생각하면 그 말이 맞다. 온 국민이 다 죄를 지었다고 해서 모든 사람을 다 감옥에 집어넣을 수 없다. 그러므로 형벌을 철회할 수밖에 없다. 하나님도 그러실 수밖에 없다는 것이다.

우리는 이런 프레임에 아주 오랫동안 길들여져 왔다. 2014년에 표준어로 등극한 속어가 있다. '개기다'이다. 이 말은 '명령이나 지시를 따르지 않고 버티거나 반항하다'라는 뜻의 속어다. 많은 사람이 어려서부터 실제 실행될 수도 없고 실행되지도 않는 엄포 속에서 '개기는' 법을 배워왔다. 아이가 잘못하면 엄마가 엄포를 놓는다. "너 또 말 안 들으면 집에서 내쫓아버린다." 그러나 엄포는 엄포로 끝날 뿐이다. 한 번도 내쫓긴 적은 없다. 선생님도 엄포를 놓는다. "다음에 또 그러면 가만두지 않을 거다." 실상 많은 경우 적당히 개기면 상황이 종료된다. "말만 저러지, 그냥 넘어갈 거다."

옛날이야기를 한번 해보자. 박정희 장군이 쿠데타를 일으키고 혁명 공약을 내걸고 엄포를 놨다. 혁명 공약을 외우지 못하는 사람은 벌금을 매기고 벌금을 내지 않으면 감옥에 집어넣겠다고 했다. 그때 초등학생이었던 나는 고지식하게 그 혁명 공약을 다 외웠다. 지금도 그 첫 구절이 기억난다. "반공을 국시의 제일로 삼고 지금까지 형식적이고 구호에만 그친 반공정신을 재정비 강화한다." 왜 그 공약을 외웠는지 아는가? 두려워서다. 그러나 사실 그 엄포로 몇 사람이나 외웠을까. 그것을 외지 못한 전 국민을 감옥에 넣는 게 가능하기나 할까? 말만 그랬지 그런 일은 일어나지 않았다.

그러나 하나님께는 개기면 안 된다. 하나님은 그런 분이 아니다. 성경은 말한다.

"인자를 천대까지 베풀며 악과 과실과 죄를 용서하리라 그러나 벌을 면제하지는 아니하고 아버지의 악행을 자손 삼사 대까지 보응하리라"(출 34:7).

"진실로 너희에게 이르노니 천지가 없어지기 전에는 율법의 일점 일획도 결코 없어지지 아니하고 다 이루리라"(마 5:18).

죄는 반드시 심판받는다. 이 세상에서 심판되지 않으면 영원한 심판대 앞에서 받게 된다. 그러나 많은 크리스천이 오해한다. "크리스천은 이미 죄를 다 용서받았고, 죄 지어도 하나님이 벌주지 않고 넘어가는 것 아닌가요?" 큰 착각이다. 하나님은 자녀라고 해서 그들이 짓는 죄를 감싸주거나 봐주지 않으신다. 비가 주룩주룩 오는 날 우산 없이 나가면 크리스천이라도 옷이 젖는다. 부주의하게, 난폭하게 운전하면 크리스천이라도 자신과 남의 생명을 잃게 할 수 있다. 죄를 지으면 크리스천이라도 양심의 찔림을 당하게 되어 있다. 죄를 지으면 크리스천이라도 가정이 무너지고, 자녀는 엄청난 상처를 받게 되며, 감옥에서 평생을 보낼 수도 있다.

그러나 크리스천의 죄와 넌크리스천(non-Christian)의 죄에는 큰 차이가 있다. 크리스천은 심판받지 않는다는 것이다. 크리스천이 받는 심판을 성경은 징계(懲戒)라고 부른다. 우리가 잘못하면 아버지이신 하나님께 반드시 혼이 나고 매를 맞는다. 아무리 나쁜 짓을 해도 매 맞는 일이 없다면 그것은 결코 기뻐할 일이 아니다. 당신이 하나님과 아무 관계도 없는 사람, 구원받지 못한 사람이라는 증거이기 때문이다. 크리스천은 성숙해갈수록 죄에 대한 민감성이 점점 커져서 작은 잘못을 하고도 온종일 그 마음이 찔리고, 양심의 가책을 느끼며, 후회가 되고, 하나님의 매가 두렵게 느껴진다. 그러나 우리 크리스천에게 영원을 지옥에서 보내는 심판은 없다. 이 땅에서 징계는 받지만, 불신자들에게 주어지는 영원한 심판은 임하지 않는다. 우리가 정말 조심해야 할 일은 죄를 세상적인 기준으로 생각하지 않아야 한다는 것이다. 하나님이 대충 넘어가실 거라고? 아니다. 하나님은 반드시 죄를 다루신다. 반드시.

하나님은 사랑이시니, 봐주시지 않겠는가

세 번째로 많은 오해는 하나님이 자비로우신데 어떻게 우리를 벌주실 수가 있겠냐는 것이다. "설마 사랑의 하나님이 지옥을 만들어놓고 그 지옥에 우리를 보내시기야 하겠는가?" 사람들은 지옥을 부정한다. 지옥이라는 말을 듣기도 싫어하고 영원한 심판을 마음속에 두는 것조차 싫어한다. 지옥이 있다고 인정한다 해도 하나님이 두 번째 기회를 주셔서 지옥에 안 가게 하실 거라고 생각한다. 그리고 하나님이 모든 죄인을 다 사면하실 것이라고 믿는다. 지옥이 반드시 있어야 한다면 악한 자가 영원히 고통당하지 않기 위해서 영혼을 버릴 거라고 생각한다.

그렇지 않다. 사랑의 예수님은 분명히 지옥을 말씀하셨다. "만일 네 손이나 네 발이 너를 범죄하게 하거든 찍어 내버리라 장애인이나 다리 저는 자로 영생에 들어가는 것이 두 손과 두 발을 가지고 영원한 불에 던져지는 것보다 나으니라 만일 네 눈이 너를 범죄하게 하거든 빼어 내버리라 한 눈으로 영생에 들어가는 것이 두 눈을 가지고 지옥 불에 던져지는 것보다 나으니라"(마 18:8-9). 지옥을 문자대로 정확하게 인식하고 경고하시는 분은 바로 당신과 내가 믿는 사랑의 예수님이다.

하나님께는 여러 속성이 있다. 신학적인 용어로 설명하면, 하나님께는 비공유적 속성과 공유적 속성이 있다. 공유적 속성이란 하나님께 있고 그분의 형상대로 지어진 우리 인간에게도 있는 속성이다. 하나님은 자비로우시다. 그 자비의 마음이 우리에게도 있다. 하나님은 공의로우신 분이다. 우리 마음속에도 정의감, 의로운 마음이 있다. 이런 것들을 공유적 속성이라 부른다. 그러나 비공유적 속성도 있다. 하나님께는 있지만 우리에게는 없는 속성이다. 하나님은 완전하고 영원하며 불변하고 때에 따라 생각을 바꾸지 않으신다. 절대 형편에 따라 입장을 바꾸지 않으신다. 그러므로 공유적 속성인 자비와 공의는 절대 불변의 속성인 불변성, 영원성, 완전성을 갖추신 하나님 앞에서 충돌되거나 타협되거나 양보되거나 모순될 수 없다.

그러나 우리가 세상에서 경험하는 것은 그렇지 않다. 다른 집 자식이 한 짓은 나쁜 짓이지만, 내 자식이 한 짓은 실수라고 감싼다. 다른 사람의 부적절한 관계는 간음이지만, 내 친구가 한 짓은 바람기일 뿐이다. 나와 얼마나 상관있는지에 따라서 죄가 결정되는 것이 세상의 방식이다. 그러나 하나님은 결코 그렇게 하지 않으신다. 하나님은 이스라엘 백성을 긍휼히 여기셔서 애굽에서 이끌어내신 사랑의 하나님이다. 그러나 백성이 금송아지를 만들어 섬기자 이들을 모두 죽여 없애고 모세로 새 민족을 만드시겠다고 말씀하시는 하나님도 같은 하나님이다.

절대 공의와 절대 자비가 만나는 곳

우리는 큰 죄에 빠져 있다. 다시 말하지만, 큰 죄란 죄의 횟수나 크기나 흉악도를 말하지 않는다. 죄가 크다고 하는 것은 우리가 죄를 짓는 대상과 관련이 있다. 세상에서도 그런 예는 많다. 동생의 따귀를 때린 것과 아버지의 따귀를 때린 것은 다르다. 칼로 동료를 찌른 것과 칼로 대통령을 찌른 것은 죄의 정도가 다르다. 동료의 지갑을 훔친 것과 기업의 자산을 훔친 것은 다른 죄다. 죄의 크기나 질 때문이 아니고, 그 대상 때문이다.

우리가 짓는 모든 죄는 하나님께 짓는 것이다. 너는 마음을 다하고 뜻을 다하고 성품을 다하고 목숨을 다해 하나님을 사랑하고 네 이웃을 네 몸처럼 사랑하라고 하셨는데 그렇지 못한 모든 것이 죄다. 이 죄를 어떻게 해야 하는가? 하나님은 사랑이시지만, 또 공의로우시기 때문에 우리 죄를 그냥 넘어갈 수 없다는 것이 우리가 직면하고 있는 나쁜 소식이다. 어떤 변명이나 구실로도 **빠져나갈** 수가 없다. 그러나 좋은 소식이 있다. 그 딜레마에서 구출될 길이 있다. 탈출할 길은 없지만 구출받을 길이 있다.

하나님의 절대 공의와 절대 자비가 만나는 지점이 어디인가? 바로 예수님의 십자가다. 하나님의 절대 공의로는 반드시 죄인을 벌해야 한다. 하나님의 절대 자비로는 죄 지은 우리에게 벌을 줄 수 없다. 벌을 안 줄 수도 없고 벌을 줄 수도 없다. 이 절대 자비와 공의의 충돌이 조화되고 만나는 지점이 바로 십자가란 말이다. 예수님이 십자가에서 모든 사람의 죄의 저주와 형벌을 대신 감당하셨기 때문에 누구든지 그 예수님의 형벌을 나를 위한 것이라고 믿고 받아들이는 사람은 심판에서 벗어나게 된다. 이 땅에서 짓는 죄에 대해 징계는 받을지는 몰라도 지옥에 보내지는 일은 절대로 없다.

사람은 어떤 결정을 하는지에 따라 운명이 달라진다. 나의 죄와 형벌을 예수님의 십자가가 처리하게 할 것이냐, 또는 나의 죄와 형벌을 내가 지고 영원히 내가 책임질 것이냐? 사람이라면 누구나 둘 중에 하나를 선택해야 한다. '내게 죄가 있다면 내가 책임지겠다. 나는 죄보다 더 많은 착한 일을 해서 천국에 가겠다'고 결정하든지, '예수님의 십자가가 바로 저를 위한 것임을 겸손히 받아들이고 예수님을 따르기 원합니다'라고 결정하든지 우리에게는 두 가지 선택지밖에 없다.

한눈에 보는 하이델베르크 요리문답 구조

제1부	제2부	제3부
3문–11문	12문–85문	86–129문
우리의 문제	우리의 구원	우리의 감사
죄(Sin)	구원(Salvation)	섬김(Service)
비참의 참 원인인 우리의 죄와 의로우신 하나님의 형벌	참 믿음의 기준인 사도신경 참 믿음의 방편인 말씀과 성례	참 선행의 기초인 십계명 참 선행의 동력인 기도
로마서 1장–3장 20절	로마서 3장 21절–11장	로마서 12장–16장

2부
우리의 구속(救贖)에 관하여

chapter 6

우리의 **곤경**

12문 하나님의 의로운 심판에 의해 우리는 이 세상에서 그리고 영원히 형벌을 받아 마땅한데, 어떻게 이 형벌을 피하고 다시 하나님의 은혜를 입을 수 있겠습니까?

답 하나님께서는 자신의 의(義)가 만족되기를 원하십니다.[1] 따라서 우리는 우리 스스로든 아니면 다른 이에 의해서든 죗값을 완전히 치러야 합니다.[2]

13문 우리가 스스로 하나님의 의를 만족시킬 수 있습니까?

답 결코 그렇지 않습니다. 오히려 우리는 날마다 우리의 죄책(罪責)을 증가시킬 뿐입니다.[3]

14문 어떠한 피조물이라도 단지 피조물로서 우리를 대신하여 하나님의 의를 만족시킬 자가 있습니까?

답 하나도 없습니다. 첫째, 하나님께서는 인간의 죄책 때문에 다른 피조물을 형벌하기를 원치 않으십니다.[4] 둘째, 어떠한 피조물이라도 단지 피조물로서는 죄에 대한 하나님의 영원한 진노의 짐을 감당할 수도 없고, 다른 피조물을 거기에서 구원할 수도 없습니다.[5]

15문 그렇다면 우리는 어떠한 중보자와 구원자를 찾아야 합니까?

답 참 인간이고[6] 의로운 분이시나[7] 동시에 참 하나님이고 모든 피조물보다 능력이 뛰어나신 분이십니다.[8]

---

1. 창 2:17, 출 20:5, 23:7, 겔 18:4, 히 10:30 2. 사 53:11, 마 5:26, 롬 8:3–4 3. 욥 9:2–3, 시 130:3, 마 6:12, 롬 2:4–5 4. 겔 18:4, 히 2:14–17 5. 시 49:7–8, 130:3, 나 1:6, 히 10:4 6. 고전 15:21, 히 2:17 7. 고후 5:21, 히 7:26 8. 사 7:14, 9:6, 렘 23:6, 요 1:1, 롬 8:3–4

좁혀 읽기

"하나님은 한 분이시요 또 하나님과 사람 사이에 중보자도 한 분이시니 곧 사람이신 그리스도 예수라"(딤전 2:5).

"큰 죄에 빠진 날 위해 주 보혈 흘려주시고…." 신앙생활 초기에, 이 찬송을 부를 때마다 이런 생각이 들었다. '나는 아닌데… 나는 전과도 없는데… 예수님이 대신 죽으셔야 할 만큼 악한 죄를 지은 적도 없는데….' 우리가 큰 죄에 빠진 것은 범죄 횟수가 많거나, 범죄의 질이 나빠서가 아니다. 우리가 큰 죄인이 된 것은 우리가 크신 하나님께 죄를 지었기 때문이다. 아담 시조 안에서 우리는 죄인으로 태어나 죄 가운데 살게 되었다. 모든 죄는 하나님에 대한 반역이다.

빚은 빚을 낳아 더 큰 빚으로 이어지게 만드는 습성이 있다. 죄도 마찬가지다. 우리 스스로는 하나님께 진 죄의 빚을 갚을 능력이 없다. 어떤 선행이나 고행이나 종교 행위로도 죄의 빚을 갚을 수 없다. 소나 양 같은 어떤 제물이나 다른 어떤 피조물이나 천사라도 우리 죗값을 대신 치르거나 우리 죄의 형벌을 대신 받을 수 없다.

그럼 어떻게 해야 하는가? 사람에겐 탈출할 길이 없다. 그러나 하나님은 그 길을, 제3의 길을 예비하셨다. 하나님이 예비하신 특별한 구출자는 세 가지 조건을 갖춘 분이어야 한다. 참 사람, 참으로 의로운 분, 참 하나님!

그분은 예수님이시다. 예수님만이 우리의 중보자시다. 구원자가 될 세 가지 조건을 갖추신 분이다.

날이 밝아오기 직전 동쪽 하늘을 먼동이라고 말한다. 먼동이 틀 때에는 두 가지 현상이 나타난다. 먼동 틀 때가 가장 어둡다. 그러나 또 하나는 어둠 속 동쪽 하늘에서는 떠오르는 태양의 낌새를 느낄 수가 있게 된다. '아, 날이 밝아오는구나.'

이 장에서 우리가 다루게 될 내용은 영적인 먼동 현상을 경험하게 만들 것이다. 첫째는 칠흑 같은 어두움을 느끼게 될 것이다. 우리는 죄를 지었고 죄 가운데 태어난 죄인으로서 죄에서 벗어날 길이 없었다. 그런 점에서 먼동 트기 직전의 칠흑 같은 어두움을 느끼게 될 것이다. 그러나 기쁜 소식이 있다. 먼동이 틀 때 동쪽 하늘에 붉은 빛이 비치며 태양이 떠오르는 낌새를 알 수 있듯이 탈출의 길은 철저하게 막혀 있지만 구출의 길이 보이기 시작하는 소망을 감지하게 된다.

죄, 죄, 죄! 죄 이야기만 하나?

지금까지 몇 장을 걸쳐오면서 당신의 마음이 많이 상해 있을 것이다. 칭찬도 여러 번 반복해 들으면 욕이 된다는데…. 계속 죄에 대해서, 죄가 가져온 비참에 대해서, 죄의 형벌에 대해서 반복하고 있으니 말이다. 하이델베르크 요리문답의 초점은 죄라고 오해할까 봐 이 즈음에서 전체 구조를 잠깐 공개하겠다.

하이델베르크 요리문답의 초점은 죄가 아니고 구원이다. 죄에 대해서 9개의 질문과 답변이 있다면, 구원에 대해서는 74개다. 구원에 대해 죄의 여덟 배가 넘는 긴 분량을 할애하고 있다. 그리고 그 구원을 받은 사람이 어떻게 살아야 하는지에 대한 44개의 질문과 답변이 뒤따른다. 1 대 8, 이것은 성경 전체가 말하는 죄와 구원에 대한 내용의 비율이기도 하다.

바른 믿음에 대해 이런 구조로 설명하는 이유는 우리 경험을 통해서도 쉽게 이해할 수 있다. 교통사고를 당해본 적이 있는가? 모든 사고에는 한 가지 공통점이 있다. 교통사고는 눈 깜짝할 사이, 아차 하는 순간에 일어난다는 것이다. 사고는 순간적으로 일어나지만 그 사고에서 입은 손상과 후유증이 회복되는 데는 수개월에서 수년이 걸린다. 어떤 사람은 교통사고 때문에 죽을 때까지 장애를 가지고 살기도 한다.

죄를 짓는 것도 마찬가지다. 순간적으로 일어난다. 마찬가지로 아담 할아버지와 하와 할머니가 지은 죄의 순간은 참으로 짧았지만, 그 죄의 결과는 모든 후손의 피를 타고 내려가며 그들을 죄에 가두었다. 죄를 안 짓겠다고 결심해본 적이 있는가? 죄를 끊어버리겠다고 금식을 하거나 아니면 특별한 결정을 한 적은 없는가? 그보다 더 중요한 질문은 이것이다. 그래서 그 결심 덕분에 죄를 안 지을 수가 있었는가? 아니다. 우리가 죄를 짓지 않을 수 없는 이유는 죄짓게 만드는 주변 환경 때문이 아니라 내 속에 있는 죄의 뿌리 때문이다. 그 죄의 뿌리가 우리를 통해서 계속해서 번성해가고 있다. 정확히 말하면, 우리가 죄인인 것은 이런저런 죄를 지었기 때문이 아니다. 죄인으로 태어났기 때문에 죄를 짓는 것이다.

구원의 서광이 비치다

이 장에서 다룰 하이델베르크 요리문답 12문부터 15문은 우리를 아주 다른 장면으로 인도한다. 이 질문과 답변은 두 마디로 요약할 수 있다. 첫째로는 길이 없다. 둘째로는 길이 있다. 우리에겐 길이 없다. 그러나 하나님께는 길이 있다. 탈출의 길은 없다. 그러나 구출의 길이 있다.

길이 없다! — 우리에겐!

길이 있다! — 하나님께는!

길이 없다

지금까지 3-5장에 걸쳐 공부해온 하이델베르크 3문에서 11문까지의 결론은 하나다. 길이 없다. 망망대해에서 파선해서 바다에 빠져 있다면 수영을 얼마나 잘해야 살아남을 수 있을까? 길이 없다. 거기서 탈출할 길이 없다. 그렇듯 우리는 큰 죄에 빠져 있었다. 우리가 큰 죄인이 된 것은 죄의 양이나 질이 아니라 죄를 짓는 대상 때문이라는 것을 잊지 마라. 우리가 짓는 모든 죄는 크신 하나님에 대한 반역이며 크신 하나님의 뜻에 대한 불순종이자 거절이다. 하나님은 말씀하셨다. "동산 각종 나무의 열매는 네가 임의로 먹되 선악을 알게 하는 나무의 열매는 먹지 말라 네가 먹는 날에는 반드시 죽으리라 하시니라"(창 2:16하–17). 하나님의 의도는 우리가 자유의지로 하나님께 순종하고 하나님을 신뢰하며 하나님이 만들어주신 기준선을 지키며 사는 것이었다. 그러나 인간은 하나님을 거역하고 죄를 지었다. 로마서 6장 23절에서는 "죄의 삯은 사망"이라고 말하고 있다. 여기가 우리의 막다른 길이다.

그냥 봐주시면 안 되나?

그러나 12문에서는 우리의 마음을 들춰내는 질문을 한다. "하나님의 의로운 심판에 의해 우리는 이 세상에서 그리고 영원히 형벌을 받아 마땅한데, 어떻게 이 형벌을 피하고 다시 하나님의 은혜를 입을 수 있겠습니까?"

이 질문은 죄에 빠진 우리가 하나님의 의로운 심판을 받는 것이 마땅하다는 것을 인정한다. 그러면서 이 형벌을 '피하고' 다시 하나님의 은혜를 입을 수 있는 길은 없겠느냐고 묻는다. 그렇게 묻는 것이 자연스러운 것은 우리가 어려서부터 이런 경험을 하며 자라왔기 때문이다. 우리는 모두 부모님께 잘못한 다음 손을 싹싹 빌면 용서를 받은 경험이 있다. 실상 우리는 자신의 잘못 때문이 아니라, 혼나는 게 두려워서 빌었다.

인류 최초의 살인자 가인도 그랬다. "사람들이 나를 죽이려고 할 거예요."

여기서 잠깐, 아담에게는 가인과 아벨 두 아들밖에 없었는데 어떻게 또 다른 사람이 있었는가? 나는 그 질문을 자주 받았다. 성경은 인류의 모든 족보를 기록한 책이 아니다. 우리의 구원에 필요한 정보만 담겨 있기 때문에 성경에 기록되지 않은 수많은 형제와 그들의 후손이 있었을 것이다. 그 당시 수명이 수백 년씩이나 되었기 때문이다.

어쨌든 가인이 원했던 것은 죄를 용서받는 것이 아니라, 죽임당하지 않는 것뿐이었다. 오로지 자기가 지은 죄에 대해 형벌을 받지 않는 것이 그가 원하는 것이었다. 하나님께 용서를 받고 하나님과 관계를 회복하며 화목하는 것이 그의 목표가 아니었다. 우리도 그랬다. 들키지만 않고, 혼나지만 않으면 됐다. 우리가 싹싹 빌면 부모님이 용서해준 것처럼 우리가 싹싹 빌기만 하면 하나님도 우리의 죄를 없었던 것으로 해주실지 모른다고 생각하는 것이다. 그러나 절대 그럴 수 없다!

12문은 엄한 표정으로 대답한다. 하나님의 의는 반드시 충족되어야 한다고. 죗값은 반드시 치러져야 한다고. 하나님은 우리 부모님 같은 죄인이 아니다. 하나님은 완전히 의로우시고 완전히 거룩하신 분이다. 그러므로 의롭지 않은 용서를 우리에게 주실 수 없다. 죄인은 죽어야 한다. 그 하나님의 의는 취소되거나 타협될 수 없다. 이것이 우리가 봉착한 큰 문제다.

그래서 예수님이 십자가에서 죽으셨다. 십자가는 하나님의 사랑만 이야기하지 않는다. 하나님이 사랑해서 예수님을 보내주셨다면 그리고 하나님이 우리를 사랑하신다면, 죄에서 건지시기 위해 십자가가 아닌 다른 길도 얼마든지 있을 수 있었다. 십자가, 최악의 죄인만 죽임을 당하는 그 흉악한 사형 틀 위에서 가장 고통스럽고 수치스러운 죽음을 예수님에게 허락하신 이유는 하나님의 사랑이 아니라 하나님의 공의 때문이다. "죄의 삯은 사망이요"(롬 6:23상). 하나님은 두려워해야 할 분이다. 하나님은 우리 죄를 벌하시려 그 아들을 십자가에 못 박아야 할 만큼 의로우신 분이다.

13문은 묻는다. "우리가 스스로 하나님이 의를 만족시킬 수 있습니까?" 우리가 지은 죄의 값을 스스로 갚을 수 있느냐는 질문이다. 13문의 답은 성경의 가르침을 요약해 말한다. "결코 그렇지 않습니다. 오히려 우리는 날마다 우리의 죄책을 증가시킬 뿐이다."

죄를 증가시킨다고? 눈덩이가 생각난다. 지금은 산에 나무가 많아 바윗덩이 같은 눈덩이를 보기가 어렵다. 내가 어렸을 때 6·25동란으로 산이 다 불타버렸고, 땔감을 구하기 위해 작은 관목들을 베어버린 마을 산은 민둥산이 되었다. 눈이 많이 오면 비탈진 산 밑에 거대한 눈덩어리가 굴러 내려와 있었다. 산 위에서 눈송이 하나가 둘로 합치고 둘이 셋으로 합쳐서 그것이

구를 때 들러붙는 눈 때문에 나중에는 엄청난 크기의 눈덩이가 된 것이다. 그래서 사람들은 이런 표현을 쓴다. 빚이 눈덩이처럼 불어났다고.

예전에 농촌에는 장리쌀이란 것이 있었다. 장리(長利)로 빌려주거나 꾸는 쌀을 이르던 말이다. 본디 빌려주는 쌀의 절반 이상을 한 해 이자로 받기로 하고 빌려주는데, 요즘으로 치면 이자율이 엄청 높은 고리(高利) 빚이다. 그런데 어떤 경우 그것을 갚을 능력이 되지 않는다. 그러면 이전 것에 또 절반이 붙는다. 이렇게 해서 한 번 빚을 지기 시작하면 감당할 수 없게 되고 결국 집문서, 밭문서, 논문서 다 내어놓고 빚잔치를 하고 삶의 터전을 떠나야 한다. 요즘도 빚의 무서운 증식은 크게 다르지 않다. 은행에 빚을 졌는데 갚지 못하면 이자 독촉을 받게 된다. 그러면 신용카드로 돈을 빌린다. A카드로 B카드의 빚을 막고 B카드의 빚을 C카드로 막고…. 이렇게 하다 보면, 나중에는 이것이 눈덩이처럼 커져 빌린 돈보다 더 커진 이자를 감당할 수가 없게 된다. 그러면 이제 사채에 손을 내밀게 된다. 사채의 높은 이자를 갚지 못할 때 피 마르는 독촉과 협박을 받게 된다. 그리고 결국 파산 신청을 하게 된다. 그래서 사람들이 하는 말이 있다. "빚지고는 못 산다."

이렇듯 우리가 죄의 씨인 원죄를 가지고 태어나는데 이것이 이자에 이자가 붙어서 이제는 헤어나올 수 없는 죄의 상태에 빠지게 되는 것이다. 매일의 삶이 죄의 이자를 붙이는 삶이 되어버렸다. 예수님은 우리에게 말씀하셨다. "너는 마음을 다하고 뜻을 다하고 성품을 다해서 주 너의 하나님을 사랑해라. 그렇게 하지 않는 것은 죄다. 네 이웃을 네 자신처럼 네 몸처럼 사랑해라 그렇게 하지 않는 것이 죄다." 그렇다면 우리 중에 죄를 짓지 않은 사람이 누가 있겠는가? 문제는 우리에게 그 죄의 감옥에서 나올 능력이 없다는 것이다.

우리가 얼마나 큰 죄인인지를 예수님은 비유로 말씀하셨다. 마태복음 18장에 보면 일만 달란트 빚진 자의 이야기가 나온다. 일만 달란트가 얼마인지 별로 와닿지 않기 때문에 설명을 보탠다. 1달란트는 6천 데나리온인데 1데나리온은 노동자의 하루 품삯이다. 그러면 하루 품삯을 최소 5만 원씩만 잡아도 1만 달란트는 우리 돈으로 3조 원이다. 3조 원의 빚이라고? 상상도 할 수 없다. 3조 원의 이자를 물어야 한다면? 누구도 감당할 수 없다. 그러나 우리가 하나님께 진 죄의 빚은 3조 원과 비교할 수 없을 정도로 크다. 아무리 빠른 컴퓨터로 계산을 해도 하나님께 지은 영원한 빚을 유한한 숫자의 더하기로 채울 방법이 없다. 그런데 더 이상한 것은, 우리는 그 빚을 갚을 수도 없지만, 갚고 싶어 하지도 않는다는 것이다. 우리의 연약함과 우리의 완악함이 빚을 늘려가고 있다.

스스로 죗값을 치를 수 없다

믿음 생활 초기에 나는 이렇게 생각했다. '내가 지은 죄도 있지만 내가 착한 일을 더 많이 하면 하나님은 반드시 용서해주셔야 하는 입장이 되지 않겠나.' 그래서 악한 일의 분량보다 착한 일을 더 많이 하려고 노력했다. 그러나 아무리 착한 일을 하려 노력해도 내 저울이 용서받은 저울이 되었다고 느낄 수가 없었다. 당신이 A라는 사람에게 몹쓸 짓을 했다고 상상해보라. 너무 힘들고 괴로워서 A의 용서를 받기 위해 B라는 사람에게 선한 일을 많이 했다고 치자. B에게 말로 다할 수 없는 친절을 베풀고 B에게 최선을 다한 선행을 했다고 해서 당신에게 상처를 받은 A가 당신이 B에게 한 행위 때문에 당신을 용서해주어야 할 의무가 있는가? 없다. 우리는 하나님께 죄를 지었는데, 우리가 행하는 선행은 하나님께 하는 것이 아니고 사람에게 하는 것이다. 사람에게 착한 일을 했다고 하나님이 우리를 용서하셔야 할 근거가 있는가? 경우도, 논리도 맞지 않다. 우리는 착한 일로 하나님께 감동을 드리려 하고 종교적인 일로 하나님을 매수하려고 한다.

종교개혁가 마르틴 루터도 그렇게 생각했다. "내가 냉방에서 이렇게 고통당하고 잠을 자며 고통스러워하는 것을 보시면 하나님이 나를 용서해주시겠지? 며칠 동안 음식을 안 먹고 고통당하며 기도하는 것을 보면 하나님이 나를 용서해주시겠지? 내가 이렇게 무릎으로 기어 계단을 오르는 고행을 하는 것을 보면 하나님이 나를 용서해주시겠지?" 그러나 아무리 노력해도 용서받았다는 확신이 들지 않았다.

우리가 인간에게 한 착한 일 때문에 하나님이 보상하고 용서하셔야 할 이유는 없다. 우리 힘으로는 우리의 죗값을 치를 방법이 없다. 3조 원의 빚을 진 사람이 폐지라도 줍고 아내는 파출부라도 해서 빚을 갚으려 한다고 가정해보자. 아무리 열심히 한다 해도 빚 청산은 불가능한 일이다. 하나님이 내 성의를 봐서 용서해주시겠지? 어떤 은행이 성의를 봐서 우리를 용서하는가? 얄짤없다. 하나님은 공의로우시다.

다른 어떤 것으로도 안 된다

그러면 나는 못 하지만 혹시 이 세상에 있는 다른 것들로 그렇게 할 수 있지 않을까? 그것이 14문이 던지는 질문이다. "어떠한 피조물이라도 단지 피조물로서 우리를 대신하여 하나님의 의를 만족시킬 자가 있습니까?" 답은 하나도 없다고 말한다. 어떤 피조물이라도 단지 피조물로서는 죄에 대한 하나님의 영원한 진노를 감당할 수가 없다고 분명히 한다.

하와이 원주민 이야기가 생각난다. 하와이에는 지금도 화산 활동이 활발하다. 지금도 곳곳에서 붉은 마그마가 바다로 흘러내리고 있다. 화산이 별안간 폭발하면 하와이 원주민들은 신들이 노했다고 해석했다. 그들은 신들의 분노를 달래기 위해 처녀 딸을 용암 구덩이에 던졌다. 딸아이가 비명을 지르며 펄펄 끓는 용암 속에서 죽을 때 부모는 눈물을 흘리며 신들에게 이렇게 청구서를 내민다는 것이다. '내가 이 정도로 헌신했으니 당신도 우리를 용서해야 할 의무가 있습니다.'

인도에서는 윌리엄 캐리(William Carey, 1761-1834)가 선교사로 들어가기 전까지 자식을 갠지스 강 악어 떼에게 제물로 바치는 의식이 있었다고 한다. 다행히 복음이 들어간 다음에야 그 악습이 없어졌다고 한다. 한번은 선교사가 한 여성이 다리를 저는 장애인 아이와 건강한 아들 둘을 데리고 갠지스 강에 제사하러 가는 것을 보았다. 선교사는 장애가 있는 아이를 신에게 바쳤을 거라고 생각했다. 결과는 반대였다. 이 엄마는 건강한 아이를 강에 던져 악어 밥이 되게 했고 장애가 있는 아이의 손을 붙잡고 울면서 돌아오고 있었다. "당신은 왜 신에게 건강한 아이를 바쳤습니까?" 그녀는 대답했다. "그래야 신이 기뻐할 테니까요."

이 세상 종교는 다 그런 식이다. 종교적인 행위로 신의 마음을 매수하는 것이다. 무당이 푸닥거리를 할 때 그들은 귀신을 매수하기 위해 항상 귀신의 비위를 맞추는 데 집중한다. 속지 마라. 우리는 종교적인 행위로 하나님의 마음을 매수할 수 없다. 우리가 이렇게 하면 하나님이 복을 주시고 진노를 푸실 거라는 생각은 미신이다. 그런 믿음은 기독교적인 믿음이 아니다. 어떠한 피조물도 우리 대신 형벌을 받을 수가 없다. 구약의 숫염소나 황소나 숫양이 제물로 드려졌을 때 백성은 죄를 용서받는 기쁨을 누렸다. 그러나 그것은 상징일 뿐이었다. 예수님이 흠 없는 어린 양으로 이 땅에 오셔서 십자가에 죽으심으로 우리의 죗값을 치르실 것에 대한 모형이고 예표(豫表)였다. 황소와 염소의 피가 능히 죄를 없애지 못한다(히 10:4).

하나님은 우리 대신 다른 피조물에게 형벌을 쏟아붓지 않는 분이다. 엄마와 어린 아들이 길을 가는데 이 아들이 한눈팔며 가다가 가로등 기둥을 들이받고 나가 자빠져서 운다. 그럴 때 엄마는 아이를 달래려고 기둥을 찰싹 때리며 말한다. "때찌. 우리 아이 넘어지게 한 이 전봇대, 이 나쁜 놈. 때찌." 하나님은 그런 어리석은 엄마 같은 분이 아니다. 우리가 지은 죄 때문에 왜 다른 피조물이 벌을 받아야 하는가? 하나님은 그렇게 하지 않으신다. 하나님은 죄 지은 영혼이 죽으리라고 말씀하셨다(겔 18:4). 인간의 죄를 향해서 쏟아부으시는 하나님의 진노를 어떤 피조물이나 천사도 감당할 수 없다. 결론은 하나다. 길이 없다. 우리에게는 길이 없다. 탈출할 길이 없다. 이것이 첫 번째 결론이다.

길이 있다

답답하고 절망적인 이야기를 하고 듣는 동안, 우리 심령이 많이 곤고해짐을 느낀다. 그러나 이야기는 이렇게 끝나지 않는다. 두 번째 이야기를 들어야 한다. 길이 있다. 탈출할 길은 없지만 구출될 길은 있다. 15문은 구출의 소망을 먼동처럼 보여준다. "그렇다면 우리는 어떠한 중보자와 구원자를 찾아야 합니까?" 참 인간이고 참으로 의로운 분이며 참으로 하나님인 자격을 갖춘 구원자가 있다면 우리는 구출될 수 있다. 참 사람, 참 의인, 참 하나님은 누구일까? 그런 사람이 있기나 할까? 이 땅에는 없다. 바로 그 구원자를 예비하신 분은 하나님이다. 그 구원자의 이름은 바로 예수 그리스도다. 성경은 말한다. "하나님은 한 분이시요 또 하나님과 사람 사이에 중보자도 한 분이시니 곧 사람이신 그리스도 예수라"(딤전 2:5). 예수님이 십자가에서 우리의 죗값을 대신 갚으셨다. 그것을 우리는 구속이라고 부른다. 구속(救贖)이란 값을 치르고 노예를 산다는 뜻이다. 예수님이 십자가에서 자신의 생명으로 그 속전(贖錢)을 지불하시고 노예로 팔린 우리를 해방하신 것이다. 다음 장부터는 그 구원에 대해 자세히 다룰 것이다.

나는 어떤가?

많은 사람이 아직도 스스로 탈출을 시도하며 끊임없이 자기 힘으로 죄를 이기고 죄의 저주와 속박에서 벗어나려고 몸부림을 치고 있다. 당신도 그렇게 하고 있지는 않는가? 성경은 말한다. 길이 없다고. 그러나 길이 있다고. 우리에게는 길이 없다. 그러나 하나님께는 길이 있다. 탈출할 길은 없지만 구출될 길은 있다. 당신이 해야 할 일은 탈출의 길을 찾는 것이 아니라 구출의 길로 오신 예수님을 영접하는 것이다.

 1978년 가을, 캄캄한 암실 상자 속에 갇혀 있던 내게 바늘구멍 같은 빛이 들어왔다. 죄의 암실 상자에서 구출될 길이 예수님이라는 소식을 듣게 된 것이다. 그때 나는 예수님을 만났고 모든 것이 달라졌다. 그럼 그 이후로 절대로 죄를 짓지 않았냐고? 아니다. 죄에서 완전히 자유를 누렸던 것은 아니다. 하나님의 은혜로 영혼에 찌든 죄가 우러나고 있긴 하지만, 우리가 죄에서 졸업을 한 것은 아니다. 그럼 뭐가 달라졌느냐고? 이제는 죄가 시키는 대로 하지 않아도 되는 자유가 있다는 것이다. 나는 죄를 짓지 않을 수 있고 죄를 짓지 않아도 되는 자유를 얻었다. 예수님이 죄의 지배에서 날 구출해 주셨기 때문이다.

당신이 이미 예수님의 구출을 받은 사람이라면 다른 적용을 제안하고 싶다. 살아서나 죽어서나 당신의 위로는 내가 나의 것이 아니요 나의 몸과 영혼이 오직 살아 계신 신실하신 그리스도 예수의 것임을 정말 믿는가? 그렇다면, 어떤 죄든 죄에 대해 알레르기 반응을 하고, 예수님에 대해서는 중독 반응을 보이라. 죄를 이기는 유일한 방법은 예수님께 중독되는 것이다. 중독이라는 말에 부정적 뉘앙스가 강해서 망설여지긴 하지만, 그냥 쓰겠다. 유진 피터슨의 메시지 성경에 보면, 말세의 증상에 대한 사도 바울의 말씀 (딤후 3:4)을 이렇게 번역한다. "하나님께 대해 알레르기 반응을 하고, 정욕에 대해서는 중독 반응을 보인다(allergic to God and addicted to lust)." 죄를 이기기 위해서는 그 반대로 해야 한다. 예수님을 존경하는 정도로는 죄를 이기지 못한다. 예수님을 좋아하는 정도로도 안 된다. 예수님께 중독될 때만 죄를 이길 수 있다. 그리고 죄에 대해 알레르기 반응을 일으켜야 한다. 감기가 옮을까 봐 우리는 얼마나 신경을 곤두세우는가? 그러나 죄에 대해서는 얼마나 너그러운지 모른다. '뭐 이 정도로 망하기야 하겠어? 나를 위해 십자가에 아들까지 버리신 하나님이 설마 이런 죄를 짓는다고 나를 죽이시겠어?' 이젠 그런 퇴행적 삶의 태도를 버리고 성숙한 하나님의 자녀, 거룩한 아버지를 닮아가는 거룩한 자녀로 자라가야 한다.

chapter 7

길은 오직 **하나뿐**

16문 중보자는 왜 참 인간이고 의로운 분이셔야 합니까?

답 하나님의 의는 죄 지은 인간이 죗값 치르기를 요구하나,[1] 누구든지 죄인인 사람으로서는 다른 사람을 위해 값을 치를 수 없기 때문입니다.[2]

17문 중보자는 왜 동시에 참 하나님이셔야 합니까?

답 그의 신성(神性)의 능력으로,[3] 하나님의 진노의 짐을[4] 그의 인성(人性)에 짊어지시며,[5] 또한 의와 생명을 획득해 우리에게 돌려주시기 위함입니다.[6]

18문 그러나 누가 참 하나님이시며[7] 동시에 참 인간이고[8] 의로우신 그 중보자입니까?[9]

답 우리 주 예수 그리스도,[10] 즉 하나님께로서 나와서 우리에게 지혜와 의로움과 거룩함과 구속(救贖)함이 되신 분입니다.[11]

19문 당신은 이것을 어디에서 압니까?

답 거룩한 복음에서 압니다. 하나님께서는 이 복음을 처음에 낙원에서 친히 계시하셨고,[12] 후에는 족장들과[13] 선지자들을[14] 통해 선포하셨으며, 또한 율법의 제사들과 다른 의식(儀式)들로써 예표하셨고,[15] 마지막에는 그의 독생자를 통해 완성하셨습니다.[16]

---

1. 사 53:3-5, 렘 33:15, 겔 18:4, 20, 롬 5:12, 15, 고전 15:21, 히 2:14-16 2. 시 49:7-8, 히 7:26-27, 벧전 3:18 3. 사 9:6, 롬 1:4, 히 1:3 4. 신 4:24, 시 130:3, 나 1:6 5. 사 53:4, 11, 요 10:17-18 6. 사 53:5, 11, 54:8, 요 3:16, 행 20:28, 고후 5:21, 벧전 3:18 7. 렘 23:6, 말 3:1, 롬 8:3, 갈 4:4, 요일 5:20 8. 눅 1:42, 2:6-7, 롬 1:3, 빌 2:7, 히 2:14, 17, 4:15 9. 사 53:9, 11, 렘 23:5, 눅 1:35, 요 8:46, 히 4:15, 7:26, 벧전 1:19, 2:22, 3:18, 요일 3:5 10. 마 1:23, 눅 2:11, 요 1:1, 14, 14:6, 롬 9:5, 딤전 2:5, 3:16, 히 2:9 11. 고전 1:30, 고후 5:21 12. 창 3:15 13. 창 12:3, 22:18, 26:4, 28:14, 49:10 14. 사 42:1-4, 43:25, 49:6, 52:13-53:12, 렘 23:5-6, 31:32-33, 미 7:18-20, 요 5:46, 행 3:22-24, 10:43, 롬 1:2, 히 1:1 15. 레 1-7장, 골 2:17, 히 10:1, 7 16. 롬 10:4, 갈 3:24, 4:4-5, 골 2:17, 히 1:1-2

졸여 읽기

"하나님이 죄를 알지도 못하신 이를 우리를 대신하여 죄로 삼으신 것은 우리로 하여금 그 안에서 하나님의 의가 되게 하려 하심이라"(고후 5:21).

이 세상의 모든 다리는 세 가지 특성이 있다. 사람의 힘으로 뛰어넘을 수 없는 간격이 있는 곳에만 세워진다는 것, 양쪽 언덕에 연결된다는 것 그리고 다리의 역할을 감당할 힘이 보증되어 있어야 한다는 것이다.

우리에게는 죄에 빠진 우리와 의로우신 하나님, 이 둘 사이를 연결할 다리가 절박하게 필요했다. 그러나 더 절박한 사랑으로 그 다리 공사를 시작하신 분은 하나님이다. 수천, 수만 번 들어도 여전히 감동으로 와닿는 복음이 바로 요한복음 3장 16절이다. "하나님이 세상을 이처럼 사랑하사 독생자를 주셨으니 이는 그를 믿는 자마다 멸망하지 않고 영생을 얻게 하려 하심이라."

왜 예수님만이 그 다리(중보자, 구속자, 구원자)가 되실 수 있는가? 그분만이 다리의 세 요건을 만족시킬 수 있는 분이시기 때문이다. 그분은 참 인간이 되셨다(요 1:14). 인간이 죄를 지었으니, 인간이 그 죗값을 치러야 하기 때문이다. 또한 그분은 참 하나님이시다. 우리의 죄에 대한 하나님의 진노를 감당할 인간은 아무도 없기 때문이다. 창조주 하나님의 죽음은 모든 피조물, 모든 인간, 모든 천사의 죽음의 합보다 더 효용이 있는 속전(贖錢)이 된다. 또한 그분은 참으로 의로우신 분이다. 물에 빠져 죽어가는 사람이 물에 빠진 사람을 구조할 수는 없다. 파산한 빚쟁이가 남의 빚을 갚아줄 수는 없다. 원죄에서 자유하기 위해 그분은 처녀 몸에서 나셔야 했다. 그분은 자범죄를 짓지 않으셨다(히 4:15).

예수님밖에는 없다. 우리의 구조자, 우리의 구원자, 우리의 중보자, 우리의 대속자, 우리의 유일한 다리는 예수님뿐이시다. 그분이 주장하셨다. "내가 곧 길이요(I am the WAY)"(요 14:6). 예수님만이 우리가 하나님께로 갈 수 있는 유일한 다리. 이것이 우리가 온 마음을 다해 예수님을 따르고 사랑하며 순종하고 섬기며 가르치고 전파해야 하는 이유다.

아이들이 좋아하는 미술 활동 중에 점 잇기(dot to dot)라는 것이 있다. 종이에 많은 점이 흩어져 있고, 그 점 옆에는 작은 숫자가 써 있는데 처음에는 이것이 무슨 그림일지를 짐작할 수 없다. 그러나 1번에서 끝 번호까지 순서대로 점과 점을 선으로 연결하면 예상치 못한 그림이 완성된다.

에덴동산에서부터 예수님이 오시기까지 하나님이 해오신 점 잇기에 대해서 말해주고 싶다. 성경의 모든 이야기는 그 그림의 점들이다. 여기서는 성경의 가장 큰 점 몇 개만 연결해보자.

첫 번째 점은 에덴동산에서 출발한다. 하나님은 그분의 형상대로 인간을 지으셨다. 인간은 하나님이 지으신 모든 세상을 관리하고 지배하는 하나님의 동역자가 되었다. 하나님과 완벽한 교제와 사랑의 관계 속에 살도록 창조되었다.

그러나 그림의 선은 두 번째 점으로 이어지면서 아주 다른 모습으로 전개된다. 그 관계와 교제 사이에 죄가 파고든 것이다. 죄가 들어오자 의로우신 하나님과 죄 지은 인간 사이에 엄청난 골짜기가 생겼다. 거룩하신 하나님과 인간 사이에 난 이 엄청난 간격은 우리의 어떤 노력으로도 뛰어넘을 수 없이 벌어졌다. 우리 자신은 물론 어떤 피조물도 이 간격에 다리를 놓아줄 수 없다. 하나님으로부터 점점 더 멀어지면서 인간의 삶은 더 큰 비참과 어둠 속으로 빠져들었다. 아담과 하와는 에덴동산에서 쫓겨났고, 큰아들 가인은 동생 아벨을 살해했다. 그 후손들이 이룬 세상은 하나님이 인간을 지으신 것을 후회할 만큼 심각하게 부패했다. 하나님은 노아의 가족을 방주에 태운 뒤, 온 세상을 홍수로 심판하셨다. 홍수에서 살아남은 노아의 후손은 하늘을 찌르는 높은 탑을 쌓고 하나님과 대치하려고 했다. 하나님은 언어를 혼잡하게 하심으로 이들을 흩어버리셨다. 하나님은 쫓아내고, 홍수로 쓸어버리시며, 흩어버리시는 것이 특기이신가? 아니다.

이제 세 번째 점으로 가자. 이야기의 선이 소망으로 바뀌고 있다. 하나님이 먼저 그 간격을 이어줄 다리 공사를 시작하셨기 때문이다. 그 다리 공사는 아브라함을 부르신 것으로 시작된다. "너와 네 후손으로 말미암아 천하

7장 길은 오직 하나뿐 | 99

만민이 복을 받게 될 것이다." 창세기 12장에서 말라기에 이르는 구약의 모든 이야기는 하나님의 다리를 완성하는 그림의 점들로 이어진다. 요셉 이야기, 이집트 노예 생활, 출애굽, 홍해, 시내 산, 십계명과 성막, 제사 제도와 절기, 가나안 정복과 정착, 사사 시대와 통일 왕국, 선지자들과 왕들의 통치…. 하나하나의 점은 하나님의 구원의 다리 공사라는 그림을 향해 이어지고 있다. 그리고 때가 차서 하나님이 그 아들을 보내셔서 십자가에 죽게 하심으로 우리와 하나님 사이에 구원의 다리를 만드신 것이다.

다리의 조건

세상에는 다양한 크기, 다양한 모양의 다리가 있다. 그러나 앞에서 말했듯이 어떤 다리이든지 다리에는 세 가지 특징이 있다. 첫 번째 공통점은 다리는 이쪽과 저쪽이 만날 수 없는 두 언덕 사이에 있다는 것이다. 훌쩍 뛰면 건널 수 있는 곳에 다리를 놓는 사람은 아무도 없다. 두 번째, 다리는 양쪽 언덕에 견고하게 붙어 있어야 한다. 셋째는 다리가 되려면 양쪽 언덕에 반드시 걸쳐야 할 뿐만 아니라 100퍼센트 안전해야 한다.

예수님은 왜 참 하나님인 동시에 참 인간이셔야 하는가?

하나님과 우리 사이에 죄의 깊고 넓은 골짜기가 있다. 그 골짜기는 우리를 비참에 가두는 구렁텅이다. 이 사이에 구원의 다리가 될 분은 세 가지 조건을 갖추어야 한다. 그 조건이 무엇인지 그리고 왜 그런 조건이 필요한지를 알 때, 우리는 예수님을 바로 신뢰하고 사랑할 수 있다.

첫째 조건, 참 인간이어야 함

첫째, 하나님과 우리 사이에 구원의 다리가 되려면 참 인간이어야 한다. 왜일까? 인간이 죄를 지었기 때문이다. 하나님은 동산의 모든 열매를 먹도록 허락하셨지만, 선악을 알게 하는 나무의 열매만은 금하셨다. 그러나 인간은 하나님께 불순종했다. 이렇게 하나님이 사람과 맺은 언약을 사람이 먼저 깼고, 깬 것에 대한 대가를 죽음으로써 갚아야 할 책임이 인간에게 있기 때문에 구속자는 반드시 참 인간이어야 한다. 그것이 성경 말씀에는 이렇게 나온다. "그러므로 그가 범사에 형제들과 같이 되심이 마땅하도다 이는 하나님의 일에 자비하고 신실한 대제사장이 되어 백성의 죄를 속량하려 하심이라"(히 2:17).

창조주이신 예수님이 사람의 몸을 입고 이 땅에 오신 목적은 살기 위해서가 아니다. 우리는 모두 살기 위해 태어난다. 영아 사망률이 높은 시절에는 죽지 말고 길게 살라고 아기가 100일을 살면 백일잔치를 하고 목에 흰 실타래를 걸어주었다. 그러나 예수님은 흰 실타래를 선물로 받지 않으셨다. 예수님이 태어나셨을 때 동방 박사들이 가져온 선물은 황금과 유향과 몰약이었다. 황금은 왕에게 바치는 선물이지만, 유향과 몰약은 죽은 시체를 처리할 때에 쓰는 용품이다. 근동 지방은 덥기 때문에 시체를 그날 묻어야 한다. 그렇지 않으면 부패하기 시작한다. 시체의 부패를 막고 냄새를 막기 위해서 쓰는 용품을 신생아에게 선물로 주는 것은 무슨 심보인가? 당신이 예쁜 아기를 낳았는데 친구가 선물로 관을 가져왔다면 그걸 어떻게 해석하겠는가? 예수님은 살려고 태어나신 것이 아니고 죽으려고 오신 것이다. 인간이 치러야 할 죄의 대가를 감당하는 사람은 반드시 인간이어야 했다. 그래서 예수님의 탄생을 예고하면서 천사는 이렇게 말한다. "보라 처녀가 잉태하여 아들을 낳을 것이요 그의 이름은 임마누엘이라 하리라 하셨으니 이를 번역한즉 하나님이 우리와 함께 계시다 함이라"(마 1:23).

우리를 죄에서 건져내기 위해 창조주가 사람이 되신 것이다. 그는 참 사람이셨다. 사람으로 태어나셨고 사람으로 자라셨으며 사람으로 배고프셨고, 사람으로 추우셨으며 사람으로 슬프셨고 사람으로 고통당하셨다. 예수님은 우리가 당하는 모든 시련과 배신과 걱정과 염려를 다 경험하신 분이다. 그래서 그분은 우리의 대제사장이 되실 수 있다.

둘째 조건, 죄가 없어야 함

또 하나 중요한 사실은 구원의 다리가 되려면, 참 인간이지만 죄가 없어야 한다는 것이다. 죄가 전혀 없어야만 우리를 죄에서 건져낼 수 있다. 죄에 빠진 사람이 어떻게 다른 사람을 건져낼 수가 있겠는가? 같은 배를 타고 가다 파선해서 망망대해에 빠져 죽어가는 사람이 어떻게 다른 승객을 건져낼 수 있겠는가? 지금 빚 때문에 파산한 사람이 어떻게 남의 빚을 갚아줄 수 있겠는가? 예수님께 조금이라도 죄가 있다면 우리를 죄에서 건져낼 자격이 안 되는 것이다.

예수님의 출생은 설명하기도 이해하기도 쉽지 않다. 우리는 사도신경을 통해 "성령으로 잉태되어 동정녀 마리아에게서 나셨다"라고 고백한다. 왜 그렇게 복잡하게 태어나셨을까? 왜 예수님이 처녀의 몸에서 태어나셔야 했을까? 요셉과 마리아의 자연스럽고 인간적인 결혼 관계에서 태어났다면, 요셉의 씨로 태어났다면 아담부터 흘러내려오는 죄의 유전을 막을 방법이 없었기 때문이다. 그래서 예수님은 인간의 씨가 아닌 성령의 씨로 잉태되었고 마리아의 태에서 자라시게 된 것이다. 동정녀 탄생이나 성령 잉태는 모두 그분이 무죄한 구세주가 되기 위한 장치였다.

예수님은 원죄만 없는 것이 아니라 자범죄도 짓지 않으셨다. 예수님을 가장 가까운 거리에서 따랐던 베드로는 이렇게 증언하고 있다. "그는 죄를 범하지 아니하시고 그 입에 거짓도 없으시며 욕을 당하시되 맞대어 욕하지 아니하시고 고난을 당하시되 위협하지 아니하시고 오직 공의로 심판하시는 이에게 부탁하시며 친히 나무에 달려 그 몸으로 우리 죄를 담당하셨으니 이는 우리로 죄에 대하여 죽고 의에 대하여 살게 하심이라 그가 채찍에 맞음으로 너희는 나음을 얻었나니"(벧전 2:22-24). 우리 죄를 담당하기 위해 그분은 무죄하셔야만 했다.

셋째 조건, 참 하나님이어야 함

그러나 죄 없는 인간이라고 해서 우리를 건져낼 수 없다. 그분은 참 하나님이셔야 했다.

17문의 질문은 이렇다. "중보자는 왜 동시에 참 하나님이셔야 합니까?" 그 대답은 '하나님이 진노의 짐을 짊어지시기 위해서'다. 하나님의 진노를 담당할 사람은 아무도 없다. 자기 힘으로 빚을 갚을 수 있는 인간은 아무도 없다. 다른 어떤 피조물이 대신 갚아줄 수도 없다. 우리의 죗값을 치르기 위해 그분은 참 하나님이셔야 했다.

하나님은 예수님이 하나님이신 것을 두 번이나 증거하셨다. 예수님이 세례를 받고 물에서 올라오실 때 하나님은 말씀하셨다. "성령이 비둘기 같은 형체로 그의 위에 강림하시더니 하늘로부터 소리가 나기를 너는 내 사랑하는 아들이라 내가 너를 기뻐하노라 하시니라"(눅 3:22). 하나님은 변화산에서도 똑같은 말씀을 하셨다. "구름 속에서 소리가 나서 이르되 이는 나의 아들 곧 택함을 받은 자니 너희는 그의 말을 들으라 하고"(눅 9:35).

예수님도 자신이 하나님이신 사실을 증언하셨다. "예수께서 이르시되 하나님이 너희 아버지였으면 너희가 나를 사랑하였으리니 이는 내가 하나님께로부터 나와서 왔음이라 나는 스스로 온 것이 아니요 아버지께서 나를 보내신 것이니라"(요 8:42). 예수님의 모든 기적은 '나는 하나님이다'라는 메시지를 보여준다. 예수님이 하나님이시라면 물 위를 걷는 것이 무엇이 이상하겠는가? 예수님이 흙덩이로 인간을 만드신 하나님이라면 죽은 자를 살리는 것이 뭐 그리 이상한 일이겠는가? 사람들이 성경에 나타나는 모든 기적을 비과학적이라고 배척하는 이유는 예수님이 하나님이신 것을 믿지 않기 때문이다.

예수님이 하나님이신 사실은 하나님 아버지나, 예수님 자신이 증거하실 뿐만 아니라 그분의 최측근인 제자들도 증언하고 있다. 가까운 데서 예수님의 모든 사생활을 목격했던 요한은 이렇게 기록했다. "태초에 그리스도(본문에서 말씀이 의미하는 분은 그리스도니까 그리스도로 바꿔 읽겠다)께서 계시니라 이 말씀이 하나님과 함께 계셨으니 이 말씀은 곧 하나님이시니라 그가 태초에 하나님과 함께 계셨고 만물이 그로 말미암아 지은 바 되었으니 지은 것이 하나도 그가 없이는 된 것이 없느니라"(요 1:1-3).

예수님 없이 어떤 것도 창조되지 않았다면, 태양이나 지구, 저 무수한 별도 다 예수님이 만드신 피조물이라는 뜻이다. 창세기 1장에 "우리가 우리 형상대로 사람을 만들자"라고 의논하셨던 창조주가 바로 예수님이라고 말하고 있다.

바울도 예수님의 하나님 되심을 찬양했다. "그는 보이지 아니하는 하나님의 형상이시요 모든 피조물보다 먼저 나신 이시니 만물이 그에게서 창조되되(all things were created by him), 하늘과 땅에서 보이는 것들과 보이지 않는 것들과 혹은 왕권들이나 주권들이나 통치자들이나 권세들이나 만물이 다 그로 말미암고 그를 위하여 창조되었고(all things were created for him), 또한 그가 만물보다 먼저 계시고 만물이 그 안에 함께 섰느니라(all things are hold together in him)"(골 1:15-17).

우리는 사계절이 분명한 곳에서 살고 있다. 한 가지 질문을 해보겠다. 왜 계절이 바뀌는가? 예수님 때문이다. 믿음이 있다면 그렇게 당당히 말할 수 있어야 한다. 그런 과학적이지 않은 설명이 무식하게 느껴지는가? 계절이 바뀌는 과학적인 이유는 지구의 기울기 때문이다. 지구는 23도의 기울기로 남북 축이 기울어져 있는데 이것이 자전하면서 태양 주위를 돈다. 우리가 위치한 지역이 태양 가까이에 가면 여름이 되는 것이고 태양에서 멀어지면 겨울이 되는 것이다. 문제는 누가 23도로 기울어진 지구의 축을 붙잡고 있느냐는 것이다. 어떤 과학자가 그것을 붙잡고 있는가? 어떤 우주 기업이 그걸 붙잡고 있는가? 지구가 한 치의 오차도 없이 어마어마한 속도로 돌아가도록 축을 붙잡고 계신 분은 그리스도 예수님이다.

백 퍼센트 하나님, 백 퍼센트 인간

예수님은 2000년 전 사랑을 가르치고 돌아가신 인류의 스승이 아니다. 그런 분이라면 나는 예수님을 믿는 일을 그만두겠다. 내가 예수님을 믿는 이유는 그분만이 하나님과 나 사이를 연결하는 다리가 되시기 때문이다. 예수님은 참 하나님이시자 참 인간이시다. 예수님은 인간이지만 죄가 없으시다. 이 세 가지 조건을 다 갖춘 유일한 다리, 유일한 구원자, 유일한 중보자는 예수님뿐이다.

　예수님은 참 하나님이시며 참 인간이시다. 역사적으로 모든 이단은 이 두 가지 속성 중에 한 속성을 희생했다. 1세기에 가장 강력했던 이단은 영지주의와 도세티즘이었다.

　영지주의는 그리스 철학의 이원론을 근거로 예수님을 해석하고 설명하려 했다. 어떻게 거룩한 신이 더러운 물질인 몸을 입을 수 있냐는 것이다. 그래서 예수님이 하나님이실 리가 없다고 주장했다. 도세티즘은 그 반대였다. 그들은 예수님은 인간이 아니라고 주장했다. 예수님은 사람처럼 보였을 뿐이지 사람은 아니라는 것이다. 그분은 하나님일 뿐이다. 예수님의 참 하나님 되심과 참 인간 되심 이 둘 중에 하나를 끊어내면 어떤 일이 벌어지는가? 다리가 될 수 없다.

　이집트에는 천만 명이나 되는 기독교인이 살고 있다. 이 기독교인들을 콥틱(Coptic) 크리스천이라고 부른다. 콥틱 크리스천은 예수님이 하나님이신 사실만 인정하고 사람이신 것은 인정하지 않는다. 이것을 단성론(單性論)이라고 부른다. 우리는 예수님의 신성과 인성 양성을 믿는다. 이것을 양성론(兩性論)이라 부른다. 그들은 예수님의 신성만 믿기 때문에 동방교회와 서방교회로부터 다 이단으로 배척받았다. 우리 가족이긴 한데 가족 같지 않은 가족이라고나 할까.

그러나 그 반대로, 지금 이 땅의 모든 불신자는 예수님을 인간으로만 본다. 간디, 세종대왕, 링컨, 유관순, 공자, 석가모니, 안중근…. 거기에 빠지지 않는 이름이 '예수'다. 그래서 반갑고 고마운가? 아니다. 엄밀하게 말하면 그것은 예수님에 대한 모독이다. 예수님은 그들 중에 끼었다는 사실에 고마워할 그런 분이 아니다. 예수님은 그 위대한 사람들에게 생명을 주셨고, 그들을 역사를 빛낼 위대한 인물로 사용하신 하나님이다.

다른 길은 없다

잊지 마라. 예수님만이 유일한 구조자, 죄에서의 구출자, 하나님과의 만남의 다리가 되신다. 다른 길은 없다. 성경에는 이런 말씀이 나온다. "다른 이로써는 구원을 받을 수 없나니 천하 사람 중에 구원을 받을 만한 다른 이름을 우리에게 주신 일이 없음이라 하였더라"(행 4:12).

가톨릭에서는 이렇게 가르치지 않는다. 가톨릭에서는 마리아를 중보자라고 가르친다. 마리아는 예수님과 똑같은 지위의 중보자는 아니지만 그것보다 약간 낮은 단계의 중보자다. 가톨릭에서는 마리아를 무죄하게 출산했고 죽음을 보지 않고 승천했다고 가르친다. 예루살렘에는 마리아 승천교회도 있다. 가톨릭은 순교자나 성인들도 중보자가 될 수 있다고 가르친다. "성 바오로여 우리를 불쌍히 여기소서." 가톨릭에서는 이처럼 순교자나 성현들에게 기도한다. 그러나 다른 길은 없다. 예수님 외에는.

오직 한 길, 예수님뿐

우리는 오직 유일하신 중보자 예수님만을 믿을 뿐이다. 예수님은 말씀하셨다. "내가 곧 길이요 진리요 생명이니 나로 말미암지 않고는 아버지께로 올 자가 없느니라"(요 14:6). 예수님만이 참 중보자이시다. 예수님만이 구원의 다리가 되신다. 예수님을 통하지 않고는 하나님께로 갈 방법이 없다. 예수님 이외에는 구원의 길이 없다.

예수님을 빼놓고는…

예수님을 빼놓고 행복하게 살 수 있는 길은 없다. 내 딸이 그 사실을 잘 가르쳐주었다. 딸은 어릴 때 팔이 약해서 자주 탈골이 됐다. 딸은 그 고통이 너무 심해서 몸부림을 치며 울어댔다. 처음에 아이를 달래볼 요량으로 과자도 줘보고 장난감도 줘보았지만, 뼈가 제자리에 맞아 들어가기 전까지는 그 어떤 것으로도 달래지지 않았다. 아내는 딸 덕분에 뼈를 맞추는 법을 배웠다. 탈골된 뼈가 제자리에 들어가는 순간 아이는 언제 아팠냐는 듯 잘 놀았다. 과자나 아이스크림이 없어도….

1문을 기억하는가? "살아서나 죽어서나 당신의 유일한 위로는 무엇입니까?" "살아서나 죽어서나 나는 나의 것이 아니요, 몸도 영혼도 나의 신실한 구주 예수 그리스도의 것입니다." 이 사실을 믿어야 한다. 하나님이 의도하신 그 풍성하고 매력적인 삶을 원한다면, 반드시 예수 그리스도에게서 찾아야 한다. 세상은 말한다. 예수와 상관없이 얼마든지 행복하게 사는 길이 많다고. 세상과 손잡고 우리를 협공하는 우리 내부의 적, 육(肉)은 말한다. '행복하게 살려면, 돈도 있어야 하고 건강해야 하고, 아이가 공부도 잘해야 하고 집도 있어야 하는데, 예수님을 믿는 것도 그중 하나다.' 그 말은 예수님을 상당히 예우하는 것처럼 들리지만, 사실은 예수님을 모독하는 말이다. 예수님만이 길이다. 그분이 돈도, 건강도, 자녀도 주시고 용서도 해주시는 주인이시다. 예수님만이 하나님이 의도하신 삶을 살아가게 하는 유일한 길이다.

예수님만 따르자. 예수님만 사랑하자. 예수님께 더 가까이 가자. 예수님께만 순종하자. 우리 자녀에게 예수님을 열심히 가르치자. 예수님을 모르고 다리를 찾지 못해 고생하는 사람들에게 우리 삶으로 이야기해주자. 길은 오직 하나, 예수님뿐이라고.

chapter 8

참된 믿음이란?

20문 그러면 아담 안에서 모든 사람이 멸망한 것처럼 그리스도를 통해 모든 사람이 구원을 받습니까?

답 아닙니다.[1] 참된 믿음으로 그리스도에게 연합되어 그의 모든 은덕(恩德)을 받아들이는 사람들만 구원을 받습니다.[2]

21문 참된 믿음이란 무엇인가?

답 참된 믿음은 하나님께서 그의 말씀에서 우리에게 계시하신 모든 것이 진리라고 여기는 확실한 지식이며,[3] 동시에 성령께서[4] 복음으로써[5] 내 마음속에 일으키신 굳은 신뢰입니다.[6] 곧 순전히 은혜로, 오직 그리스도의 공로 때문에 하나님께서 죄 사함과 영원한 의로움과 구원을[7] 다른 사람뿐 아니라 나에게도 주심을[8] 믿는 것입니다.[9]

---

1. 마 7:14, 22:14 **2.** 시 2:12, 막 16:16, 요 1:12–13, 3:16, 18, 36, 롬 3:22, 11:20, 히 4:2–3, 5:9, 10:39, 11:6 **3.** 요 17:3, 롬 4:20–21, 히 11:1, 3, 약 1:6 **4.** 마 16:17, 요 3:5, 행 16:14, 고후 4:13, 빌 1:19 **5.** 막 16:15, 행 10:44, 16:14, 롬 1:16, 10:17, 고전 1:21 **6.** 시 9:10, 롬 4:16–21, 5:1, 10:10, 엡 3:12, 히 4:16 **7.** 눅 1:77–78, 요 20:31, 행 10:43, 롬 3:24, 5:19, 갈 2:16, 엡 2:8, 히 10:10 **8.** 딤후 4:8 **9.** 합 2:4, 롬 1:17, 갈 3:11, 히 10:38

졸여 읽기

"영접하는 자 곧 그 이름을 믿는 자들에게는 하나님의 자녀가 되는 권세를 주셨으니 이는 혈통으로나 육정으로나 사람의 뜻으로 나지 아니하고 오직 하나님께로부터 난 자들이니라"(요 1:12-13).

예수님밖에는 없다. 죄와 비참함의 깊고 어두운 갱도에 매몰된 우리를 꺼내 줄 구조자는 예수님밖에는 없다. 참 인간이고, 참 의로운 자며, 참 하나님이신 구조자의 자격이 있는 분은 예수님밖에는 없다.

그렇다면, 그 예수님의 구원으로 모든 사람이 다 구원을 받는가? 그것은 하나님의 소원이긴 하다(딤전 2:4). 그래서 교회를 부르셨고, 우리를 이 땅에 대사로 파송하셨다(고후 5:20). 그것이 우리의 소원이어야 한다.

그러나 예수님의 십자가 구속으로 모든 사람이 다 자동으로 구원받을 수 있는 것은 아니다. 사람들이 무슨 짓을 하든 심지어 그리스도를 조롱하고 무시하며 배척해도 구원을 받는다면, 하나님의 의는 욕을 당하고, 예수님의 거룩한 희생은 무가치해지고, 세상은 더욱더 악해진다. 그럴 수 없다. 오직 참된 믿음으로 그리스도께 접붙여져, 그 은혜를 받아들인 사람만 구원받는다. 그 구원에 이르는 참된 믿음은 말씀이 가르쳐주는 복음에 대한 객관적인 지식과 성령님이 주시는 주관적인 확신이다. 예수님을 어떻게 생각하는가? 이 질문에 대한 답으로 한 사람의 현재의 삶과 영원한 운명이 달라진다. 예수님에 대한 반응은 단 두 가지다. 나의 구주와 주님으로 받아들이든가 아니면 배척하든가. 중립은 없다.

개인적으로 예수님을 받아들인 당신은 그분께 접붙어 그분의 생명이 흐르는 형제자매들과 함께 살아간다는 믿음이 있는가? 부모나 배우자나 자녀나 친구나 공동체의 다음 세대에 대해서도 동일한 믿음이 있는가?

예수님밖에는 없다. 인간은 하나님을 잃어버렸다. 그 죄와 비참에 빠진 인간과 거룩하신 하나님 사이를 연결하는 유일한 다리는 예수님밖에 없다. 그분만이 참 인간이시고 그분만이 참 의로운 분이시며 그분만이 참 하나님이시기 때문에 그렇다. 예수님이 말씀하셨다. "내가 곧 길이요 진리요 생명이다."

예수님은 십자가 위에서 하나님과 우리 사이에 다리를 놓아주셨다. 다리가 완공되었다. 그러면 예수님이 2000년 전에 십자가에서 만들어놓은 다리 때문에 온 천하에 있는 모든 사람이 구원받는가? 사실 온 세상의 모든 사람이 구원받기를 원하시는 것은 하나님의 소원이다. "하나님은 모든 사람이 구원을 받으며 진리를 아는 데에 이르기를 원하시느니라"(딤전 2:4). 그래서 그 아들을 우리에게 보내주셨다. 이사야서에서 하나님은 말씀하신다. "땅의 모든 끝이여 내게로 돌이켜 구원을 받으라 나는 하나님이라 다른 이가 없느니라"(사 45:22). 그것이 하나님의 소원이고, 그 소원 때문에 예수님을 보내셔서 십자가로 구원의 다리를 완성하셨다고 모든 사람이 다 구원을 받는가?

20문은 명확하게 말한다. 그럴 수 없다. 그래서도 안 된다. 예수님을 거부하고, 예수님의 십자가 고난과 은혜를 무시하고 조롱해도 구원을 받는다면 하나님의 의는 얼마나 모독을 받으며, 예수님의 희생은 얼마나 무가치한 죽음이 되는가? 그렇게 된다면 세상은 더욱 악해질 것이고 그렇게 얻은 구원은 마음 놓고 타락하고 안심하며 죄를 짓는 근거가 될 것이다. 그렇다면 이 세상에 교회와 성도가 존재해야 하는 이유는 무엇인가? 만약 자동으로 구원받을 수 있다면 온 세상이 구원받게 하기 위해 해야 할 일은 인간 구원을 위해 존재하는 교회와 이 세상에 있는 모든 성도를 없애고 성경책을 다 태워버리는 일일 것이다. 이런 것이 없어도 충분히 구원받을 수 있기 때문이다.

하나님의 구원을 내 것으로 누릴 수 있는 통로는 오직 믿음이다. 요한복음 3장 16절은 이렇게 말한다. "하나님이 세상을 이처럼 사랑하사 독생자를 주셨으니." 그다음 말이 중요하다. "누구든지 그를 믿는 자는." 믿음이라는 통로를 열어놓은 사람만 멸망하지 않고 영생을 얻는 은혜를 누리게 된다고 말하고 있다. 요한복음 1장 12절도 "영접하는 사람 곧 그 이름을 믿는 사람", 즉 믿음이라는 통로로 2000년 전에 일어난 역사적 객관적 사실을 나의 주관적인 사실로 인식하고 받아들이는 사람에게만 하나님의 자녀가 되는 권세가 주어진다고 말하고 있다.

구원에 이르는 참된 믿음은 무엇인가? 21문이 답한다. "참된 믿음은 하나님께서 그의 말씀에서 우리에게 계시하신 모든 것이 진리라고 여기는 확실한 지식이며, 동시에 성령께서 복음으로써 내 마음속에 일으키신 굳은 신뢰입니다. 곧 순전히 은혜로, 오직 그리스도의 공로 때문에 하나님께서 죄 사함과 영원한 의로움과 구원을 다른 사람뿐 아니라 나에게도 주심을 믿는 것입니다."

무슨 뜻인가? 참된 믿음에는 두 요소가 있다는 것이다. 하나는 객관적인 진리에 대한 바른 지식 그리고 그것을 내 것으로 받아들이는 개인적인 신뢰, 이 두 가지가 참된 믿음을 구성하는 핵심 요소다. 그러나 500년 전이나 지금이나 참된 믿음에 대한 오해가 많다. 참된 믿음에 대한 네 가지 대표적인 오해를 바로잡아 참 믿음을 세우는 것이 이 장의 목표다. 참 믿음이 아닌 잘못된 믿음은 맹목적 믿음, 지식적 믿음, 세습적 믿음, 개별적 믿음이다.

잘못된 믿음 1, 맹목적 믿음

맹목적 믿음은 구원 얻는 참 믿음이 아니다. 사람들은 이렇게 말한다. 부처를 믿든지, 마리아를 믿든지, 알라를 믿든지, 뭘 믿든지 진지하게 독실하게 믿으면 구원받는다. 이런 주장의 방점은 구원이 나 자신의 믿음의 질에 있지, 믿음의 대상에 있는 것이 아니라는 것이다. 속지 마라. 우리가 사기를 당하는 것은 사기꾼을 진지하게 믿기 때문이다. 믿음의 핵심은 나의 진지함이 아니다. 믿음의 핵심은 대상이다. 무슬림의 기도는 얼마나 진지한가? 불교도의 정성은 얼마나 진지한가? 가톨릭 신부님의 예전 집행 태도는 또 얼마나 진지한가? 그러나 진지함이 곧 참 믿음은 아니다. 참 믿음의 핵심은 내가 얼마나 진지하게 믿느냐가 아니고 내가 믿을 만한 존재를 믿는가에 있다. 그래서 21문은 이렇게 가르친다. "참된 믿음은 하나님께서 그의 말씀에서 우리에게 계시하신 모든 것이 진리라고 여기는 확실한 지식이며." 다른 말로 하면 오직 예수 그리스도의 공로 때문에 하나님이 죄 사함과 영원한 의로움과 구원을 주신다는 성경이 가르쳐주는 복음을 믿는 것이다. 이것이 참된 믿음이다. 그러니 덮어놓고 믿으면 안 된다.

거의 모든 복음적인 한국 교회 입구에는 '신천지 출입 금지'라는 표시가 있다. 한국 교회의 믿음과 복음이 얼마나 불확실하면 이 황당무계한 이단에게 휘둘려 많은 성도가 거기에 빠지고, 많은 교회가 그들에게 넘어가게 되었을까? 이 현실이 너무 자존심 상한다. 왜 그 모양이 되었을까? 덮어놓고 믿었기 때문이다. 그저 예배 참석, 헌금 생활, 교회 봉사…. 그런 종교적 열정을 믿음이라고 격려받았기 때문이다. 성경을 통해 진리를 제대로 배우지 못할 때 맹목적 믿음에 빠진다. 그것은 구원받는 믿음이 아니다.

잘못된 믿음 2, 지식적 믿음

지식적 믿음으로도 구원받지 못한다. 이것은 역사적 믿음이라고도 부른다. 나는 우리나라 왕 중에서 세종대왕을 가장 존경한다. 나는 세종대왕이 역사적으로 존재했다는 사실을 한 번도 의심해본 적이 없다. 그가 백성을 진

지식적(知識的) 믿음이란?
이런 믿음!
나는 그분이 진짜 역사적으로 생존했다고 믿는다.
나는 그분이 정말 선하고 위대하신 분임을 믿는다.
그러나 그분이 오늘 날 위해 무엇을 해줄 수 있다고는 믿지 않는다.

심으로 귀히 여기고 돌보았다는 것도 의심하지 않는다. 우리가 이렇게 쓰고 읽을 수 있는 한글을 만든 공로에 대해서도 고맙게 생각한다.

그러나 도움이 필요할 때 그에게 요청해본 적은 없다. 억울한 일이 있다고 해서 그에게 호소한 적도 없고, 맞춤법을 잊어버렸을 때 질문한 적도 없으며, 답답할 때 민원을 올린 적도 없다. 왜냐하면 그는 이미 죽었기 때문이다.

예수님이 나를 위해 십자가에서 구원을 이루셨다. 그것에 대해 아는 지식이 우리를 구원하는 것이 아니다. 21문의 답을 다시 보자. "성령께서 복음으로써 내 마음속에 일으키신 굳은 신뢰입니다." 이것은 성경을 통해 보여주신 객관적인 믿음의 내용에 대한 주관적인 적용을 말한다. 성령이 일으켜주시고 주관적으로 적용된 믿음이 우리를 구원한다는 것이다. 믿음은 지식이 아니고 교양도 아니며 실재다. 믿음은 실제 삶의 동력이다. 믿음은 마음의 양식이 아니고 우리가 살아가는 삶의 실제적인 기준이다. 지식적인 믿음으로는 구원받지 못한다. 예수님에 대한 인격적인 신뢰로 구원을 받는다.

잘못된 믿음 3, 세습적 믿음

왕위는 세습된다. 재산도 세습될 수 있다. 그러나 믿음은 세습되지 않는다. 자신의 개인적이고 인격적인 믿음으로 예수님을 만나야지, 부모의 믿음이 내 믿음으로 양도될 수는 없다. 21문의 답, 뒷부분을 보자. "순전히 은혜로, 오직 그리스도의 공로 때문에 하나님께서 죄 사함과 영원한 의로움과 구원을 다른 사람뿐 아니라 나에게도 주심을 믿는 것입니다." 우리 아버지의 하나님, 우리 어머니의 하나님이라고 부르는 사람은 구원과 상관이 없는 사람이다. 하나님께는 사위도 없고 손자도 없다. 하나님께는 시아버지도 없고 조카도 없다. 하나님께는 아들 아니면 딸밖에는 없다.

수십 년간 어린이 사역자로 살아오면서 나는 다음 세대를 키우는 부모들과 교사들을 생각하면 가슴이 뜨거워진다. 당신은 자녀를 키우는 크리스천 부모인가? 당신에게 특별한 도전을 하고 싶다. 자녀가 소중한가? 그들이 정말 하나님을 미소 짓게 하고, 세상을 행복하게 만드는 복된 삶을 살기 원하는가? 당신의 자녀가 '나는 예수님의 소유이고 예수님은 나의 소유'라는 믿음을 직접 고백하도록 도와주어야 한다. 자녀를 참 믿음 위에 세우는 방법은 하나다. 당신이 먼저 그 참 믿음의 길을 가는 것이다. 당신이 찍은 참된 믿음의 발자국을 그들이 따라가게 되기 때문이다.

당신은 교회나 학교에서 가르치는 교사인가? 당신이 얼마나 소중한 사람인가를 잊지 말라고 부탁하고 싶다. 자기 믿음 없이 부모들의 믿음에 이끌려 교회에 와서 종교 껍데기만 가지고 방치된 이 세대는 교회의 재앙이다. 당신은 그 아이들이 우리의 내일이 되고 소망이 되게 하기 위해서 오늘 무엇인가를 할 수 있는 유일한 사람이고 마지막 사람일 수도 있다. 당신은 가장 강력한 에너지인 예수님과 가장 강력한 잠재력을 가진 아이를 결합시키는 중요한 역할을 감당해야 한다. 대학교 교수에 비하면 주일학교 교사는 교사라고 할 가치도 없어 보인다. 막강한 제도권에서 이루어지는 공교육과 비교하면, 교회에서 당신이 하고 있는 교육은 너무나 작고 시시한 일이라는 생각이 들 수도 있다. 그러나 주일학교는 작지만 큰 학교다. 누가 우리 비참의 원인을 가르쳐주겠는가? 누가 죄에서 해방될 길을 가르쳐주겠는가? 어떤 학교가 예수님이 우리 구주가 되신다고 가르쳐주겠는가? 어떤 대학교에서 하나님의 자녀가 되는 법을 가르쳐주겠는가? 어떤 학원에서 참된 쉼을 누리며 인생을 즐기는 법을 가르쳐주겠는가? 당신은 작지만 큰 선생님이고 당신이 섬기는 주일학교는 작지만 큰 학교다. 믿음의 바톤을 정확하게 다음 세대에게 전달하는 교사가 되길 바란다.

잘못된 믿음 4, 개별적 믿음

개인적으로 예수님을 만나고 믿어야 구원을 얻지만, 바른 믿음은 개별적, 개인주의적 믿음이 아니다. 개인주의적인 믿음은 성경이 말하는 믿음이 아니다. 내가 하나님 믿고 하나님이 나를 자녀 삼아주시면 됐지 옆의 사람이

뭔 상관이냐고? 천만에! 21문 뒷부분을 다시 보자. "오직 그리스도의 공로 때문에 하나님께서 죄 사함과 영원한 의로움과 구원을 다른 사람뿐 아니라 나에게도 주심을 믿는 것입니다." 다시 말해 그 구원은 나에게만 주신 것이 아니고 그 믿음을 고백하는 모든 다른 사람에게도 공유하신 것이라는 뜻이다. 이 공동체적인 믿음이 얼마나 중요한지를 모르면 머지않아 우리의 믿음은 파산하고 만다.

미국 오레곤 주에는 레드우드(Redwood)라는 나무가 있다. 이 나무의 특징은 결코 홀로 서 있는 법이 없고 빽빽한 집단으로 숲을 이룬다는 것이다. 레드우드는 25층 높이까지 자라기도 한다. 어른 10명 정도가 팔을 이어야 안을 수 있을 만큼 규모가 어마어마하다. 그러나 레드우드가 뿌리내린 토양은 거목이 자랄 토양이 되지 못한다. 이들이 자라는 토양은 너무 얕고, 단단한 화강암 암반이어서 뿌리가 땅을 뚫고 들어가지 못한다. 그런데 어떻게 그런 거목들이 자라는지 놀랍지 않은가? 비밀은 그 뿌리에 있다. 나무들이 서로 뿌리로 붙들어줌으로써 쓰러지지 않고 자라는 것이다. 이 나무들은 이렇게 서로를 귀히 여기며 나무 공동체(?)를 이루며 살고 있다. 따로 서 있는 것 같지만 뿌리는 하나로 얽혀서 온 힘을 다해 서로를 붙들고 있다. 이들에게 구호가 있다면, '나는 너 때문에 서 있고, 너는 나 때문에 서 있다'가 아닐까? 우리 믿음도 그렇다. '난 너 없이 혼자 설 수 없고, 넌 나 없이 혼자 설 수 없다.' 이것이 우리 믿음이어야 한다.

당신은 참된 믿음으로 예수님을 믿고 예수님께 접붙어서 살고 있는가? 우리 자녀는 제 믿음으로 예수님께 붙어 있는가? 지금 우리는 같은 믿음으로 서로 붙어 있는가? 이 질문들에 대해 '그렇다'라고 대답할 수 있다면 우리는 참 믿음을 누리는 행복한 사람이다. 성경이 말하는 참 믿음으로 날마다 하나님의 사람으로서 복된 삶을 세워가기를 축복한다.

사도신경에 관하여

chapter 9

우리 믿음의 기준

22문 그러면 크리스천은 무엇을 믿어야 합니까?

답 복음에 약속된 모든 것을 믿어야 합니다.[1] 이 복음은 보편적이고 의심할 여지없는 우리의 기독교 신앙의 조항들인 사도신경이 요약하여 가르쳐줍니다.

23문 사도신경의 조항들은 무엇입니까?

답 I. 1. 전능하신 성부 하나님, 천지의 창조주를 나는 믿사오며,
 II. 2. 그의 독생자 우리 주 예수 그리스도를 또한 믿사오니,
  3. 그분은 성령으로 잉태되사, 동정녀 마리아에게서 나셨으며,
  4. 본디오 빌라도 아래에서 고난을 받으사, 십자가에 못 박히시고 죽으시고 장사되셨고, 음부에 내려가셨으며,
  5. 사흘날에 죽은 자들 가운데서 부활하셨고,
  6. 하늘에 오르셨고, 전능하신 성부 하나님 우편에 앉아 계시며,
  7. 거기로부터 살아 있는 자들과 죽은 자들을 심판하러 오실 것입니다.
 III. 8. 성령을 나는 믿사오며,
  9. 거룩한 보편적 교회와 성도의 교제와
  10. 죄 사함과
  11. 육신의 부활과
  12. 영원한 생명을 믿사옵나이다. 아멘.

---

1. 마 28:19-20, 막 1:15, 요 20:31

좁여 읽기

"너희가 성경에서 영생을 얻는 줄 생각하고 성경을 연구하거니와 이 성경이 곧 내게 대하여 증언하는 것이니라"(요 5:39).

예수 그리스도를 통해 마련해놓으신 하나님의 구원의 은혜를 내 것으로 흐르게 만드는 통로는 '참된 믿음'이다. 그러나 참된 믿음이란, 즉 얼마나 진실하게 믿느냐는 마음의 태도를 말하지 않는다. 무슬림은 얼마나 열심히 믿고, 이단은 얼마나 진지하게 헌신하는가? 참된 믿음이란 '바른 믿음의 내용'에 대한 것이다. 구원 얻는 참 믿음의 내용은 하나님이 성경을 통해 드러내주신 자신에 대한 진리다. 예수님은 말씀하셨다. "너희가 성경에서 영생을 얻는 줄 생각하고 성경을 연구하거니와 이 성경이 곧 내게 대하여 증언하는 것이니라"(요 5:39).

성경 전체가 말하는 하나님에 대한 진리는 사도신경에 잘 요약되어 있다. 성경이 우리가 믿어야 할 믿음의 상세 지도라면, 사도신경은 우리가 믿어야 할 믿음의 약도라고 할 수 있다. 사도신경은 줄줄 외워 내려갈 예배 순서 중 하나가 아니다. 사도신경은 삼위 하나님에 대한 객관적 사실 인정이나 진술이 아니다. 사도신경은 나를 창조하신 성부 하나님, 나를 구속하신 성자 하나님, 나를 거룩하게 하시는 성령 하나님, 삼위 하나님에 대한 개인적이고 인격적인 관계의 고백이다.

중세에 종교 의식 속에 묻혔던 사도신경이 성도 개인의 믿음의 고백으로 회복될 때 종교개혁이 일어났다. 오늘날도 마찬가지다. 바로 지금이 사도신경으로 요약되는 참된 믿음의 고백이 회복되어 개인, 가정, 교회에서 개혁이 일어날 때다.

옴마니반메훔

'옴마니반메훔'이라는 말은 불교의 진언(眞言, 진실하여 거짓이 없는 말이라는 뜻으로, 비밀스러운 어구를 이르는 말) 중 하나다. '옴'은 우주를, '마니'는 구슬을, '밥메'는 연꽃을 말한다. 합치면, '구슬 같은 지혜와 연꽃 같은 자비, 지상의 모든 존재에게 그대로 실현될지라'는 뜻이라고 한다. 한 번에 이해가 되지 않는 난해 구절이다.

우리나라에서는 나무아미타불관세음보살을 진언으로 쓰는 경우가 많은데, 티베트 불교에서는 옴마니반메훔이라는 말을 쓴다. 티베트 불교도들은 이 말이 무슨 말인지도 모르면서 계속해서 중얼거린다. 옴마니반메훔 옴마니반메훔 옴마니반메훔! 왜 그렇게 할까? 그 말이 신통력이 있는 주문이자 진언이라고 믿기 때문이다. 이들은 장난감같이 생긴 기도 바퀴를 손에 들고 다니며 이 진언을 외운다. 티베트 불교 사원은 한쪽 벽면 전체가 거대한 기도 바퀴로 둘려 있다. 작든 크든 기도 통 안에는 불경이 들어 있다. 그리고 그것을 한 번 돌리면 한 번 기도를 올린 것으로 여긴다. 티베트 불교도들은 우리처럼 기도하지 않는다. 이들의 기도는 단순하다. 옴마니반메훔을 외우며 기도 바퀴를 한 번 돌릴 때마다 천 가지 만 가지 재앙이 물러간다고 믿는다. 기도 바퀴를 돌릴 때마다 생로병사의 고통이 없어지고 7대 조상까지 해탈한다고 한다. 심지어 배 속에 있는 기생충까지 보살의 지위를 얻게 된다고 믿는다. 그래서 이들은 늘 기도 바퀴를 돌리며 기도를 한다. 옴마니반메훔 옴마니반메훔. 그러다 팔이 아프니까 아예 태양광 에너지로 돌아가는 기도 바퀴를 차 대시보드에 붙이고 다니는 것도 보았다.

내가 왜 옴마니반메훔 이야기로 이 장을 시작하는지 짐작이 가는가? 하나님은 우리가 붙들고 살아야 할 가장 큰 축복 중의 하나로 사도신경을 허락하셨다. 그런데 우리 모습을 잘 살펴보면 옴마니반메훔을 외는 티베트 불교도들처럼 사도신경을 기독교의 주문처럼 사용하고 있다는 생각이 든다.

외적 소명과 내적 소명

8장에서 다룬 내용을 잠깐 되짚고 가자. 예수님은 십자가에서 우리 죗값을 치르고 죽으셨다. 그리고 다시 살아나셨다. 그래서 하나님과 우리 사이에 완벽한 중보가 되시고 다리를 놓아주셨다. 그랬다고 모든 사람이 다 자동으로 구원을 받을 수 있는가? 그럴 수 없다. 그럼 누가 구원을 받을 수 있는가? 참 믿음으로 그것을 받아들인 사람에게만 구원이 임한다. 구원 얻는 참 믿음에는 두 가지 요소가 있다. 첫째 요소는 2000년 전에 예수님이 십자가에서 이루어놓으신 이 객관적이고 역사적인 사실에 대한 지식이다. 그것을 어려운 말로는 성령의 외적 소명(召命)이라고 부른다. 외적 소명이란, 예수의 죽음이 아무 관계가 없는 줄 알고 살아왔는데 누군가에게 예수님이 나를 사랑하시고 나를 위해 죽으셨다는 복음에 대해 듣게 하는 일을 말한다. 우리가 누군가에게 복음을 전할 때 그것은 바로 성령의 외적 소명에 동참하는 셈이다.

그러나 그렇다고 모든 사람이 다 구원을 얻는 것은 아니다. 신약 성경을 열 번을 읽어도 구원받지 못할 수도 있다. 그 구원을 내 것으로 받아들이는 일은 성령님이 우리에게 주시는 믿음을 통해서만 가능하다. 그 믿음, 2000년 전에 이루어진 그 객관적인 사실이 바로 나를 위한 것이라고 느껴지게 만드는 성령님의 역사가 있다. 그것을 신학적으로는 내적 소명이라 부른다. 성령님의 비추어주심으로 우리는 복음에 반응하게 된다. 그것이 바로 믿음이다.

하이델베르크 요리문답은 20문에서 64문까지 예수님이 우리를 구원하신 역사적인 사실인 객관적인 교리에 대해서 말하고 65문부터 우리의 주관적 신뢰인 믿음에 대해서 이야기한다. 그러므로 앞으로 18장에 걸쳐 우리가 무엇을 믿는지 믿음의 내용에 대해 정리하는 데 집중하게 될 것이다.

우리 믿음의 대상

크리스천은 무엇을 믿어야 하는가? 22문은 답한다. "복음에 약속된 모든 것을 믿어야 합니다." 참 믿음의 내용은 복음이다. 여기서 복음이라는 것은 '예수님이 십자가에서 죽으시고 다시 살아나셨다고 믿으면 구원받는다'는 전도 쪽지에 나오는 문구를 말하는 것이 아니다. 여기서 '복음에 약속된 모든 것을 믿는다'는 것은 성경에 약속된 모든 것을 믿는다는 말과 동일시해도 괜찮다. 성경의 전체 주제는 복음이다. 성경은 예수님의 교훈을 가르치려고 하지 않는다. 성경은 우리가 믿고 살아야 할 종교적인 규례나 규칙을 가르치기 위해 기록된 책이 아니고 교훈도 아니며 개념이나 관념도 아니다. 성경은 사상이나 철학이 아니다. 성경은 한 인물에 대한 이야기다. 구약 성경 전체가 한 인물을 내다보고 말하고 있고 신약 성경은 한 인물을 되돌아보며 말하고 있다. 성경의 중심에 선 그 인물이 바로 예수 그리스도시다. 성경은 예수님의 앨범과 같은 책이다. 그러므로 성경을 백 번 읽어도 예수님을 발견하지 못했다면 그 사람에게 성경은 별 의미가 없는 책이다. 예수님이 말씀하셨다. "너희가 성경에서 영생을 얻는 줄 생각하고 성경을 연구하거니와 이 성경이 곧 내게 대하여 증언하는 것이니라"(요 5:39).

성경은 1600년 정도에 걸쳐 기록되었다. 가장 나중에 쓰인 요한계시록은 1900년 전쯤 기록됐고 가장 오래된 책들인 모세오경은 3500년 전쯤에 기록되었다. 그 긴 시대를 걸쳐 기록된 성경을 읽는 방법은 거꾸로 읽는 것이다. 훗날에 벌어진 예수 그리스도의 사건으로 창세기를 읽어가는 것이다. 예를 들어, 창세기 3장 15절에 여자의 후손이 뱀의 후손의 머리를 상하게 할 것이라고 하신 말씀은 '예수님이 십자가에서 사탄의 머리를 깨고 사탄의 수하에 있던 인류를 해방한 사건을 말하는구나'라고 해석하는 것이다. 창세기 12장에 아브라함에게 너와 네 후손으로 말미암아 천하에 있는 모든 사람이 구원을 얻으리라고 말씀하실 때에 '아, 이것은 바로 아브라함의 후손으로 오신 예수님 때문에 온 인류가 죄의 속박에서 구출받을 것을 이야기하는구나'라고 해석할 수 있다.

출애굽기와 레위기에 등장하는 수많은 제사 제도를 생각해보라. 짐승에 안수하고 죽여서 그 피를 제단에 뿌리고 고기는 불태우고…. 이런 모든 제사 절차는 백 번을 읽어도 무슨 뜻인지 알 수 없다. 이것이 먼 훗날 우리의 죄를 짊어지고 대신 죽임을 당할 예수님으로 그 본문을 읽을 때 레위기는 구약의 복음서처럼 우리에게 깊은 감동으로 와닿는다.

이사야를 비롯해 많은 선지자의 예언은 약속된 구원자가 올 것에 대해서 말하고 있다. 예수님의 렌즈를 끼지 않고 예언서의 본문을 읽으면 무슨 뜻인지 알 수 없다. 그러므로 성경은 예수님의 렌즈를 끼고 거꾸로 읽어가는 책이라고 할 수 있다.

성경의 요약

성경 전체가 말하는 복음, 구원의 진리를 요약한 것이 바로 사도신경이다. 오늘날 제지술과 인쇄술이 발달하면서 조그만 책 한 권에 성경의 내용을 다 담을 수 있게 되었다. 성경은 사실 66권의 책이 들어 있는 하나의 도서관이다. 그러나 AD 100년이나 200년경에는 종이도, 인쇄술도 없었다. 전부 파피루스나 양피지에 썼으니 얼마나 부피가 컸겠는가. 사도들이 제자들에게, 그들이 또 다른 제자들에게 입으로 전해온 성경적 구원의 진리의 핵심을 요약한 것이 사도신경이다. 최소한 200년에서 300년 동안 거르고 걸러 정제되어 만들어진 성경의 요약이 바로 사도신경이라고 할 수 있다. 이 사도신경 때문에 얼마나 많은 사람의 인생이 바뀌고 얼마나 많은 교회가 핍박 가운데서 믿음을 지킬 수 있었는지 모른다. 그러한 소중한 사도신경을 옴마니반메훔처럼 예배 시간에 줄줄 외고 지나가는 것은 너무 속상한 낭비가 아닐 수 없다.

나는 이 장에서 사도신경을 낭비하지 않고 활용하라고 말해주려고 한다. 사도신경을 당신의 믿음과 삶과 가정과 교회를 세우는 축복으로 활용하는 법에 대해 말해주려고 한다. '사도신경 백 배 누리기.' 그것이 내가 말하고 싶은 이 장의 주제다.

내 삶의 양분으로

사도신경 전체를 12개의 내용으로 구별해 같이 읽어보자.

전능하신 성부 하나님, 천지의 창조주를 나는 믿사오며

그의 독생자 우리 주 예수 그리스도를 또한 믿사오니,

그분은 성령으로 잉태되사, 동정녀 마리에게서 나셨으며

본디오 빌라도 아래에서 고난을 받으사, 십자가에 못 박히시고 죽으시고 장사되셨고, 음부에 내려가셨으며,

사흘날에 죽은 자들 가운데서 부활하셨고,

하늘에 오르셨고, 전능하신 성부 하나님 우편에 앉아 계시며,

거기로부터 살아 있는 자들과 죽은 자들을 심판하러 오실 것입니다.

성령을 나는 믿사오며

거룩한 보편적 교회와 성도의 교제와

죄 사함과

육신의 부활과

영원한 생명을 믿사옵니다. 아멘.

사도신경을 삶의 양분으로 삼으라

첫째로 사도신경을 활용하는 법은 그것을 삶의 영양분으로 섭취하는 것이다.

   사도신경을 믿는 믿음에는 두 가지 방법이 있을 수 있다. 하나는 수도관처럼 사용하는 것이다. 수도관은 물이 지나갈 때는 물이 차 있지만 위에서 물이 중단되면 관 자체에 물이 아무런 영향을 주지 못한다. 또 하나의 수도관이 있다. 바로 당신 배 속에 있는 관이다. 이것을 장이라고 부른다. 태아의 발육 단계에서 머리나 심장이 생기기 전에 제일 먼저 장이 생기는 것에 대해서 들어보았는가? 한 생명이 수정되었을 때 제일 먼저 생기는 것은 목구멍에서 항문까지 이르는 파이프, 장이다. 거기서 영양을 공급받아서 심장이 생기고, 맨 마지막에 두뇌가 생긴다고 한다. 그래서 장은 굉장히 중요한 기관이다. 장은 영양을 다 흡수한다. 그런데 장 파이프와 수도관은 아주 다

르다. 수도관은 그냥 통과할 뿐이지만, 장 파이프는 영양을 흡수한다.

사도신경을 영양을 흡수하는 장 파이프처럼 소유하기를 바란다. "전능하사 천지를 만드신 하나님 아버지를 내가 믿사오며"라는 고백을 옴마니반메훔을 외듯 하지 말아야 한다. 꼬인 삶에 지칠 때, 소망이 보이지 않을 때 기억하라. "하나님은 전능하신 분이다. 하나님은 천지를 지으신 분이다. 그 하나님이 내 아빠다." 그럴 때 오는 그 위로와 힘과 용기와 소망을 세상 어디에서 얻겠는가? 다시 일어날 힘을 주고 다시 뛸 수 있는 에너지를 주는 이 믿음의 고백을 예배 순서, 아니면 신앙의 내용을 정돈하는 신학적 지식이나 정보로 흘려버리는 것은 정말 큰 낭비다.

예를 하나 더 들어보자. "성령을 믿사오며"라고 외우고 지나가는 데는 3초도 걸리지 않는다. 그러나 성령이 지금 내 안에 계시다는 것을 믿는다면 우리 삶은 완전히 달라진다. 예수님이 지금 내 안에 계시다면, 예수님의 영이신 성령이 내 안에 계시다면, 내 안에 하나님을 소유하고 있다는 사실을 정말 믿는다면 모든 것이 그 믿음의 영향을 받게 된다. 집에 시아버지만 와 계셔도 내 삶의 전 영역이 영향을 받는데, 어떻게 천지를 지으신 창조주가 안에 계신데 내 말과 내 처신과 행동에 영향이 없을 수 있겠는가? 진정한 평화, 진정한 가치, 진정한 자존감, 진정한 성결이 어디서부터 오는가? 이 믿음에서 온다. 나를 지으신 성부 하나님, 나를 구원하신 성자 예수님, 지금 내 안에서 나를 하나님의 사람으로 빚어가시는 성령 하나님, 삼위일체 하나님이 지금 나 하나를 세우고 있다는 사실을 생각해보라. 그 영광스러운 고백을 하면서도 영광스러움을 인식하지도 느끼지도 못하고, 세상 사람들과 똑같이 걱정하고 똑같이 이 땅의 욕심을 추구하며 똑같은 가치와 원리로 살아간다면 우리는 사도신경을 한없이 낭비하는 것이다. 사도신경을 예배 순서나 신학적 정보로 쓰지 말고 힘들고 어려운 삶을 돌파해나가는 영양분으로 사용할 수 있기를 바란다.

내 삶의 표준으로

사도신경을 활용하는 두 번째 방법은 내 삶의 표준으로 삼는 것이다. 사도신경을 라틴어로는 심볼룸 아포스톨룸(cymbolum apostolum)이라고 부른다. 타악기인 심벌(cymbal)이 여기서 나왔다고 한다. 이 단어는 '함께 맞추다', '함께 들어맞다'라는 뜻이 있다. AD 313년 콘스탄틴 대제가 기독교를 로마의 국교로 공인할 때 교회 안에는 온갖 사상과 원리가 다 쏟아져 들어왔다. 기독교도가 핍박당하고 죽임당할 때는 예수에 대해 관심도 없던 사람

다림줄(Plumb line)

들이 이제 기독교가 국교로 공인되자 물밀듯이 교회 안으로 들어오기 시작한 것이다. 어제까지 그리스철학에 심취했던 사람이 교회에 들어와 철학에 복음을 뒤섞어서 제3의 신학을 만들어내는 일이 비일비재하게 일어났다. 이방 종교를 섬기던 사람은 교회에 와서도 똑같은 방식으로 예배하려고 했다. 이렇게 잡탕 신학, 짬뽕 믿음이 4세기 교회를 흔들 때 성경이 말하는 바른 믿음의 표지, 예수님이 가르쳐주셨고 제자들이 전수해준 바른 믿음의 표준으로 생겨난 것이 바로 사도신경이다. 그러니까 사도신경의 믿음에 맞는 사람을 교인으로 받아주었고, 그 사람의 고백이나 철학이 사도신경의 믿음에 맞지 않을 때 그를 공동체에 받아들이지 않을 수 있었다. 사도신경은 마치 벽돌을 쌓을 때 수직이 맞는가를 보여주는 다림줄 같은 역할을 해왔다. 역사적으로 사도신경이 그런 믿음의 표준과 필터로 작용했기 때문에 2000년 전에 예수님의 제자들이 믿던 믿음을 우리도 소유할 수 있게 된 것이다.

이제 내가 부탁하는 것은 2000년 동안 하나님의 교회를 건강하게 보존하고 지켜왔던 이 표준을 당신 삶의 표준으로 붙들라는 것이다. 무슨 직업을 선택하든 무슨 말이나 행동이나 결정을 하더라도 결정과 선택의 표준으로 사도신경을 사용하라는 것이다. '내가 이렇게 결정하는 것이 과연 전능하

서서 천지를 지으신 나의 아버지 하나님을 믿는 것을 전제한 결정인가? 내가 지금 이런 태도를 취하는 것이 성령 하나님을 마음에 모신 자의 바른 선택인가? 예수님이 십자가에서 생명을 내주고 사신 그분의 소유다운 처신인가?' 사도신경이 당신의 선택과 결정 그리고 모든 배경에서 표준이 되게 하는 것이 중요하다. 그럴 때 당신의 삶은 넘어지지 않고 반듯하게 세워질 것이다. 사도신경을 영양분으로 삼을 뿐만 아니라 당신 삶의 표준으로, 전제로, 기준으로 삼아야 한다.

내 유산으로

사도신경은 사도들이 쓴 것이 아니다. 사도들은 예수님께 참 믿음의 내용을 배웠고, 그것을 제자들에게 가르쳐주었다. 그다음 제자들은 자기들이 배운 내용을 또 다음 세대에게 전달했다. 아는 사람이 모르는 사람에게 전달하는 방식으로 복음은 예수님께로부터 여기까지 전달된 것이다. 당신과 내가 이 땅에 존재하는 이유는 이 믿음의 이야기를 다음 세대에 넘겨주기 위해서다. 수평적으로는 당신의 이웃에게 전달하기 위해서, 수직적으로는 당신의 자녀와 손자에게 대물림해줘야 한다. 우리가 넘겨주려는 믿음의 배턴은 막연한 것이 아니다. 그것은 사도신경의 믿음이다. 그러므로 사도신경은 우리가 물려주어야 할 우리의 핵심 유산이다.

지난 2000년 동안 교회 공동체가 역사적으로 존재할 수 있었던 것은 사도신경의 믿음을 다음 세대에게 물려주었던 선배들이 있었기 때문이다. 우리도 마찬가지다. 우리 아이들에게 재산이나 기업을 물려주는 것보다 믿음을 물려주는 것이 그들로 무너지지 않는 삶을 세우게 하는 가장 중요한 유산이 된다.

종교개혁은 무엇인가? 이는 500여 년 전에 새로운 믿음을 발견한 사건이 아니다. 종교개혁가들은 그 당시 교회의 부패 원인을 성경에서 찾았다. 종교개혁가들은 외쳤다. "다시 돌아가야 한다!" 원래 형태의 기독교로 돌아가야 한다. 그들이 말한 개혁(Reformation)은 어디로 돌아가는 걸까? 사도신경의 믿음으로 돌아가는 것이다. 그들은 사도신경의 믿음 외에는 복음을 증명하는 다른 믿음이 없다는 것을 천명하고 종교개혁을 일으킨 것이다. 결국 사도신경적 믿음이 회복될 때 당신과 내가 염려하는 한국 교회의 아픔이 치유될 것이다. 지금이 그래야 할 때다.

사도신경에 관하여

chapter 10

셋인데 하나?

24문 이 조항들은 어떻게 나누어집니까?

답 세 부분으로 나누어집니다. 첫째, 성부 하나님과 우리의 창조(創造), 둘째, 성자 하나님과 우리의 구속(救贖), 셋째, 성령 하나님과 우리의 성화(聖化)에 관한 것입니다.

25문 오직 한 분 하나님만 계시는데,[1] 당신은 왜 삼위, 곧 성부, 성자, 성령을 말합니까?

답 왜냐하면 하나님께서 자신을 그의 말씀에서 그렇게 계시하셨기 때문입니다. 곧 이 구별된 삼위는 한 분이시요 참되고 영원하신 하나님이십니다.[2]

---

1. 신 6:4, 사 44:6, 45:5, 고전 8:4, 6, 엡 4:5-6 **2.** 창 1:2-3, 사 61:1, 63:8-10, 마 3:16-17, 28:19, 눅 1:35, 4:18, 요 14:26, 15:26, 행 2:32-33, 고후 13:13, 갈 4:6, 엡 2:18, 딛 3:4-6

> **졸여 읽기**
>
> "주 예수 그리스도의 은혜와 하나님의 사랑과 성령의 교통하심이 너희 무리와 함께 있을지어다"(고후 13:13).
>
> 삼위일체 교리는 논리적으로 분석하고 설명하고 파악할 수 없는 신비다. 많은 사람이 겸손히 믿고 경배하는 대신 이 신비를 설명하고 파악하려다 이단에 빠진다. 또 많은 크리스천이 이 진리가 자신들과 별 상관이 없는 주제인 듯 무관심하다. 우리는 왜 이 신비의 진리를 믿어야(believe in) 하는가?
>
> 첫째는 우리 구원이 달렸기 때문이다. 아타나시우스 신조에 이런 말이 나온다. "삼위일체를 믿지 않는 사람에게는 구원이 없다."
>
> 둘째는 우리 생활이 달렸기 때문이다. 삼위일체의 진리는 가장 중요한 세 가지 질문에 대답한다. 어떻게 내가 여기 존재하게 되었는가? 어떻게 죄에서 구원받는가? 어떻게 죄에 No, 의에 Yes 할 수 있는가?
>
> 셋째는 우리 관계가 달렸기 때문이다. 삼위일체에 대한 믿음이 없이는 수직적으로는 하나님과의 관계 유지가 불가능하다. 수평적으로는 가정이든, 교회든, 다양성 속에서 통일성 있는 진정한 공동체를 누리는 것이 불가능하다.

이 장의 주제는 삼위일체(Trinity)다. 케빈 드영은 삼위일체를 이렇게 정의했다.[1] "하나님은 한 분이다. 하나님은 한 분인데 아버지 하나님은 하나님이다. 아들 예수님은 하나님이다. 성령님은 하나님이시다. 아버지는 아들이 아니시고 아들은 성령이 아니고 성령은 아버지 하나님이 아니다." 그의 설명을 그린다면 다음과 같이 그릴 수 있다.

하나님은 세 인격을 가지고 계시지만 한 하나님이다. 삼위는 서로 독립적이지만 동등하시며, 교통과 연합 속에서 계신 한 분 하나님이다. 이 개념을

---

1. Kevin De Young, *The Good News We Almost Forgot*, Moody Press, 2010, p. 50.

삼위일체라고 부른다. 그렇다면 이 교리가 당신이 평범한 일상을 살아가는 데 어떤 도움이 되는가? 복잡하고 힘든 세상을 살아가는 사람들에게 이 삼위일체 개념은 어떤 의미가 있는가?

많은 크리스천은 삼위일체를 신학자들이나 철학자들을 위한

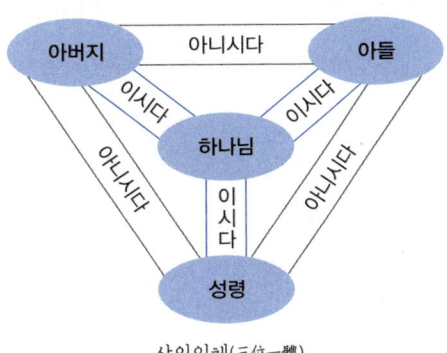

삼위일체(三位一體)

주제라고 생각한다. 평범한 성도들에게는 있어도 괜찮고 없어도 괜찮고, 몰라도 괜찮고 알아도 괜찮은 주제처럼 여기는 것이다. 더구나 삼위일체란 용어는 성경에 한 번도 나오지 않는다. 그래서 여호와의 증인들이 기독교를 공격할 때에 성경책을 들이대면서 삼위일체라는 말이 있는지 찾아보라고 공격한다. 그러면서 성경에도 없는 잘못된 믿음을 가르친다고 복음적인 교회를 깎아내린다.

삼위일체라는 용어는 성경에 한 번도 기록되지 않았다. 그렇지만 하나님이 한 분이신데 세 인격이라는 사실은 성경 여러 곳에서 드러나고 있다. 삼위일체 진리는 우리의 놀라운 자산이다. 더 놀라운 사실은 이 놀라운 자산이 활용되지 못하고 있다는 것이다. 활용되지 못하는 이유는 우리가 잘못된 태도로 삼위일체 하나님 앞에 나오기 때문이다. 이 삼위일체를 분석하고 이해하고 파악하려는 태도가 그것이다. 아우구스티누스는 "숟가락으로 대양의 물을 다 퍼내는 것이 가능한가? 그것이 이 작은 머리로 삼위일체 하나님을 이해하는 것보다 훨씬 쉬울 것이다"라고 말했다.

삼위일체는 결코 인간의 언어로 설명할 수 없다. 인간이 만든 모든 종교는 설명이 가능하다. 그런데 우리 하나님께는 설명도 이해도 가능하지 않는 대목이 여럿 있다. 그 이유는 뭘까? 하나님은 우리의 논리나 자연 현상에 매이는 피조물이 아니기 때문이다. 이것은 인간의 두뇌나 논리로는 설명하고 분석하며 파악할 수 없는 신비의 영역이다.

삼위일체, 이해할 순 없지만 믿어야 할 진리

예로부터 많은 사람은 이 삼위일체를 이해하고 파악하고 설명하려고 노력해 왔다. 어떤 사람은 삼각형으로 설명하려고 했다. "삼각형에 세 꼭짓점이 있는 것처럼 하나님은 한 분인데 세 인격이다." 삼각형의 꼭짓점은 동시에 같이 그 자리에 있다. 그렇다면 성부 하나님은 저 천국에 계시고, 예수님은 2000년 전 우리 곁에 오셨고, 성령 하나님은 지금 이 시점에 우리 안에 계시다는 사실을 설명하지 못한다.

어떤 사람은 역할론으로 설명하려고 했다. 한 남성이 아내에게는 남편, 아이들에게는 아버지 그리고 회사에 가면 회사원인 것처럼 같은 하나님이 세 가지 역할을 하는 것이라고 설명한다. 그런데 역할론으로는 삼위가 동시에 같은 자리에 나타나셨던 예수님의 세례 장면을 설명할 방법이 없다.

어떤 사람은 물로 설명했다. 겨울이 되면 어는 얼음이 되고 여름이 되면 수증기가 되며 봄이 되면 물이 되는 것처럼 삼위도 그렇다는 것이다. 문제는 물은 기체 상태인 수증기와 액체 상태인 물과 고체 상태인 얼음으로 동시에 존재할 수 없다는 것이다.

어떻게 설명하든 삼위일체를 설명하면 틀린다. 설명을 하는 순간부터 그것은 성경이 말하는 삼위일체 하나님을 드러내지 못하기 때문이다. 삼위일체를 억지로 이해하려고 하다가는 이단이 된다. 모든 이단은 삼위일체를 억지로 이해하고 해석하며 파악하려다가 생긴다. 예를 들면 일위신론이라는 이단이 있다. 성부, 성자, 성령 삼위가 있는 것이 아니고 하나님은 한 분이신데 위격도 하나라고 믿는다. 이들을 유니테리안(Unitarians) 이단이라고 부른다. 유니테리안 이단은 미국에 많이 있다. 삼신론은 삼위 세 인격이 아니고 세 신이 있다고 믿는 것이다. 성부 신, 성자 신, 성령 신이라고 설명한다. 모르몬교(Mormons)가 그렇게 믿는다. 양자론이란 것도 있다. 예수님은 하나님이 만드신 피조물이다. 그러므로 하나님보다는 훨씬 못하고 인간보다는 훨씬 뛰어난 중간 정도의 존재라고 생각한다. 여호와의 증인들이 그렇게 생각한다. 양태론이라는 것도 있다. 위에서 말한 것처럼 연극배우가 여장을 하고 여자로 나와서 연기하고 들어갔다가 할아버지 가발을 쓰고 허리를 구부리며 지팡이를 짚고 나와서 영감 연기를 하듯이 하나님이 때로는 창조주로 때로는 구세주로 때로는 성령으로 모양을 바꾸신다는 것이다. 그것이 원네스오순절파(Oneness Pentecostals) 이단이다.

삼위일체? 나와 무슨 상관이 있는데?

그러나 교회에 가장 많은 이단적 생각은 무관론이다. '상관없어. 셋이면 어떻고, 하나면 어떻고, 삼위일체가 아니면 어때.' 이런 생각이 가장 비겁하고 가장 위험하다. 나와 상관이 없으니 관심 가질 필요도 못 느끼는 것이다. '하나님은 하나님이고 나는 나고. 나의 삼위일체는 돈, 건강, 자녀다. 이 셋만 있으면 얼마든지 행복할 수 있어. 하나님은 하나님의 삶을 살고, 나는 내 삶을 산다.' 하나님의 아버지 되심과 아들 예수님의 구속과 성령의 임재가 나와 아무 상관이 없다고 생각하는 것보다 더 큰 이단은 없다. 이런 삼위일체에 대한 이단적인 믿음은 교회를 헐고 가정을 파괴한다. 이 엄청난 자산인 삼위일체 진리를 제대로 활용하려면 이 삼위일체가 나와 무슨 상관이 있는지를 알아야 한다.

트리니티, 내 삶의 기초를 제공한다

삼위일체에 대한 믿음은 내 삶의 기초를 제공한다. 당신은 자신을 무엇으로 정의하는가? 당신의 정체성은 무엇인가? 당신 자신의 가치는 무엇인가? 당신은 자신을 얼마짜리라고 규정하고 사는가? 세상 사람들은 성취에 기초해 자신의 가치와 정체성을 정의한다. 우리 사회에서는 인정할 만한 큰일을 하는 사람은 중요하지만, 누구도 주목할 만한 가치 있는 일을 하지 않는 사람은 별 볼일 없다고 평가한다. 크리스천들마저 세상에서 뒤쳐지지 않기 위해 끝없는 질주를 계속하고 있다. 왜 우리는 나도 죽고 남도 죽이는 이런 공멸의 질주를 하고 있는가? 성취에 기초해서 사람의 가치를 정의하는 세상의 방식을 진리처럼 받아들이고 있기 때문이다. 그러나 우리가 무엇을 해서 중요한 사람이 된다면 정말 삶이 허망함 그 자체일 수밖에 없다.

우리는 가진 것 때문에 가치 있는 사람이 되는 것이 아니다. 우리의 정체성과 우리의 가치는 관계 때문에 발생한다. 예전에는 왕의 아들로 태어나면 왕이 되었다. 재벌 회장의 아들로 태어나면 그 기업을 대물림할 회장이 될 가능성이 높다. 학자인 아버지의 아들로 자랐기 때문에 나는 배우는 일과 가르치는 일을 좋아하는 학자가 되었다. 이렇게 그 아버지의 영향을 받아 한 사람의 정체성이 형성되는 것이다. 우리도 마찬가지다. 삼위일체 하나님과의 관계 때문에 우리는 존귀한 자가 되었다.

삼위일체에 대한 믿음은 또한 우리 삶의 기초가 된다. 아무리 많이 가져도 이 기초가 부실한 사람은 늘 가난뱅이로 살 수밖에 없다. 마태복음 3장에는 예수님의 세례 장면이 기록되어 있다. 그 등장인물들을 살펴보자. 성자 예수님은 세례 요한 옆에 서 계신다. 그리고 성부 하나님이 저 하늘에서 말씀하신다. "너는 내 사랑하는 아들이라 내가 너를 기뻐하노라." 그러고 나서 성령 하나님이 비둘기처럼 예수님에게 임하신다. 성부, 성자, 성령, 세 인격이 한 프레임 안에 모인 것을 보는 소중한 현장이다. 예수님을 안에 모신 사람을 향해 하나님은 같은 가치를 선언하신다. "너는 내 사랑하는 아들이다. 내 딸이다. 내가 너를 기뻐한다."

무슨 근거로 그렇게 주장할 수 있을까? "우리가 우리의 모양대로 사람을 만들고." 그리고 창세기 1장 26-27절에는 "하나님이 자기 형상대로 사람을 만드셨다"라는 말씀이 나온다. '우리'라는 말은 복수인데 '자기'란 말은 단수다. 하나님은 26절에서 '우리'라고 말씀하셨는데 그다음 27절에서는 '자기'라고 말씀하신다. 성부, 성자, 성령, 삼위 하나님이 머리를 맞대고 우리를 디자인하셨다. 그분의 형상대로 우리를 만드신 것이다. 당신은 성삼위 하나님이 머리를 맞대고 디자인하신 하나님의 작품이다.

그런 놀라운 작품들이 죄로 인해 손상되었을 때 하나님은 구원을 계획하셨고, 아들 예수님은 십자가에서 그 구원을 성취하셨으며, 성령 하나님은 2000년 전에 이루어진 그 구원을 우리에게 적용하셨다. 우리의 창조와 구원에 성부, 성자, 성령 하나님이 모두 함께하신 것이다. 당신은 그만큼, 그 정도로 중요한 사람이다.

큰돈을 주고 산 핸드폰, 그 스마트폰이 없어지면 사람들은 불안해하고 그것을 찾으려고 얼마나 애태우는지 모른다. 하나님은 그 아들을 내려놓고 당신을 집으셨다. 그 아들은 자기 생명을 대가로 당신을 사셨다. 성령 하나님은 2000년이 넘는 세월, 수많은 사람을 통해 배턴을 이어가게 하시며 우리에게까지 그 복음이 전해지게 하셨고 우리가 그 복음에 반응하도록 인도하셨다.

성부 하나님을 빼버리면 당신과 나는 존재 자체가 불가능했다. 성자 예수님을 빼버리면 우린 지금 어떤 삶을 살고 있을까? 성령 하나님을 빼버리면 2000년 전에 일어난 그 사건은 한 유대인 사형수의 이야기로 끝나고 만다. 삼위 하나님 중에 어떤 인격도 우리의 생각과 믿음과 삶 속에서 빠지면 안 된다. 삼위일체 하나님을 내 삶의 기초로 붙들고 살 때, 우리는 가진 것이나 이룬 것과 상관없이, 존귀한 자기 가치와 존귀한 정체성을 가지고 살아갈 수 있다. 그러므로 삼위일체는 개념이나 관념이 아니고 당신의 매일을 살아가는 삶의 기초로 고백해야 한다.

트리니티, 내 삶의 목적을 제공한다

예수님이 이 땅을 떠나실 때 제자들에게 이렇게 말씀하셨다. "그러므로 너희는 가서 모든 민족을 제자로 삼아 아버지와 아들과 성령의 이름으로 세례를 베풀고 내가 너희에게 분부한 모든 것을 가르쳐 지키게 하라 볼지어다 내가 세상 끝날까지 너희와 항상 함께 있으리라 하시니라"(마 28:19-20). "아버지와 아들과 성령의 이름으로 세례를 주고." 아버지와 아들과 성령 분명히 셋이다. 영어로 하면, "in the name of Father, Son, and the Holy Spirit"이다.

그런데 'in the names'가 아니라 'in the name' 단수를 썼다. 세 분의 이름들로 세례를 주는 것이 아니고 성부, 성자, 성령, 세 인격(복수)인데 하나인 그 이름(단수)으로 세례를 주라는 것이다. 이 구절은 하나님이 삼위일체이심을 증명하기 위해 주신 말씀이 아니라, 크리스천으로서 우리가 이 땅에 살아가는 목적이 무엇인지를 분명하게 제시하기 위해 하신 말씀이다. 삼위일체이신 하나님이 우리를 이 땅에 두신 이유는 무엇인가? 삼위 하나님과 함께 다리를 놓기 위해서다.

아버지이신 하나님은 당신과 나를 그분의 다리, 하늘나라 대사, 예수님과 예수님을 모르는 이웃과의 제사장으로 부르셨다. 하나님은 그분과 세상 사이에, 하나님을 잃어버린 당신의 친척이나 친구와 예수님 사이에 다리를 놓으라고 당신을 이 땅에 남겨두셨다.

아들이신 예수님은 그렇게 하는 것이 무엇인지 3년 동안 숙달된 시범으로 우리에게 보여주셨다. 예수님의 3년 공생애를 짧게 요약하면, 이 땅에 오셔서 제자들을 불러다가 세워서 보내시고 하늘나라로 가셨다는 것이다. 그분이 세상을 떠나면서 우리에게 부탁하신 것이 무엇인가? '내가 와서 사람들을 불러다가 세워서 너희를 보내는 것처럼 너희도 가서 사람들을 불러다가 세워서 보내라.' 이 과정을 손짓으로 설명하다가, 언뜻 새을 자(乙)를 거꾸로 쓰는 형태의 동작이 반복되는 것을 알았다. 반복적이고 지속적인 순종으로 예수님의 복음은 여기까지 오게 된 것이다.

성령 하나님은 바로 그 일이 가능하도록 지혜와 권능을 주시기 위해 이 땅에 오셨다. "오직 성령이 너희에게 임하시면 너희가 권능을 받고 예루살렘과 온 유대와 사마리아와 땅 끝까지 이르러 내 증인이 되리라 하시니라"(행 1:8).

예전 믿음의 선배들은 이 설명할 수 없는 하나님의 비밀인 삼위일체를 '페리코레시스'(Perichoresis)라는 용어로 묘사했다. 페리코레시스라는 헬라어는 둥글게 서서 추는 윤무를 말한다. 강강술래를 생각해보면 쉽게 그림이 그려진다. 강강술래를 하려면 독립된 여러 사람이 하나가 되어야 한다. 한 사람이라도 자기 박자대로 뛰거나 자기 방식대로 춤을 춰버리면 그 윤무는 깨진다. 우리 하나님은 성부, 성자, 성령 세 분이신데 하나 되어 추시는 그 페리코레시스 윤무 속에 당신과 나를 초대하신 것이다. "자, 이리 와라. 같이 추자. 그리고 우리가 같이 잃어버린 사람을 찾아 원래 우리가 의도한 그 사람이 되어 우리 춤판에 함께하게 하자." 그것이 전도이자 복음이다. 이렇게 삼위일체는 우리가 오늘 이 땅을 살아가는 목적이다. 우리가 하나님의 윤무 속에 참여하는 것은 놀라운 특권이 아닐 수 없다. 그리고 잃어버린 사람들을 찾아 이 영광스러운 윤무 속으로 이끄는 것이 우리의 책임이다. 그런 점에서 삼위일체는 내 삶의 목적을 제공한다고 말할 수 있다. 삼위일체 하나님을 삶의 목적으로 붙잡고 살 때 우리는 세상에 헷갈리지 않는 그리고 세상을 헷갈리게 하지 않는 반듯한 주님의 제자로 살아갈 수가 있다.

트리니티, 내 삶의 모델을 제공한다

행복하게 살기 원하는가? 행복한 가정을 만들기를 원하는가? 행복한 교회를 세워나가기를 원하는가? 공동체 속에서 바른 교인의 역할을 감당하기 원하는가? 당신이 절대 놓치지 말아야 할 것이 바로 이 삼위일체의 모델이다.

성부 하나님, 성자 하나님, 성령 하나님의 본질은 동일하다. 또한 이 세 분은 동일한 목적을 세우셨다. 그러나 독립된 인격과 독립된 역할로 하나가 되신다. 이분들은 서로 다투지 않으신다. 성부는 성자를 향해 못마땅해 하거나 비난하지 않으신다. 성자는 성부를 향해 열등감에 시달리거나 불평하지 않는다. '언제까지나 내가 이런 존재로 남아야 하는가, 언제까지나 나는 아버지의 명령대로 해야 하는가.' 결코 그러시지 않는다. 성령은 인기가 없는 하나님이시다. 많은 사람이 성령 하나님에 대해 잘 알지 못한다. 그 성령이 불평이 많으실 것 같은가? "일은 내가 다 하는데, 영광은 예수님이 다 얻고 난 뭔가?" 삼위일체 성삼위 하나님은 그런 유치한 경쟁이나 하고 분열을 일으키지 않으신다. 서로 존중하고 높이며 서로 드러내고 서로를 세우신다. 예수님은 아버지께 끊임없이 순종하셨고, 아버지는 아들을 모든 피조물 위에 뛰어난 왕으로 세우셨으며, 성령님은 그 아들 예수님을 우리에게 드러내고 계신다. 예수님은 성령님을 얼마나 자주 그리고 많이 높이셨는가.

정말 행복한 가정을 이루기를 원하는가? 남편, 아내, 30년 가까운 세월을 다르게 살아온 두 인격이 어떻게 하나가 될 수 있겠는가? 서로 나에게 맞추라고 주장하기 때문에 가정이 깨지는 것이다. 왜 교회에 말이 많은가? 내 생각대로 해야만 한다고 고집부리기 때문이다. 성삼위 하나님은 그렇게 하지 않으셨다. 우리가 서로 다르다고 해도 성삼위 하나님만큼 그 역할이 다를까. 정말 행복하기를 원한다면 삼위일체 하나님의 모델을 따라야 한다. 셋인데 하나고 하나인데 셋인 하늘의 하나 됨을 관계의 모델로 삼아야 한다.

교회도 마찬가지다. 우리 교회는 설립 초기에 하나님께로부터 이런 특별한 원리 하나를 선물로 받았다. "일을 나누고 힘을 모은다." 그것이 바로 삼위일체적인 교회의 원리다. 가정도 교회도 일을 나누고 힘을 모으면 하늘을 반사하는 이 땅의 거울이 된다. 이는 하나는 모두를 위하고 모두는 하나를 위하는 공동체(One for all, all for one), 하나인데 완벽한 셋이고 셋인데 완벽한 하나인 삼위일체 하나님을 모델로 붙들 때만 가능하다. 삼위일체는 단순한 교리나 관념이 아니다. 당신의 가정을 하늘나라 대사관으로 세우고 우리 교회 공동체를 하늘나라 지점으로 이 땅에서 세울 우리 삶의 원리다. 나와 다른 것을 틀리다고 정의하지 않고, 그 다름을 인정하는 공동체는 삼위일체 하나님을 모델로 삼을 때만 가능하다. 삼위일체 하나님같이 서로를 존중하고 서로를 귀하게 여기며 서로를 드러내고 서로를 보완하며 서로를 높이는 그런 복된 공동체를 세워나가기를 축복한다.

트리니티, 내 삶의 동력을 제공한다

마지막으로 삼위일체는 내 삶에 동력을 제공하는 진리다. 왜 이 삼위일체 하나님이 오늘을 살아가는 내 삶의 동력이 된다고 말하는가? 예배가 끝날 때마다 당신은 목사님의 축도를 받는다. "하나님 아버지의 사랑과 예수님의 은혜와 성령의 교통하심이 영원토록 함께하시기를 축원하나이다." 무슨 뜻인가? 하나님은 우리 위에(above me) 계신다. 예수님은 우리와 함께(with me) 계신다. 성령 하나님은 내 안에(in me) 계신다. 당신은 이런 사람이다. 하나님이 이 땅에 사랑할 인간이라고 딱 하나밖에 없는 것처럼 사랑하시는 그런 사람이다.

성부 하나님은 몇 백 광년 떨어진 우주 어딘가에 멀리 계시지 않는다. 그분은 당신 위에 계신다. 당신이 어디로 가는지 다 내려다보고 있는 스마트폰의 내비게이션처럼 우리 하나님은 항상 당신 위에 계신다.

예수님은 세상 끝날까지 우리와 함께하시겠다고 하신 약속대로(마 28:20), 언제나 우리와 함께 계신다.

성령 하나님은 우리 안에 계신다. 그것이 우리의 위로다. 그것이 우리가 세상 압력에 이지러지지 않고 당당히 살아갈 내부적 대응력이다. 외로운가? 사람에게서 그 외로움을 달랠 위로를 찾으면 우리는 우울증에 걸리고 만다. 아무리 사랑하는 남편도 당신의 외로움을 다 달래주지는 못한다. 아무리 좋은 부모도 당신의 모든 마음의 외로움과 우울함을 해결해주지 못한다. 우리 위에 계시는 성부 하나님, 우리 곁에 계신 성자 예수님, 우리 안에 계신 성령 하나님 그 삼위일체 하나님이 우리와 함께 계심만이 우리 삶의 동력이 된다. 삼위일체 하나님을 내 삶의 동력으로 붙들고 살아야 한다.

Believe in

이야기를 정리하겠다. 삼위일체를 억지로 이해하려 하면 이단이 된다. 삼위일체에 대해 무관심하면 삶을 낭비하게 된다. 삼위일체 하나님에 대해서 우리가 취해야 할 태도는 무엇인가? 나와 밀접하게 관련된 현실로 받아들여야 한다. "믿사오며"(I believe in), 사도신경에는 이 말이 세 번 나온다. 우리 한글 사도신경에는 "믿사오며"가 네 번 나오는데, 우리말로 번역하면서 들어간 것이고 원문에는 세 번 나온다. "나는 하나님, 아버지, 하나님 우리의 창조자를 믿습니다. 나는 아들 예수님, 성자 하나님, 나의 구속자를 믿습니다. 나는 성령 하나님, 나의 성화자를 믿습니다." 이 믿는다(believe)는 동사 뒤에 쓰인 전치사 'in'은 중요한 의미를 지닌다. 이 전치사 'in'을 빼면 'I believe God the father'가 된다. 그렇게 하면 '나의'라는 말이 빠지고 의미가 심각하게 변질된다. 그런 용어는 없지만, 나는 이 'in'을 상관전치사라고 부른다. 이 in이 나와 고백한 진리가 상관이 있다는 것을 선언하는 것이다. 우리는 삼위일체께 '나를' 연결해야만 한다. 하나님은 삼위일체 하나님에 대한 지식적인 이해나 파악이 아니라, 그분들을 신뢰함으로 당신의 삶을 그분의 인격 위에 세워나가기를 바라신다. 삼위일체를 지식과 관념이 아니라 인격으로 인식하고, 그 인격들에 대한 당신 자신의 인격적인 의지와 순종으로 삶을 세워나가는 참 믿음을 소유하길 바라신다. 하나님은 당신이 삼위일체를 교리가 아니라 하나님과 동행하는 행복한 삶의 고백으로 누리는, 지혜로운 하나님의 사람이 되기를 바라신다.

성부 하나님과 우리의 창조에 관하여

chapter 11

하나님은 누구신가?

26문 "전능하신 성부 하나님, 천지의 창조주를 나는 믿사오며"라고 고백할 때 당신은 무엇을 믿습니까?

답 우리 주 예수 그리스도의 영원하신 아버지께서 아무것도 없는 중에서 하늘과 땅과 그 가운데 있는 모든 것을 창조하셨고,[1] 또한 그의 영원한 작정과 섭리로써 이 모든 것을 여전히 보존하고 다스리심을 믿으며,[2] 이 하나님께서 그의 아들 그리스도 때문에 나의 하나님과 나의 아버지가 되심을 나는 믿습니다.[3] 그분을 전적으로 신뢰하기에 그가 나의 몸과 영혼에 필요한 모든 것을 채워주시며,[4] 이 눈물 골짜기 같은 세상에서 당하게 하시는 어떠한 악도 합력하여 선을 이루게 하실 것을 나는 조금도 의심치 않습니다.[5] 그는 전능하신 하나님이기에 그리하실 수 있고,[6] 신실하신 아버지이기에 그리하기를 원하십니다.[7]

---

1. 창 1:1, 2:3, 출 20:11, 욥 38:4–11, 시 33:6, 사 40:26, 44:24, 행 4:24, 14:15 **2.** 시 104:2–5, 27–30, 115:3, 마 10:29–30, 롬 11:36, 엡 1:11 **3.** 요 1:12, 20:17, 롬 8:15, 갈 4:5–7, 엡 1:5 **4.** 시 55:22, 마 6:25–26, 눅 12:22–24 **5.** 시 84:5–6, 롬 8:28 **6.** 창 17:1, 18:14, 롬 8:37–39, 10:12, 계 1:8 **7.** 마 6:32–33, 7:9–11

> **좁여 읽기**
>
> "너희는 다시 무서워하는 종의 영을 받지 아니하고 양자의 영을 받았으므로 우리가 아빠 아버지라고 부르짖느니라"(롬 8:15).
>
> 약을 먹을 때도, 다리를 건널 때도, 비행기를 탈 때도 믿음이 필요하다. 우리의 삶을 지탱하는 기초는 믿음이다. 그러나 그 모든 믿음의 기초가 되는 믿음은 하나님에 대한 믿음이다. 미신(迷信), 맹신(盲信), 불신(不信), 광신(狂信)은 모두 삶을 허무는 독소일 뿐이다.
>
> 하나님을 영화롭게 하고, 나를 변화시키며, 남을 축복하고, 세상을 변화시키는 바른 믿음은 성경에서 자신을 드러내신 하나님에 대한 믿음이다. 그래서 사도신경은 믿음의 고백을 이렇게 시작한다. "전능하사 천지를 만드신 하나님 아버지를 내가 믿사오며."
>
> 우리는 어떤 하나님을 믿는가? 우리가 믿는 하나님은 전능하신 하나님이자 창조주이신 하나님이며, 우리의 아버지이신 하나님이다.
>
> 우리는 입으로 하나님이 아버지 되신다고 자주 고백하지만, 실제로는 하나님이 우리 아버지가 되신다는 사실을 자주 잊고 산다. 하나님의 존재에 대한 인정을 믿음이라 하지 않는다. 귀신도 그렇게 믿는다(약 2:19). 그 하나님을 신뢰해야 한다. 신뢰란 한자로 믿을 신(信)과 힘입을 뢰(賴)다. 전능하신 창조주를 나의 아버지로 연결하는 고리는 인격적 관계와 전인적인 신뢰다.

2015년 우리나라는 메르스 전염병으로 큰 곤욕을 치렀다. 메르스 병균은 수천 배의 현미경으로 확대해야 보이는 작은 병균이다. 이 작은 병균 때문에 정부도 국회도 우왕좌왕하며 벌벌 떨었던 것이 생각난다. 메르스 자체보다 메르스에 대한 공포가 우리 사회를 흔들고 있었다는 것이 참으로 민망했다.

더 민망한 것은 크리스천들의 모습이었다. 메르스가 닥쳐오자 우리 신앙의 실체가 여지없이 그대로 드러났다. 공교롭게도, 그해 나는 파이디온의 연구진들과 함께 여름성경학교 주제를 '믿음으로 승리해요'라고 잡았다. 점점 더 힘을 잃고 소신도 잃어가는 한국 교회의 다음 세대들에게 믿음으로 산다는 것이 무엇인지 가르치는 것이 중요한 과제라고 확신했기 때문이다. 믿음으로 승리한 믿음의 이야기인 여호수아서를 가르치기 위해 교재도 만들고 찬양도 만들어 여름성경학교 강습회를 열었다. 그런데 서울 시장의 메르스 확산에 대한 우려가 발표된 날부터 파이디온선교회의 전화는 온종일 불이 났다. 30퍼센트 이상의 주일학교 교사가 등록을 취소하고 강습회에 오지 못했다. 왜 그랬을까? 두려워서다. 메르스에 걸릴까 봐 두려워서다. 참으로 민망하고 아이러니한 일이었다. 믿음으로 승리하는 삶을 가르쳐야 할 주일학교 교사들이 메르스 병균은 너무 크게, 하나님은 너무 작게 여기는 그 믿음의 현실이 참으로 민망했다.

나는 그때 마귀의 비웃음을 느꼈다. '믿음? 이것이 너희의 참 믿음이지.' 우리는 1문에서 이렇게 고백했다. '살아서나 죽어서나 나의 유일한 위로는 내 몸도 내 영혼도 오직 신실하신 예수 그리스도의 것이라는 사실입니다.' 내 몸도 영혼도 예수님의 것이고, 내가 그분의 소유라는 믿음을 고백한다면, 그분이 우리를 지키실 것에 대한 믿음은 왜 없는 걸까?

위생 관념을 무시하거나 안전 불감증을 주장하는 것이 아니다. 전염병이 돌 때는 어느 때보다 열심히 손을 씻고, 피곤하지 않도록 잠도 많이 자고, 면역력이 떨어지지 않도록 비타민도 먹어야 한다. 내가 민망해하는 이유는 크리스천들이 하나님 없는 세상 사람과 똑같이 두려워함으로 세상에 선포하는 왜곡된 믿음 때문이다. 우리가 재난이나 위험 앞에서 저들과 똑같은 동기와 똑같은 태도로 두려워하는 것은 세상을 향해서 이렇게 외치는 것과 다르지 않다. "속지 마라. 하나님은 없다. 하나님이 우리를 지키신다는 것은 그냥 심리적인 안심을 얻기 위한 자기 최면일 뿐이다. 내가 믿어보았는데, 하나님 믿어봤자 하나도 안심이 안 된다." 이렇게 하나님을 잘못 드러냄으로써 우리는 하나님을 작고 약하며 시시한 존재로 멸시하고 모독하는 죄를 짓는 것이다. 개인적인 삶에서든, 국가적인 재난에서든 위기의 때는 하나님을 욕되게 할 수도 있고, 전능하신 하나님의 살아 계심을 증거할 수 있는 기회가 되기도 한다. 어떻게 하면 위기의 때뿐 아니라, 삶의 모든 영역에서 담대함과 용기로 전능하신 하나님을 드러내며 살 수 있을까?

그 답으로 두 가지를 말하고 싶다. 하나님에 대해 바르게 인식하고 그분께 바르게 반응하는 것이다.

하나님에 대한 바른 인식

하나님에 대한 바른 인식이 필요하다. 사람은 저마다 하나님에 대한 다른 그림을 그린다. 크리스천이 되어서도 예전에 가지고 있던 신에 대한 관념과 성경이 가르치는 하나님 관념을 합쳐서 나름의 하나님을 조제해(?) 섬기는 경우가 많다. 하나님이 어디 있냐고 불신하고 살던 사람은, 어려움만 닥치면 하나님이 없는 것처럼 돌변한다. 미신을 섬기던 사람은 하나님을 그가 섬기던 신 중 최고의 자리에 있는 신 정도로 생각하기도 한다. 사람들은 여기저기서 주워 모은 하나님에 대한 그림을 합성해 하나님은 이런 분일 거라고 생각한다. 나는 이것을 부대찌개 신학이라고 부른다. 부대찌개는 소시지나 햄에 김치, 고추장, 두부, 라면 사리 등을 넣고 끓인 혼합 음식이다. 나도 예수님을 처음 믿었을 때, 유교적 관념과 하나님을 합성한 유교적 하나님을 상상했다.

조심해야 한다. 하나님은 내 경험과 성경의 내용을 섞어서 믿는 분이 아니다. 우리가 믿는 하나님은 어머니가 경험했던 하나님도 아니고 내가 속한 교회의 목사님이 경험한 하나님도 아니다. 우리는 성경을 통해서 우리에게 자신을 보여주신 그 하나님을 믿는 것이다. 사도

전능자: 전능하사
창조주: 천지를 만드신
아버지: 하나님 아버지를 내가 믿사오며

신경에서는 이렇게 가르친다. "전능하사 천지를 만드신 하나님 아버지." 사도신경은 성경을 통해 자신을 드러내신 하나님이 누구인지를 줄이고 줄여서 세 단어로 가르쳐준다. 하나님은 전능자, 창조주, 아버지시다. 전능하사 천지를 지으신 하나님은 창조주이시고, 그 하나님이 나의 아버지임을 믿는다는 고백이다.

하나님이 만약에 전능하시기만 하면 어떤 일이 벌어질까? 우리는 정말 불행해질 것이다. 핵폭탄이 우리 집 거실에 놓여 있다면 얼마나 불안하고 두렵겠는가? 하나님이 전능하시기만 하다면 우리는 날마다 노예처럼 하나님의 비위를 맞추기 위해 숨죽이고 살아야 할 것이다. 귀신을 섬기는 사람들을 생각해보라. 병이 낫지 않으면 푸닥거리를 한다. 그 푸닥거리에서 무당이 하는 일이 무엇인가? 이런 일을 발생하게 한 귀신의 노여움을 푸는 것이다. 그것은 모든 이방 종교의 특성이기도 하다. 우리는 하나님의 비위를 맞추려고 예배하는 것이 아니다.

하나님은 창조주이시다. 모든 만물이 그분의 손에서 나왔고 그분의 소유며 그분 손으로 유지되고 있다. 하나님은 나를 만드신 분이다. 전 세계 모든 나라의 예산을 합쳐도 당신 같은 작품은 만들 수 없다. 당신은 얼마나 소중한 존재인가! 그런 하나님의 걸작품을 하나님이 그렇게 쉽게 포기하거나 버리시겠는가? 당신이 하나님이라면 그렇게 하겠는가? 당신이 작가라면 애써서 만든 당신의 작품에 누가 손대는 것을 그냥 보고만 있겠는가? 하나님이 창조주이시다. 당신과 나를 만든 창조주이시다.

하나님은 전능자일 뿐만 아니라 아버지시다. 하나님은 에너지가 아니고 하나님은 인격이시다. 어떤 종교도 그들이 섬기는 신을 향해 아버지라고 부르는 종교는 없다. 그분은 아버지로서 우리를 만드셨고, 아버지로서 우리를 구원하셨으며, 아버지로서 우리를 소유하시고, 아버지로서 우리를 지키시며, 아버지로서 우리를 인도하시고, 아버지로서 공급하고 책임지시는 인격적인 존재라고 성경은 가르친다.

전능하신 하나님, 창조주 하나님 그리고 아버지 하나님. 이 셋 중에 하나라도 빠지면 그것은 하나님에 대한 온전한 인식이 아니다. 우리는 그리스로마 신화, 한국의 신화, 이런 것 중에 좋은 것을 조금씩 따다 짜 맞춰서 디자인한 하나님, 우리가 합성한 하나님을 섬기는 것이 아니다. 우리는 부대찌개 하나님을 섬기는 게 아니고 성경을 통해 '나는 이런 존재다'라고 말씀하시는 하나님, 전능의 왕, 세상을 지은 창조주 그리고 우리의 아버지를 믿는 것이다. 당신이 믿는 하나님은 어떤 하나님인가? 전능의 아버지가, 전능의 창조주가 당신의 아버지라면 어려운 현실 앞에서 전전긍긍하고, 두려움 앞에서 벌벌 떠는 게 맞다고 생각하는가? 하나님이 전능자이자 창조주이며 내 아버지시라는 사실을 믿지 않는 한 우리는 두려움을 이길 수 없다.

하나님에 대한 바른 반응

하나님에 대한 참된 믿음은 하나님에 대한 바른 인식뿐 아니라 하나님에 대한 바른 반응을 요구한다. 전능하사 천지를 만드신 하나님 아버지를 머리로 인식한다고 해서 참된 믿음을 소유한 것은 아니다. 그런 믿음은 귀신에게도 있다. "네가 하나님은 한 분이신 줄을 믿느냐 잘하는도다 귀신들도 믿고 떠느니라"(약 2:19). 하나님 존재에 대한 지식적인 인정만으로는 충분하지 않다. 예배 시간에 "전능하사 천지를 만드신 하나님 아버지를 믿사오며"라고 고백한다고 해서 곧 내 믿음이 되는 것이 아니다. 그것은 예배 순서에 동참한 것뿐일 수 있다. 존재에 대한 지식적인 인정뿐 아니라 존재와의 인격적인 관계다. 하나님은 아버지시다. 아버지란 이름은 신적인 존재, 전능하사 천지를 만드신 창조주를 뭐라고 말할까 하고 신학자들이 연구하다가 우리를 낳아준 분을 아버지라고 부르듯이 하나님을 아버지라고 부르면 이해가 잘 되겠다고 해서 나온 이름이 아니다. 인간 아버지에서 개념을 뽑아다 하나님께 적용한 것이 아니다. 오히려 그 반대다.

아버지란 말은 어디서 발원되었는가? '근원자'(originate)라는 말에서 나왔다. 근원자에게서 아버지란 말이 내려온 것이지, 나를 낳아준 인간의 아버지 됨에서 올라간 것이 아니다. 어떤 의미에서 이 세상 모든 만물은 다 하나님의 작품으로 하나님이 아버지가 되신다. 동물도 하나님의 작품이고 식물도 하나님의 작품이다. 모든 인간은 다 하나님의 작품이라는 점에서, 하나님의 근원에서 비롯된 점에서 아버지라고 할 수 있다. 그런데 왜 모든 사람이 하나님을 아버지라고 부르지 않을까? 하나님을 잃어버렸기 때문이다. 인류의 조상이 하나님을 등지고 떠난 이후, 이제는 하나님이 어디 있는지조차 모를 정도로 인류는 하나님에게서 멀어지게 되었다. 그런 우리를 위해 인간을 만드신 하나님이 이 땅에 오셔서 우리처럼 사람이 되셨고, 십자가에서 못 박혀 죽으심으로, 그 핏값으로 우리를 사서 하나님의 양자가 되게 하셨다. 예수님이 하나님을 보고 아버지라고 말하는 것과 우리가 하나님을 보고 아버지라고 말하는 것은 같은 개념이 아니다. 예수님은 아들 하나님(the Son)이다. 우리는 작은 s자로 써야 하는 하나님의 아들(son)이다. 우리는 하나님께 입양된 아들들이다. 로마서 8장 15절에는 이런 말씀이 나온다. "너희는 다시는 무서워하는 종의 영을 받지 아니하였고 양자의 영을 받았다." 그래서 우리는 하나님께 아빠 아버지라고 부를 수 있게 된 것이다. 성경에는 분명히 우리가 두려워하는 종의 영을 받지 않았다고 나온다.

 교회에 내 사무실이 있다. 많은 유치부 아이는 내 방 문 앞에서 기웃거리며 들어올까 말까 눈치를 살핀다. 내가 사탕이라도 하나 주려고 손짓을 하면 약간 긴장하면서 그제야 들어온다. 그러나 내 방에 노크도 없이 언제나 들어오는 아이가 있다. 내 손녀다. 왜 그 아이는 그렇게 당당히 들어올 수 있을까? 나와의 관계 때문이다. 이 방에 있는 담임목사가 자기의 할아버지임을 알기 때문이다. 손녀에게는 나에 대한 두려움이 없다. 우리가 그렇다. 우리는 하나님 앞에 두려워하는 영을 받지 않았다. 암 걸릴까 두렵고, 죽을까 두렵고, 사고도 두렵고, 귀신도 두렵고…. 아니다. 우리는 더 이상 두려워하는 삶을 살 필요가 없는 사람이 되었다.

 제임스 패커(J. I. Packer)가 『하나님을 아는 지식』(IVP 역간)에서 말했듯이 거룩하신 창조주 하나님의 아버지 되심은 신약 전체의 요약이다. 한 사람의 영적 성숙도를 어떻게 알 수 있는가? 한 사람이 기독교를 얼마나 이해하는지 어떻게 알 수 있는가? 성경 지식으로 따지는 것이 아니다. 교리 지식으로도 말할 수 없다. 교회 생활이나 교회 문화에 얼마나 익숙한가로 따지는 것도 아니다. 그러면 무엇으로 알 수 있는가? 하나님이 내 아버지이신 줄 얼마나 깊이 알고 있느냐로 측정할 수 있다. 나는 얼마나 그분의 자녀인가? 나는 얼마나 그분이 나의 아버지 되심을 누리고 주장하며 전제하고 살아가는가? 그것이 영적 성숙도의 척도다.

그런 하나님, 전능자, 창조주를 아버지로 모시는 데는 우리의 태도가 중요하다. 왕 앞에 나아갈 때, 여섯 가지 태도가 필요하다. 그것은 찬양과 감사, 겸손과 복종, 신뢰와 순종이다. 이 말을 다 외울 필요는 없다. 사극에 신하가 왕에게 하는 말 중 가장 빈번하게 사용하는 세 마디만 기억하면 된다. "성은이 망극하옵나이다." "아뢰옵기 황공하오나." "분부대로 거행하겠나이다."

내 지위를 알라

우리 크리스천은 하나님을 이렇게 고백하는 사람들이다. "전능하사 천지를 지으신 하나님이 내 아버지다." 바울은 우리가 두려워하는 종의 영을 받은 사람이 아니고 양자의 영을 받은 사람들이라고 말한다(롬 8:15). 이제는 나의 지위를 제대로 알고 믿음으로 주장하며 살아야 한다. 우리의 서열은 제2위다. 삼위일체 하나님 다음에는 우리, 전능하신 창조주를 향해 아버지라고 부르는 우리다. 죽음도, 귀신도, 고난도, 실패도 두렵긴 하지만 결코 하나님보다 위에 그리고 그 하나님을 아버지로 모신 우리보다 위에 올 수 없다. "내가 확신하노니 사망이나 생명이나 천사들이나 권세자들이나 현재 일이나 장래 일이나 능력이나 높음이나 깊음이나 다른 어떤 피조물이라도 우리를 우리 주 그리스도 예수 안에 있는 하나님의 사랑에서 끊을 수 없으리라"(롬 8:38-39). 하나님은 우리가 하나님의 전능하심, 하나님의 창조주 되심, 하나님이 내 아빠 되심을 기뻐하고 주장하며 당당하게 살아가길 바라신다.

성부 하나님과 우리의 창조에 관하여

chapter 12

하나님의 **섭리**

27문 하나님의 섭리란 무엇입니까?

답 섭리란 하나님의 전능하고 언제 어디나 미치는 능력으로,[1] 하나님께서 마치 자신의 손으로 하듯이, 하늘과 땅과 모든 피조물을 여전히 보존하고 다스리시는 것입니다.[2] 그리하여 잎새와 풀, 비와 가뭄,[3] 풍년과 흉년, 먹을 것과 마실 것, 건강과 질병, 부와 가난, 참으로 이 모든 것이[4] 우연이 아니라 아버지와 같은 그의 손길로 우리에게 임합니다.[5]

28문 하나님께서 모든 것을 창조하시고 섭리로써 여전히 보존하심을 아는 것이 우리에게 어떤 유익을 줍니까?

답 우리는 어떠한 역경에서도 인내하고,[6] 형통할 때에 감사하며,[7] 또한 장래 일에 대해서도 우리의 신실하신 하나님 아버지를 굳게 신뢰하여 어떠한 피조물이라도 우리를 하나님의 사랑에서 끊을 수 없으리라 확신합니다.[8] 모든 피조물이 완전히 하나님의 손안에 있으므로 그의 뜻을 거슬러 일어나거나 되는 일은 하나도 없습니다.[9]

---

1. 시 94:9–10, 사 29:15–16, 렘 23:23–24, 겔 8:12, 마 17:27, 행 17:25–28 **2.** 히 1:3 **3.** 렘 5:24, 행 14:17 **4.** 잠 22:2, 요 9:3 **5.** 잠 16:33, 마 10:29–30 **6.** 욥 1:21–22, 시 39:9, 롬 5:3–4, 약 1:3 **7.** 신 8:10, 살전 5:18 **8.** 시 55:22, 롬 5:4–5, 롬 8:38–39 **9.** 욥 1:12, 2:6, 잠 21:1, 행 17:25–28

좁여 읽기

"천지가 주의 규례들대로 오늘까지 있음은 만물이 주의 종이 된 까닭이니이다"
(시 119:91).

자연재해, 정치적 혼란, 전쟁과 테러…. 세상이 어떻게 돌아가고 있는가? 당황하지 마라. 세상은 하나님의 손에 의해 움직이고 있다. 그것을 우리는 '섭리'라고 부른다. 섭리란 만물을 보존하고 통치하시는 창조주 하나님의 일이다. 세상에 그 어떤 일도 하나님의 통제 밖에서 일어나지 않는다.

그러나 감당할 수 없는 재난이나 악이 세상에 일어날 때마다 혼란스럽다. 선하신 하나님, 사랑의 하나님이 이런 일이 일어나는 것을 다 알고 막을 수 있음에도 방관하시는 것 같기 때문이다.

속지 마라. 사탄은 재앙을 사용해 하나님의 섭리에 대한 우리의 믿음을 흔들려고 기를 쓴다. 사탄은 욥의 아내처럼 우리에게 말한다. "당신이 그래도 자기의 온전함을 굳게 지키느냐 하나님을 욕하고 죽으라"(욥 2:9). 하나님은 결코 악과 비참의 원인이 아니다(약 1:13-15). 그 반대다. 우리의 죄와 욕심에서 발생한 모든 비참까지도 주장하고 다스리며 재활용하셔서 오히려 합력하여 선을 이루시는 분이다.

이 진리를 믿을 때만 우리는 세 가지 축복을 누릴 수 있다. 역경을 만날 때 좌절하지 않고 견뎌내고, 형통할 때 주제를 잊지 않고 감사하게 되며, 내게 일어난 모든 일이 합력하여 선을 이룰 것을 확신할 수 있다(롬 8:28).

"도대체, 세상이 어떻게 돌아가는 거야?" 답답하고 힘든 일을 만나면 우리는 이렇게 말한다. 2015년 6월 26일이었다. 6월 26일 미국 대법원이 동성 결혼을 합법화하는 결정을 내렸다. 오바마 대통령은 그것을 미국의 위대한 승리라고 말했다. 그때 이런 생각이 들었다. 남자가 남자끼리 결혼하고 여자가 여자끼리 결혼하는 이 권리를 확보하는 것이 어떻게 미국의 승리가 되는가? 이것을 축하하기 위해 동성애자의 천국인 샌프란시스코 시청은 시청사를 알록달록 무지개 조명으로 장식했다. 마치 식민지에서 해방이라도 된 것처럼 말이다. 세상이 어떻게 돌아가는 건지….

세상이 어떻게 돌아가는 거지?

우리가 느끼지 못하지만, 지구는 이 시각에도 어마어마한 속도로 돌아가고 있다. 지구는 한 시간에 1,669킬로미터를 돈다고 한다. 고속도로에서 120킬로미터만 넘어가도 정신 차리지 않으면 차는 뒤집어지고 만다. 그것의 13배나 되는 속도로 지구가 돌아가는데도 우리는 느낌조차 없이 살고 있다. 더 어지러운 이야기를 해보자. 지구는 태양 주위를 시속 107,160킬로미터로 돌고 있다. 도대체 세상이 어떻게 돌아가는 것인가? 지구가 태양 주위를 돌다가 조금이라도 태양으로 가까이 돈다면 그쪽의 모든 생물은 다 타 죽어버리고, 조금이라도 멀리 돌면 그 반대쪽은 다 얼어 죽는다. 누가 이 궤도가 벗어나지 않도록 지구의 중심축을 붙들고 있는가?

사람들은 그러니까 자연이라고 설명한다. 자연이라는 말은 스스로 자(自), 그러할 연(然) 두 글자의 합성어다. 스스로 그렇게 된 것이다. 어떤 사람들은 '우연'이라고 생각한다. 그렇게 설명하면서도 조금도 부자연스러워하지 않는다. 여기 당신 앞에 머그컵 하나가 있다고 상상해보자. 당신이 "저것이 어떻게 생기게 되었지?" 하고 물었을 때, 내가 "저절로 생긴 거예요"라고 대답한다면 그것이 자연스러운 일인가? 분명히 당신은 나를 웃기는 사람이나 정신병자로 의심하기 시작할 것이다. 그런데 "지구가 어떻게 돌죠?"라고 물으면, "자연히! 스스로 그렇게 된 것"이라고 답하는 세상에는 왜 의문을 제기하지 않는가?

하나님의 손

하나님의 말씀에는 세상이 어떻게 돌아가는가에 대한 명확한 답이 나와 있다. 하나님의 손이 이 세상을 돌리고 붙잡고 있는 것이다.

"주의 명령에 따라
천지가 오늘날까지
그대로 있는 것은
만물이 주의 종이기
때문이다"
(시 119:91, 현대인의 성경).

　다윗은 확신 있게 찬양한다. "천지가 주의 규례들대로 오늘까지 있음은 만물이 주의 종이 된 까닭이니이다"(시 119:91). 이 구절을 쉬운 말로 풀면, 지금 천지가 질서를 유지하고 있는 것은 하나님이 만물을 다스리고 붙잡고 계시기 때문이다. 이것이 섭리(攝理)다. 섭리란 만물을 통치하고 보존하시는 하나님의 손길을 말한다. 지금도 하나님이 온 세상을 통치하고 계신다. 하나님의 관심과 지식과 능력 밖에서 일어나는 일은 단 한 가지도 없다. 나뭇잎 하나 흔들리는 것도, 꽃송이가 피어나고 지는 것도, 사람이 태어나고 죽는 것도, 재앙이나 자연재해가 일어나는 것도…. 어떤 것도 하나님의 허락 없이, 그분의 통치와 계획 밖에서 일어나는 일은 없다. 나는 이 장에서 섭리에 대한 믿음으로 당신을 초대하려고 한다.
　많은 크리스천이 전능하사 천지를 만드신 하나님 아버지, 즉 하나님의 창조에 대해서는 믿지만, 섭리에 대해서는 믿지 않는다. 내 삶, 내 현실을 내가 붙잡고 내 방식으로 운전하기 위해 죽을 고생을 한다. 늘 불만이 많고, 기쁨은 적다. 늘 원망과 분노가 가득한 가슴으로 산다. 내가 생각한 대로 삶이 돌아가지 않기 때문이다. 그것은 하나님의 섭리를 믿지 않는 대표 증상이다. 하나님이 말씀하시는 참된 평안과 위로를 누리기를 원한다면, 하나님 손안에 모든 것이 달려 있음을 믿어야 한다. 그러기 위해 세 가지를 말해 주고 싶다. 첫째, 하나님의 섭리를 믿어야 한다. 둘째, 그 섭리를 믿지 못하게 하는 사탄의 속임수를 경계해야 한다. 셋째, 하나님의 섭리를 믿는 믿음으로 복된 삶을 세워야 한다.

하나님의 섭리를 믿으라

당신은 하나님의 자녀가 맞는가? 전능하신 창조주가 당신의 아버지이심을 믿는가? 그렇다면 당신의 입에서 완전히 없애야 할 단어가 있다. 삶의 사전에서 사용해서는 안 되는 망령된 언어다. 그것은 바로 '우연'이다. 우리는 아무 생각 없이 우연이란 말을 쓴다. "오늘 우연히 친구를 만났어." "우연히 그 남자를 만나 결혼했어." "우연한 사고였지." 전능하신 하나님의 자녀인 당신에게 그런 표현은 어울리지 않는다. 당신을 향한 하나님의 계획은 무엇이고, 당신의 삶에 개입한 하나님의 섭리는 어디에 있는가? 자연이라는 말도 함부로 쓸 말이 아니다. 스스로 그렇게 된 일은 아무것도 없다.

나는 자연히 생겨서 이렇게 살아 있는 것이 아니다. 내 심장이 지금 이렇게 뛰는 것이 자연스럽게 된 일이 아니다. 심장이 의지를 가지고 스스로 그렇게 뛰는 것도 아니다. 누군가의 손으로 계속 펌프질하고 있고, 횡경막이 상하 운동을 하며, 위장이 수축 운동을 하고 있다. 자연이라니…. 하나님의 손이 내 안에서 작업하고 있는 것이다.

하나님이 당신을 만드신 것처럼 그분이 당신의 생명을 다스리고 보존하고 계시다는 것을 믿어야 한다. 우리는 재수, 운수(運數), 행운을 믿지 않는다. 그러므로 그런 것은 우리가 사용하지 말아야 할 어휘다. 행운의 여신이 도와줘서 아내를 만나게 되었는가? 재물 운이 있어서 큰돈을 벌게 되었는가? 정말 그렇게 믿는가? 재수가 좋아서 좋은 층, 좋은 방향의 아파트가 당첨되었는가? 운이 좋아서 그 대학교에 간 것인가? 그런 말은 하나님을 모독하는 것이다. 매일 운세를 따져보는 사람들이 있다. 이사하는 날, 손 없는 날을 고르느라 신경을 쓰는가? 그러지 말아야 한다. 그런 행위는 하나님을 모욕하는 일이다.

그것은 마치 하나님을 천지와 사람을 만들어놓기만 하고 손 떼고 모른 척하는 아버지처럼 취급하는 것이다. 우리는 재수가 좋거나 행운이어서, 운명이나 운세에 따라, 행운의 여신이 손을 들어줘서 여기까지 온 것이 아니다. 우리가 이 땅에 태어난 순간부터 하나님은 우리에게 일어난 단 한 가지 일도 그분의 관심 밖에서 일어나도록 허용하신 적이 없다. 삶 전체는 그분의 통치와 그분의 간섭 아래 있다. 이것이 섭리다. 하나님의 자녀가 언제 어디서 무슨 일을 만나든지 항상 기뻐하고 소망을 품고 좌절하지 않을 수 있는 유일한 이유는, 언제 어디서든지 하나님의 통치가 나의 모든 삶, 모든 영역, 모든 부분에 미치고 있는 사실을 믿기 때문이다. 그것을 믿을 때 진정한 위로와 평안이 있다. 전능하신 하나님 아버지가 세상을 만드신 다음에 어디 가신 게 아니고 지금 그것을 보존하고 통치하고 계시다는 사실을 믿어야 한다.

그 섭리를 믿지 못하게 하는 사탄의 속임수를 경계하라

그러나 사탄의 생각은 완전히 반대된다. 사탄은 하나님의 섭리를 의심하고 불신하게 함으로써 우리와 하나님 사이를 이간질할 틈만 노리고 있다. 고난을 당하게 되면 우리는 많은 혼란을 겪는다. 모든 상황이 다 힘들게 느껴지지만, 우리를 가장 힘들게 하는 것은 영적인 문제다. 왜 하나님이 이런 고난을 내게 주실까? 하나님은 사랑이시고, 전능하신데 왜 나에게 이런 일이 일어나지 않도록 막지 못하신 걸까? 나쁜 사람들에게도 일어나지 않는 일이 왜 주 뜻대로 살아보려고 헌신한 내 삶에 벌어지는 걸까? 나쁜 짓을 하는 사람은 저렇게 건강한데, 왜 선한 일을 하며 살기를 원하는 나는 병에 걸리도록 허용하셨지? 자신을 헌신해 주님을 위해 살아가는 선교사님이 왜 암에 걸리는 건가? IS 테러리스트들이 성도들을 잡아다 목을 베는 이 악한 일들을 왜 하나님은 보고만 계실까? 왜 하나님은 동성애가 확산되는 것을 방

관하실까? 왜 하나님은 쓰나미, 지진, 광산 매몰 사고같이 끔찍한 재해를 그냥 두고 보실까? 이런 일이 벌어질 때마다 사탄은 우리에게 바싹 다가와 속삭인다. "그것 봐라. 하나님은 원래 너한테 관심이 없었어. 아니, 하나님은 실제로 있지도 않아. 있다 해도 네 삶에 아무 관심도 없어." 고난을 사용해서 섭리에 대한 우리 믿음을 헐어버리려는 사탄에게 속지 마라.

아브라함 시대에 욥이라는 사람이 있었다. 그는 당대의 보기 드문 부자였다. 부자였을 뿐만 아니라 보기 드문 의인이었다. 하나님을 그토록 사랑하는 욥에게 어느 날 엄청난 재앙이 쓰나미처럼 덮쳤다. 자녀가 다 죽고 재산이 다 날아갔으며 몸은 병이 들어 심한 고통을 당했다. 선한 사람에게 왜 그렇게 몹쓸 일이 생긴 걸까? 하늘에서 회의가 열렸다. 사탄이 하나님께 와서 말했다. "욥이 하나님을 괜히 경외하겠습니까? 다 배부르고 등 따뜻하고 살 만하니까 그러는 거죠. 재산만 다 가져가 보세요. 그래도 그가 하나님을 정말로 경외하는지." 하나님은 사탄이 욥의 재산에 손을 대도록 허락하셨다. 재산이 다 날아갔지만 욥은 여전히 하나님을 경외했다. 사탄이 또 딴지를 걸었다. "아직 몸이 건강하니까 그러는 거예요. 건강을 쳐보세요. 그가 하나님을 경외하는지." 하나님이 말씀하셨다. "몸은 건드려도 된다. 그러나 절대 그 목숨만은 건드리면 안 된다." 욥은 병이 들어 심각한 고통을 당했다. 욥이 재 가운데 앉아서 질그릇 조각을 가져다 몸을 긁고 있는 딱한 모습을 보며, 그 부인이 빈정거렸다. "그래도 자기의 온전함을 굳게 지키느냐 하나님을 욕하고 죽으라"(욥 2:9).

욥의 아내가 욥에게 빈정댄 그 말이 바로 사탄이 당신과 나에게 속삭이는 말이다. "하나님의 섭리? 웃기는 소리 하지 마. 하나님이 정말 너를 지키신다고 믿는 건 아니겠지? 괜히 헛짚지 말고 하나님에게서 떠나라." 아니다. 속지 마라. 하나님은 어떤 악이나 죄나 비참한 일을 만들어서 우리를 괴롭히시는 분이 아니다. 성경은 말한다. "사람이 시험을 받을 때에 내가 하나님께 시험을 받는다 하지 말지니 하나님은 악에게 시험을 받지도 아니하시고 친히 아무도 시험하지 아니하시느니라"(약 1:13). 하나님은 절대로 죄를 지으라고 유혹하시지 않는다. 야고보는 계속해서 말한다. "오직 각 사람이 시험을 받는 것은 자기 욕심에 끌려 미혹됨이니 욕심이 잉태한즉 죄를 낳고 죄가 장성한즉 사망을 낳느니라 내 사랑하는 형제들아 속지 말라 온갖 좋은 은사와 온전한 선물이 다 위로부터 빛들의 아버지께로부터 내려오나니 그는 변함도 없으시고 회전하는 그림자도 없으시니라"(약 1:14-17). 당신이 가지고 있는 모든 선한 것, 당신이 누리고 있는 좋은 것들은 다 아버지가 주신 선물이라고 말하고 있다.

비참까지도 그렇다고 말할 수 있는가? 그렇다. 그것마저도 하나님이 허용하시는 범주 안에 있다. 그러나 하나님은 그 비참과 욕과 우리의 죄, 우리의 연약함까지도 주장하고 다스리며 재활용하셔서 오히려 선을 이루신다. 속지 마라. 현실의 렌즈를 끼고 하나님을 보면 하나님이 보이지 않는다. 하나님의 렌즈로 현실을 보면 그 현실 속에 하나님의 손이 보인다. 하나님의 사람은 하나님의 렌즈로 삶의 어려움과 현실의 고통을 바라볼 때 낙심하지 않을 수 있다.

하나님의 섭리를 믿는 믿음으로 삶을 세우라

이제 하나님의 섭리를 믿는 믿음으로 당신의 삶을 복되게 세우는 일이 남았다. 우리가 믿든 믿지 않든 하나님이 지배하고 보존하며 다스리시는 것은 사실이다. 그 진리를 믿을 때 세 가지 축복이 있다.

역경을 만날 때

하나님의 섭리를 믿으면, 역경을 만났을 때 견뎌낼 수 있다. 섭리를 믿지 않으면 우리가 하는 짓이 뻔하다. 잘되면 모두 내가 한 일이 되고, 못되면 모두 하나님 탓이 된다. 이것은 내가 섭리를 믿는지 믿지 않는지에 대한 평가 기준이기도 하다. 뭐가 좀 잘되면 내가 한 것처럼 우쭐하고 뭐가 좀 안 되면 하나님이 어째서 이렇게 나를 훼방하시는가 원망스러운 생각이 든다. 그런 생각이 들거든, '아, 내가 하나님을 믿지 못하는구나'라고 생각하면 맞다.

그러나 그 섭리를 믿을 때는, 이해되지 않는 어려움 속에서 혼란스러워하거나 낙심하거나 분노하거나 우울하거나 거기서 빠져나오려고 애쓰지 않는다. 하나님의 사람 요셉이 그랬다. 노예로 팔리고 종으로 팔리고 짓지도 않은 죄로 감옥에서 13년이 넘는 세월을 보냈을 때 그는 날마다 이를 갈고 분노하며 주먹으로 벽을 치고, 자해하며 탄식하고 원망하지 않았다. 감옥에서 빼내달라고 탄원하지도 않았다. 왜 그랬을까? 거기에 하나님의 계획이 있음을 믿었기 때문이다. 나를 사랑하시는 하나님이 이 상황 속에서도 변함없이 나를 사랑하고 그분의 계획을 진행하고 계시다는 사실을 믿었기 때문이다. 하나님의 계획, 그것을 믿는 사람만 하나님이 주시는 축복을 누릴 수 있다.

형통할 때

섭리를 믿는 사람의 두 번째 특징은 형통할 때 감사할 수 있다는 것이다. 형통할 때 자신이 다 이룬 것처럼 군다면 그는 하나님을 믿지 않는 사람이다. 일이 잘될 때, 기가 살고 눈이 높아지며 주어가 나로 바뀌는 사람은 하나님을 믿는 것이 아니다. 하나님에 대해 인정하는 것이지 하나님을 신뢰하는 것이 아니다.

하나님을 신뢰하는 사람은 일이 잘될 때 감사한다. 요셉의 형들은 이렇게 생각했다. '아버지가 돌아가시고 이제 우리를 지켜줄 보호막이 없어졌으니 우리는 꼼짝없이 요셉의 손에 죽게 생겼구나. 요셉이 우리를 가만두겠느냐? 우리가 그 고통을 주었는데 그냥 넘어가지 않을 것이다.' 형들이 요셉에게 와서 무릎을 꿇고 엎드리며 말했다. "당신의 아버지께서 용서하라고 부탁하고 가셨으니 우리를 용서해주십시오." 형들은 양심상 차마 자기들을 용서해달라고는 못하고 아버지의 이름을 빙자해 용서를 구했다. 그때 요셉이 형들에게 한 대답을 우리도 기억할 필요가 있다. "당신들은 나를 해하려 하였으나 하나님은 그것을 선으로 바꾸사 오늘과 같이 많은 백성의 생명을 구원하게 하시려 하셨나니 당신들은 두려워하지 마소서 내가 당신들과 당신들의 자녀를 기르리이다 하고 그들을 간곡한 말로 위로하였더라"(창 50:20-21).

어떻게 이런 용서가 가능할까? 그것이 가능했던 한 가지 이유는 요셉에게 하나님의 섭리를 믿는 믿음이 있었기 때문이다. 미운 사람이 있는가? 내 삶을 파멸로 몰아넣은 원수 같은 사람이 있는가? 죽기 전에 꼭 되갚겠다고 벼르고 있는 사람이 있는가? 복수하고 싶은 마음을 내려놓고 오히려 그 사람에게 고마워해야 한다. 그 사람은 당신의 연극 무대에서 당신을 세우기 위해 하나님이 세우신 악역(惡役) 배우이기 때문이다. 그 사람은 이유도 모른 채 당신을 캐스팅하신 악역 배우로 활동하고 있는 것이다. 그래서 우리는 나를 미워하고 해치려는 사람마저도 원수로 생각하지 않을 수 있다.

합력해서 선을 이루어요

세 번째 축복은 내게 일어난 모든 일이 합력해서 선을 이룰 것을 확신할 수 있다는 것이다. 성경은 말한다. "우리가 알거니와 하나님을 사랑하는 자 곧 그의 뜻대로 부르심을 입은 자들에게는 모든 것이 합력하여 선을 이루느니라"(롬 8:28). 이것은 내가 원했던 방향이나 내가 생각한 계획이 오히려 더 좋게 된다는 뜻이 아니다. 29-30절에서는 그 선이 무엇인지를 분명하게 설명한다.

"하나님이 미리 아신 자들을 또한 그 아들의 형상을 본받게 하기 위하여 미리 정하셨으니 이는 그로 많은 형제 중에서 맏아들이 되게 하려 하심이니라 또 미리 정하신 그들을 또한 부르시고 부르신 그들을 또한 의롭다 하시고 의롭다 하신 그들을 또한 영화롭게 하셨느니라"(롬 8:29-30).

하나님은 내가 하는 일이 아닌 나 자신에게 더 많은 관심을 두신다. 처참하게 망가진 우리의 인격, 땅에 떨어진 우리의 도덕성, 파산된 우리의 영적 상태를 회복하고 하나님이 창조하신 모습대로 우리를 회복시키는 일을 위해 수많은 악역 배우를 캐스팅하셨다. 괴롭히는 사람을 축복하라. 자존심도 없고, 속도 없고, 생각도 없어서가 아니다. 하나님이 지금 그 사람을 도구로 사용해서 나를 바꾸고, 하나님의 사람으로 세워가신다는 사실을 믿기 때문이다.

모든 것이 하나님의 손안에 있다. 요셉은 총리가 되었을 때 형제들을 미워하고, 보디발의 부인을 처단하며, 감옥에 있는 사람들을 미워하는 일을 하지 않았다. 그 대신 모든 것이 하나님의 손안에서 하나님의 악역 배우로서 선을 이루기 위해서 쓰일 거라는 사실을 믿었다. 형들은 형들의 일을, 보디발의 아내는 보디발 아내의 일을, 보디발은 보디발의 일을, 간수는 간수의 일을 했고, 떡 맡은 관원장과 술 맡은 관원장은 각자 자기들의 일을 했지만, 하나님은 모든 것을 다 조합하셔서 세상을 구원할 하나님의 뜻을 이루셨다.

예수님도 그러셨다. 가롯 유다가 예수님께 와서 입을 맞추자 대제사장이 파송한 병사들은 예수님을 체포했다. 종교 지도자들은 여섯 번이나 돌아다니면서 예수님을 불법 재판에 밀어붙였다. 빌라도는 그분을 무죄하다고 선언하고는 십자가에 못 박으라고 내주었다. 로마 군사들은 그분께 십자가를 지워 끌고 갔다. 사형을 집행하는 군인들은 그분의 손에 못을 박았다. 다들 각기 제 일을 했지만 하나님은 그 모든 일을 한 가지도 빼놓지 않고 조합하셔서 세상을 구원하기 위한 하나님의 놀라운 구원 계획을 이루셨다.

어려움을 당할 때 기도하는 법

그러므로 어려움을 당할 때 그 어려움에서 빠져나가는 것이 급선무가 아님을 꼭 기억해야 한다. 당신이 기도할 때 '문제를 해결해주세요'는 두 번째 기도여야 한다. 하나님의 백성, 하나님의 섭리를 믿는 우리는 어려움을 당할 때 첫 번째로 이 기도를 해야 한다. "주님, 이 사건으로 하나님의 축복의 계획을 이루십시오. 이 사건이 저에게 큰 복이 되게 해주십시오." 하나님의 놀라운 축복의 계획을 성취하기 위해 주신 위기를 빨리 제거해달라고 기도하는 것은 엄청난 손실을 간구하는 것이나 다름없다.

나는 스물아홉이 되어서 군대를 가게 되었다. 군목(軍牧)으로 일하기 위해 신학 공부를 다 마칠 때까지 입영을 연기했던 것이다. 당시 나는 부패한 교단과 그 뒤에 있는 전두환 정권에 저항하는 신학교 데모의 중심에 서 있었다. 여러 사람이 나를 아껴 말해주었다. "결혼도 했는데 가족도 생각해야지.

아들 생각은 안 해? 뭐해 먹고살려고 그래? 스물아홉에 군대 가서 어떻게 하려고 그래. 군목이 아니고 일반 병사로 가면 동생 같은 애들 밑에서 고생할 텐데…" 수많은 그럴듯한 현실적인 유혹의 음성이 들려왔다. 그러나 내 마음에 주님이 주시는 확신이 있었다. "이건 아니다. 편안하게 살겠다고 불의와 타협할 수는 없다."

결국 병적부에 빨간 줄이 그어지고 일주일 안에 입영하라는 통지서를 받았다. 여기저기서 나를 아끼던 사람들이 내 뒤를 봐줄 '세상 방식'의 대책들을 논의하고 있음을 듣게 되었다. 그러나 기도하는데 주의 음성이 들렸다. "썩은 현실을 개혁하기 위해 군목도 포기하고 사병 군대를 가면서, 어째서 군대 가는 대목에서는 내 손을 믿지 않느냐?" 나는 그날 밤 늦은 시간에 그 고마운 분들에게 전화를 했다. 그런 일을 하지 말라고. 하나님이 지금 내게 놀라운 일을 하고 계시니 기도만 해주시라고. 하나님이 지금 무슨 일을 하실지 나도 모르니 나를 가만히 내버려두시라고 했다. 그 일주일은 내 평생 잊지 못할 참 귀한 시간이었다. 결국 나는 아무 일 없이 군대에 가게 되었다. 그러나 보충대의 엉성한 신병 신체 검사장에서 한 번도 들어본 적 없는 병명, 기관지 확장증이라는 판정을 받고 군대에서 쫓겨났다. 그해 8월 허파 두 쪽을 잘라내는 수술을 받고 36년이 넘는 긴 세월을 덤으로 살 새 호흡을 얻게 되었다.

어려운 일이 있을 때 빨리 벗어나게 해달라는 것이 당신의 기도 제목이 된다면 하나님의 섭리를 믿지 않는 것이다. 어려움을 만날 때 이렇게 기도해야 한다. "나를 사랑하시는 하나님이 이런 일을 내게 허용하실 때는 반드시 하나님의 놀라운 계획이 있는 줄 믿습니다. 그 계획이 다 이루어진 다음에 제가 더 성숙해질 거라고 믿고 기대합니다. 그 뜻을 이루고 나면, 이 어려운 일은 봄에 눈 녹듯 정리될 것을 믿습니다."

섭리를 동력으로, 그 변환 연습

하나님의 섭리를 내 삶을 세우는 동력으로 변환하는 것은 머릿속 지식이나 이해로 될 일이 아니다. 수영이나 자전거를 강의실에서 배울 수 없는 것과 마찬가지다. 이것은 실습을 통해서만 배울 수 있다. 그런 말을 들었다. 간음한 사람이 어느 날 우연히 돌발적으로 그런 짓을 하는 것이 아니라는 것이다. 마음속으로 수도 없이 그 일을 연습해왔기 때문에 여건이 되면 자연스럽게 죄를 저지를 수 있는 것이라고 한다. 순교도 마찬가지다. 수도 없이 나를 죽이고, 내 고집을 죽이며, 내 자존심을 죽이고, 내 권리를 죽이며, 내 이익을 죽이고, 마음에서 수도 없이 자기를 죽여본 사람, 주를 위해 죽는 실습을 한 사람만이 순교할 수 있다고 한다. 마찬가지로 하나님 손에 나를 맡기는 것은 갑작스럽게 되는 일이 아니다.

예수님이 십자가에 달려 돌아가실 때 이렇게 마지막으로 기도하셨다. "아버지, 내 영혼을 아버지 손에 부탁하나이다." 예수님은 마지막 순간에 그 말이 갑자기 떠올라 그렇게 말씀하신 것이 아니다. 예수님은 천국을 떠나 이 땅에 오실 때부터 아버지께 자신을 의탁하셨다. 수많은 어려움이 있을 때마다 그분은 아버지 손에 자기를 의탁하셨다. 그렇게 연습을 해오셨기에 돌아가실 때 "내 영혼을 아버지 손에 부탁하나이다"라고 고백할 수 있었던 것이다.

이제 나와 함께 연습해보자. '아버지 손'에 내 삶을 부탁하는 연습이다. 한 번 따라서 해보라. "아버지! 제 삶을 아버지 손에 부탁하나이다." 일이 꼬일 때, 생각한 대로 삶이 풀리지 않을 때 뭐라고 기도해야 하는가? "아버지! 제 일을 아버지 손에 부탁하나이다." 몸 상태가 점점 나빠지고 이러다 큰일 날 것 같을 때 어떻게 기도해야 하는가? "아버지! 제 몸을 아버지 손에 부탁하나이다." 사춘기 자녀가 반항하며 속 썩일 때는 어떻게 해야 하는가? "아버지! 제 자녀를 아버지 손에 부탁하나이다." 나라가 어려울 때 어떻게 기도해야 하는가? "아버지! 우리나라를 아버지 손에 부탁하나이다." 그것이 바로 하나님의 섭리를 믿는 사람의 기도다.

성자 하나님과 우리의 구속에 관하여

chapter 13

유일한 구주

29문 왜 하나님의 아들을 예수, 곧 구주(救主)라 부릅니까?

답 그가 우리를 우리 죄에서 구원하시기 때문이고,[1] 또 그분 외에는 어디에서도 구원을 찾아서도 안 되며 발견할 수도 없기 때문입니다.[2]

30문 그렇다면 자신의 구원과 복을 소위 성인(聖人)에게서, 혹은 자기 자신이나 다른 데서 찾는 사람들도 유일한 구주이신 예수를 믿는 것입니까?

답 아닙니다. 그들은 유일한 구주이신 예수를 말로는 자랑하지만 행위로는 부인합니다.[3] 예수가 완전한 구주가 아니든지, 아니면 참된 믿음으로 이 구주를 영접한 자들이 그들의 구원에 필요한 모든 것을 그에게서 찾든지, 둘 중의 하나만 사실입니다.[4]

---

1. 마 1:21, 히 7:25   **2.** 사 43:11, 행 4:11–12, 딤전 2:5, 요일 5:11–12   **3.** 고전 1:13, 30–31, 갈 5:4   **4.** 사 9:7, 요 1:16, 골 1:19–20, 2:10, 히 12:2, 요일 1:7

좁여 읽기

"아들을 낳으리니 이름을 예수라 하라 이는 그가 자기 백성을 그들의 죄에서 구원할 자이심이라 하니라"(마 1:21).

얼핏 보면 그럴 것도 같다. 많은 사람이 생각하듯 가난이 근본적인 문제인 것 같다. 혹은 질병만 해결되면 아무 걱정이 없을 것 같다. 사회적인 압제와 차별만 해결되면 세상은 낙원이 될 것만 같다. 아니다. 이 모든 문제를 유발하는 근본적이고 본질적인 문제는 죄다.

어떻게 이 죄 문제를 해결할 수 있는가? 오직 한 분 예수님만이 그 일을 하실 수 있다. 우리를 지으신 분이 사람의 몸을 입고 이 땅에 오신 이유는 죄에서 우리를 구원하기 위해서다. 그분이 십자가에 죽으셔야 했던 것도, 죽음을 이기고 다시 살아나셔야 하는 것도 우리의 죄 문제 때문이다.

예수님은 우리를 죄에서 건져주실 유일한 구주이시다. 예수님이 태어나시기 전에 천사가 그 이름을 전해주었다. "아들을 낳으리니 그 이름을 예수라 하라 이는 그가 자기 백성을 그들의 죄에서 구원할 자이심이라"(마 1:21). 그분 외에는 죄에서 놓일 길이 없다. 우리가 예수님을 믿는다고 말할 때, 그것은 '예수님이 나를 죄에서 구해주신 분이다'라는 의미다.

'예수 구원하신다.' 그것으로 끝이다. 거기에 어떤 것도 덧붙이거나 덧칠해서는 안 된다. 내 공로도, 내 헌신도, 내 어머니의 믿음도, 내가 존경하는 성자도, 그 무엇도, 그 누구도 예수님의 구원이 함량 미달이나 되는 것처럼 우리와 예수님 사이에 끼어들 필요가 없다. 우리가 할 일은 겸손한 고백으로 예수의 이름을 부르는 것뿐이다. 예수, 그 이름만이 우리를 모든 불행과 악과 모든 문제의 원인인 죄에서 우리를 구원할 수 있다.

내 짧은 생애를 돌이켜봐도 정말 세상은 정신없이 변해가는 것 같다. 시대가 바뀌면서 주거 환경, 사회문화, 삶의 방식과 가치까지 정말 많은 것이 바뀌었다. 그러나 세상이 아무리 바뀌어도 절대로 바뀌지 않는 두 가지 사실이 있다.

절대 변하지 않는 것, 죄의 문제

첫째는 우리에게 있는 문제다. 인간의 문제는 절대로 바뀌지 않는다. 많은 사람은 세상의 문제를 나름 진단한다. 가난이나 조국 분단이 문제라고, 질병이 문제고 환경이 문제며 독재가 문제고 차별이 문제라고 이야기한다. 얼핏 보기에는 그렇게 느껴진다. 크리스천들마저 자신의 문제를 그렇게 진단한다. '하나님이 재정적인 어려움만 해결해주시면 내 삶에 문제가 없겠는데. 하나님이 이 병만 고쳐주시면 내 삶에 아무 문제가 없겠는데. 하나님이 이 사업 한 건만 터뜨려 주시면 아무 문제없는 인생을 살 것 같은데.' 얼핏 보기에는 그렇다. 그러나 실상은 그렇지 않다. 인간이 타락한 날부터 새로운 땅과 하늘이 만들어지기까지 모든 문제의 본질은 그런 것들이 아니었다.

본질적인 문제는 죄다. 사람들은 죄라는 말을 듣기도 싫어하고 자신을 죄인이라고 규정하는 말은 더더구나 싫어한다. 꿩 이야기가 생각난다. 꿩은 사냥꾼에게 쫓기다 너무 급하면 머리를 덤불 속에 처박는다고 한다. 제 눈에 안 보인다고 사냥꾼의 위협이 없어진 것은 아니다. 꿩의 장기는 꿩을 해치는 어리석음이 된다. 마찬가지로 우리가 아무리 부정하고 부인해도 죄는 여전히 우리 문제의 본질로 거기에 있다.

예수님이 보시는 인간 문제의 핵심 (막 2:1-12)

한번은 예수님이 계신 집으로 네 사람이 친구를 들것에 메고 왔다. 이 네 사람이 중풍으로 몸을 움직이지 못하는 친구를 예수님께 데리고 온 것은 예수님이 그를 고칠 수 있다는 믿음 때문이었다. 그러나 사람이 너무 많아 예수님께 접근할 수가 없었다. 그들은 지붕으로 올라가 지붕을 뜯어내고 그 구멍을 통해 친구를 줄로 달아 내렸다. 당신이 그 자리에 있었다면, 이 환자의 가장 큰 문제를 무엇이라고 보았겠는가? 누가 보아도 이 사람의 문제는 중풍병이 낫는 것이었다. 본인도 그렇게 믿었고 네 친구도 그렇게 믿었다. 아마 그 집에 빼곡히 모여 있던 사람 모두 이 사람은 중풍병만 나으면 만사가 해결된다고 생각했을 것이다.

예수님은 전능하신 창조주다. 그 문제를 모르실 리가 없건만 예수님은 중풍병에 대해서 말씀하시지 않았다. 중풍병과 그의 비참한 처지에 대해서는 손대지 않으셨다. 예수님의 가장 큰 관심사요, 첫 번째 관심사는 그의 몸을 움직이지 못하게 만드는 중풍병이 아니라, 그의 죄였다. 그래서 예수님은 문제의 핵심인 죄 문제를 다루셨다. "네 죄가 사함 받았다." 예상하지 못했던 선언을 들으며 사람들의 마음이 부글부글 끓기 시작했다. '저런 신성모독적인 말이 있나. 자기가 뭔데, 자기 주제를 모르고 하나님만 하실 수 있는 사죄 선언을 하는가.' 그럴 때 예수님이 그들의 생각을 다 읽으시고 말씀하셨다. "중풍병자에게 자리를 들고 가라는 말과 네 죄가 용서받았다고 하는 말 중에 어느 말이 쉽겠느냐?" 그들은 생각했다. '네 죄를 용서받았다. 그것은 눈에 보이지 않는 거니까 사기꾼도 말할 수 있는 것이니 쉽고, 중풍병이 치유되어 자리를 들고 일어나는 것은 눈에 보이니까 어려운 일이 아닐까?' 예수님이 말씀하셨다. "내가 죄 사하는 권세가 있는 것을 보여주기 위해 말한다. 네 자리를 들고 일어나라." 그러자 그 사람이 자기를 실어왔던 자리를 들고 어적어적 걸어나갔다. 예수님은 중풍병도 치료하실 수 있고 죄도 용서하실 수 있는 주님이다.

예수님이 보시는 문제의 본질은 무엇인가? 중풍병이 아니었다. 중풍병자는 지금은 나았지만 후에는 반드시 죽게 될 것이다. 예수님이 내 삶에서, 내 인격에서, 내 가정에서 보시는 문제의 핵심은 가난이나 질병이나 환경이나 관계나 차별 같은 껍데기 문제가 아니다. 이 모든 문제를 만들어내는 뿌리인 죄다. 그 죄가 변하지 않는 인간 문제의 본질이다.

내 문제의 핵심, 죄

이제는 남의 죄나 우리 사회의 죄 말고, 바로 당신 자신 안에 있는 당신의 죄에 집중해보라. 많은 크리스천은 믿음으로 의롭다 한다는 이신칭의(以信

稱義)의 신학을 이해한다. 이해하다 못해 식상하게 여기기까지 한다. '또 죄 이야기인가?' 많은 성도가 죄에 대해서는 듣기 싫어하지만 죄를 떠나지 못한다. 안 하려고 결심하지만 그래도 자꾸 그 죄를 짓는 자신의 실상을 부인할 수 없다. 죄를 짓지 않아야 하는 이치도 알고 죄가 나를 불행하게 한다는 분명한 결과도 알지만 그리고 죄에서 멀어지고 싶지만 그것이 잘 안 된다는 게 문제다. 분명히 죄에서는 용서받았다고 머리로는 믿어지는데 내 손과 삶에는 여전히 죄의 실체가 남아 있다. 이것이 2000년 전이나 지금이나 변함없이 우리를 괴롭히는 문제의 본질이다. 우리는 다 죄인이다. 죄가 우리를 불행하게 하고 죄가 우리를 괴롭힌다.

절대 변하지 않는 것, 죄에 대한 해결책

그러나 또 하나 변하지 않는 것이 있다. 그것은 그 문제에 대한 해결책이다. 죄에 대한 해결책은 예수님뿐이다. 천지를 지으신 창조주인 예수님이 우리에게 오신 이유가 무엇인가? 우리 문제의 본질이 건강이었다면 하나님은 의사를 보내주셨을 것이다. 우리 문제의 본질이 재정이었다면 주님은 재벌 총수를 보내주셨을 것이다. 우리 문제의 본질이 기술이라면 하나님은 과학자를 보내주셨을 것이다. 그러나 우리 문제의 본질이 죄이기 때문에 하나님은 그 아들을 보내주셨다. 천사는 이 땅에 와서 사람의 몸을 입은 하나님의 아들의 이름을 예수라고 붙여주었다. 예수라는 이름의 뜻이 무엇인가? '자기 백성을 죄에서 구원할 자'다. 죄의 문제가 변함없는 우리의 문제라면 그 죄에 대한 유일하고 변함없는 해결책도 우리 주 예수님뿐이다.

죄를 이기는 두 가지 믿음에 대해서 하이델베르크 문답은 두 가지를 들려준다.

첫째, 예수님만이 유일한 구주라는 사실이다. 예수님만이 우리를 죄에서 구하실 수 있다. "아들을 낳으리니 이름을 예수라 하라 이는 그가 자기 백성을 그들의 죄에서 구원할 자이심이라 하니라"(마 1:21). 하나님은 천사를 통해 그 아들의 이름을 예수라고 알려주셨다. 얼마나 좋은 이름이 많은데 수많은 이름 중에 하필이면 예수라고 했을까? 그분만이 우리 힘으로 해결할 수 없는 문제, 누구도 해결해줄 수 없는 문제인 죄 문제를 해결할 자이기 때문이다. 예수님이 오신 목적은 십자가에서 죽으시고 다시 살아나심으로 우리 죗값을 대신 치르시고 우리를 죄의 권세에서 해방하기 위해서였다.

그러나 이 사건은 과거에 머무르면 안 된다. 예수님이 오신 이유는 죄의 잔존 세력까지도 멸하기 위해서다. 성경은 예수님이 오신 이유를 마귀의 일을 멸하기 위함이라고 (요일 3:8) 말씀한다. 죄의 잔존 세력 역시 우리 힘으로 몰아낼 수 없다. 과거의 죄, 현재의 죄, 미래의 죄에 대한 책임은 예수님이 십자가에서 흘리신 붉은 피로 이미 끝났다. 우리는 더 이상 죄인으로 분류되지 않는다. 죄를 짓고 살아감에도 하나님은 우리를 죄인으로 보지 않으신다. 부모에게 잘못했어도 여전히 자녀인 사실이 변하지 않는 것처럼 우리가 하나님의 자녀인 사실도 변하지 않는다. 그러나 죄의 잔존 세력이 우리 삶 속에 머물러 있는 한 우리는 영향력 있고 기쁨이 넘치며 평화가 넘치고 힘이 넘치는 크리스천의 삶을 살 수 없다.

여호수아 1장부터 12장까지는 가나안 땅의 도시들을 정복하는 전면전 이야기다. 그리고 13장부터 24장까지는 여호수아가 정복한 그 땅에 이스라엘 백성이 정착하면서 그 땅에 있는 잔존 세력들을 몰아내어야 하는 국지전에 대해서 말하고 있다. 하나님의 능력으로 전면전에서 승리한 후 국지전은 자신의 힘으로 이길 수 있는가? 그럴 수 없다. 전면전에서 하나님의 은혜로 승리한 것처럼 국지전도 하나님을 의지하지 않는 한 이길 수 없다.

우리도 마찬가지다. 죄의 권세에서 해방되어, 죄의 책임에 대한 대가 지불은 이미 끝났다. 모두 주의 은혜로! 우리 속에 남아 있는 죄의 잔존 세력을 이겨내는 일 역시 우리 힘으로 되지 않는다. 그것 역시 예수 그리스도만이 하실 수 있는 일이다.

200년 전에 한 독일 화가가 전도에 관한 그림을 그렸다. 1950년 초, 미국의 한 복음 기관에서 그 그림을 활용해 전도지를 100만 부 이상 발간했다.

그 전도지는 수많은 사람을 그리스도 앞으로 인도했다. 배위량(William M. Baird)이라는 선교사가 이 전도지를 가져다가 주인공의 얼굴을 상투 튼 한국 사람의 얼굴로 바꾸고 '박군의 마음'이란 전도지로 만들어 많은 사람을 그리스도 앞으로 인도했다. 특별히 이성봉 목사라는 부흥사는 이 '박군의 마음'을 '명심도'(明心圖)라는 전도지로 만들어 전도했다. 그 그림을 보면 한 사람의 마음속에 일곱 가지 짐승이 들어 있다. 이 일곱 가지 짐승은 가나안 땅에 머물렀던 대표적인 일곱 부족을 말한다고도 하고, 수백 년 동안 하나님을 믿는 사람들이 쌓아온 치명적인 죄 중 가장 대표적인 일곱 가지 죄를 말한다고도 한다. 뱀 같은 거짓, 표범 같은 혈기, 염소 같은 음란, 돼지 같은 탐욕, 거북이 같은 게으름, 공작새 같은 교만, 개구리 같은 험담이 그것이다.

명심도는 일곱 가지 죄를 그림을 통해 드러내고 이것을 이기는 방법에 대해서 이야기한다. 이 승리의 비밀이 이 전도지의 핵심이다. 그것을 어떻게 이겨낼 수 있는가? 예수님만이 몰아낼 수 있다. 예수님이 어떻게 잔존 세력, 죄의 영향에서 우리를 건져내실 수 있는가? 성령님으로 말미암아 하신다. 예수님은 부활하고 승천하셔서 그분의 영이신 성령으로 오셨다. 우리 안에 계신 성령을 우리는 예수님의 영이라고 부른다. 우리 안에 계신 예수님만이 우리 속에 있는 교만과 탐욕과 탐심, 음란과 혈기, 게으름과 거짓, 험담, 비방, 중상하는 이런 치명적인 죄들을 몰아내실 수가 있다.

성경은 말한다. "또 새 영을 너희 속에 두고 새 마음을 너희에게 주되 너희 육신에서 굳은 마음을 제거하고 부드러운 마음을 줄 것이며"(겔 36:26).

이것은 예수님이 그분의 영으로 우리 속에서 우리 속에 남아 있는 악한 잡족 같은 죄들을 쫓아낼 것에 대한 예언이다. 죄를 이기는 방법은 다시는 죄를 짓지 않겠다고 굳게 결심하는 것이 아니다. 당신이 반복해서 짓는 죄를 하루에 열 번씩 되뇌며 이 죄를 짓지 않겠다고 외쳐보라. 그 죄에서 멀어지는 것이 아니라 오히려 그 죄에 빠질 수 있다. 죄를 묵상하고 죄에 대해 고민하는 것은 죄에서 벗어나는 길이 아니다. 예수님을 묵상하고 예수님을 생각하며 예수님을 사랑하는 것만이 죄에서 구출되는 방법이다.

이스라엘 백성이 가나안 잡족들의 유혹을 어떻게 이겨낼 수 있었는가? 그들과 함께 살아가면서 끊임없이 관계를 맺어야 했을 것이다. 하지만 그러면서 혼인도 하고 그들과 한 덩어리가 되어버리면 이스라엘은 지고 마는 것이다. 그래서 하나님은 이스라엘 백성이 그 잡족과의 교제를 끊고 하나님과의 끊임없는 교제 속에 머무를 것을 여호수아를 통해 말씀하셨다.

"오직 나와 내 집은 여호와를 섬기겠노라"(수 24:15)고 선포한 여호수아처럼 이 백성이 하나님만 사랑하고 하나님께 집중할 때 그 잡족들의 유혹과 타협의 압력을 이겨낼 수 있었다.

우리도 그렇다. 죄에 대한 고민, 죄에 대한 결심, 죄에 대한 갈등에만 집중하면 그 죄에 빠지게 된다. 예수님을 사랑하고 의지할 때 우리는 그 죄에서 자유를 누리게 된다. 이렇게 우리를 죄에서 건지는 구세주는 예수님뿐이다. 예수님만이 우리를 죄에서 건질 완전한 구세주시다. 예수님만이 우리를 죄에서 구원하신다, 끝! 쉼표가 아니고 마침표다. 거기에 어떤 것도 끼어들거나 덧붙이거나 덧칠하면 안 된다. 예수님이 지옥 갈 죄에서는 건져주셨지만 하나님의 거룩함을 보이지 못하는 습관적인 작은 죄들은 내 힘으로 물리칠 수 있다고 믿는다면 이것은 주제를 망각하는 죄 이전에 예수님을 모독하는 죄를 짓는 것이다. 어떤 죄도 당신 힘으로 끊을 수 없다. 착각하지 말아야 한다. 어떤 죄도 당신의 결심으로 끊을 수 없다. 개가 토한 것을 다시 먹는 것처럼, 아무리 깨끗이 씻어놓아도 돼지가 잠시 후 다시 흙탕물에 들어가 뒹구는 것처럼, 흐르던 물길을 막아놓으면 어느 날 더 큰 물길이 되어 둑을 터뜨리는 것처럼, 우리는 자신의 결심과 노력으로 죄를 이길 수 있는 존재가 아니다. 예수님만이 우리를 죄에서 구하신다.

다른 길은 없다

어떤 사람은 다른 길을 찾는다. 자신의 죄에 대해 주님께 너무나 죄송하다고 느낀다. 이 죄책감을 만회하기 위해 선행을 한다. 이런저런 선행에 몰두한다. 문제는 그 동기다. 이 사람은 선행으로 죄책감을 상쇄할 수 있기를 바랐다. 그러나 하나님은 그런 협상을 하시지 않는다. 우리가 선행을 했다고 죄 몇 가지를 지워주시는 분이 아니다.

교황 네오 10세는 협잡꾼 같은 사람이었다. 전대 교황이 교황청 금고에 엄청난 재산을 축적해놓았다. 그가 시작한 성 베드로 성당을 완성하기 위한 충분한 자금도 확보해놓았다. 그러나 40세 전에 교황이 된 네오 10세는 허랑방탕한 삶을 살며 재위 8년 만에 모든 자금을 탕진하고 말았다. 자금 때문에 베드로 성당 공사가 중단되었다는 이야기를 듣자 1517년 3월 15일에 그는 면죄부를 팔도록 허용한다. 면죄부를 팔기 위해 독일로 파송된 추기경 이름이 요한네스 테첼(Johannes Tetzel)이다. 그는 전국을 돌며 사람들에게 광고했다. "이 성당을 짓기 위한 연보가 헌금통에 땡그랑 떨어지는 순간 영혼이 연옥에서 툭 벗어난다." 면죄부에 이렇게 쓰여

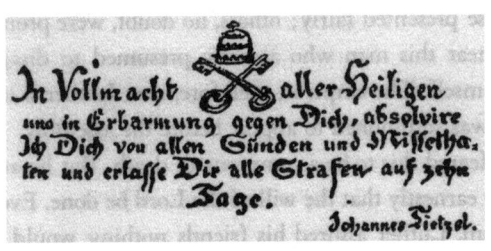

"모든 성자의 권위로, 또 그대를 향한 긍휼로, 나는 그대의 모든 죄와 잘못을 제하여주며, 열흘 동안 모든 벌을 면하노라."
- 요한네스 테첼

있다. "모든 성자의 권위로, 또 그대를 향한 긍휼로, 나는 그대의 모든 죄와 잘못을 제하여주며, 열흘 동안 모든 벌을 면하노라." 이 면죄부 하나면 열흘 동안 무슨 죄를 지어도 괜찮은 것이다.

지금 누군가가 이렇게 하면 이단이라고 난리칠 것이다. 그러나 얼마나 많은 성도가 하나님께 선행을 보이며 악행을 눈감아달라는 식의 협상을 하고 있는지 모른다. 예수님만이 구원하실 수 있다. 당신의 선행이 당신을 구원할 수 없다.

또한 어떤 성자(聖者)도 우리를 구원할 수 없다. 나는 아내가 신용카드를 사용해서 적립한 마일리지를 모아 해외여행을 가는 데 사용하곤 한다. 마일

리지 합산 제도다. 가톨릭 신자들은 주님 앞에 바로 살았던 수많은 성자가 이미 천국에 갔기 때문에 그들이 쌓아놓은 공로의 포인트가 너무 많이 남아 있다고 믿는다. 그래서 그 보너스 포인트를 나누어 가지기 위해 성자에게 기도하는 것이다. 마리아에게 기도하는 것도 같은 맥락이다. 보너스 포인트 양도 제도를 믿지 마라. 당신의 어머니가 경건한 권사님이고 당신 아버지가 경건한 장로님이었다고 그 보너스 포인트가 당신에게 공유되거나 이양되지 않는다.

이렇게 믿는 것은 예수님이 구세주로서의 자격이 미흡하다고 말하는 것이나 다름없다. 완전한 구주 예수님에 대한 모독이다. 성경은 말한다. "다른 이로써는 구원을 받을 수 없나니 천하 사람 중에 구원을 받을 만한 다른 이름을 우리에게 주신 일이 없음이라 하였더라"(행 4:12). 죄를 지었을 때, 우리가 해야 할 일은 겸손한 믿음으로 '예수님 도와주세요. 이 죄를 이길 힘을 주세요. 제가 예수님을 더 가까이 하게 도와주세요'라고 구하는 길뿐이다. 이렇게 예수님을 사랑하고 의지하며 신뢰하는 것 외에는 죄에서 벗어날 다른 길이 없다.

예수 구원하신다

이론은 그렇지만 실제로는 죄를 이길 수 없다는 생각이 드는가? 여러 번 시도해봤는데 안 됐던 실패의 경험이 당신의 발목을 잡는가? 누가 당신 보고 그걸 하라고 했는가? 누가 당신이 죄를 이길 수 있다고 말했는가? 성경 어디에 당신 스스로의 힘으로 죄에서 벗어날 수 있다고 말한 곳이 있는가?

나이아가라 폭포에 가본 적이 있는가? 나이아가라 강을 따라 흐르던 물이 단층을 만나 엄청난 물보라를 일으키며 굉음과 함께 밑으로 흘러 떨어진다. 마치 비디오를 뒤로 돌리듯 이 물이 폭포 아래로 떨어지기를 중단하고 폭포 위로 거슬러 올라가 거꾸로 흐르는 모습을 상상해보라. 과연 그런 일이 있을 수 있겠는가? 그런 일은 있을 수 없다. 그러나 그런 일이 있다면 그것은 기적이다.

그런데 그것보다 더 큰 기적이 실제로 내 안에 일어났다. 스무 살, 처음으로 예수님의 이름을 부를 때까지 내 삶은 계속해서 욕망과 죄를 향해 떠내려갔다. 폭포수처럼 지옥으로 떨어질 때까지 그럴 뻔했다. 그러나 예수님이 내 삶에 개입하셔서 흐름을 바꾸어놓으셨다. 비유하면 강물이 거꾸로 흐르기 시작한 것이다. 아직도 많은 물이 죄의 방향으로 졸졸 흘러내려가는 것은 사실이지만, 주된 흐름은 이미 예수님을 향해 그 방향을 바꾸었다. 죄의 흐름은 더 이상 내 삶의 주류도 본류도 아니다. 주님을 향한 흐름이 내 삶의 주류다. 언제 한 방울도 죄의 폭포 밑으로 떨어지지 않고 주님을 향해 흐를까? 내가 죽는 날이다. 그날이 될 때까지 죄와 싸워야 한다. 그러나 그것은 내 힘으로 하는 일이 아니다. 예수님이 하신다. 내가 신앙생활 초기에 자주 암송한 빌립보서 1장 6절은 죄를 이기는 큰 힘이 돼줄 것이다. "너희 안에서 착한 일을 시작하신 이가 그리스도 예수의 날까지 이루실 줄을 우리는 확신하노라." 죄에 휘둘릴 때마다 그 자리에서 일어나라. 그리고 외치라. '예수 구원하신다.' 주저앉을 때마다 또 일어나 선언하라. '예수 구원하신다.'

성자 하나님과 우리의 구속에 관하여

chapter 14

예수는 그리스도

31문 그분을 왜 그리스도, 곧 기름 부음을 받은 자라 부릅니까?

답 왜냐하면 그분은 성부 하나님으로부터 임명을 받고 성령으로 기름 부음을 받으셨기 때문입니다.[1] 그분은 우리의 큰 선지자와 선생으로서 우리의 구원을 위한 하나님의 감추인 경영과 뜻을 온전히 계시하시고,[2] 우리의 유일한 대제사장으로서 그의 몸을 단번에 제물로 드려 우리를 구속(救贖)하셨고,[3] 성부 앞에서 우리를 위해 항상 간구하시며,[4] 또한 우리의 영원한 왕으로서 그의 말씀과 성령으로 우리를 다스리시고, 우리를 위해 획득하신 구원을 누리도록 우리를 보호하고 보존하십니다.[5]

---

1. 시 45:7, 사 61:1, 눅 3:21-22, 4:18, 행 10:38, 히 1:9 **2.** 신 18:15, 사 55:4, 마 11:27, 요 1:18, 15:15, 행 3:22, 엡 1:9-10, 골 1:26-27 **3.** 시 110:4, 히 7:21, 9:12, 14, 28, 10:12, 14 **4.** 롬 8:34, 히 7:25, 9:24, 요일 2:1 **5.** 시 2:6, 슥 9:9, 마 21:5, 28:18, 눅 1:33, 요 10:28, 계 12:10-11

졸여 읽기

"이르시되 너희는 나를 누구라 하느냐 시몬 베드로가 대답하여 이르되 주는 그리스도시요 살아 계신 하나님의 아들이시니이다"(마 16:15-16).

하나님을 떠난 인류는 목자 잃은 양 떼처럼 대책 없는 삶을 살게 되었다. 그런 우리를 위해 찾아온 목자가 계시다. 그의 이름은 예수, 직함은 그리스도다. 그리스도란 '기름 부음을 받은 자'라는 뜻이다.

구약 성경에서 하나님은 양 떼 같은 백성을 이끌 세 부류의 지도자를 구별해 세우시고(appoint), 그 역할을 감당할 능력을 주신다는 표시로 기름을 부었다(anoint). 이 세 그룹은 백성에게 하나님의 길을 가르쳐주는 선지자, 백성의 죄를 위해 제사하고 중보하는 제사장 그리고 백성을 보호하고 다스리는 왕이었다. 그러나 구약의 어떤 선지자나 제사장이나 왕도 백성의 완벽한 목자가 되지는 못했다.

이스라엘은 계속 기다렸다. 이스라엘이 기다려온 메시아, 그리스도가 바로 예수님이다. 나사렛 회당에서 예수님은 자신이 이사야 선지자가 말했던 바로 그 그리스도임을 밝히셨다. 베드로가 "주는 그리스도"라고 고백했을 때, 예수님은 감격하며 기뻐하셨다. 예수님은 선지자, 대제사장, 왕으로 오셨고, 스스로 그리스도라 주장하신 죄목으로 죽으셨다. 그러나 그분은 다시 살아나셔서 지금도 하나님과 우리 사이의 대제사장으로서, 성령으로 우리를 인도하는 선지자로서, 우리의 주(主)로서 우리를 속속들이 그리고 모든 영역에서 다스리신다.

우리는 별 생각 없이 예수님이 그리스도시라고 말한다. 예수님은 과연 나의 그리스도신가? 그리스도인 예수님만이 우리의 완전하고 유일한 대책임을 인식하고 인정하며 의지하고 사는가? 예수님이 나의 그리스도이시기에 내게 부족함이 없다고 노래할 수 있는가?

하나님이 지으신 모든 피조물은 독특하고 아름답다. 하나님이 지으신 피조물에 대해 이렇게 말하는 것이 조금 마음에 걸리긴 하지만, 하나님이 지으신 짐승 중에 제일 대책이 없는 짐승이 있다면 그것은 양일 것이다. 양은 눈이 너무 나빠서 9미터 앞을 보지 못한다고 한다. 양은 스스로 먹을 것을 찾아다니거나 자기가 가야 할 길을 보지 못한다. 반소경 같은 짐승이다. 그뿐만 아니라 친구가 병들었을 때 돌보거나 서로 보호해주지도 못한다. 양에게는 방어하거나 공격할 수 있는 무기가 아무것도 없다. 이빨이 있긴 하지만 그것으로 물어뜯거나 싸울 수는 없다. 양은 정말 대책 없는 짐승인 것 같다.

예수님은 나의 그리스도!
그분은 나의 필요충분조건!

그래서 양은 복이 있다. 양은 대책이 없기 때문에 대책이 있다. 양의 유일한 대책은 목자다. 목자가 있는 한 양은 대책이 있는 상태가 되지만, 목자가 없으면 아무리 좋은 초장, 아무리 좋은 물가, 아무리 좋은 건강 상태라도 대책 없는 상태에 빠지게 된다. 고등학교 때 배운 수학 공식대로 표현하면, 목자는 양에게 필요충분조건이다. 목자는 양에게 절대적으로 필요할 뿐만 아니라 목자는 양에게 충분하다. 필요와 충분을 다 만족시키는 유일한 대책인 것이다.

그런데 우리 인간도 양보다 나을 것이 별로 없다. 에덴동산에서 인간은 무엇이 바른 길인지 무엇이 살 길인지 고민하지 않고 살았다. 에덴동산에서 인간은 소외의 아픔, 버림받는 고통, 형제에 대한 미움, 서운함 같은 심리적, 사회적 고통을 느낄 필요가 없었다. 죄가 없었기 때문이다. 에덴동산에서 인간은 하나님이 지으신 모든 피조 세계를 다스리는 하나님의 통치 동역자였다. 모든 피조물 위에 있고 하나님 밑에 있는, 말하자면 부왕(vice-king), 혹은 부통령(vice-president)이었다. 온 우주의 부왕에 해당하는 그런 존귀한 존재였다. 그러나 우리가 죄를 지으면서 그런 복된 상태는 사라지고 말았다. 성경은 말한다. "우리는 다 양 같아서 그릇 행하여 각기 제 길로 갔거늘 여호와께서는 우리 모두의 죄악을 그에게 담당시키셨도다"(사 53:6). 우리는 목자를 잃은 양의 처지에 빠지게 되었다.

이렇게 양같이 대책 없어진 우리를 위해 찾아오신 목자가 있으니, 그 이름은 바로 예수 그리스도다. '예수'는 그분의 개인적인 이름이고 '그리스도'는 그분의 직함이다. 내 이름은 양승헌이다. 그러나 교회에 오면 목사라는 직함이 붙는다. 그리고 병원에 가면 '님'이라는 타이틀이 붙는다. 학교에 가면 교수라는 직함이 붙는다. 예수가 양승헌에 해당한다면 그리스도는 목사에 해당하는 칭호라고 할 수 있다. 그리스도는 예수님이 무슨 일을 하시고 무슨 기능을 하시는지 알려주는 직분이다. 이에 대해 세 가지를 말해주고 싶다.

예수님은 그리스도셨다. 과거 이야기를 잠깐 하겠다.

예수님은 그리스도시다. 현재 이야기를 하겠다.

마지막으로 예수님은 당신의 그리스도이신가? 현재의 질문을 하도록 하겠다.

예수님은 그리스도셨다

'그리스도'는 그리스어로 '기름 부음을 받은 사람'이라는 뜻이다. 히브리어로는 '메시아'이다. 구약 시대에 대책 없는 양 떼 같은 이스라엘을 위해 하나님이 기름을 부어 따로 세우고 그 일을 감당할 힘을 주셨던 세 부류의 사람이 있다. 첫째로는 선지자, 둘째로는 제사장, 셋째로는 왕이었다. 선지자는 하나님의 길이 무엇인지 끊임없이 가르쳐주는 영적인 선생이자 표지판이었다. 제사장은 이들이 그 길대로 살지 못하고 죄를 지었을 때 죄 사함을 받게 하고 하나님과의 멀어진 관계를 회복하게 해주는 중재자 역할을 하는 사람들이었다. 왕은 하나님이 주신 권위로 백성이 어디로 가야 할지 인도하고 백성이 위협을 당할 때 이들을 지키는 보호자 역할을 했다. 그러나 구약 성경을 읽을 때 이미 느꼈겠지만 어떤 선지자나 제사장이나 왕도 완벽하거나 온전하지 못했다.

선지자 중에는 거짓 선지자도 많았다. 거짓 선지자들은 거짓말을 하는 사람들인가? 아니다. 유다 백성이 고통당하거나 정신적으로, 영적으로 심각한 갈등 상황에 처해 있을 때, 그들은 백성을 좋은 말로 위로했다. "걱정 마라. 잘될 것이다. 여호와의 성전이 우리에게 있는데 어떻게 우리가 패망할 수 있겠는가. 여호와의 법궤를 가진 우리가 어떻게 멸망당할 수 있단 말인가! 하나님은 우리를 떠나지 아니하고 버리지 않으실 것이다. 그러니 안심하라. 하나님이 우리와 함께하신다." 사람들은 위로를 받았지만 그들은 거짓 선지자였다. 그런 격려자가 왜 거짓 선지자일까? 여호와가 말씀하시는 것을 말하는 것이 아니고 자기가 하고 싶은 이야기를 했기 때문이다. 거짓 선지자는 거짓말하는 사람이 아니다. 사람들의 마음을 위로하고 사람들에게 힘을 줌으로써 존경과 물질을 확보하고, 지위와 인기를 잃지 않으려는 자들이었다. 하나님이 보내신 적도, 그런 말을 전하라고 시키신 적도 없는데 하나님의 이름으로 예언했다. 그 많은 거짓 선지자 때문에 예레미야 같은 참 선지자는 수도 없는 핍박을 당해야 했다. 진흙 구덩이에 던져지고 매를 맞으며 살해 위협을 당하고 한평생 고난 속에서 예언을 했던 것이다.

제사장도 마찬가지다. 어떤 제사장도 온전하지 않았다. 제사장은 백성의 죄를 가지고 하나님 앞에 용서를 비는 제사를 지내기 전에 먼저 자신의 죄를 용서받는 제사를 드려야만 했다. 제사 자체가 불완전했기 때문에 그들은 때마다 양을 잡고 소를 잡아 자신의 죄를 사함 받기 위한 제사를 해야만 했다. 특별히 엘리 제사장의 두 아들, 홉니와 비느하스 같은 사람들은 성전에 예배하러 온 여자들과 동침하고 주님께 드리는 예물에 손대어 먼저 자신이 먹을 육회 감을 떠놓은 다음 하나님께 바치게 하는 악한 짓을 했다. 하나님과 백성 사이를 연결해야 하는 제사장이 하나님과 백성 사이를 이간하는 악한 짓을 하고 있었던 것이다.

어떤 선지자도 완전하지 않았고 어떤 제사장도 완전하지 않았다. 그뿐만 아니라 어떤 왕도 완전하지 않았다. 우리가 알고 있는 가장 거룩한 왕 다윗마저도 그의 권세를 이용해 남의 아내를 빼앗았고 그녀의 남편을 죽이도록 계략을 꾸몄다. 대부분의 왕은 악했다. 주어진 권세로 백성을 보호하고 섬기는 것이 아니라 백성을 유린하고 착취하며 위험에 빠뜨렸다.

이렇게 선지자가 썩고 제사장이 썩고 왕이 썩을 때, 이스라엘 백성은 더 강한 소망을 품고 하나님께 부르짖을 수밖에 없었다. 하나님의 약속을 기억하고 있었기 때문이다. 하나님은 모세를 통해 약속하셨다. "나 같은 선지자 하나를 일으키시리니 내가 내 말을 그 입에 둘 것이다"(신 18:18, 참고. 15절). 하나님은 멜기세덱의 계열과 서열을 따르는 영원한 제사장, 모세를 능가하는 그런 선지자를 보내주겠다고 약속하셨다. 다윗의 후손으로 영구히 그 위가 폐하지 않을 왕을 보내주겠다고 약속하셨다. 진짜 좋은 선지자, 진짜 온전한 제사장, 진짜 영원한 왕. 이 셋을 합치면 기름 부음 받은 자, 다른 말로 메시아를 보내주겠다고 약속하신 것이다. 이스라엘 백성은 그 메시아에 대한 소망을 끝까지 포기하지 않고 기다렸다. 하나님이 이스라엘에게 약속하신 그 목자, 선지자와 제사장과 왕이 되어 백성의 필요를 완벽하게 채울 필요충분조건이자 완전한 기름 부음 받은 자를 보내주시겠다는 약속을 그들은 기억하고 있었다. 그 약속으로 오신 메시아가 바로 예수 그리스도시다.

예수님이 바로 그 메시아시다

예수님은 이 땅에 오셔서 공생애를 시작하실 때 제일 먼저 세례를 받으셨다. 예수님이 세례를 받으실 때 성령이 비둘기처럼 그분께 임했다. 예수님이 성령의 기름 부음을 받으셨다는 사실이 그분의 메시아 됨을 증명한다.

세례를 받으신 예수님은 자신이 자랐던 나사렛으로 가신다. 그리고 안식일에 나사렛 회당에 서셨다. 관례대로 설교를 하기 위해 단 위에 서셨고, 이

사야서 말씀을 읽으셨다. "주의 성령이 내게 임하셨으니 이는 가난한 자에게 복음을 전하게 하시려고 내게 기름을 부으시고 나를 보내사 포로 된 자에게 자유를, 눈 먼 자에게 다시 보게 함을 전파하며 눌린 자를 자유롭게 하고 주의 은혜의 해를 전파하게 하려 하심이라 하였더라"(사 61:1-2, 눅 4:18-19). 이 말씀은 이스라엘 백성이 목 빼고 기다리는 메시아에 대한 열망을 노래한 구절이다. 예수님이 가슴의 열망을 만지는 말씀을 찾아 읽으셨을 때 회당에 있던 유대인들은 얼마나 큰 격려를 받았을까? 모든 사람이 기대에 차서 예수님의 설교를 기다리고 있었다. 그날 예수님의 설교는 아주 짧았다. 성경 그대로 읽자면, "책을 덮어 그 맡은 자에게 주시고 앉으시니 회당에 있는 자들이 다 주목하여 보더라 이에 예수께서 그들에게 말씀하시되 이 글이 오늘 너희 귀에 응하였느니라 하시니"(눅 4:20-21). 딱 한마디 설교였다. "내가 그다. 그가 나다." 그 설교를 들은 회중은 분노하며 예수님의 멱살을 잡아 동네가 세워진 낭떠러지 밑으로 그분을 떨어뜨리려고 끌고 갔다. 예수님은 기적적으로 그 자리를 피하셨다.

얼마 후 예수님은 제자들을 부르셨다. 제자들에게 자신이 누구인지를 가르치셨다. 그분의 가르침과 그분이 일으킨 기적들은 자신이 하나님을 보여주는 선지자로서, 하나님과 죄인들을 연결하는 구원을 주는 제사장으로서, 이 백성을 이끄는 왕으로서 이 땅에 오신 목적을 보여주는 데 그 초점이 있었다. 여러 기적과 많은 가르침을 통해 제자들을 훈련하신 예수님은 제자들에게 중간고사를 치르게 하신다. "사람들은 나를 누구라 그러느냐? 그러면 너희는 나를 누구라고 하느냐?" 시몬 베드로가 대답했다. "주는 그리스도시요 살아 계신 하나님의 아들이십니다." "주는 그리스도시오." 이 말 때문에 예수님은 나사렛에서 살해당할 뻔하셨다. 그런데 베드로는 주는 그리스도라고, 예수님이 바로 그 선지자, 바로 그 제사장, 바로 그 왕이시라고 고백한 것이다. 예수님은 어떻게 반응하셨는가? '쉿! 누가 들을라' 아니면 '별 말을 다 하는구나'라고 하지 않으셨다. 예수님은 크게 기뻐하셨다. '너 그거 어떻게 알았니? 하나님이 네게 귀띔해주셨구나.' 예수님은 흐뭇해하셨고 기뻐하셨다. 자신이 구약 전체에서 예언된 바로 그 메시아임을 증언하신 것이다.

그 생애 말, 예수님에 대해 심각한 시기와 열등감을 느꼈던 제사장들과 서기관들이 예수님을 붙잡아 심문했다. 마태복음 26장에 보면 제사장이 이렇게 묻는다. "네가 하나님의 아들 그리스도인지 우리에게 말하라." 그때 예수님이 뭐라고 대답하셨는가? "음… 뭐 꼭 그렇다고 말할 수 있는 입장은 아니지만, 아니라고 말할 수 있는 입장도 아니고…." 이렇게 애매하고 모호하게 대답하셨는가? 아니다. "네가 말하였느니라"(마 26:64). 자신이 메시아이자 그리스도라고 인정했기 때문에 예수님은 사형을 당하셨다. 예수님의 죄패에 뭐라고 쓰여 있었는지 기억하는가? "유대인의 왕"(마 27:37)이었다. 그것이 그분의 죄목이었다. 예수님은 구약 전체가 약속한 바로 그 메시아셨다. 예수님은 왕이셨다. 예수님은 선지자셨고 예수님은 제사장이셨다.

예수님은 그리스도시다

이제 그 이야기를 현재형으로 바꾸겠다. 예수님은 유대인뿐만 아니라 모든 인류, 이 땅에 코로 숨 쉬고 있는 모든 인간의 그리스도시다. 예수님은 과거 이스라엘의 메시아셨을 뿐만 아니라 지금도 이 땅에 있는 모든 죄인의 목자로 살아 계신다. 예수님은 십자가에 죽으신 다음 부활하고 승천하셔서 성령으로 이 땅에 오셨다. 그분의 영은 성령으로 우리에게 계시고 그분의 육체는 하나님 곁에서 제사장으로서 중보를 하고 계신다. 승천하신 예수님은 성령과 말씀으로 지금도 선지자요 제사장이요 왕의 역할을 수행하고 계신다.

예수님만이 그 선지자시다. 인간을 만든 하나님이시기에 예수님만이 우리를 향한 하나님의 계획을 다 알고 계신다. 어떤 것이 바른 삶인지를 가르쳐 주실 선지자는 예수님뿐이다. 선지자로서 예수님은 오늘날도 성령과 그분의 말씀인 성경을 통해 하나님을 보여주시고 하나님의 길을 보여주신다. 예수님은 말씀하셨다. "내가 곧 길이요 진리요 생명이니"(요 14:6). 그 길, 그 진리, 그 생명…. 모두 정관사를 붙였다. 여러 길, 여러 진리, 여러 종류의 생명이 있는데, 그중 하나가 예수님인가? '그'라는 정관사는 '결코 아니다'라는 강력한 부정을 나타낸다. 예수님만이 유일한 길이고, 예수님만이 유일한 진리며, 예수님만이 유일한 생명이라고 주장하시는 것이다.

이 완전한 선지자를 거부할 때 세상은 어두워지고 혼란에 빠지게 된다. 프랑스 정부는 모든 정부의 공문서에 아빠 엄마란 말을 쓰지 못하도록 금지했다고 한다. 그냥 양육자(parent)라고만 써야 한다. 왜냐하면 많은 아이가 여자인 엄마와 남자인 아빠가 있는 가정에서 사는 것이 아니고 동성 부모의 집에서 살기 때문에 엄마 아빠란 말을 쓰면 그런 집의 아이들이 차별을 당한다는 이유에서다. 미국에서도 의원들 중심으로 엄마 아빠라는 말을 사용하지 못하도록 만드는 법을 만들고 있다. 2015년 6월 중순 룩셈부르크 총리가 결혼했다. 이 일은 대단히 큰 뉴스거리였다. 총리는 남자이고 남자와 결혼했다. 이미 유럽에서는 개와 결혼하는 일이 벌어지고 있고, 짐승과의 결혼을 합법화하려는 발언들이 나오고 있다.

세상이 하나님의 형상대로 지음 받은 인간의 기준을 잃고 헤매고 있다. 어쩌다 세상이 이렇게 됐을까? 절대 기준을 버렸기 때문이다. 선지자이신 예수 그리스도를 모실 때만 기준선이 분명한 삶을 살아갈 수 있다. 가치가 전복되고 혼잡해진 이 시대에 우리가 붙들어야 할 바른 기준은 예수님밖에 없다. 예수님이 yes 하면 그것이 우리가 선택해야 할 기준이고, 예수님이 no 하면 그것이 우리가 거부해야 할 기준이다.

제사장이신 예수님만이 우리의 죄를 용서하신다. 그분이 용서하면 우리는 죄를 용서받고 그분이 우리를 받아주시면 우리는 하나님께 용납되는 것이다. 그분은 우리를 아시고 사랑하신다. 그분은 우리를 비난하지 않고 우리를 위해 중보하신다. 성경은 말한다. "우리에게 있는 대제사장은 우리의 연약함을 동정하지 못하실 이가 아니요 모든 일에 우리와 똑같이 시험을 받으신 이로되 죄는 없으시니라 그러므로 우리는 긍휼하심을 받고 때를 따라 돕는 은혜를 얻기 위하여 은혜의 보좌 앞에 담대히 나아갈 것이니라"(히 4:15-16). 외로운가? 내 존재가 비참하다고 느끼는가? 예수님이 당신과 함께 계신다. 우리 마음의 진정한 용서와 평안과 진정한 기쁨과 행복을 주실 수 있는 유일한 제사장은 오직 예수 그리스도밖에 없다.

그분은 왕이시다. 예수님을 믿는 사람만 '나의 주'로 불러야 할 왕이 아니시다. 이 땅에 사는 코로 숨 쉬는 모든 인간이 주로 모셔야 할 왕이시다(빌 2:10-11). 만물이 그로 말미암아, 그를 위해 지음 받았고 만물이 그 손안에 함께 섰다고 말하는 사도 바울의 가르침대로(골 1:16-17), 예수님은 온 우주 만물의 왕이시다. 그것을 보여주시기 위해 예수님은 생전에 자연의 법칙을 지배하는 많은 기적을 행하셨다. 옛날이야기가 아니다. 여름의 더위도, 이어 찾아올 겨울의 추위도 모두 다 우리 예수님의 통치 아래 있다.

예수님은 교회의 왕이시다. 교회는 엄격히 말해 민주주의를 실행하는 곳도 아니고 목사나 장로들의 생각대로 운영되는 곳도 아니다. 헌금을 했다고 교인들이 교회의 주인이 되는 것도 아니다. 교회의 왕은 예수님이시다.

또한 우리가 사탄과 세상, 우리 안에 있는 육의 싸움에서 이길 수 있는 유일한 힘은 우리의 왕이신 예수님으로부터 나온다. 성경은 말한다. "이는 힘으로 되지 아니하며 능력으로 되지 아니하고 오직 나의 영으로 되느니라"(슥 4:6). 그 왕이 지금도 우리를 다스리신다. 예수 그리스도는 크리스천뿐 아니라 모든 인류가 따라야 할 목자가 되신다.

예수님은 당신의 그리스도이신가?

예수님은 유대인이 기다려왔던 그리스도였고, 지금 이 땅에 살고 있는 모든 인류의 그리스도시다. 마지막 질문이 가장 중요하다. 그 예수 그리스도는 당신의 그리스도이신가? 이것은 종교적인 질문이 아니다. 교리적인 질문도 아니다. 이것은 개인적이고, 또 실천을 요구하는 질문이다. 이 질문에 대한 답은 당신의 인격과 삶을 아주 다르게 만든다. 우리는 예수님을 말할 때 습관적으로 '예수 그리스도'라고 그리스도를 붙여 말한다. 기도할 때도, 찬양할 때도. 이제 그 둘 사이를 떼어 묻겠다. 예수는 그리스도셨음을 믿는가? 예수는 그리스도이심을 믿는가? 그렇다면 그 예수님이 당신의 그리스도이신가?

당신은 정말 예수님을 당신의 선지자로 믿는가? 어떻게 살아야 할지 모를 때 예수님은 당신의 가치와 결정의 기준선이신가? 무엇이 중요한지 마음의 갈등이 생길 때 예수님의 가치가 당신의 최종적인 가치 기준이 되고 있는가? 그것이 예수님을 선지자로 모시고 사는 사람의 올바른 태도다.

당신은 정말 예수님을 당신의 제사장으로 믿는가? 잘못했을 때 그 자리에서 겸손히 마음의 무릎을 꿇고 예수님께 잘못을 구하는가? 당신이 손해를 끼친 그 사람에게 자신의 잘못을 정직하게 고백하는가? 아니면, 정치가들이 자주 보여주듯이 어떻게 해서든지 내 잘못을 덮고 은폐하며 정당화하고 있지는 않은가? 그런 태도는 예수님을 제사장으로 모시고 있는 사람의 태도가 아니다. 마치 나에게 변호사나 중보자가 없는 것처럼 억울한 일만 당하면 SNS와 카톡에 올리고 사람들을 모아서 내 억울함을 호소하는 얄팍한 성도로 살아가지는 않는가? 이는 예수님이 제사장이시라는 사실을 믿지 않는 것이다.

당신은 정말 예수님을 당신의 왕이라고 믿는가? 예수님은 당신에게 하늘 왕의 권세를 가지고 계신가? 왕의 권위와 권세를 당신에게 행사하시도록 그분을 인정하고 있는가?

알곡 같은 크리스천이 되기 위해

예수님만이 완전하고 유일한 우리의 대책이다. 그분만이 우리의 목자이시기 때문이다. 그분만이 우리의 그리스도시다. 그분만이 우리의 선지자시다. 그분만이 제사장이시다. 그분만이 우리의 왕이시다. 그렇다면 목자가 양에게 필요충분조건이 되는 것처럼 예수님은 당신에게 필요충분조건이 되시는가?

그렇지 않다면 우리는 본질을 잃어버린 짝퉁 크리스천으로 살아갈 수밖에 없다. 본질이 채워지지 않은 껍질을 쭉정이라고 부른다. 당신이나 나

본질이 충만하지 못하다. 그러나 마치 콩깍지 안에서 자라는 콩알처럼 우리는 지난주보다 이번 주가, 지난달보다 이번 달이, 올해보다 내년이 더 충실하고 멋진 본질이 자라가게 해야 한다. 예수를 그리스도로 섬기는 우리 믿음의 본질이 정체되고 말라버리면 쭉정이가 되는 것이고, 자라가면 알곡이 되는 것이다. 본질이 살아 있는 크리스천으로 살고 싶은가? 예수는 그리스도시다. 그것을 꼭 붙잡고 살아야 한다.

성자 하나님과 우리의 구속에 관하여

chapter 15

크리스천? 크리스천!

32문 그런데 당신은 왜 크리스천이라 불립니까?[1]

답 왜냐하면 내가 믿음으로 그리스도의 지체(肢體)가 되어 그의 기름 부음에 참여하기 때문입니다.[2] 나는 선지자로서 그의 이름의 증인이 되며,[3] 제사장으로서 나 자신을 감사의 산 제물로 그에게 드리고,[4] 또한 왕으로서 이 세상에 사는 동안은 자유롭고 선한 양심으로 죄와 마귀에 대항하여 싸우고,[5] 이후로는 영원히 그와 함께 모든 피조물을 다스릴 것입니다.[6]

---

1. 행 11:26 2. 사 59:21, 욜 2:28, 행 2:17, 고전 6:15, 12:13, 요일 2:27 3. 마 10:32–33, 롬 10:10, 히 13:15 4. 출 19:6, 롬 12:1, 벧전 2:5, 계 1:6, 5:8, 10 5. 롬 6:12–13, 갈 5:16–17, 엡 6:11, 딤전 1:18–19, 벧전 2:9, 11 6. 딤후 2:12, 계 22:5

졸여 읽기

"바나바가 사울을 찾으러 다소에 가서 만나매 안디옥에 데리고 와서 둘이 교회에 일 년간 모여 있어 큰 무리를 가르쳤고 제자들이 안디옥에서 비로소 그리스도인이라 일컬음을 받게 되었더라"(행 11:25-26).

크리스천은 믿음으로 그리스도의 생명과 사역에 참여한 자다. 그리스도를 소유했고 그리스도가 소유한 사람이다. 크리스천이란 이름보다 더 본질적이고, 더 생명력 있으며, 더 영광스럽고, 더 역동적이며, 더 변혁적인 이름은 없다. 왜 그런가? 우리는 그 생명에 참여할 뿐 아니라, 그분의 직분 곧 그의 사역에 참여하고 있기 때문이다.

우리의 직분이 그리스도의 직분에 연결된 참여적, 파생적 직분이라는 점에서 왕이요 제사장이요 선지자이신 그리스도의 직분과는 차이가 있다. 그럴지라도 크리스천으로서 우리는 선지자다. 우리는 예수님을 알아가며 그 예수님을 알게 하는 예수님의 편지로 이 땅에 살아 있기 때문이다. 크리스천으로서 우리는 제사장이다. 자신을 산 제물로 주님께 드리는 삶을 살아가기 때문이다. 크리스천으로서 우리는 왕이다. 현재는 죄와 마귀에 대항해 싸우고, 미래는 예수 그리스도와 함께 모든 피조물을 다스릴 것이기 때문이다.

크리스천은 우리의 선지자요, 제사장이요, 왕이신 그리스도를 믿음으로 참 인간으로서의 본질이 회복되고 있는 사람이다. 따라서 크리스천으로서 수행해야 하는 세 직분은 하나님 형상이 회복되고 있다는 증거다. 선지자로서 예수님을 알아가고 예수님을 알게 하는 일이 없고, 제사장으로서 하나님께 감사의 제물로 자신을 드리는 일이 없으며, 왕으로서 죄와 싸워나가기를 포기하고 되는 대로 사는 것은 인간이 되기를 포기한 것과 같다. 모양은 있으나 본질이 없는 그리스도의 병마용이 되어서야 되겠는가? 본질이 살아 있는 참 인간으로 살고 싶은가? 크리스천이 돼라.

중국 서안에는 세계 8대 불가사의라고 불리는 병마용갱(兵馬俑坑)이 있다. 병마용갱은 1974년 3월 29일 농부들이 감나무 밭에서 우물을 파다 발견했다고 한다. 이것은 2200년 동안 땅속에 묻혀 잠자고 있었던 진시

황의 호위부대였다. 지금까지 발견된 것만 약 8천 명의 병사와 말이 있다. 병사 하나하나가 반듯하고 잘생겼으며 싸울 의지가 충만하고 눈이 빛나는 것 같다. 그러나 그곳을 방문하는 누구도 이들로부터 위협을 느끼지 않는다. 왜인가? 이들은 모양은 군인이지만 본질은 진흙덩이기 때문이다. 이들은 도공이 흙으로 빚고 가마에 구운 흙 인형에 불과하다. 병마용의 병(兵)은 병사를 뜻하고 마는 말(馬)을 뜻하지만 용은 무엇을 뜻하는 것일까? 용(俑)자는 허수아비 용자다. 그러니까 진흙으로 구운 허수아비 병사가 8천 명인들 80만 대군인들 무슨 소용이 있겠는가?

병마용갱을 접할 때마다 이런 생각을 하게 된다. 우리 크리스천이 이런 모습이 되면 안 되는데…. 디모데후서 3장에 보면 사도 바울이 말세의 현상을 두 가지로 나눠 설명하는 것을 읽을 수 있다. 첫째로는 세상의 현상이고, 둘째로는 하나님 백성의 현상이다. 말세가 되면 사람들은 "정욕에는 중독이 되고 하나님에 대해서는 알레르기를 느끼게 될 것"(allergic to God, and addicted lust)이다. 유진 피터슨의 번역이 실감나서 인용해보았다. "정욕에는 중독자가 되어 껄떡거리지만, 하나님에 대해서는 그 말만 나와도 거부 반응을 보이는 세상이 될 것이다."

그러면 말세의 현상 중 하나님 백성 안에 일어나는 일은 무엇일까? "경건의 모양은 있으나, 경건의 능력은 부인하는 것"이다. 신앙인의 모습이 있다. 신앙인의 형식도 있다. 그러나 신앙의 능력과 본질이 그 안에 있지 않다는 것이다. 한국 교회는 개종에는 성공했지만 회심에는 실패한 교회라고 했던 어떤 선교사의 말이 자꾸 떠오른다. 우리의 가장 부끄러운 현실, 가장 깊은 치부가 들킨 것 같아 마음이 많이 불편하다. 많은 하나님의 사람이 기독교를 믿는 종교인으로 굳어져가고 있다. 기도도 할 줄 알고 예배도 드린다. 그리고 세상 사람들이 목숨처럼 생각하는 돈을 헌금으로 기꺼이 드릴 줄도 안다. 봉사도 할 줄 안다. 자기를 크리스천이라고 분류하는 데 주저함이 없다. 그러나 그 모양 안에 크리스천의 본질이 있는가? 그것은 다른 문제다. 왜 그렇게 되었을까?

그 이유 중 하나는 크리스천을 잘못 정의했기 때문이다. 잘못된 정의를 전수받았고 잘못된 정의를 마음에 품고 살기 때문이다. '기도도 하고 말씀도 보고 교회도 다니고 예배도 드리고…. 이 정도 하면 하나님도 날 받아 주시겠지?' 이것은 복음적인 생각이 아니다. 이것은 이교도적인 생각이다. 많은 성도가 교인을 크리스천이라고 정의하고, 기독교인이 되는 것을 크리스천이라고 생각한다. 교회 다니는 사람이 세운 학교는 크리스천 학교인가? 교회 다니는 집사가 운영하는 미용실은 크리스천 미용실인가? 교인이 경영하는 회사는 크리스천 기업인가? 이렇게 크리스천에 대한 잘못된 정의 때문에 많은 크리스천이 기독교 병마용이 되어가고 있다. 모양은 있으나 그 능력이 없는 종교인으로 굳어져가고 있는 현실은 우리가 타개해야 할 큰 위기라고 생각한다. 나는 이 장에서 정말 성경에서 툭 튀어나온 것 같은 역동적이고 매력 있는 크리스천으로 자라가기 위한 4가지 정의를 세우려고 한다.

크리스천은 그리스도께 붙어사는 사람

첫 번째 정의, 크리스천은 그리스도께 붙어사는 사람이다. 크리스천이란 교회에 다니는 사람, 기독교를 종교로 삼는 사람을 말하지 않는다. 크리스천은 그리스도께 붙어 있는 사람이다. 이것은 크리스천의 정체성이 무엇인가를 말해준다. 크리스천 삶의 가장 확실한 특징은 파생적이라는 것이다. 그리스도에게서 나오는 것이다. 크리스천은 그리스도가 아니면 생겨나지 않을 사람이다. 그리스도가 아니면 크리스천은 존재할 이유도 근거도 없다.

그래서 32문은 묻는다. "당신은 왜 크리스천이라고 불립니까?" 왜냐하면 내가 믿음으로 그리스도의 지체가 되었기 때문이다. 예수님을 나의 구세주와 주님으로 받아들일 때 그분을 그리스도로 소유한 것이다. 예수님을 구세주로 받아들이고 그분을 주님으로 모심으로써 우리는 예수님의 지체(member)가 되었다. 우리는 멤버라는 말을 많이 사용한다. 신용카드 멤버십,

크리스천은 누구인가?
그리스도께 붙어(in) 사는 사람
그리스도와 함께(with) 사는 사람
그리스도를 위해(for) 사는 사람
그리스도에 의해(through) 사는 사람

콘도미니엄 멤버십, 백화점 멤버십…. 이 멤버라는 말은 몸에 붙은 지체에서 나온 말이다. 초등학교 때 어떤 선생님은 내 귀를 잡아당기면서 말했다. 양승헌! 중학교 1학년 때 역사 선생님은 손가락으로 내 코를 튕기며 내 이름을 불렀다. 양승헌! 그들은 내 어깨나 귀나 코를 친 게 아니다. 나를 친 것이다. 그 지체들이 내 몸에 붙어 있기 때문에 그 지체를 건드리는 것은 나를 건드리는 것이다. 우리는 예수님께 붙어 있을 때만 크리스천이라고 규정될 수 있다. 그러니까 우리는 우리가 속한 교회의 멤버이기 이전에 예수님 자신의 멤버다. 예수님의 생명을 소유했을 뿐만 아니라, 예수님이 우리를 소유하신 예수 그리스도의 지체가 되었다. 이것은 법적인 혹은 종교적인 관계를 말하지 않는다. 이것은 생명을 나누는 인격적인 관계를 말한다. 그런데 팔이 내 몸에서 가까이 있지만 떨어져 있다면 이것은 내 지체인가? 아니다. 그것은 시체다. 팔이 내 몸이 붙어 있을 때만 지체라고 하지 몸에서 1센티미터만 떨어져도 지체가 아니다. 몸에 붙어서 심장의 혈액을 공급받아야 내 지체들은 살아 작동되는 것이다. 크리스천은 그런 사람이다. 예수님께 붙어 있을 때만 그리스도의 생명을 공유하는 파생적인 생명을 누릴 수 있는 것이다. 그래서 사도 바울은 말한다. "내가 그리스도와 함께 십자가에 못 박혔나니 그런즉 이제는 내가 사는 것이 아니요 오직 내 안에 그리스도께서 사시는 것이라 이제 내가 육체 가운데 사는 것은 나를 사랑하사 나를 위하여 자기 자신을 버리신 하나님의 아들을 믿는 믿음 안에서 사는 것이라"(갈 2:20).

한 남자와 여자가 부부가 되어 10년, 20년, 30년 살다 보면 자연스럽게 하나 됨이 이루어진다. 어디까지가 부인의 생각인지 어디까지가 남편의 기질인지 모르는 놀라운 융합이 일어난다. 그렇게 부부는 한 몸을 이루게 되는 것이다. 남편이 아프면 아내는 온종일 심란하다. 아내가 아프면 남편은 온종일 마음에 기쁨이 없다. 생명이 연결되어 있는 것이다. 이런 완벽하고 절대적인 형태가 우리와 예수님과의 관계다. 빌립보서 1장에서 바울은 고백하고 있다. "내게 사는 것이 그리스도니 죽는 것도 유익하다"(빌 1:21). 힘 있는 크리스천이 되길 원하는가? 매력이 넘치는 크리스천이 되길 원하는가? 영향력 있는 크리스천으로 살기를 원하는가? 내가 예수님께 붙어 있는지 그것을 늘 점검해야 한다.

크리스천은 그리스도와 함께 사는 사람

두 번째 정의, 크리스천은 그리스도와 함께 사는 사람이다. 이것은 크리스천의 기능이나 책임에 대한 말이다. 우리는 무엇을 하며 사는가? 크리스천 삶의 특징은 참여적이다. 32문의 답을 한번 보라. "그의 기름 부음에 참여하기 때문입니다. 나는…선지자로서 그의 이름의 증인이 되며…나 자신을 감사의 산 제물로 그에게 드리고…이 세상에 사는 동안…죄와 마귀와 대항하여 싸우고, 이후로는 영원히 그와 함께 모든 피조물을 다스릴 것입니다."

예수님의 그리스도 되심은 우리의 크리스천 됨과 많이 다르다. 예수님의 그리스도 되심은 유일하고 절대적이다. 그분은 하나님을 잃어버린 인간에게 하나님이 어떤 분이신지를 자기 삶과 인격과 사역 전체로 보여주신 선지자

중의 선지자시다. 또한 예수님은 제사장 중의 제사장, 절대적이고 유일한 제사장이시다. 우리의 죗값을 치르기 위해 십자가에 죽으셨다. 우리 죄를 위해 자기 몸을 번제로 주 앞에 바치신 것이다. 그뿐 아니라 예수님은 유일하고 절대적인 왕이시다. 그분만이 온 우주 만물과 교회를 다스리시고 우리를 다스리신다.

그 절대적이고 유일한 그리스도를 마음에 모시고 사는 우리는 그분의 직분에 참여하는 자로서 이 땅에 살고 있다. 나는 선지자도 아니고 왕도 아니고 제사장도 아니다. 내가 나 자신을 그렇게 부르면 이단이 된다. 그러나 그런 직함은 없지만 그런 기능은 내 속에 있다. 절대적이고 유일한 선지자이신 예수님을 마음에 모신 사람이라는 점에서 우리는 작은 선지자로 이 땅에 남겨져 있다. 내 인격과 말과 삶으로 예수님을 드러내고 보여주는 증인으로서의 기능과 책임이 있다. 또한 제사장으로서 예수님이 자신을 속죄 제물로 드린 것처럼 우리도 감사의 제물로, 주님이 기뻐하실 산 제물로 나 자신을 주 앞에 드려야 한다. 왕은 아니지만 왕의 기능도 한다. 예전에 우리는 종이었다. 죄가 명하는 대로 죄를 짓고, 마귀가 원하는 대로 속아 살았다. 내 육이 원하는 대로 산, 부인할 수 없는 죄의 종이었다. 그러나 이제는 왕으로 죄와 싸우고 마귀와 싸우며 이 땅을 살아간다.

작은 선지자답게 내가 심긴 작은 세상에서 '살아 있는 성경'(living Bible)으로 살아야 한다. 작은 제사장답게 날마다 나 자신을 '산 제물'(Living sacrifice)로 드려야 한다. 작은 왕답게 마귀를 대적하고, 죄의 유혹과 압력에 굴복하지 말고 싸워야 한다. 크리스천은 그리스도의 사역에 함께하는 사람이다.

크리스천은 그리스도를 위해 사는 사람

세 번째 정의, 크리스천은 그리스도를 위해 사는 사람이다. 이것은 크리스천의 목적에 대해서 말한다. 우리는 죽지 못해 사는 게 아니라 수행해야 할 미션과 소명이 있기 때문에 이 땅에 남겨진 것이다. 그 소명이 무엇일까?

언제 어디서 누구와 무슨 일을 하든지 우리에게는 소명이 있다. 하나님이 에덴동산에서 의도하셨던 참 인간, 예수 그리스도로 인해 회복된 인간의 모델로 살아가는 것이다. 에덴동산의 아담 할아버지와 하와 할머니에게는 왕, 제사장, 선지자라는 직함이 쓰인 적이 없고 쓰일 이유도 없었다. 아담과 하와는 하나님의 형상을 몸과 삶 전체로 드러내는 선지자적 기능을 했다. 무슨 일을 하든지 하나님이 기뻐하시는 삶을 제물처럼 하나님께 드리는 제사장적 삶을 살았다. 그들은 왕처럼 하나님과 함께 하나님이 지으신 피조 세계를 다스리고 정복하며 관리하는 기능을 담당하고 있었다.

그러나 인간이 타락하면서 그 기능이 다 손상되고 말았다. 많은 사람이 하나님이 누구신지 모른다. 낫 놓고 기역 자를 모르는 사람을 무식쟁이라고 멸시하면서도, 온 우주에 충만한 하나님의 영광과 능력을 보고도 하나님이 있는지 짐작조차 하지 못한다. 그럴 정도로 선지자의 기능이 다 손상되고 말았다. 제사장의 기능도 망가졌다. 자신이 하나님이 되어 나를 위해 남을 이용하고 짓밟는 타락한 제사장들이 되고 말았다. 왕은커녕, 날마다 두려워 떠는 종이 되고 말았다. 죽음, 병균, 더위, 추위… 밤낮 두려움에 눌려 사는 종이 되고 말았다. 이렇게 손상된 우리를 원래 하나님이 만드신 인간의 모습으로 회복시키기 위해서 우리를 빚으셨던 예수님이 이 땅에 오셔서 십자가에서 죽고 다시 살아나셨다. 그리고 성령으로 우리 안에 오셔서 생명이 돼주셨다.

그러면 우리가 해야 할 일은 무엇인가? 나의 소명은 무엇인가? 이런 질문을 받으면 흔히들 직업과 연관 짓는다. 직업적인 소명은 2차적인 것이다. 1차적이고 본질적인 우리의 소명은 무엇인가? 언제 어디서 무슨 일을 하든 관계없이 내가 이 땅에 남겨진 가장 중요한 소명은 무엇인가?

다른 사람에게 하나님을 알게 하는 것이다. 참 사람 됨을 보여주는 것이다. 하나님의 형상이 어떻게 회복되었는지를 보여주는 것이다. 그러므로 크리스천의 3가지 기능은 해도 되고 안 해도 되는 선택 과목이 아니다. 만약 우리의 삶과 인격으로 예수님을 드러내지 못한다면, 우리 삶을 주님이 기뻐하시는 산 제물로 드리기를 포기하고 날마다 죄에 질질 끌려다니며 죄의 종으로 산다면 우리는 병마용 진흙 인형에 불과한 존재가 되고 만다. 언제 어디서 무슨 일을 하든지 우리 삶의 목표는 생존이 아니다. 우리의 목표는 성공도 아니다. 다른 사람들보다 조금 더 먹고 조금 더 많이 가지는 것도 우리의 목표가 아니다. 크리스천은 목표가 다른 사람이다. 크리스천은 상황과 관계없이 참 인간, 하나님이 그 아들을 십자가에 못 박아 회복하신 구속받은 새 인간의 모델이다. 그것을 충실히 감당하는 것이 우리의 목표다.

크리스천은 그리스도에 의해 사는 사람

네 번째 정의, 크리스천이란 그리스도에 의해 사는 사람이다. 크리스천은 삶의 동력이 다르다. 내 노력과 열심으로는 하나님이 보여주고자 하시는 구원받은 사람의 새 삶을 살아갈 수 없다. 크리스천으로서 사는 것이 힘들다고 느껴지는가? 아직 크리스천의 삶을 제대로 이해하지 못했기 때문이다. 크리스천의 삶은 힘든 것이 아니라 우리 노력으로는 불가능한 삶이다. 그리스도가 우리에게 기대하시는 삶은 우리의 능력과 노력으로 살 수 없다.

그러면 어떻게 해야 할까? 예수님이 우리 대신 살아주셨을 때 그것이 가능하다. 예수님이 인간으로 이 땅에 오셨을 때 그분에게는 세 가지 책임이 있었다. 이미 말했듯이 제사장, 선지자, 왕으로서의 책임이다. 그러나 예수님이 언제 기름 부음을 받으셨는지 생각해보라. 그 일을 감당할 힘을 언제 받으셨는가? 세례를 받으셨을 때다. 공생애를 시작하기 위해 세례를 받으셨을 때, 하늘이 갈라지고 비둘기 같은 성령이 그에게 임하셨다. 그날 이후 예수님은 그 성령의 능력으로 사셨다. 공생애 3년 내내 가장 가까운 자리에서 예수님을 관찰하고 그분의 수종을 들면서 함께 일했던 베드로가 오죽하면 하나님이 예수 그리스도를 통해 여러 가지 기사와 이적을 행하게 하셨다고 증언하겠는가(행 2:22). 모든 기적을 일으키신 주체는 예수님이 아닌, 하나님이시라는 것이다. 하나님이 예수 그리스도라는 통로를 통해 일하신 것이다.

예수님도 그러셨다면, 우리가 어떻게 그 성령의 능력 없이 그리스도의 삶을 살 수가 있겠는가? 예수님이 하신 말씀을 기억해야 한다. "나는 포도나무요 너희는 가지라 그가 내 안에, 내가 그 안에 거하면 사람이 열매를 많이 맺나니 나를 떠나서는 너희가 아무것도 할 수 없음이라"(요 15:5). 과일나무는 열매를 맺기 위해 결심하고 몸부림치지 않는다. 열매 맺는 가지가 나무에 붙어 있기만 하면 된다. 우리 삶이 그러한 삶이다.

시편 133편에 이 부분을 다르게 설명할 좋은 그림이 그려져 있다. "보라 형제가 연합하여 동거함이 어찌 그리 선하고 아름다운고 머리에 있는 보배로운 기름이 수염 곧 아론의 수염에 흘러서 그의 옷깃까지 내림 같고"(시 133:1-2). 성막이 만들어지고 제사장이 임명될 때, 모세는 아론의 머리에 기름을 부었다. '기름을 붓는다'는 것은 '어떤 일을 위해 그를 따로 떼어놓다, 임명하다'는 뜻이다. 하나님이 어떤 일을 시키실 때 그 일을 감당할 힘을 주신다는 뜻이기도 하다. 머리에 기름을 부으면 그 기름은 머리에만 머무르지 않고 흘러내린다. 수염을 타고 어깨에 이른다. 대제사장으로 임명되는 아론의 어깨에는 보석 두 개가 물려 있다. 한쪽에 여섯 지파에 이름이 새겨져 있고 다른 쪽에 여섯 지파의 이름이 새겨져 있다. 그 어깨 위에 기름이 흘러내린다. 기름은 계속 흘러 대제사장의 가슴에 이른다. 거기에는 이스라엘 열두 지파의 이름이 새겨진 열두 개의 보석이 흉패에 물려 있다. 기름은 흉패를 덮은 뒤 밑으로 떨어지게 된다. 그러니까 이스라엘 각 지파는 언제 기름 부음에 참여한 것인가? 아론이 기름 부음을 받을 때 그는 민족의 대표로서 기름 부음 받았지만, 이 민족은 그때 온 세상의 제사장 나라로 기름 부음을 받은 것이다.

우리도 마찬가지다. 예수님이 성령의 기름 부음을 받으실 때 예수님을 모신 우리는 같이 성령의 기름 부음을 받은 것이다. 예수님을 나의 구세주와 주님으로 모실 때 그것은 육체적으로 이 땅에 오신 예수님을 모시는 게 아니라 오순절에 영으로 오신 예수님을 모시는 것이다. 우리가 모신 성령은 예수님이 세례받으실 때 임하시고, 예수님을 통해 많은 강력한 일을 이루어낸 하나님의 영이시다. 그 성령 하나님을 의존하지 않으면 크리스천의 삶은 불가능하다.

성령 하나님 안에 거하는 방법은 무엇일까? 성령 하나님은 기분이 좋으면 우리 안에 들어오시고, 기분이 나쁘면 떠나시는 그런 분이 아니다. 구약 시대에 성령님은 어떤 특정한 목적을 위해 특정한 때, 특정 기간에 한 사람 안에서 일하셨다. 그러나 예수님이 약속대로 보내주신 그 성령님이 오순절에 임하신 이후 신약 성도들에게는 예수님이 항구적으로 함께 계신다. 예수님을 나의 그리스도로 모신 모든 사람 안에 거하시게 되는 것이다. 이것을 신학적으로는 '성령의 내주'라고 부른다. 그래서 우리는 성령 하나님께 늘 의존해야 한다. 불신자들이 짓는 죄 중에 가장 큰 죄가 구주로 오신 예수님을 거부하는 죄라면, 성도들이 짓는 죄 중에 가장 큰 죄는 성령 충만하지 않은 죄다. 날마다 하나님의 말씀과 기도를 통해서 성령 충만함을 유지하고 살아야 한다. 죄에 이끌리는 삶, 나의 옛 욕심과 고집에 지배당하는 삶을 버리고, 예수님께 지배당하고 예수님께 이끌리는 삶이 성령 충만한 삶이다.

크리스천의 3가지 시제

크리스천에게는 3개의 시제가 있다. 3개의 시제 중 어느 것도 건너뛰면 안된다. 당신은 크리스천이 되었다. 언제 그렇게 되었는가? 예수님을 구세주와 주님으로 모실 때였다. 이렇게 크리스천이 된 사건을 '칭의'(稱義)라고 말한다. 그러나 거기서 이야기가 끝나지 않는다. 당신은 완벽한 크리스천이 될 것이다. 언제 그렇게 되는가? 이 세상을 떠날 때다. 그것을 신학적으로 '영화'(榮化)라고 한다. 그리스도를 모신 크리스천이 된 날부터 크리스천으로 완성될 날까지 우리는 날마다 크리스천으로 완성되어가야 한다. 그것을 '성화'(聖化)라고 부른다. 그 과정이 중단되면 우리는 진흙을 빚어 만든 병마용 같은 존재가 된다. 아직 예수님을 못 만났다면 크리스천이 되어야 한다. 예수님을 만났는데 성장이 멈췄다면 크리스천으로 계속해서 자라갈 것을 결단해야 한다. 크리스천으로 자라가고 있다면 그리스도가 보여주셨던 삶을 살아야 한다. 내 안에 계신 그리스도의 생명이 왕처럼, 선지자처럼, 제사장처럼 나타나는 작은 메시아의 삶을 살아가야 한다.

성자 하나님과 우리의 구속에 관하여

chapter 16

아들 하나님

33문 우리 역시 하나님의 자녀인데, 그분을 왜 '하나님의 독생자'라 부릅니까?

답 왜냐하면 오직 그리스도만 본질로 하나님의 영원한 아들이시기 때문입니다.[1] 우리는 그리스도로 말미암아 은혜로 입양된 하나님의 자녀입니다.[2]

34문 당신은 왜 그분을 '우리 주'라 부릅니까?

답 왜냐하면 그분이 금이나 은이 아니라 그의 보혈로써 우리의 몸과 영혼을 우리의 모든 죄로부터 구속(救贖)하셨고,[3] 우리를 마귀의 모든 권세에서 해방하여[4] 주의 것으로 삼으셨기 때문입니다.[5]

---

1. 요 1:1, 14, 18, 3:16, 롬 8:32, 히 1:1–2, 요일 4:9 **2.** 요 1:12, 20:17, 롬 8:15–17, 갈 4:6, 엡 1:5–6 **3.** 고전 6:19–20, 고전 7:23, 엡 1:7, 딤전 2:6, 벧전 1:18–19 **4.** 골 1:13–14, 히 2:14–15 **5.** 요 10:28, 벧전 2:9

졸여 읽기

"말씀이 육신이 되어 우리 가운데 거하시매 우리가 그의 영광을 보니 아버지의 독생자의 영광이요 은혜와 진리가 충만하더라"(요 1:14).

'예수님은 하나님의 아들이시다'와 '예수님은 아들 하나님이시다'는 엄청나게 다른 말이다. 이것은 단순한 말놀이가 아니다. 이 차이로 얼마나 심각한 이단 논쟁이 있었고 얼마나 많은 피가 흘려졌는지 모른다. 아타나시우스는 전자를 주장한 아리우스에 대항해 후자를 주장하다 다섯 번이나 귀양살이를 해야 했다.

예수님은 하나님의 아들이시고, 우리도 하나님의 아들이다. 무슨 차이가 있나? 독생자란 하나님의 아들이라는 뜻이 아니다. 예수님은 본질적으로 영원한 아들 하나님이시다. 구약에 그렇게 나오고(사 9:6), 예수님 자신이 그것을 주장하셨으며(요 8:58, 10:30), 제자들이 그것을 주장했다(마 16:16, 요 1:14, 28).

예수님을 구주로 믿는 우리도 하나님의 아들이 되었다. 그러나 우리의 아들 됨은 본질적이고 영원한 예수님의 아들 되심과는 근본적으로 다르다. 우리는 하나님의 은혜로 입양된 하나님의 아들들이기 때문이다. 그분이 독생자이신 사실이 왜 그렇게 중요한가? 그것은 그분이 우리의 구원자가 될 수 있느냐 없느냐를 결정짓기 때문이다. 예수님이 독생자가 아니라면 우리에게는 아무 소망도 없다.

그렇다면 구주로 오신 아들 하나님의 피값으로 구속받아 하나님의 아들로 입양된 우리가 아들 하나님께 보여야 할 태도는 무엇인가? '주'(the Lord)로 섬기고 사랑하며 순종하는 것뿐이다. 그분은 내게 여러 주(lords) 중의 하나가 아닌 절대적이고 독점적인 주인으로, 왕(the Lord)으로서의 합당한 예우를 받고 계신가?

경박부허(輕薄浮虛)라는 말이 있다. 생각이 깊지 않고 조심성이 없어 말과 행동이 가볍다는 뜻이다. 한자어로 보면 뜻이 더 분명해진다. 경(輕)-가볍다, 박(薄)-얄팍하다, 부(浮)-뿌리가 없다, 허(虛)-비어 있다. 네 글자 다 우리 크리스천에게 어울리지 않는다. 크리스천에게 이런 형용사가 붙는 것은 우리 존재에 대한 모독일 뿐 아니라 우리를 구원하신 예수님에 대한 모독이다. 누군가 당신의 자녀를 경박부허하다고 평가한다면 어떤 느낌이겠는가? 이런 평가는 부모에 대한 모독이다. 하물며 우리 크리스천이 '저 사람은 얄팍하고, 중심도 없고, 내용도 없는 별 볼 일 없는 쭉정이'라고 평가받는다면, 저 십자가에서 비싼 대가를 치르고 우리를 사신 예수님의 마음이 어떻겠는가?

그러면 그 반대말은 무엇일까? 중후충실(重厚忠實)이라고 할까? 가벼운 대신 무게가 있고, 얄팍한 대신 후덕하며, 부화뇌동(附和雷同)하지 않고, 속이 충실하게 박혀 있는 사람으로 평가받는다면 우리 아버지 하나님이 얼마나 기뻐하실까? 그런 평가나 중후하고 충실한 인격은 우리가 말하는 '신앙의 연조'에서 오지 않는다. 우리 직분이나 직위가 이러한 인격의 무게와 두께와 중심과 내용을 채우는 것도 아니다. 경박부허한 사람 말고 중후충실한 사람이 되는 열쇠는 예수님께 있다. 정말 중후하고 충실한 크리스천의 삶을 살아가면서 선한 영향을 끼치고, 좋은 삶의 유산을 남기기 원한다면 두 가지에 집중해야 한다. 첫째는 예수님에 대한 바른 이해, 둘째는 예수님에 대한 바른 관계다. 이 두 가지는 우리의 무게와 가치에 직접적으로 연결된다.

이 장에서 다룰 하이델베르크 요리문답 33-34문은 예수님에 대한 바른 인식과 바른 관계에 대해 그리고 그것이 우리에게 얼마나 중요한가에 대해 말하고 있다.

예수님에 대한 바른 인식

당신은 예수님을 어떤 분으로 인식하고 있는가? 그 인식은 나의 인격과 삶의 무게를 결정짓는 결정적인 변수가 된다. 예수님을 가볍게 여기는 사람은 시시한 사람이 될 것이고, 예수님이 중요한 사람은 중후한 사람이 될 것이다. 이 시대에 우리가 바로잡아야 할 예수님에 대한 인식은 '예수님은 아들 하나님'이라는 것이다. 예수님이 하나님의 아들이 아닌, 아들 하나님이심을 인식해야 한다. '아들 하나님'과 '하나님의 아들'이 뭐가 다른지 아는가? 단지 순서만 바꾼 것이 아닌가? 아니다. 이것 때문에 얼마나 많은 이단이 생겼는지 모른다. 이것 때문에 얼마나 많은 성도가 영적인 손해를 보고, 가볍고 얄팍하며, 중심을 잃고 헤매며, 알맹이 없는 삶을 살다 죽는지 모른다.

하나님의 아들과 아들 하나님

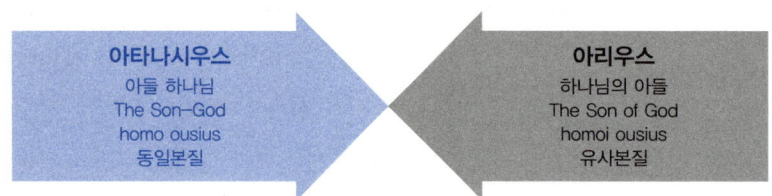

하나님의 아들과 아들 하나님. 이것은 단순한 말놀이가 아니다. AD 4세기 아타나시우스(Athanasius, 296-373)는 예수님이 하나님의 아들이 아니고 아들 하나님이시라는 명제를 지키기 위해 다섯 번이나 귀향을 가야 했다. 물론 정치적인 변수가 있긴 했지만 말이다. 아타나시우스는 왜 그렇게 '예수님은 하나님의 아들이 아니고 아들 하나님이시다'라는 말을 지키려고 했을까? 그 시대로 거슬러 올라가보자. 그 시대 대부분의 이단은 예수님의 신성과 인성과 관련되었다. 당시에 아리우스(Arius, 260?-336)라는 아주 영민한 신학자가 있었다. 그는 예수님은 하나님의 아들(The Son of God)이라고 주장했다. 예수님은 하나님은 아니시고, 하나님이 창조하신 아들(Homoi ousius)라고 설명한 것이다. 하나님이 창조하셨으므로 하나님과 예수님은 격이 다르다고 가르쳤다. 그의 이론에 따르면 예수님은 하나님에 비해 열등한 존재다.

그러나 아타나시우스는 격렬하게 반박했다. 예수님은 하나님의 아들이 아니라 아들 하나님(The Son-God)이시라는 것이다. 그는 예수님을 아들의 기능을 하는 하나님(Homo ousius)이시라고 주장하며 아들 하나님과 아버지 하나님의 본질이 동일하다고 가르쳤다. 그것을 동일본질론이라고 부른다. 아리우스는 하나님 아버지의 아들 예수님은 하나님과 비슷하기는 하지만 동일한 분은 아니고, 하나님의 피조물이라고 가르쳤다. 이것을 유사본질론이라고 부른다. 아타나시우스는 예수님은 하나님의 외아들이 아니라고 말한다. 하나님께 딸이 여럿 있었는지 모르지만, 아들은 하나밖에 없는 아버지라는 뜻이 아니라는 것이다. 우리가 독생자 예수라고 말할 때 그 독생자는 외아들이라는 뜻이 아니다. 나도 아들 하나, 딸 하나가 있으니까 외아들이 있는 셈이다. 그럼 아들 하나만 낳고 딸을 안 낳았을 때, 그 아들을 독생자라고 부르는가? 그럴 때는 독생자라는 말을 쓰지 않는다. 독자라고 부른다. '독생자'는 출생 방식에 대해서 말하는 것이 아니라 하나님과의 관계와 관련된 말이다. 동일본질이라는 말은 하나님이 창조되지 않으셨으므로, 아버지가 창조되지 않으신 것처럼 아들도 창조되지 않으셨다는 뜻이다. 아버지가 무한한 하나님이신 것처럼 아들도 무한한 하나님이시라는 뜻이다. 아버지가 영원한 하나님이신 것처럼 그 아들도 영원한 하나님이시라는 뜻이다. 아버지가 불변하는 하나님이신 것처럼 그 아들도 불변하는 하나님이시라는 뜻이다. 또한 아버지가 전능한 아버지이신 것처럼 그 아들 하나님이신 예수님도 전능한 하나님이시라는 뜻이다. 예수님은 단 한 번도 하나님이 아니셨던 적이 없다. 그것이 바로 아타나시우스가 목숨 걸고 다섯 번이나 귀향 가면서 지켰고, 니케아 종교회의 때 믿음의 고백으로 확정된 진리다. 우리는 아리우스가 말한 것처럼 거룩을 사모하다가 하나님이 되신, 마치 열심히 힘을 다해 수행하면 득도해 부처가 되는 불교의 논리처럼, 그렇게 하나님이 되신 예수님을 믿는 것이 아니다. 예수님은 영원 전부터 영원 후까지 한 번도 하나님이 아니셨던 적이 없었다.

구약 성경 여러 곳에서 그것을 예언하고 있는데, 두 곳만 소개하겠다.

"이는 한 아기가 우리에게 났고 한 아들을 우리에게 주신 바 되었는데 그의 어깨에는 정사를 메었고 그의 이름은 기묘자라, 모사라, 전능하신 하나님이라, 영존하시는 아버지라, 평강의 왕이라 할 것임이라"
(사 9:6).

이사야는 예수님에 대해서 예언하고 있다. 그는 예수님을 전능하신 하나님, 영존하시는 아버지로 하나님과 동일시하고 있다.

"베들레헴 에브라다야 너는 유다 족속 중에 작을지라도 이스라엘을 다스릴 자가 네게서 내게로 나올 것이라 그의 근본은 상고에, 영원에 있느니라"(미 5:2).

미가는 예수님이 단 한 번도 안 계신 적이 없었던 영원하신 하나님이라는 사실을 이야기하고 있다.

예수님은 직접적으로 그것을 말씀하셨다. "나와 아버지는 하나다"(요 10:30). 요한복음 8장에서 예수님이 돌에 맞아 죽을 뻔한 사건은 예수님이 자신을 아버지 하나님과 동일시한 것 때문에 일어났다. "유대인들이 이르되 네가 아직 오십 세도 못되었는데 아브라함을 보았느냐 예수께서 이르시되 진실로 진실로 너희에게 이르노니 아브라함이 나기 전부터 내가 있느니라 하시니"(요 8:57-58). 그 말이 끝나자마자 사람들은 예수님을 돌로 쳐 죽이려고 했다. 예수님이 십자가에 죽으신 죄목이 무엇이었는가? 자신을 하나님이라고 주장했던 신성모독이었다.

제자들은 예수님 곁에서 그분을 아주 자세히 관찰했다. 사도 요한은 이렇게 말한다. "말씀이 육신이 되어 우리 가운데 거하시매 우리가 그의 영광을 보니 아버지의 독생자의 영광이요 은혜와 진리가 충만하더라"(요 1:14). 예수님의 제자가 되어 그분의 모든 삶을 가까이에서 관찰하고 배웠던 마태는 이렇게 기록한다. "시몬 베드로가 대답하여 이르되 주는 그리스도시요 살아 계신 하나님의 아들이시니이다"(마 16:16). 마태는 자기 동료 시몬 베드로가 예수님께 고백하는 것을 직접 들었다. 주는 그리스도요 살아 계신 하나님의 아들이시라는 고백을. 그 고백을 예수님은 너무도 기뻐하셨다. 골로새서에서 바울은 이렇게 말한다. "그는 보이지 아니하는 하나님의 형상이시요 모든 피조물보다 먼저 나신 이시니 만물이 그에게서 창조되되 하늘과 땅에서 보이는 것들과 보이지 않는 것들과 혹은 왕권들이나 주권들이나 통치자들이나 권세들이나 만물이 다 그로 말미암고 그를 위하여 창조되었고 또한 그가 만물보다 먼저 계시고 만물이 그 안에 함께 섰느니라"(골 1:15-17).

결론은 무엇인가? 예수님은 하나님이 만드신 피조물도, 하나밖에 없는 아들도 아니다. 독생자라는 말은 독자라는 말이 아니다. 독생자라는 말은 아들-하나님, 하나님과의 관계를 말하는 것이다. 왜 예수님의 독생자 되심, 아들-하나님이심이 그렇게 중요한가? 아들 하나님이 아니면 그분은 우리의 구세주가 될 수 없기 때문이다. 예수님이 아들 하나님이 아니면 우리를 구원하실 수 없다.

요한복음 3장 16절은 성경 전체를 요약한 가장 중요한 구절이다. "하나님이 세상을 이처럼 사랑하사 독생자를 주셨으니 이는 그를 믿는 자마다 멸망하지 않고 영생을 얻게 하려 하심이라." 아리우스는 독생자라는 말을 하나님이 창조하신 피조물로 이해했다. 그에게 예수님은 하나님이 아니었다. 하나님이 창조하셨으므로, 하나님보다 열등한 존재라고 믿었다. 오늘날 똑같은 주장을 하는 이단은 여호와의 증인이다. 여호와의 증인들은 예수님을 부인하지 않는다. 예수님을 인정한다. 그런데 어떻게 인정하느냐가 문제다. 그들에게 예수님은 하나님 수준까지 거룩해진 사람이다. 그러나 여호와의 증인뿐만 아니라 이 세상 사람은 대부분 아리우스같이 예수님이 아들 하나님이 되신다는 사실을 부인한다. 이순신, 안중근, 슈바이처, 간디, 부처, 석가모니, 소크라테스처럼 위인 중 한 인물로 예수님을 인식하지, 모든 인류를 지으신 창조주라는 사실을 이를 갈며 싫어한다.

당신은 어떤가? 그분이 나를 빚은 창조주이시고, 나를 구원하기 위해 십자가에 죽으신 구원자이시며, 내 생명의 주 되신 그분 때문에 지금도 내 심장 판막이 움직이고 있다는 사실을 인식하고 있는가?

예수님은 크리스천의 무게 중심이다. 우리 인격이 얄팍해지고, 삶이 가벼워지는 이유는 그 무게 중심과 관계가 있다. 내가 모신 예수가 내게 너무 가볍고 얄팍하며 내 삶의 중심이 되시지 못하고 있기 때문이다. 내가 섬기는 예수님은 어떤 예수님이신가? 하나님의 아들이신가? 아들 하나님이신가? 아타나시우스처럼 후자를 믿을 때 우리 존재의 무게가 달라질 것이다.

예수님과의 바른 관계

예수님과의 바른 관계를 기초로 살아가고 있는가? 예수님과의 바른 관계란 무엇인가? 예수님을 나의 주(the Lord)로 모시고 있는가를 묻는 것이다. 사도신경에 "전능하사 천지를 만드신 하나님 아버지를 내가 믿사오며"라는 고백 뒤에는 "그 아들 우리 주 예수 그리스도를 믿사오니"라는 고백이 뒤따라 나온다. 우리는 예수님 앞에 '우리 주'라는 말을 붙인다. 왜 예수님을 우리 주라고 부르는가? 하이델베르크 문답에서는 그분이 우리를 구속하고 해방하셨으며 지금도 소유하고 계시기 때문이라고 말한다. 아들 하나님이신 예수님은 본질적으로 영원한 하나님 그리고 영원히 하나님이시다.

우리는 생각 없이 '예수님은 하나님의 아들이시다'라고 말할 때가 많다. 우리가 자녀로서 하나님을 아버지라고 부를 수 있는 건 맞지만, 당신과 나는 예수님과 같은 아들의 본질을 갖고 있지 않다. 우리는 본질적으로 하나님의 아들이 아니고, 입양돼서 아들이 되었다. 로마서 8장은 말한다. "무릇 하나님의 영으로 인도함을 받는 사람은 곧 하나님의 아들이라 너희는 다시 무서워하는 종의 영을 받지 아니하고 양자의 영을 받았으므로 우리가 아빠 아버지라고 부르짖느니라"(롬 8:14-15).

우리는 업둥이

업둥이란 말을 아는가? 어떤 여자가 아기를 낳았는데 형편 때문에 아기를 키울 수가 없을 경우, 그 아기를 포대기에 싸서 아이를 충분히 잘 키울 수 있을 것 같은 마음씨 좋은 부잣집 대문 앞에 갖다놓는다. 그 집 마님이 대문 앞에 놓인 아기를 발견하고, 그 불쌍한 아기를 안고 대문 문지방을 넘어가면 그 아이는 그 집 아들이 되는 것이다. 그런 아이를 업둥이라고 불렀다.

나는 출생적으로는 업둥이가 아니다. 그러나 영적으로 말하면 틀림없는 업둥이다. 나는 하나님께 입양되었다. 입양되었다는 말을 하면서도 열등감을 느끼지 않는다. 만약 아기를 대문에 그냥 내버려두면 어떻게 될까? 아기는 죽는다. 아니면 나쁜 사람들이 데려다 키워 나쁜 짓에 이용할 수도 있다. 그러나 그 아이를 안고 들어가면 주인이 자기의 성을 물려주고, 자기 자녀 중에 하나로 인정하며, 이 아이에게 자기 유산을 똑같이 나누어준다. 이 아이가 마님의 손에 들려서 문설주를 넘어서는 그 순간 아이의 미래는 완전히 달라지는 것이다. 우리가 그런 사람이다. 죄 가운데 태어나 죄 가운데 뒹굴다 죄 가운데 고민하고 죄 가운데 후회하며 죄 때문에 고생하고 멸망할 존재들이었다. 그러나 예수 그리스도의 십자가 보혈로 말미암아 하나님을 아버지라고 부를 수 있게 되었다. 분명히 우리는 업둥이다.

나는 아기들에게 유아세례를 베풀 때마다 깊은 감동을 느낀다. 유아세례는 이런 뜻이기도 하다. '내 힘과 내 덕과 내 능력으로는 이 아이를 하나님의 백성으로 키울 방법이 없습니다'라고 고백하고, 하늘 왕의 왕궁 문지방 앞에 아이를 내려놓는 것이다. '이 아이를 받으시고 이 아이에게 당신의 성을 주시며 당신의 기업을 주시옵소서'라는 뜻을 담은 것이 유아세례다.

아이가 커서 자신의 믿음으로 신앙을 고백하는 입교를 할 때 성도들 앞에 이렇게 고백하는 것과 같다. '나는 하나님께 입양된 아들입니다.' 우리는 모두 업둥이들이다. 금이나 은으로 이 자격을 산 것이 아니다. 예수님의 보혈로 구속받았고 해방되었으며 그분의 소유가 되었다. 그렇다면 하나님의 아들이 된 우리가 아들 하나님을 향해 실행해야 할 마땅한 삶의 태도와 원리는 무엇인가? 34문의 답을 보면 알 수 있다. 주님이시라고. 그 아들 우리 주 예수 그리스도가 우리 삶의 원리가 되신다.

The Lord와 a lord의 차이

크리스천들이 짓는 가장 큰 죄, 가장 근원적인 죄는 무엇인가? 예수님을 주로 인정하지 않는 것이다. 예수님은 lord로 섬기면 안 된다. 정관사 the 자가 붙은 대문자 L 자의 Lord로 섬겨야 하는 것이다. 예수님을 lord로 섬긴다는 것은 어떻게 하는 것을 말하는가? 입으로만 '주여 주여' 하는 것이다. 내 지성과 내 감정과 내 의지…. 여전히 큰 주(the Lord)는 나다. 내가 내 삶의 주인이고 결정권자이며 기준이고 목적이며 원리다. 그렇게 산다면 우리 자신을 주로 모시고 있는 것이다. 내가 주(the Lord)라면 예수님은 누구신가? 그저 하늘의 도우미(one of the lords)로 전락하고 만다. 내 삶의 보스는 누구인가? 누가 당신 삶의 주인인가? lord와 the Lord는 엄청난 차이가 있다.

1세기 기독교에 대한 핍박은 황제 숭배에서 본격화되었다. 황제들은 자신을 신격화하려는 미련한 짓을 했다. 자기가 신이 되었기 때문에 모든 백성이 자기를 주라고 불러야 한다. 사람들은 시저만을 온 우주 만물을 다스리는 주, the Lord로 고백해야 했다. '황제가 주님이시다'(Caesar is the Lord). 그것만 고백하면 문제가 없었다. 그들은 사람들이 어떤 주님도 가지면 안 된다고 금한 것이 아니다. 황제를 로마 제국의 중심에 둠으로써 통치의 구심점이 되고자 한 정치적인 동기로 신격화한 것이기 때문에 그들이 요구한 것은 단순했다. '황제가 주님이다'라고 고백하는 것이었다. 불교든 기독교든 어떤 종교를 믿어도 되지만 반드시 시저가 주님이라고 고백해야 했다. 그런데 당시 많은 크리스천은 거기에 속아 넘어가거나 타협하지 않았다. 아들 하나님과 하나님의 아들을 헷갈리지 않고, the Lord를 헷갈리지 않았기 때문이다. 핍박의 핵심은 마치 신사 참배와 같다. 일제 치하에서 신사 참배 때도 똑같았다. 일본 경찰은 이렇게 설득했다. "우리가 기독교를 박멸하려는 것이 아니다. 천황에게 형식적으로 머리 숙여 절하기만 하면 된다." 부끄럽게도 많은 목회자가 신사 참배를 했다. '내가 천황에게 고개 숙여 절은 하지만, 주님에 대한 믿음은 변함없다'고 생각했기 때문이다. Lord는 천황에게, lord는 예수님께 드리는 죄를 지은 것이다. 그로 인해 한국 교회는 하나님 나라 대사로서의 권위를 잃어버리고 말았다. 1세기의 황제 숭배가 그런 것이었다. 큰 L자와 작은 l자를 바꿔치기하는 것이었다.

바꿔치기하지 마라

그러나 그 바꿔치기의 회유에 끝까지 타협하지 않은 사람들이 있었다. 그들은 순교를 당했다. 폴리캅(Polycarp, 69-155)이라는 서머나의 감독은 86세였다. 황제의 군사들이 그를 회유했다. "성경을 가르쳐도 좋고 설교를 해도 좋고 당신의 믿음을 그대로 다 가져도 좋다. 다만, '시저가 주님이시다' 한마디만 하면 살려주겠다." 폴리캅은 대답했다. "내가 86년을 사는 동안 내게는 한 분 Lord만 계셨다. 그분만이 주의 주시고 왕의 왕이시다." 로마 화형 집행관이 사정하듯이 말했다. "'황제가 주님이시다'라는 그 한마디 하기가 그렇게 어려운가?" 그는 대답했다. "86년 동안 단 한 번도 예수님은 내게 신실하지 않으신 적이 없었다. 내가 이제 살아보겠다고 L자와 l자를 뒤집는 짓은 하지 않을 것이다." 결국 폴리캅은 화형을 당했다.

경박부허한 삶을 살지 않기를 원하는가? 예수님처럼 무게 있고 두터우며 심지가 견고하고, 예수님처럼 도금할 필요가 없는 그런 인생, 그런 삶, 그런 인격을 갖기를 원하는가? 아들 하나님이신 예수님, 그분을 항상 내 삶의 큰 L자 주님(the Lord)으로 모셔야 한다.

성자 하나님과 우리의 구속에 관하여

chapter 17

처녀가 **아들을?**

35문 "그분은 성령으로 잉태되사, 동정녀 마리아에게서 나셨으며"라는 말로 당신은 무엇을 고백합니까?

답 하나님의 영원한 아드님은 참되고 영원한 하나님이시며 여전히 참되고 영원한 하나님으로서[1] 성령의 사역(使役)으로[2] 동정녀 마리아의 살과 피로부터 참된 인성(人性)을 취하셨습니다.[3] 그리하여 또한 다윗의 참된 자손이 되고[4] 모든 일에서 그의 형제들과 같이 되셨으나 죄는 없으십니다.[5]

36문 그리스도의 거룩한 잉태와 탄생은 당신에게 어떤 유익을 줍니까?

답 그리스도는 우리의 중보자이시므로[6] 잉태되고 출생할 때부터 가지고 있는 나의 죄를 그의 순결함과 온전한 거룩함으로 하나님 앞에서 가려줍니다.[7]

---

1. 마 1:23, 3:17, 16:16, 17:5, 요 1:1, 10:30, 17:3, 5, 20:28, 롬 1:3-4, 9:5, 빌 2:6, 골 1:15-16, 딛 2:13, 히 1:3, 요일 5:20 2. 마 1:18, 20, 눅 1:35 3. 눅 1:31, 42-43, 요 1:14, 갈 4:4 4. 삼하 7:12, 시 132:11, 마 1:1, 눅 1:32, 행 2:30-31, 롬 1:3 5. 빌 2:7, 히 2:14, 17, 4:15, 7:26-27 6. 딤전 2:5-6, 히 9:13-15 7. 시 32:1, 사 53:11, 롬 8:3-4, 고전 1:30-31, 갈 4:4-5, 벧전 1:18-19, 3:18

> **졸여 읽기**
>
> "보라 처녀가 잉태하여 아들을 낳을 것이요 그의 이름은 임마누엘이라 하리라 하셨으니 이를 번역한즉 하나님이 우리와 함께 계시다 함이라"(마 1:23).
>
> 100퍼센트 참 하나님, 100퍼센트 참 인간, 100퍼센트 무죄하심. 이 세 가지 조건을 충족하기 위해 예수님은 성령으로 잉태되어 동정녀 마리아에게서 나셨다. 그분이 인간 아버지의 생명으로 잉태되지 않고 성령으로 잉태되신 이유는 아담의 죄의 전가에서 자유로우셔야 했기 때문이다.
>
> 이 세 가지가 예수님의 한 인격 안에 존재해야 하는 이유가 무엇인가? 그래야만 거룩하신 하나님과 죄에 빠진 우리 사이를 연결할 다리, 중보자가 되실 수 있기 때문이다. 예수님은 잉태되는 순간부터 아담의 죄악에 참여하는 우리를 구하시기 위한 중보자로서의 행보를 시작하셨다. 이 사건은 우리를 구원하시는 구주의 첫 사역이었다. 이 사건이 없었다면 십자가도, 죽음도, 장사도 없었을 것이다.
>
> 예수님이 나를 위해 그렇게 창피하게, 그렇게 구차하게, 그렇게 겸손하게 찾아오셨는데 예배 시간마다 "성령으로 잉태하사 동정녀 마리아에게 나심"을 고백하는 나는 예수님과 어떤 관계를 맺고 있는가? 날마다 다가와 나를 사랑으로 바라보는 주인에게는 관심도 없고, 던져주는 먹이만 물고 도망치는 정 없는 어항 속 청거북 같지는 않은가?

우리가 자주 쓰는 말 중에 '어정쩡하다'라는 말이 있다. 사전을 찾아보면 '이것도 아니고 저것도 아니고 모호하고 어중간하다'라는 뜻이다. 어정쩡한 것은 언제나 불안정하고 애매하지만, 특별히 인간관계에서의 어정쩡함은 참으로 우리를 힘들게 한다. 스웨덴의 한 심리학자가 박사학위 논문을 쓰기 위해 연구했던 연구 결과가 2015년 미국의 한 과학 잡지에 실렸다. 이 사람은 직장인 900명을 인터뷰했다. 어정쩡한 관계가 그들에게 어떤 영향을 미치는가를 알아보기 위한 것이었다. 연구 결과는 이렇게 요약된다. 완전히 깨진 관계나 없는 관계보다 어정쩡한 관계가 훨씬 더 해롭다는 것이다. 이 연구는 어정쩡한 관계가 불안과 스트레스와 우울증을 유발한다는 것을 보여준다. 남녀 관계든, 친구 관계든, 비즈니스 관계든 어정쩡한 관계는 우리를 힘들게 한다.

이보다 더 해로운 관계가 있는데 그것은 영적인 어정쩡함이다. 스코티 스미스(Scotty Smith)라는 목사님이 있다. 그분은 경건생활에 관해 여러 책을 썼다. 스코티의 어머니는 그가 어렸을 때 불의의 교통사고로 현장에서 즉사했다. 이 급작스러운 죽음으로 엄마를 잃어버린 소년 스코티는 어쩌면 평생 해결할 수 없는 관계의 문제에 시달렸다. 교통사고 이후 스코티는 모든 관계에 마음을 닫았다. 심지어 하나님께도 마음을 닫았다. 아무에게도 마음을 열지 않고 외로운 삶을 살다가 몇 년이 지나서야 예수님을 영접했고 교회에 다니면서 기독교의 복음 진리를 배웠다. 바로 그 중간, 어정쩡한 기간에 자신의 심리 상태를 이렇게 표현했다. "나란히 나란히, 얼굴과 얼굴을 맞대기보다는(Side by side, rather than face to face)." 예수님과 나란히 서서 가긴 하는데, 예수님이 내 삶에 중요하다고 인정하긴 하는데, 예수님과 얼굴과 얼굴을 맞대는 친밀한 정은 없었음을 '나란히 나란히'라고 표현한 것이다. 이런 관계가 어정쩡한 관계다. 어정쩡한 영성이라고도 할 수 있겠다. 믿음에 확고히 선 것도 아니고, 그렇다고 파산해서 주저앉은 것도 아니다. 믿음을 버린 것도 아니고, 그렇다고 믿음을 꽉 붙든 것도 아니다. 믿음에서 떠난 것도 아니지만, 믿음이 자라는 것도 아니다. 예수님을 모르는 것도 아니지만, 예수님과 별로 친한 사이도 아니다. 예수님과 상관이 없지는 않지만, 예수님께 헌신한 것도 아니다. 이것이 바로 어정쩡한 영적 상태다.

혹시 당신의 영적 관계는 어떤가? 어정쩡한 영적 관계를 유지하고 있지는 않는가? 예수님과 친밀함을 누리는 사람을 부러워하지만, 사랑에 빠진 남녀처럼 예수님과 깊은 관계 속에 살고 싶지만, 그런 안타까움에 머물러 있기만 한 것은 아닌가? 예수님과 깊은 관계, 나란히 나란히가 아니라 얼굴과 얼굴을 맞대는 친밀한 관계 속에서 살고 싶은가?

놀랍게도 영적인 어정쩡함의 큰 원인 가운데 하나는 잘못된 신학이다. 예수님에 대한 불완전하고 불확실하며 부정확하고 불안정한 관념이 바로 이 어정쩡한 관계를 만들어내는 것이다. 원인이 있다면 해답도 있는 법이다. 우리가 고백하는 "성령으로 잉태하사 동정녀 마리아에게 나시며"라는 구절에서 그 해결의 실마리가 보인다.

"성령으로 잉태하사 동정녀 마리아에게 나시고." 이 말은 세상적으로 볼 때 참 복잡한 말이다. "어떻게 정자와 난자의 결합이 없이 사람이 만들어지는가? 과학적으로 있을 수 없는 일이다." 그래서 이 말을 신화로 이해하려고 한다. 박혁거세가 알에서 나왔다고 말하는 것처럼, 환웅과 웅녀 사이에서 단군이 태어났다고 말하는 것처럼, 예수가 처녀에게서 태어난 것이 신화라는 것이다.

세상 사람들만 동정녀 탄생 이야기를 신화로 여기는 것이 아니다. 독일의 자유주의 신학자인 루돌프 불트만(Rudolf Karl Bultmann, 1884-1976)은 마태, 마가, 누가, 요한 같은 예수님의 제자들이 예수님을 높이기 위해 예수님의 출생을 신화화한 것이라고 설명한다. 그러므로 이 이야기를 읽을 때는 신화가 아닌 것처럼 읽어야 한다고 말한다. 그는 "처녀가 잉태하여 아들을 낳으리라"는 이사야의 예언을 이렇게 해석했다. 거기에 사용된 처녀는 '알마'인데 이 알마라는 말은 '동정녀'가 아니고 '처녀'라는 뜻이다. 다시 말해 남자와 잠을 자본 적이 없는 숫처녀가 요셉과 결혼해서 태어난 아기란 뜻이다.

자유주의자나 세상만 그렇게 해석하는 것이 아니다. 얼마나 많은 성도가 예수님이 동정녀 마리아에게서 태어났다는 것을 말하기도 믿기도 부끄러워하는지 모른다. 마치 엄마가 결혼하기 전 나를 임신했던 것을 드러내기 부끄러워하듯이 말이다. 그래서 예수님이 성령으로 잉태하사 동정녀 마리아에게 태어나셨다는 말을 복음의 비본질적인 요소처럼 제쳐놓는다. 전도할 때도, 이 말을 듣는 사람들이 비웃고 복음을 듣지 않을 테니 십자가만 전해야 한다고 생각한다. 나는 십자가를 믿고 구원받은 것이지 동정녀 마리아 탄생, 성령 잉태를 믿고 구원받은 것이 아니라고 둘러대는 사람들도 있다. 바로 그 어정쩡한 태도와 인식이 영적인 어정쩡함을 낳는 것이다.

예수 그리스도는 성령으로 잉태하사 동정녀 마리아에게 나셨다. 이것은 단순한 교리가 아니다. 이 교리는 예수님이 100퍼센트 하나님이시고, 100퍼센트 인간이며, 100퍼센트 죄가 없으시다는 것을 말하는 기독교의 중요한 교리다. 이 세상에 존재하는 모든 이단은 이 세 가지 중 하나를 조작한다. 그중에서도 예수님의 신성이나 인성을 깎아버리거나 둘 중에 하나를 부인한다. 아리우스 이단도 그랬고 여호와의 증인도 그렇다.

이집트 인구의 십분의 일이 기독교인이다. 이들은 콥틱 크리스천이라고 불리는데, 예수님이 사람으로 오셨다는 사실을 믿지 않는다. 그들은 예수님의 인성을 부인했기 때문에 451년 칼케돈 공의회에서 이단으로 정죄되었다.

그러면 왜 이 곤혹스럽고 난처하며 설명이 불가능하고 비과학적이며 비논리적인 이야기가 우리의 신앙 고백이 되어야만 할까? 바로 이 고백이 예수님이 누구신가를 고백하는 첫 번째 단추이기 때문이다. 우리는 사도신경에서 '예수님이 누구신가'와 '예수님이 무슨 일을 하셨는가' 두 가지 고백을 한다. 지금까지 네 장에 걸쳐 우리는 예수님이 누구신가에 대해 배웠다. '그 아들', 예수님은 독생자 곧 아들 하나님이시다. '우리 주', 예수님은 주님이시다. '예수 그리스도', 예수님은 그리스도시다. 앞으로는 그분이 무슨 일을 하셨는가에 관한 내용을 다룬다. 예수님이 고난을 받으시고 십자가에 죽으시고 장사 지낸 바 된 이 모든 일의 첫 번째 사건이 무언가? 예수님이 성령으로 말미암아 동정녀 마리아에게서 나신 것이다. 만약에 예수님이 성령으로 태어나지 않으셨다면 천 번 만 번 십자가에서 죽으셨어도 그 죽음은 우리와 아무 관계없는 죽음이 된다. 그것이 우리를 구원하지 못하기 때문이다. 그분이 성령으로 잉태되기만 하고 인간이 되지 않으셨다면 결코 우리 구세주가 되실 수 없다. 동정녀 탄생 사건은 예수님의 십자가와 죽음과 장사의 모든 구원의 의미를 주는 첫 번째 사건이다. 이것이 첫 단추고 이것이 모퉁잇돌이다.

어떻게 처녀가 아기를 낳는다는 건가? 이것은 바른 질문이 아니다. 당신은 자신이 왜 태어났는지 논리적으로 설명할 수 있는가? 아버지와 어머니가 사랑하고 주무셨는데 내가 만들어졌다. 어떻게 그 놀라운 생명의 신비를 말과 논리로 설명할 수 있는가? 먼저 만들어진 심장이며 위장이 어떻게 나중에 만들어지는 배 속으로 들어갔는지 설명할 수 있는가? 이 세상에는 과학으로 증명될 수 없는 비과학적 현상이 얼마나 많은가? 온 천지를 만든 전능하신 하나님이 처녀 몸에 아기를 만드는 것이 뭐 그리 어려운 일이겠는가?

바른 질문은 '어떻게'가 아니고 '왜'다. '왜 그분은 그렇게 이상한 방식으로 출생하셨는가이다. 우리처럼 남녀의 결합으로 태어나신 거라면? 이렇게 복잡한 설명이 필요 없었을 텐데, 왜 성령으로 잉태되어 처녀의 몸에서 나셨을까? 왜 그러셨을까? 답을 미리 말하면 바로 우리를 위해서다. 당신과 내가 그 이유다. 동정녀 탄생을 남의 이야기하듯 하면 안 된다. 당신과 나를 위해 그분은 그 수치스럽고 당혹스러우며 설명하기 난처한 방식으로 이 땅에 오신 것이다. 그것을 세 가지로 짧게 정리하려고 한다.

참 사람이 되셔야 했기 때문이다

예수님은 나를 위해 동정녀 마리아에게서 나셨다. 그것은 예수님이 참 사람이 되셔야 했기 때문이다. 예수님이 참 사람이 되셔야 하는 이유는 그래야 나를 위해 죽으실 수 있기 때문이다. 우리는 살기 위해 태어났다. 그러나 예수님은 죽기 위해 태어나셨다. 예수님이 태어나셨을 때 멀리서 별을 연구하던 천문학자 동방박사들이 예수님께 가져온 선물이 무엇인지 기억하는가? 당신 아기가 태어났는데, 내가 만약 산부인과 병실로 관 한 개, 수의(壽衣) 한 벌 그리고 시체 닦는 알

코올 한 병을 보냈다면 어떻겠는가? 예수님이 이 땅에 오셨을 때 예수님께 드린 그들의 선물은 황금과 유향과 몰약이었다. 황금이 왕에게 드리는 선물이라면, 몰약과 유향은 시체를 위한 방부제 역할을 하는 장례 용품이었다. 그 상징처럼 예수님은 죽기 위해 사람이 되신 것이다. 누군가 우리 죄를 담당하려면 대신 죽어야 하는데 사람이 아니면 죽을 수가 없다. 예수님은 당신과 나를 대신해 죽기 위해 이 땅에 오셨고, 대신 피 흘리기 위해 사람의 몸을 입으신 것이다. 그러기 위해서 사람으로 태어나셔야만 했던 것이다. 예수님이 말씀하셨다. "인자가 온 것은 섬김을 받으려 함이 아니라 도리어 섬기려 하고 자기 목숨을 많은 사람의 대속물로 주려 함이니라"(막 10:45). 잉태되는 순간부터 죄에 감염되어 세포가 분열되고 있는 우리를 덮어주시기 위한 예수님의 피, 그 피 흘림은 인간일 때만 유효하다.

그분이 참 인간이 되신 이유는 또 있다. 그래야 우리를 이해할 수 있기 때문이다. 대제사장은 이스라엘 열두 지파의 이름이 새겨진 보석을 어깨에 달고, 이스라엘 열두 지파의 이름이 새겨진 흉패를 가슴에 단 채 하나님 앞에 나아갔다. 이는 백성을 어깨에 지고 가슴에 품으며 하나님 앞에 나아가는 것을 의미한다. 대제사장이 백성의 죄악을 짊어지고 하나님 앞에 나아가 중보한 것처럼, 예수님이 우리를 이해하시려면 우리와 똑같은 인간이 되셔야 했다. 그래서 예수님은 우리와 똑같이 태아기를 보내고, 똑같이 출생했으며, 똑같이 성장하고, 똑같이 고통당했으며, 똑같이 위험을 겪고, 똑같이 유혹을 받았으며, 똑같이 시험을 받고, 똑같이 죽으셨으며, 똑같이 지옥을 경험하시고, 똑같이 무덤에 묻히셨다. 예수님은 우리의 모든 고통을 다 경험하셨다. 성경은, "우리에게 있는 대제사장은 우리의 연약함을 동정하지 못하실 이가 아니요 모든 일에 우리와 똑같이 시험을 받으신 이로되 죄는 없으시니라"(히 4:15)고 예수님을 설명한다. 예수님은 우리를 이해하실 수 있다. 왜냐하면 인간이 되셔서 다 경험하셨기 때문이다.

앤디라는 일곱 살짜리 소년이 불의의 사고로 왼팔을 잃었다. 팔 하나로 사는 삶에 적응하려고 많은 고생을 했다. 상처가 어느 정도 아물자 학교로 돌아갔다. 또래 친구들은 잘린 팔이 어떻게 생겼는지 소매 끝을 들여다보며 앤디의 마음을 상하게 했다. 그때 선생님이 아이들에게 말했다. "우리도 앤디처럼 한 주간 왼손 없이 살겠습니다. 왼손을 전부 허리 뒤로 붙이세요." 그러자 아이들이 다 등 뒤로 왼손을 붙였다. "이제는 책을 넘길 때도 오른손으로만 해야 하고, 책을 가방에 넣을 때도, 단추를 채울 때도, 신발 끈을 맬 때도 오른손으로만 해야 됩니다." 신발 끈을 어떻게 한 손으로 맬 수 있겠는가? 그런데 놀라운 일이 일어났다. 아이들이 서로 도와주기 시작한 것이다. 움직이지 않는 왼손 대신 서로 왼손이 되어 신발 끈을 묶어주기 시작했다. 선생님은 왜 그렇게 했을까? 그 고통에 참여함으로 아이들이 팔 없는 앤디의 고통을 이해할 수 있도록 돕기 위해서였다. 그처럼 우리의 모든 출생부터 시작된 고통을 이해하기 위해 예수님은 출생부터 우리가 경험하는 모든 아픔과 고통과 유혹과 어려움을 경험하셨던 것이다.

혹시 이 한 주간 당신도 모르게 입에서 이런 말이 나오지는 않았는가? '어휴, 속 터지는 내 마음을 누가 이해해주겠어?' 예수님이 이해하신다. 예수님은 속이 터지는 고통을 수도 없이 경험하셨다. 유대인들은 예수님을 잡아놓고 돌로 치기 전에 이렇게 말했다. "네가 아직 오십 세도 못되었는데 아브라함을 보았느냐?"(요 8:57) 33세 청년을 보고 50세도 안 된 사람이라고 말한다면, 예수님의 얼굴이 얼마나 상했다는 것을 말해주는 것인가? 이 속 썩는 가슴을 누가 알까? 예수님이 아신다. 배신당한 아픔을 누가 알까? 예수님은 아신다. 다 버리고 떠났다. 제자들까지도 다 버리고 떠났다. 이 억울한 가슴을 누가 이해할까? 예수님이 이해하신다. 그분은 세 법정에서 무죄 선고를 받고도 가장 비참하게 죽으셨다. 그보다 억울한 일이 어디 있겠는가? 비방받는 아픔을 누가 알까? 예수님이 아신다. 예수님은 한도 끝도 없는 수군거림과 비방 속에 사셨다. 그 외로움을 누가 알까? 예수님은 아신다. 예수님은 정말 외로우셨다. 집 없는 설움을 누가 알까? 예수님은 아신다. 새도 깃들 둥지가 있고, 여우도 굴이 있지만 그분은 머리 둘 곳도 없다고 하셨다(마 8:20). 예수님은 당신을 이해하실 수 있다. 그러시려고 당신과 내가 출발한 인생의 첫 시점부터 모든 과정을 경험하신 것이다. 우리의 모든 시련과 유혹과 고통을 다 경험하셨지만, 우리와 차이가 있다면 예수님은 죄를 짓지 않으셨다는 것, 그것만 다르다.

참 하나님이셔야 했기 때문이다

예수님이 나를 위해 동정녀 마리아에게서 나신 또 다른 이유는 그가 참 하나님이셔야만 우리를 도울 수 있기 때문이다. 예수님은 사람이 되시면서 신성을 벗어놓으신 것이 아니다. 이 땅에 아기로 오셨을 때도 하나님이셨고, 열두 살 때 목공소에서 나무를 자르실 때도 하나님이셨고, 지금도 여전히 하나님이시고, 영원히 하나님이시다. 예수님은 하나님과 동일한 본질을 가지셨다. 그러기 위해 그분은 성령으로 잉태되셔야만 했던 것이다. 그분이 하나님이셔야 했기 때문에 성령으로 잉태되셔야 했고, 성령으로 잉태된 하나님이시기 때문에 우리를 도울 수 있는 것이다.

자녀가 고통당할 때 부모는 이렇게 말한다. 내가 네 아픔을 안다. 내가 너를 이해한다. 부모님이 이해만 해줘도 비행 청소년은 없어질 것 같다. 그러나 부모는 대부분 이해하고 눈물을 흘리며 속상해하는 것으로 끝날 뿐 실제로 도울 수는 없다. 공감하고 이해하며 알아줄 뿐만 아니라 우리를 돕기 위해 그분은 하나님이셔야만 했다. 그것이 예수님이 성령으로 잉태되신 이유다.

죄가 없으셔야 했기 때문이다

예수님이 나를 위해 동정녀 마리아에게서 나셔야만 했던 이유는 바로 당신과 나를 위해서였다. 그분이 죄에서 자유로우셔야만 했기 때문이다. 왜 요셉과 결혼하고 자연스러운 수정 과정을 통해 태어나면 안 되는가? 그러면 아담으로부터 전가된 원죄가 예수님께 감염된다. 그러면 예수님은 자기 자신을 위해 죽어야 한다. 우리를 위해 죽을 수가 없다. 예수님이 하나님과 우리 사이를 연결할 다리가 되시기 위해서는 아담으로부터 내려오는 죄의 유전에서 차단되셔야 하고 자유로우셔야 한다. 그래야 우리를 구원하실 수 있다. 그러시기 위해 예수님은 성령으로 잉태되셨다.

예수님의 출생 과정은 참 독특하다. 성령으로 잉태되셨고 처녀에게서 나셨다. 꼭 그래야 할 이유는 독특한 세 가지 본질을 유지하기 위해서다. 100퍼센트 하나님, 100퍼센트 인간, 100퍼센트 죄가 없는 인간. 왜 예수님은 그런 독특한 본질을 가지셔야 하는가? 그분이 담당해야 할 특별한 사명 때문이다. 그 사명이 무엇인가? 인류를 죄에서 건져내는 것이다. 당신과 나를 죄에서 구해주시기 위해서다. 그분은 우리를 구원하고 살리며, 우리와 함께 계시기 위해 민망하고 수치스럽고 당혹스러운 모습을 감내하셨다. 100퍼센트 하나님, 100퍼센트 인간, 100퍼센트 무죄의 몸을 얻기 위해 그렇게 부끄럽게 태어나셨고, 많은 사람의 수군거림을 들으셔야 했다. 그런 출생 과정을 감내하고 우리에게 오신 그분께 당신과 나는 어떤 반응을 보이고 있는가? 어정쩡한 반응을 보이는 것이 양심적인가?

정 없는 거북이

내가 늙어 죽을 때까지 잊을 수 없는 나의 거북이 사랑 이야기를 해주고 싶다. 유학 생활을 시작하고 1년쯤 지나서 우리 집에 거북이 한 마리를 들였다. 나는 이 거북이를 입양한 자식처럼 키우기 위해서 이름도 아들의 돌림자를 따서 '털모'라고 지어주었다. 가난한 유학생은 빠듯한 생활비를 아껴 털모에게 먹이를 사다 먹였다. 그리고 아까운 시간을 쪼개서 어항 청소를 해주었다. 1년이 지났다. 그 정도 시간이 지났으면 나를 알아볼 때가 되었을 텐데 그 녀석의 눈은 먹이만 향했지 나를 보지 않았다. 그 녀석에게 나는 언제나 두려운 존재일 뿐이었다. 그렇게 5년을 키웠다. 개를 5년을 키운다면 얼마나 정이 들었겠는가? 그런데 이 정 없는 파충류는 항상 던져주는 먹이만 물고는 돌 밑으로 숨었다. 내가 용봉탕이나 해 먹을 사람처럼 보였던 걸까? 유학을 끝내고 귀국할 즈음에 그 녀석과 이별식을 치렀다. 아침을 잘 먹인 뒤, 트리니티 신학대학원 정원에 있는 큰 연못에 놓아주었다. 그런데 어쩌면 그렇게 정이 없는지 한 번쯤은 고마웠다는 눈길이라도 보낼 만도 한데, 이 정 없는 짐승은 꽁무니가 빠지게 물속으로 도망쳐 들어가서는 다시는 나타나지 않았다.

그 서운한 현장에서 생각했다. 이런 정 없는 짐승을 다시는 키우지 않을 것이다. 그러자 또 다른 생각이 꼬리를 물고 일어났다. 내가 하나님께 이런 태도로 살지는 않았는가? 사랑에 빠진 관계도 아니고, 주님을 100퍼센트 의지하지도 않는 어정쩡한 관계로 주님을 섬긴다고 하지는 않았는가?

주님은 우리를 살리려고 100퍼센트 하나님이 100퍼센트 인간이 되어 그 치욕스럽고 당혹스러우며 민망한 출생을 주저하지 않으셨다.

성자 하나님과 우리의 구속에 관하여

chapter 18

나를 위한 고난

37문 "고난을 받으사"라는 말로 당신은 무엇을 고백합니까?

답 그리스도는 이 세상에 사셨던 모든 기간에, 특히 생의 마지막 시기에 모든 인류의 죄에 대한 하나님의 진노를 자신의 몸과 영혼에 짊어지셨습니다.[1] 그분은 유일한 화목제물로 고난을 당함으로써[2] 우리의 몸과 영혼을 영원한 저주로부터 구원하셨고,[3] 우리를 위해 하나님의 은혜와 의와 영원한 생명을 얻으셨습니다.[4]

38문 그분은 왜 재판장 "본디오 빌라도 아래에서" 고난을 받으셨습니까?

답 그리스도는 죄가 없지만 세상의 재판장에게 정죄(定罪)를 받으셨으며,[5] 이로써 우리에게 임할 하나님의 준엄한 심판에서 우리를 구원하셨습니다.[6]

39문 그리스도께서 "십자가에 못 박히심"은 달리 돌아가신 것보다 특별한 의미가 있습니까?

답 그렇습니다. 십자가에 달린 자는 하나님께 저주를 받은 자이므로[7] 그가 십자가에 달리심은 내게 임한 저주를 대신 받은 것이라고 나는 확신하게 됩니다.[8]

---

1. 사 53:4, 12, 딤전 2:6, 벧전 2:24, 3:18 2. 사 53:10, 롬 3:25, 고전 5:7, 엡 5:2, 히 9:28, 10:14, 요일 2:2, 4:10 3. 롬 8:1–4, 갈 3:13, 골 1:13, 히 9:12, 벧전 1:18–19 4. 요 3:16, 6:51, 롬 3:24–26, 고후 5:21, 히 9:15, 10:19 5. 마 27:24, 눅 23:13–15, 요 18:38, 19:4, 11 6. 사 53:4–5, 고후 5:21, 갈 3:13 7. 신 21:23 8. 갈 3:13

졸여 읽기

"여호와께서 그에게 상함을 받게 하시기를 원하사 질고를 당하게 하셨은즉"(사 53:10).

왜 우리는 "본디오 빌라도에게 고난을 받으시고 십자가에 죽으셨다"라고 고백하는가? 이것은 예수님의 고난과 죽음은 본디오 빌라도 치하에서(under) 일어난 역사적 사실이라는 것과, 당시 세계를 다스리던 제국의 재판관 총독 빌라도에 의해 '무죄'가 확정된 사실을 기억하는 것 이상의 의미가 있다. 무죄하신 그분이 말로 다 할 수 없는 고통과 죽음을 당하심은 나의 죗값으로 내가 받아야 마땅한 하나님의 진노(37문)와 하나님의 심판(38문)과 하나님의 저주(39문)를 대신한 것이었음을 고백하는 것이다.

이 진노와 심판과 저주의 상징인 십자가 앞에서 매 주일 "본디오 빌라도에게 고난을 받으사 십자가에 죽으시고"라고 고백하는 우리 모습은 어떤가? 우리는 너무 쉽고 당연하게 그리고 너무 식상하게 '용서'와 '죄 사함'을 말하고 있지는 않은가? 그 아들이 하나님께 버림 받는 지옥의 진노와 심판과 저주를 당하심으로 얻은 죄 사함의 은혜가 죄짓는 일을 가볍게 만드는 지렛목이 되고 있지는 않은가?

예수님이 대신 지신 그 십자가를, 날마다 집요하게 달라붙는 죄를 끊어 내는 도구로 붙들어야 한다. 십자가만이 날마다 죄를 지독하게 혐오하고(allergic) 예수님께 온 맘으로 집착하게(addicted) 만들기 때문이다.

민망하고 서글픈 이야기로 이 장을 여는 마음이 편하지 않다. 그러나 우리가 듣고 보는 모든 세상일을 통해서도 우리 모습을 보게 하시고, 우리를 깨우치시는 하나님의 섭리를 생각하며 '우리 아이들이 읽지 않았으면' 하는 19금 이야기를 하려고 한다.

2015년 7월, 애슐리 메디슨의 해킹 사건이란 황당하고 민망한 사건으로 세계가 큰 충격을 받은 적이 있다. 애슐리 메디슨이라는 사이트는 기혼자가 자기 배우자 말고 다른 여자나 남자와 바람을 피우도록 주선하는 불륜 사이트다. 그 홈페이지에는 '인생은 짧다. 바람을 피워라'(Life is short. Have an affair)라고 쓰여 있다. 이 나쁜 사이트는 전 세계 3,700만 명의 회원을 보유하고 있었다. 그러나 임팩트그룹이라는 해킹 집단이 이 사이트를 해킹했고, 3,700만 명 전 회원의 이름과 연락처와 그들의 계좌, 거래 관계를 다 공개해버렸다. 이것이 공개된 지 하루 만에 캐나다에서 두 명이 자살했다. 그리고 일주일 후에 미국의 목사와 장로 등 교회 지도자 400명이 교회에 사표를 냈다.

더 민망한 것은 미국의 개혁주의 신학대학의 수석 부총장이자 신학자이자 철학자인 한 지도자 때문이다. 이 사람은 '애슐리 메디슨 해킹'이라는 글을 통해 이 부도덕한 집단의 잘못을 개탄하는 글을 썼다. 문제는 이 해커들이 발표한 리스트에 이 사람의 이름이 들어가 있었다는 것이다. 그 일은 사실로 드러났고 그는 1년간 직무 정지 징계를 받았다.

왜 이 더러운 이야기를 예수님의 거룩한 고난을 설명하는 장면에서 해야 하는가? 이 애슐리 메디슨이라는 집단에서 6만 명이 넘는 사람에게 설문조사를 했다고 한다. 설문의 의도는 바람피우는 사람과 종교성 사이에 관계가 있는지를 알아보려는 것이었다. '당신의 종교는 무엇인가'라는 질문에 대한 조사 결과가 충격적이다. 22.7퍼센트가 개신교라고 답했고 22.75퍼센트가 로마가톨릭이라고 답했다. 그리고 우리와 똑같이 사도신경의 신앙을 고백하는 복음주의자는 25.1퍼센트였다. 전체를 합치면 전 회원의 70퍼센트가 넘는 사람이 기독교인이다. 이 결과를 어떻게 해석해야 하는가?

그보다 조금 더 화가 나는 일이 있다. 위에서 말한 그 신학자가 자기 죄가 밝혀지고 망신을 당하자 또 글을 올렸다. 그 내용이 우리를 몹시 혼란스럽게 한다. "나는 하나님의 은혜로 죄를 회개했고, 하나님은 내 죄를 모두 용서하셨다." 그게 그렇게 가볍고 쉬운 일인가? 배우자 몰래 엉뚱한 짓을 했는데 배우자에게 '미안해'라는 한 마디로 끝낼 수 있는가? 그것이 '아, 사람이 다 넘어질 수 있지. 뭘 그래'라고 말하고 끝낼 정도로 간단한 일인가? 내가 회개하면 하나님이 용서하신다는 이 질서가 그렇게 단순한 것일까? 생각 없이 죄를 지어놓고, '주님, 용서를 빕니다. 주님이 약속하셨죠. 고백하면 용서해주신다고요. 그럼 난 용서받은 거죠? 그렇게 믿겠습니다. 우리 거래 끝입니다. 장부 정리합니다.' 이렇게 하면 정말 끝인가? 죄짓는 일이 그렇게 단순하고 죄를 용서받는 일이 그렇게 쉬운 것인가? 그 해킹사건이 있은 후 그 음란사이트는 어떻게 되었을까? 1년 만에 천만 명이 더 늘어나는 비약적인 발전(?)을 했다.

왜 크리스천은 죄짓는 일에 세상 사람들과 별반 다르지 않을까? 우리가 그런 사이트에 가입하지 않았다고 해서 깨끗하게 살고 있다고 말할 수 있는가? 죄를 버리겠다고 결심을 해도, 죄에서 떠나겠다고 이를 악 물어도, 얼마 못 되어 또 자연스럽게 죄를 짓고 있는 자신을 발견하게 된다. 왜 그럴까? 우리에게는 죄의 달인이 될 잠재력이 있기 때문이다. 우리는 본질적으로 죄짓기에 적합한 구조를 가진 사람들이다. 당신이나 나 세포 속에 원죄의 DNA가 있다. 우리 속에는 죄를 향해 달려가는 경향인 주죄성(走罪性)이 있다. 죄인지 잘 몰랐거나 여건이 안 됐거나, 그 결과를 감당할 용기가 없었거나, 하나님이 두려워서 못 했을 뿐이지 우리는 모두 우리가 정죄하는 그 죄를 다 지을 수 있는 사람이다. 죄를 짓기 위해 굳은 결심을 하거나 죄를 깊이 묵상하거나 기도할 필요가 없다. 죄짓는 법을 가르치는 학원이나 학교도 없는데 우리 아이들이 배워본 적도 없는 죄를 아주 자연스럽게 짓는 것을 보면 그런 사실을 잘 알 수 있다.

우리 주변에는 죄가 가득하다. 세상이 죄의 바다 같다는 느낌이 들 정도다. 뉴스를 보면 단 하루도 죄의 대한 보도가 안 나오는 날이 없다. 살인, 사기, 강도, 도둑질, 강간, 뇌물…. 끝도 없는 죄의 이야기를 듣다 보니 죄의식에 굳은살이 박인 것 같다.

크리스천은 죄를 대한민국 형법이 정하는 개념으로 정의하는 경우가 많다. 죄를 회개하라는 메시지를 들을 때마다 우리는 자신의 의로움을 강화하는 효과를 누리기도 한다. '나는 의인이지. 나는 법 없어도 사는 사람이지. 내가 사람을 죽이기를 했나, 은행을 털기를 했나, 남의 아내를 가로채기를 했나? 내가 가끔 짓는 죄는 죄도 아니지.' 죄가 차고 넘치는 세상에 살다 보니 죄에 대한 경각심이나 두려움이 없어진 것이다.

이런 죄의 바닷속에서 살고 있는 우리에게 끊임없이 낚시질하는 존재가 있다. 바로 마귀다. 우리를 불행하게 만드는 첩경이 죄짓게 하는 것임을 그는 누구보다 잘 안다. 크든 작든 죄는 우리를 불행하게 한다. 미끼를 물면 행복할 것 같아서 물었는데 그 미끼 속에 숨겨진 낚싯바늘에 걸려 불행한 종말을 맞는 물고기를 생각해보라. 죄는 우리를 불행하게 한다. 어떤 죄도 그냥 넘어가지 않는다. 양심에 찔리든지, 관계가 망가지든지, 배우자나 자신이 아프든지 반드시 누군가 다치게 된다. 요즘 인터넷으로 사기 치는 사람이 많다. 소위 보이스 피싱에 걸릴까 봐 사람들은 얼마나 조심하는지 모른다. 피싱에 걸리면 돈을 잃기 때문이다. 그런데 보이스 피싱은 조심하면서 내 영혼과 중심과 인격이 낚이는 것에 대해서는 얼마나 너그럽고 여유로운지 모른다.

그렇다면 어떻게 해야 하는가? 하루에도 수없이 눈앞에서 어른거리는 죄의 미끼를 보는데 어떻게 그것을 차단하고 잘라버릴 수 있는가? 남에게 고백하지 못하는 우리 마음속 질문에 대한 답을 찾아 떠나보자.

"본디오 빌라도에게 고난을 받으사"

우리가 고백하는 사도신경의 한 대목에서 그 답을 찾을 수 있다. "본디오 빌라도에게 고난을 받으사 십자가에 못 박혀 죽으시고." 이 고백 안에 우리의 장비가 들어 있다. 죄의 미끼 안에 들어 있는 그 무서운 갈고리를 탐지할 수 있는 장비, 노출된 죄가 슬그머니 꼬리 내리고 도망가게 만드는 장비, 이미 내 속에 들어온 죄를 진압하고 추방해내는 장비가 그 안에 들어 있다.

"본디오 빌라도에게 고난을 받으사 십자가에 못 박혀 죽으시고." 그렇게 고백할 때마다 드는 생각이 있다. 본디오 빌라도 편에서 생각하면 성도들의 이 고백은 너무 억울하게 들릴 것 같다. 내가 본디오 빌라도의 자손이라면 너무나 억울할 것 같다. 예수님을 잡아 죽인 것은 유대인들이다. 바리새인과 서기관에게 그 책임이 있다. 빌라도는 예수님의 무죄를 선언했고, 그분을 살려보기 위해 나름 애를 썼다. 그의 부인마저 예수님을 해치면 안 된다고 그를 말렸다. 실제로 빌라도는 망치를 들어 예수님을 못 박지 않았다. 창으로 예수의 옆구리를 찌른 적도 없다. 그것은 로마 군인들

"여호와께서 그에게 상함을 받게 하시기를 원하사 질고를 당하게 하셨은즉"(사 53:10).

이 한 일이었다. 그런데 왜 크리스천들은 예배를 드릴 때마다 예수님이 본디오 빌라도에게 고난을 받으사 십자가에 못 박혀 죽으셨다고 하는가? 우리말 신앙 고백은 번역을 좀 잘못했다. 우리 번역은 본디오 빌라도에게(by Pontius Pilate), 빌라도에 의해서 죽은 것처럼 되어 있다. 그러나 원문은 빌라도 아래에서(under Pontius Pilate), 빌라도의 치하에서 예수님이 정죄를 받았고, 그의 법적 재판의 권위 아래서 십자가에 못 박혀 죽었다는 뜻으로 표현되어 있다. 이것은 두 가지를 말해준다.

역사성

"본디오 빌라도에게 고난을 받으사." 이 고백에서 알 수 있는 첫 번째 사실은 예수 사건의 역사성이다. 사람들은 매우 특출한 사람을 놓고 이렇게 생각하는 경향이 있다. 세종대왕이 진짜 있었을까? 영웅이 필요하니까 사람들이 날조한 건 아닐까? 박혁거세가 알에서 나왔다는 것처럼 혹시 조작한 건 아닐까? 예수님에 대해서도 그렇게 생각하는 사람이 많다. 예수는 기독교를 보호하기 위해 생애를 조작함으로 영웅화, 신격화한 인물이리라는 것이다.

아니다. 우리는 예수님이 역사적으로 존재했음을 고백한다. 빌라도는 AD 26-36년에 팔레스타인을 다스린 로마 총독이다. 빌라도가 실제로 존재했던 역사적 인물이었던 것처럼, 그에게 재판을 받고 돌아가신 예수님도 역사적으로 실재하셨던 인물이다.

대속성

그러나 그보다 훨씬 중요한 고백은 예수 그리스도의 고난과 죽음의 대속성(代贖性)이다. 대속성이란 대신 당한 고난이라는 뜻이다. 빌라도는 로마의 총독이었다. 로마는 12동판법을 만들었는데 이는 지금까지 사용하는 모든 법의 기틀을 세운 법치 국가의 상징이다. 로마 동판법을 만들었던 로마의 총독이 기분에 따라서 무죄 선고를 했다가 곧 그 판결을 뒤집어 사형을 선고할 수는 없다. 그는 증거들을 자세히 살폈고, 그 결과 확신했다. 예수는 무죄다. 빌라도는 예수님을 죽일 죄를 발견하지 못했다고 두 번이나 말하고, 심지어 부하들에게 물을 가져오게 해서 손을 씻으며 말했다. "나는 이 사람의 죄에서 깨끗하다." 그랬던 빌라도가 "당신이 만약 스스로를 왕이라고 말하는 저 예수를 살려둔다면 가이사의 종이 아니다"라는 유대인의 한마디, 정치적 야망으로 버티던 그의 허를 찌른 그 한마디에 빌라도는 두려움을 느껴 예수님을 십자가에 못 박도록 내어주었다. 모순이 느껴지지 않는가? 대중 앞에서 손까지 씻어가며 무죄를 선고하더니, 죄 중에서 가장 흉악한 죄를 지은 사람에게나 가하는 십자가 사형을 선고하다니. 왜일까?

그것은 누군가를 대신한 죽음이었기 때문이다. 이 장에서 다루는 37문에는 '진노'라는 단어가, 38문에는 '심판'이라는 단어가, 39문에는 '저주'라는 단어가 나온다. 하나님의 진노와 심판과 저주가 왜 그 무죄한 아들 하나님이신 예수님께 쏟아졌을까? 그 이유는 바로 당신과 나다.

이 고백은 단순한 교리가 아니다. 이것은 죄를 끊어내는 우리의 건설 장비이자 수술 도구다. 나는 스무 살에 예수님을 믿게 되었는데, 예수님과 상관없이 살았던 20년의 삶은 정말 기억도 하기 싫다. 얽히고설킨 실타래처럼 한쪽을 풀면 다른 쪽이 얽히는 내면의 갈등과 충돌 속에 죽지 못해 살았다. 이런 죄에 얽힌 줄들을 하나하나 잘라준 도구는 나를 향한 하나님의 진노와 심판과 저주를 다 담당하고 돌아가신 예수님의 십자가였다.

2000년 전에 예수 그리스도라는 한 사형수가 당한 십자가의 죽음이 어떻게 오늘을 살아가는 우리에게 불의와 죄악을 끊어내는 장비가 되는가를 살펴보자.

이 장에서 두 가지를 말하고 다음 장에서 한 가지를 말하겠다.

나를 대신해 받은 고난

모든 낚시꾼은 어류 심리학자라고 말할 수 있다. 모든 낚시꾼의 생각은 고기 머릿속에 들어가 있다. 그 고기가 어떤 때 배고픈지, 어떤 미끼에 사족을 못 쓰는지 늘 연구한다. 어떤 깊이로 던져야 고기를 유혹할 수 있을지도 다 계산한다.

인간 낚시꾼도 이렇게 잘 아는데 마귀는 어떻겠는가? 마귀가 당신의 눈앞에 죄의 미끼를 흔들어댈 때 빨리 눈길을 돌려 십자가를 응시해야 한다. 물론 이것은 거룩한 상상 안에서 일어나는 일이다. 십자가를 응시한다면 얼마만큼이나 응시해야 하는가? 예수님이 나의 죗값 때문에 그 어마어마한 고통 속에서 하나님의 진노와 심판과 저주를 대신 당하고 계신 그 모습이 또렷이 보일 때까지 그 십자가를 응시해야 한다. 그러고 나면 매혹적인 미끼 속에 감춰진 마귀의 낚싯바늘이 보일 것이다.

사실 우리가 당하는 모든 고통의 원인은 죄다. 죄는 반드시 대가를 치르게 되어 있다. 하나님은 "죄의 삯은 사망이라"(롬 6:23)고 말씀하셨다. "네가 먹는 날에는 반드시 죽으리라"(창 2:17). 에덴동산에는 고통이 없었다. 죄가 없었기 때문이다. 그런데 어느 날 에덴동산에 죄가 들어왔다. 죄가 들어오자 곧바로 고통이 따라 들어왔다. 이제 하나님의 눈을 똑바로 쳐다볼 수 없는 양심의 고통이 시작되었다. 그리고 하나님께 벌을 받을 두려움의 고통이 시작되었다.

죄는 단지 영혼의 고통이나 정서적 고통만 가져온 것이 아니다. 관계의 고통도 시작되었다. 하와를 심판하시는 하나님의 말씀 속에 그것이 이미 예견되어 있다. "너는 남편을 원하고 남편은 너를 다스릴 것이니라"(창 3:16). 여기에서 '원한다'는 말 히브리어로 '트슈카트'(thshuqth)인데 성경에 딱 두 번, 이곳과 창세기 4장 7절에 나온다. "죄가 너를 원하나"에 같은 단어가 사용된 것을 보면, 남편을 그리워한다는 뜻이 아니라 남편을 이겨 먹으려고 할 것이라는 뜻이다. 곧, 네 남편은 너를 짓밟고 너는 그를 주장하려고 할 것이다. 가정 안에 주도권 싸움이 시작되고 관계의 고통이 시작된다는 것이다. 영적, 정신적, 정서적, 관계적 고통뿐만 아니라, 사회적 고통과 육체적 고통도 시작되었다. 여자에게는 어떤 형벌이 주어졌는가? "내가 네게 임신하는 고통을 크게 더하리니 네가 수고하고 자식을 낳을 것이며"(창 3:16상). 아기를 낳아본 사람이라면 이 말이 무슨 뜻인지 설명해주지 않아도 잘 안다. 그리고 남자에게는 어떤 형벌이 주어졌는가? "아담에게 이르시되 네가 네 아내의 말을 듣고 내가 네게 먹지 말라 한 나무의 열매를 먹었은즉 땅은 너로 말미암아 저주를 받고 너는 네 평생에 수고해야 그 소산을 먹으리라 땅이 네게 가시덤불과 엉겅퀴를 낼 것이라 네가 먹을 것은 밭의 채소인즉 네가 흙으로 돌아갈 때까지 얼굴에 땀을 흘려야 먹을 것을 먹으리니 네가 그것에서 취함을 입었음이라 너는 흙이니 흙으로 돌아갈 것이니라 하시니라"(창 3:17-19). 먹고사는 것은 결코 쉬운 일이 아니다. 살면 살수록 그것을 확실히 알게 된다.

이렇게 죄로 인해 우리 삶의 모든 영역이 고통으로 채워졌는데, 하나님은 그 고통의 원인을 제거해주시기 위해 사람의 몸을 입고 이 땅에 오셨다. 그러나 이것을 생각해야 한다. 예수님의 고난은 우리가 당하는 고난과는 다르다. 우리가 당하는 고난은 당연히 받아야 할 고난이다. 그러나 예수님이 당하신 고난은 타고난 것이 아니라 짊어진 고난이다. 예수님의 고난은 세계에서 유래가 없었다. 그 고통의 크기나 종류 때문이 아니다. 사실 예수님보다 더 고통스럽게 죽은 사람은 아주 많다. 사람을 토막 쳐서 죽이거나 펄펄 끓는 기름 솥에 넣어서 죽이기도 했다. 십자가의 고통보다 더 치욕스럽고 고통스러운 죽음은 인류 역사에 많았는데 왜 예수님의 고난이 가장 큰 고난인가?

첫째는 그분의 정체성 때문이고, 둘째는 그분이 고통을 당하신 이유 때문이다.

예수님은 누구신가? 그분은 죄를 알지도 못하는 창조주 하나님이시다. 그 거룩하신 하나님이 죄인의 세상 가운데 태어나셨고, 그들 중에서 자라셨으며, 그들 속에서 사시고, 그들을 위해 죽으셔야 했다. 창조주 예수님이 이 땅에 오셔서 죄로 얼룩진 세상 속에 태어나신 것 자체가 고생이었다. 특별히 그분이 마지막 한 주간에 겪은 고통은 말로 다 할 수 없는 것이었다. 마태, 마가, 누가, 요한, 사복음서를 합치면 89장인데 예수님의 마지막 주간에 무려 30장이 할애되고 있다.

예수님의 고난은 목적이 있는 고난이었다. 죽기 위한 고난이었고 짊어지기 위한 고난이었다. 창조주가, 그 거룩하신 하나님이 왜 고통을 당하셨는가? 당신과 나를 대신해서다. 우리가 치러야 할 그 죗값을 대신 치르기 위해서다. 우리가 받아야 할 하나님의 진노, 심판, 저주를 대신 당하기 위해서였다. 성경은 말한다. "우리는 다 양 같아서 그릇 행하여 각기 제 길로 갔거늘 여호와께서는 우리 모두의 죄악을 그에게 담당시키셨도다"(사 53:6). 하나님은 우리에게 쏟아부으실 것을 다 아들에게 쏟아부으셨다. 예수님은 그것을 다 뒤집어쓰시고 그 고난을 당하며 죽으신 것이다.

죄를 지을 때마다 우리는 나의 죗값을 치르기 위해 그 두렵고 비참한 고통을 당하신 그 예수님 앞에 서야 한다. 충분히 죄송해야 하고, 충분히 두려워해야 한다. '남들도 다 그렇게 하는데…'라는 생각을 하게 된다면 마음이 굳어진 것이다. 그렇게 생각하는 것은 마귀에게 이미 마음을 양도한 상태임을 보여주는 것이다.

어떤 사람이 꿈을 꿨다. 빌라도의 명을 받고 예수님을 심문하는 그 자리에 자신이 있었다. 예수님이 채찍질을 당하실 때마다 등이고 팔이고 채찍에 붙어 있던 쇳조각에 살점이 찢겨져 나가고 혈관이 터지고 피가 솟았다. 너무 마음이 아파서 말리려고 채찍을 휘두르는 병사의 팔을 잡았다. 그런데 깜짝 놀라지 않을 수가 없었다. 예수님을 고통스럽게 만드는 고문 병사가 바로 자기더라는 것이다. 그런데 영적으로 보면, 그것은 꿈이 아니라 사실이다. 예수님을 못 박은 병사가 바로 나다. 창으로 예수님의 옆구리를 찌른 사람이 바로 나다. 내가 당해야 할 모든 진노와 심판과 저주를 예수님이 대신 받으셨기 때문이다. 죄가 어른거리거든 죄를 묵상하지 말고 예수님을 묵상해야 한다.

공의의 하나님

석탄 광산촌에 살면 석탄가루를 피할 수 없다. 그렇듯 우리는 매일 죄악이 넘치는 세상 가운데 살아간다. 그러다 보니 죄는 매일의 삶에서 자연스러운 현상이 된다. 그래서 죄를 짓고 나면 이렇게 말한다. "인간이니까. 인간이 어떻게 죄를 안 짓고 살겠어. 인간이기 때문에 죄짓는 것은 당연하지." 그 말에 속지 말아야 한다. 죄짓는 것을 당연하게 여기는 것은 착각이다. 그보다 더 큰 착각이 있는데 하나님도 그렇게 생각하실 거라고 여기는 것이다. 아니면, 하나님은 용서하는 하나님이시지 진노하고 심판하며 저주하는 하나님이 아니시라고 생각한다. 그러나 이 모든 것이 대단한 착각이다.

3백여 년 전 청교도 시대의 크리스천은 하나님의 진노에 사로잡혀 있었다. 그래서 하나님은 무슨 잘못만 하면 곧바로 진노하시는 분이라고 생각했다. 조나단 에드워즈(Jonathan Edwards, 1703-1758)는 미국의 유명한 철학자요 신학자며 목회자요, 미국 대각성 운동의 선구자다. 그는 '하나님의 두려운 진노'라는 설교를 통해서 사람들의 마음에 부흥을 일으켰다. 그런데 오늘날 한국 교회 성도들은 그 반대로 심각할 만큼 하나님의 공의를 잊어버리고 산다. 하나님은 손자가 사랑스러워 죽고 못 사는 할아버지 같은 하나님이거나 내가 무슨 죄를 지어도 나를 향해 웃으시는 사랑에 눈먼 부모 같은 분이 아니다. 하나님은 죄를 미워하시는 하나님, 죄를 벌하시는 하나님이다. 사랑과 용서의 하나님이시기도 하지만, 공의의 하나님이시기도 하다.

하나님은 인간의 죄에 진노하시고, 죄지은 자를 반드시 심판하고 저주하는 공의로우신 하나님이다. 그러나 하나님의 자녀가 된 지금 그 이야기는 아주 다른 이야기가 된다. 하나님은 결코 당신을 저주하거나 심판하거나 당신에게 진노하지 않으신다. 진노, 심판, 저주? 그것은 예수 믿어 구원받은 사람에게는 해당되지 않는 용어다. 예수님이 십자가에서 대신 지옥의 고통을 당해주심으로 우리는 이미 지옥에 던져질 하나님의 진노에서 벗어났다.

이런 말을 들으면 많은 사람이 이렇게 질문한다. '그럼 이제 마음 놓고 죄를 지어도 된다는 건가?' 아니다. 죄에 대해 진노하시는 하나님의 공의는 여전히 변함이 없다. 그럼 어떻게 되는가? 우리가 죄를 지으면 진노나 심판이나 저주는 받지 않지만, 징계라는 새로운 개념이 적용된다. 당신은 자녀가 엉뚱한 짓을 할 때 다 받아주는가? 그럴 수 없다. 그랬다가는 귀한 자녀의 인격과 삶을 망쳐버리고 만다. 그래서 그들이 잘못된 행동을 할 때 눈물이 쏙 빠지도록 야단도 치고, 가슴 아픈 매질도 하는 것이 아닌가. 우리 하늘 아버지는 우리가 죄에서 벗어나 날마다 하나님을 닮은 거룩한 사람으로 자라기를 원하시기 때문에, 죄는 반드시 징계하신다. 양심의 가책으로든, 관계가 깨지는 아픔을 겪게 하든, 반드시 죄에 대해 심판하신다. 죄 문제는 피해갈 수 없다. 거짓말을 하고 나면 양심의 고통을 느낀다. 들키면 인격에 대한 신뢰가 깨지고 만다. 심지어 가정이 깨지거나 자녀의 가슴에 평생 지워지지 않을 상처를 남기게 된다.

왜 예수님은 능지처참을 당하시거나 화형으로 죽임당하지 않으셨을까? 예수님이 능지처참이나 화형을 당하셨다면 유대인들이 예수님을 더 많이 믿지 않았을까 하는 생각을 해본 적이 있다. 왜냐하면 어린 양을 죽여 각을 떠서(이것이 능지처참 아닌가?), 화제로 불태웠기 때문이다(이것은 화형이 아닌가?).

예수님이 그렇게 돌아가셨다면 '아, 이 예수가 바로 그 어린 양이구나' 그렇게 믿기가 쉬웠을 것 같은데…. 그런데 왜 예수님은 하필이면 십자가에서 돌아가셔서 유대인들이 믿기 어렵게 하셨을까? 신명기 21장 23절을 보라. "나무에 달린 자마다 하나님께 저주를 받은 자라." 유대인들에게 메시아가 저주를 받고 죽임을 당한다는 것은 상상할 수도 없는 일이었다. 유대인은 사람을 저주할 때 나무에 달아 죽인 다음 밖에 두었다. 그러면 몸은 사람이 죽이지만 영은 하나님이 심판하실 거라고 믿었다. 예수님이 십자가에 죽으심은 저주를 받고 돌아가신 것이다. 예수님은 죄의 모든 저주를 받고 돌아가셔야만 했다. 왜 하나님은 그렇게 하셨을까? 왜 무죄하신 예수님이 그 엄청난 저주를 당하고 죽어야만 했을까? 바로 당신과 나 때문이다.

이사야 53장 10절에는 우리가 도저히 이해할 수 없는 말씀이 기록되어 있다. "여호와께서 그에게 상함을 받게 하시기를 원하사 질고를 당하게 하셨은즉." 예수님이 그 모든 진노와 심판과 저주를 당하고 십자가에 죽기까지 고통당하는 것을 원하신 분이 명시되어 있다. 그분이 하나님 자신이라는 것이다. NIV 성경이나 쉬운 성경을 보면 '여호와께서 그에게 상함을 받게 한 것은 그의 뜻이었다'라는 의미로 번역돼 있고, NASB 성경에는 "하나님이 예수님을 으스러뜨리기를 기뻐하셨다"(God blessed to crush him)라고 나온다. 아니, 이것이 말이 된다고 생각하는가? 눈 없는 아이들을 위해 내 아들의 두 눈을 잃게 만드는 아버지가 있을까? 신장 기능이 안 되는 사람들을 살리기 위해 내 아이 몸에서 신장 두 개를 꺼내주려는 어머니가 있을까? 말도 안 된다. 그런데 하나님이 그 말도 안 되는 일을 당신과 나를 위해 하셨다.

왜 그러셨을까? 당신과 나를 그토록 사랑하셨기 때문이다. 그래서 성경에는 이렇게 나와 있다. "하나님이 세상을 이처럼 사랑하사 독생자를 주셨으니 이는 그를 믿는 자마다 멸망하지 않고 영생을 얻게 하심이라"(요 3:16). 죄가 어른거릴 때 그 집요한 유혹을 이기는 방법은 십자가를 응시하는 것이다. 하나님이 나를 구하기 위해 아들에게 어떤 일을 행하기를 선택하셨는지, 그 사랑이 느껴질 때까지 마음의 눈으로 십자가를 응시하라. "본디오 빌라도에게 고난을 받으사." 이 고백으로 날마다 죄는 멀어지고 하나님께 가까이 가는 승리를 누리길 축복한다.

성자 하나님과 우리의 구속에 관하여

chapter 19

죽음을 죽인 **죽음**

40문 그리스도는 왜 "죽으시기"까지 낮아져야 했습니까?

답 하나님의 공의와 진리 때문에[1] 우리의 죗값은 하나님의 아들의 죽음 이외에는 달리 치를 길이 없습니다.[2]

41문 그리스도는 왜 "장사"되셨습니까?

답 그리스도의 장사되심은 그가 진정으로 죽으셨음을 확증합니다.[3]

42문 그리스도께서 우리를 위해서 죽으셨는데 우리도 왜 여전히 죽어야 합니까?

답 우리의 죽음은 자기 죗값을 치르는 것이 아니며,[4] 단지 죄짓는 것을 그치고, 영생에 들어가는 것입니다.[5]

43문 그리스도의 십자가의 제사와 죽으심에서 우리가 받는 또 다른 유익은 무엇입니까?

답 그리스도의 죽으심의 공효(功效)로 우리의 옛사람이 그와 함께 십자가에 달리고 죽고 장사되며,[6] 그럼으로써 육신의 악한 소욕(所欲)이 더 이상 우리를 지배하지 못하게 되고,[7] 오히려 우리 자신을 그분께 감사의 제물로 드리게 됩니다.[8]

44문 "음부에 내려가셨으며"라는 말이 왜 덧붙여져 있습니까?

답 내가 큰 고통과 중대한 시험을 당할 때에도 나의 주 예수 그리스도께서 나를 지옥의 두려움과 고통으로부터 구원하셨음을 확신하고 거기에서 풍성한 위로를 얻도록 하기 위함입니다.[9] 그분은 그의 모든 고난을 통하여 특히 십자가에서 말할 수 없는 두려움과 아픔과 공포와 지옥의 고통을 친히 당하심으로써 나의 구원을 이루셨습니다.[10]

---

1. 창 2:17 **2.** 롬 8:3-4, 빌 2:8, 히 2:9, 14-15 **3.** 사 53:9, 마 27:59-60, 눅 23:53, 요 19:40-42, 행 13:29, 고전 15:3-4 **4.** 시 49:7-8 **5.** 요 5:24, 롬 7:24-25, 빌 1:23, 살전 5:10 **6.** 롬 6:6, 갈 2:20, 골 2:11-12 **7.** 롬 6:8, 11-12 **8.** 롬 12:1 **9.** 사 53:5 **10.** 시 18:5-6, 116:3, 마 26:38, 27:46, 히 5:7

좁여 읽기

"그가 죽으심은 죄에 대하여 단번에 죽으심이요 그가 살아 계심은 하나님께 대하여 살아 계심이니 이와 같이 너희도 너희 자신을 죄에 대하여는 죽은 자요 그리스도 예수 안에서 하나님께 대하여는 살아 있는 자로 여길지어다"(롬 6:10-11).

사도신경을 고백할 때 우리는 "예수님은 십자가에서 죽으시고 장사되셨다"라고 고백한다. 십자가, 죽음, 장사, 음부…. 왜 그러셔야 했는가? 왜 이 고백이 중요한가? 그분의 죽음이 우리의 죽음을 대신하기 때문이다. 우리의 죗값은 하나님의 아들의 죽음 외에는 달리 치를 길이 없다. 그분은 우리의 영적인 죽음(하나님과의 분리), 육체적인 죽음(영혼과 육체의 분리), 영원한 죽음(지옥의 형벌)을 다 짊어지고 죽으셔야만 했다. 그분의 죽음은 우리의 죽음과 삶을 뒤집어놓는 능력이 있다.

또한 그분의 죽음은 우리 죽음의 열쇠다. 예수님이 우리 대신 죽으셨는데, 우리도 죽어야 하는 이유는 무엇인가? 우리도 세상 사람과 똑같이 죽음을 통과하지만, 우리의 죽음은 더 이상 죄에 대한 형벌도 하나님의 진노도 아니다. 우리에게 죽음은 영광과 축복의 과정이다. 지긋지긋하게 물고 늘어지는 죄의 오염과 유혹에 넘어져 죄짓는 일이 끝나는 졸업식이며, 영화로운 천국에 들어가는 입장식이기 때문이다.

그분의 죽음은 우리 삶의 열쇠다. 예수님의 죽음은 나를 위한(for) 죽음이었고, 동시에 나의(of) 죽음이었다. 역사적으로는 골고다에서 나를 대신해 예수님이 죽으실 때, 나도 죽었다. 주관적으로는 예수님을 나의 구세주와 주님으로 믿어 성령의 세례를 받을 때 그 죽음이 내 죽음으로 적용되었다. 경험적으로는 내가 예수 그리스도와 함께 죄에 대해 죽었음을 알고(롬 6:3, 6) 죽은 것으로 여기며(롬 6:11) 날마다 나를 죄가 아닌 하나님께 드리면, 그분의 죽음은 육신의 소욕을 이기는 전투 장비가 된다.

교회는 근 2000년 동안 모일 때마다 사도신경으로 신앙을 고백했다. 그중 빠질 수 없는 고백은 예수 그리스도가 십자가에 죽으시고 장사 지낸 바 되었으며 음부에 내려가셨다가 3일 만에 다시 살아나셨다는 고백이다. 한국어판 사도신경에는 음부에 내려갔다는 말이 빠져 있지만 서양에서는 많은 교회가 예수님이 음부에 내려가셨다는 말을 넣어 고백하고 있다. 4-5세기 사도신경에 보면 이 말이 들어가 있다. 예수님이 십자가에 죽으신 것으로 끝나지 않고 왜 장사 지낸 바 되고 음부까지 내려갔다는 고백까지 해야 할까? 우리가 사랑하고 흠모하는 예수님이니까 장례 절차 하나하나가 너무나 소중해서일까? 그것을 기억하는 의미는 무엇일까?

이 고백에는 역사적인 의의 이상의 의미가 있다. "예수님이 십자가에 죽으시고 장사 지낸 바 되었다"라는 선언은 예수님이 확실히 죽으셨다는 것을 확증한다. 초대교회 당시 많은 이단이 예수님이 죽은 것이 아니고 기절한 것이라고 설명했다. 예수님의 부활을 믿지 않으려는 사람들은 예수님이 다시 살아나지 않으려면 아예 죽지 않아야 했기 때문에 예수님이 진짜 죽은 것이 아니라는 낭설을 퍼뜨리고 다녔다. 그래서 교회는 신앙 고백을 통해 그분이 확실히 죽으셨다는 사실을 고백해야만 했다. 즉, 그분이 기절한 것이 아니고 심장이 멎고 피가 멈춘 후 뇌가 기능하지 못하며 확실히 숨이 끊어지셨다는 사실을 고백해야만 했던 것이다.

예수님은 확실히 죽으셨다

십자가에 사형수를 못 박는 로마 병사들은 처형 전문가였다. 처형당한 사람의 상태를 훑어보기만 해도 진짜 숨이 끊어졌는지, 기절한 상태인지 다 알 수 있었다. 이들이 기절한 사람을 죽은 사람으로 착각해 십자가에서 내릴 일은 없다. 아리마대 사람 요셉이 빌라도에게 와서 당돌하게 예수님의 시체를 내어달라고 요청했다. 그때 그가 빌라도에게 요청한 것은 치료하기 위한 환자가 아닌, 장사하기 위한 시신이었다. 빌라도가 죽은 것을 확인하고 시체를 내주도록 명령했을 때 로마 병사들이 가서 보니 예수님의 숨이 이미 끊어졌고, 양쪽에 있는 강도들은 아직도 숨이 붙어서 헐떡거리고 있었다. 유대인들은 그들의 명절에 예수의 시체가 나무에 매달려 있어 사람들의 마음속에 계속 부정한 생각이 떠오를까 봐 시체를 치워달라고 요구했다. 그때 로마 병사들이 살아 있던 두 강도의 다리를 부러뜨려서 죽게 만들었다. 그리고 한 병사는 예수님이 진짜 죽었는지 확인하기 위해서 죽은 예수님의 옆구리에 창을 깊숙이 찔러 넣었다. 창끝이 심장 심실까지 들어갔고, 창을 끄집어냈을 때는 심장에 고여 있던 물과 피가 쏟아져 나왔다. 이 모든 일은 예수님이 확실히 죽었다는 것을 보여준다. 유대 종교 지도자들은 예수의 시체를 무덤에 두었을 때 그 입구를 막은 큰 돌에 인봉을 하고, 시신을 훔쳐가지 못하도록 성전 경비병들로 지키게 했다.

예수님은 확실히 죽으셨다. 사도신경에 "십자가에 죽으시고"라는 말 다음에 "장사 지낸 바 되셨다"라는 말을 덧붙인 것은 예수님이 진짜 죽은 것이 아니면 우리의 믿음 전체가 의미를 잃어버리기 때문이다.

음부? 연옥?

앞에서 말한 대로 서양의 사도신경에는 예수님이 음부의 고통 속에 들어가셨다는 내용이 포함되어 있다. 가톨릭 교인들은 사람이 죽으면 천국과 지옥으로 가기 전에 들르는 임시 대기소가 있다고 믿었다. 대죄(大罪)를 지은 사람은 지옥으로 가지만, 대죄를 모르고 지은 자 또는 소죄(小罪)를 지은 의인의 영혼은 그 죄를 정화함으로써 천국에 도달하게 된다는 것이다. 바로 이 '일시적인 정화'(satispassio)가 필요한 상태와 체류지가 '연옥'(燃獄)이다. 이들은 연옥에서 정화의 과정을 거치는데 남아 있는 가족이 열심히 기도하면 그 기도의 보너스로 천국에 갈 수 있다는 것이다. 그래서 가톨릭은 믿지 않는 사람이라도 기도를 많이 해주면 천국에 가게 된다고 가르친다.

그러나 우리는 그렇게 믿지 않는다. 예수님은 함께 못 박혔던 오른쪽 강도에게서 이런 고백을 들으셨다. "예수여 당신의 나라에 임하실 때에 나를 기억하소서"(눅 23:42). 예수님은 이렇게 답하셨다. "내가 진실로 네게 이르노니 오늘 네가 나와 함께 낙원에 있으리라"(눅 23:43). 예수님은 그가 예수님과 함께 천국에 있겠다고 하셨지 정화의 장소, 임시 대기 장소에 들어갈 것이라고 말씀하지 않으셨다. 예수님이 이때 지옥에 가셔서 괜찮은 사람, 쓸 만한 사람을 전도했다고 보는 이론도 있는데 성경적인 근거는 없다.

지옥의 고통을 다 경험하시고

여기에서 음부에 내려갔다는 말을 칼뱅이나 하이델베르크 문답에서는 '지옥의 고통, 고난의 밑바닥을 주님이 경험하셨다'는 뜻으로 이해한다. 지옥이 어떤 곳인가? 유황불과 구더기가 있고, 고통스러운 곳인가? 아니다. 지옥의 가장 정확한 정의는 하나님께 버림 받는 것이다. 영원토록! 하나님은 얼마나 자비로우신 분인가? 길가에 잡초 한 포기도 시들어 죽지 않게 하시려고 때가 되면 물을 주는 분이시다. 또 많은 물고기가 살 수 있도록 물을 채워주는 자비의 하나님이시다. 그러나 지옥은 물 한 방울의 자비도 허락되지 않는 곳이다. 예수님이 직접 말씀하셨던 지옥의 광경 하나를 떠올려보자. 나사로는 죽어서 천국에 가 있고 부자는 지옥에 가 있었다. 부자가 하늘에 있는 아브라함에게 부탁한 것이 무엇인가? "아버지 아브라함이여 나를 긍휼히 여기사 나사로를 보내어 그 손가락 끝에 물을 찍어 내 혀를 서늘하게 하소서 내가 이 불꽃 가운데서 괴로워하나이다"(눅 16:24). 대답은 'NO'였다. 지옥에서는 한 방울의 물도 허락되지 않는다. 하나님의 자비, 교제, 교통에서 영구히 차단당한 장소가 바로 지옥이다.

   예수님은 십자가에서 하나님께 버림 받으셨다. "나의 하나님, 나의 하나님, 어찌하여 나를 버리셨나이까"(마 27:46). 온 세상 사람의 죄가 그 아들 위에 놓였을 때, 그들에게 임할 하나님의 진노와 심판과 저주가 그 아들 위에 놓였을 때, 차마 하나님이 바라보실 수가 없어 고개를 외면해버리신 것이다. 그 지옥의 고통을 예수님은 십자가에서 맛보셨다. 우리는 예수님이 십자가에 죽으셨고 장사되셨으며 음부의 고통을 경험하셨다고 고백한다.

나의 죽음을 대신한 죽음

이것은 단지 기독교 교리 하나를 고백하는 것이 아니다. 역사적 사실을 입증하고 그것을 잊지 않기 위해 혹은 증명하기 위해 이 고백을 하는 것도 아니다. 나와 당신에게 밀접한 연관이 있기 때문에 이 고백을 하는 것이다. 그분의 십자가 죽음과 장사는 바로 당신과 나의 죽음을 대신한 것이다. 죽음이 언제 이 땅에 들어오게 되었는가? 죄가 들어올 때였다. 창세기 2장 16-17절을 보라. "여호와 하나님이 그 사람에게 명하여 이르시되 동산 각종 나무의 열매는 네가 임의로 먹되 선악을 알게 하는

"군인들이 가서 예수와 함께 못 박힌 첫째 사람과 또 그 다른 사람의 다리를 꺾고 예수께 이르러서는 이미 죽으신 것을 보고 다리를 꺾지 아니하고 그 중 한 군인이 창으로 옆구리를 찌르니 곧 피와 물이 나오더라"(요 19:32-34).

나무의 열매는 먹지 말라 네가 먹는 날에는 반드시 죽으리라 하시니라." 그러나 그들은 하나님께 반역했고 결국 그 대가로 죽게 되었다.

이 죽음은 3단계로 이루어진다. 첫 번째는 영적인 죽음이다. 이것은 하나님과의 분리를 말한다. 하나님으로부터 끊어진 것은 영적으로 죽은 것이다. 우리가 생화라고 부르는 꽃은 사실 살아 있는 꽃이 아니다. 그 꽃은 죽은 것이다. 그 꽃이 언제 죽었는가? 뿌리에서 분리되었을 때다. 하나님으로부터의 분리, 그것이 영적인 죽음이다. 영적인 죽음은 얼마 안 있어 육적인 죽음으로 이어진다. 육체적인 죽음이라는 것은 우리 몸과 영혼이 분리되는 것이다. 우리가 이 세상을 떠나면 영혼은 천국으로 가지만 육체는 흙으로 돌아간다. 그것이 육적인 죽음이다. 그러나 그보다 훨씬 더 심각한 죽음은 세 번째 죽음이다. 그것은 영원한 죽음이다. 영원한 죽음이란 지옥으로 보내지는 분리다.

사실 나는 이 죽음을 한 단계씩 겪고 영원히 죽어야 할 사람이었다. 그랬던 내가 예수님을 나의 구세주와 주님으로 믿고 하나님의 자녀가 되었다. 언젠가 육체적으로 죽겠지만 그 죽음은 의미와 차원, 목적과 영광이 다른 죽음일 것이다. 세 번째 죽음은 이제 나와 아무 관계가 없다. 그리고 당신도 그렇다. 예수님을 믿는다면 말이다.

죽음을 죽인 죽음

어떻게 그렇게 되었는가? 예수님 덕분이다. 예수님이 우리의 모든 죽음을 대신해서 죽으신 것이다. 성경은 말한다. "자녀들은 혈과 육에 속하였으매 그도 또한 같은 모양으로 혈과 육을 함께 지니심은 죽음을 통하여 죽음의 세력을 잡은 자 곧 마귀를 멸하시며 또 죽기를 무서워하므로 한평생 매여 종 노릇 하는 모든 자들을 놓아 주려 하심이니"(히 2:14-15). 이 말씀이 남의 말처럼 들리는가? 한번 과거를 생각해보라. 예수 믿기 전 당신의 삶을 생각해보라. 당신이나 나나 죽음의 노예였다. 우리의 최고 원수는 죽음이었다. 죽을까 봐 겁나고, 죽는다는 말을 하기도 싫어하며, 죽는다는 말을 듣기도 싫어하고, 죽는다는 상상조차 싫어하지 않았는가? 아침에 일어나면서부터 자리에 누울 때까지 '죽겠네' 노래를 부르다 죽을 뻔하지 않았는가? 피곤해 죽겠네, 배고파 죽겠네, 맛있어 죽겠네, 배불러 죽겠네, 불안해 죽겠네, 좋아 죽겠네, 심심해 죽겠네, 추워 죽겠네, 더워 죽겠네, 지겨워 죽겠네, 힘들어 죽겠네…. 죽어야 할 이유는 끝도 없었다. 이 노래는 미국 사람도 똑같이 부른다. 배고파 죽겠네(Hungry to death), 목말라 죽겠네(Thirsty to death), 피곤해 죽겠네(Tired to death)…. 죽음은 우리의 상전이었음이 분명하다.

그러나 그런 우리의 원수, 죽음을 죽인 죽음이 있다. 예수님의 죽음이다. 예수님이 십자가에서 죽으시고 장사되심으로 죄도 죽고, 죽음도 죽었으며, 사탄도 우리에게 아무런 영향력을 미칠 수 없게 되었다.

그런데 더 중요한 사실이 있다. 예수님이 우리를 위해 죽으셨다는 것은 영원한 미래와 관련된 일만은 아니라는 것이다. 많은 사람이 예수님의 죽음과 자신의 죽음을 연결해서 생각하지 않는다. 그 일이 당장 일어날 것 같지 않고, 아직은 건강하고 내 힘으로 살 수 있을 것 같아서다. 예수님의 죽음은 내 죽음이 임박해서야 한번 생각해볼 주제가 아니다. 예수님의 죽음은 당신의 오늘을 새롭고 힘 있게 하며 풍성하게 만드는 놀라운 에너지원이다. 예수님의 십자가 죽음과 장사를 당신의 삶을 멋지고 힘 있게 만드는 에너지로 활용하는 법에 대해 두 가지를 말해주고 싶다. 예수님의 죽음으로 죽음의 두려움을 이기라는 것과, 예수님의 죽음으로 죄의 집요한 유혹을 끊으라는 것이다.

죽음의 두려움을 이기는 길

예수님의 죽음으로만 죽음의 두려움을 이길 수 있다. 죽음은 절대로 유쾌한 상상이나 경험이 아니다. 그러면 예수님이 하셨던 약속은 어떻게 된 것인가? "나는 부활이요 생명이니 나를 믿는 자는 죽어도 살겠고 무릇 살아서 나를 믿는 자는 영원히 죽지 아니하리니 이것을 네가 믿느냐"(요 11:25-26). 나는 이 약속을 믿지만 내가 알던 사람은 모두 죽었다. 예수님을 믿었던 나의 어머니도, 내 인생에서 잊을 수 없는 경건한 멘토와 스승들도 돌아가셨다. 언젠가 나도 죽는다는 것을 안다. 아니, 매일 그 죽음의 날을 의식하며 오늘을 산다. 그렇다면 "무릇 살아서 나를 믿는 자는 영원히 죽지 아니하리라"는 예수님이 주신 약속은 헛된 것인가?

그럴 리가 없다. 그렇다면 크리스천에게 죽음은 무슨 의미가 있는가? 세상 사람들은 죽음 앞에서 통곡하고 슬퍼하며 고통 속에 절규하는데, 왜 크리스천은 슬픔의 현장에서도 감사하고 노래할 수 있는가? 크리스천에게는 죽음의 의미가 다르기 때문이다. 42문은 "그리스도께서 우리를 위해서 죽으셨는데 우리도 왜 여전히 죽어야 합니까?"라고 묻는다. 그리고 "우리의 죽음은 자기 죗값을 치르는 것이 아닙니다"라고 답한다. 우리가 치러야 할 모든 죗값은 예수님이 십자가에서 이미 모두 담당하셨고, 한 번의 죽음으로 저주와 심판과 진노의 죽음을 끝내셨다. 우리 죽음은 상식적인 죽음이 아니다. 우리 죽음은 예수님이 이미 치르신 대가를 또다시 치러야 하는 죽음이 아니다.

그러면 우리가 맞이하는 육체적인 죽음은 무엇인가? 우리 크리스천에게 죽음은 마침표가 아니고 쉼표다. 무슨 뜻인가? 말벌 이야기로 설명하겠다. 꿀벌은 침 끝에 낚싯바늘처럼 미늘이 있어서 한 번 쏘면 침이 몸에서 빠져나가기 때문에 죽어버리고 만다. 그러나 말벌 침은 미늘이 없이 바늘 끝처럼 생겼다. 그래서 말벌은 몇 번이고 계속해서 침을 쏠 수 있다. 그러나 말벌을 잡아 침을 뽑아버리면 그다음에는 아무 힘도 못 쓰게 된다. 죽음은 마치 말벌의 독침과 같아 누구도 피할 수 없다. 그러나 예수님은 그분의 죽음으로 독침같이 우리를 쏘는 죽음을 뽑아버리셨다. 그것을 사도 바울은 이렇게 노래하고 있다. "사망아 너의 승리가 어디 있느냐 사망아 네가 쏘는 것이 어디 있느냐 사망이 쏘는 것은 죄요 죄의 권능은 율법이라 우리 주 예수 그리스도로 말미암아 우리에게 승리를 주시는 하나님께 감사하노니"(고전 15:55-57). 예수 믿는 사람들은 장례식장에 가서도 죽음을 조롱하듯이 죽음 앞에서 노래할 수 있어야 한다. "요단 강 건너가 만나리." 바울에게 배운 노래다. 나는 거의 모든 장례식장에서 같은 메시지로 유족을 위로한다. "이 죽음은 마침표가 아닙니다! 쉼표입니다!" 왜 크리스천에게 죽음은 마침표가 아니고 쉼표일까?

크리스천에게 죽음의 의미

첫째, 우리의 죽음은 출구다. 지긋지긋한 죄의 유혹과 싸우는 일을 졸업하는 날이라는 뜻이다. 군대에 간 청년은 제대 날짜를 헤아리며 기다린다. 제대할 날을 두려워하고 제대하게 될까 봐 가슴 아파하는 군인은 없다. 우리 크리스천 역시 죽음의 순간을 제대하는 순간처럼 기다린다. 그 이유는 죽음

외에는 죄의 오염에서 벗어날 다른 방법이 없기 때문이다. 죽어야 죄와의 싸움이 끝난다. 그러니까 우리 죽음이 쉼표인 것이 분명하다. 죽음은 죄의 유혹과 씨름하고, 실패할 때마다 후회로 가슴을 치며, 그 대가를 치르느라 가슴 아파하는 지겨운 씨름이 끝나는 일이다. 죽음은 죄에서 벗어날 수 있는 출구이자 졸업 날이다. 그러나 죽는 날은 새로운 시작이다. 다시는 슬픔이나 고통도 없고 죄짓는 일도 없는 새 삶 속으로 들어가는 입장식이다. 하나님의 영원한 임재 속에 들어가는 입구가 바로 죽음인 것이다. 그렇기 때문에 우리는 죽음을 두려워하지 않을 수 있으며, 장례식장에서 찬양하고 감사할 수 있다.

성도의 죽음은 불신자의 죽음과 의미가 다르다. 불신자에게 죽음은 죄로 인한 형벌의 결과다. 하지만 성도의 죽음은 그렇지 않다. 그것은 죄를 끝내고 영광으로 들어가는 출입구다. 그러므로 더 이상 죽음을 두려워할 필요가 없다. 사도 바울은 빌립보서 1장에서 이렇게 말한다. "그러나 만일 육신으로 사는 이것이 내 일의 열매일진대 무엇을 택해야 할는지 나는 알지 못하노라 내가 그 둘 사이에 끼었으니 차라리 세상을 떠나서 그리스도와 함께 있는 것이 훨씬 더 좋은 일이라 그렇게 하고 싶으나 내가 육신으로 있는 것이 너희를 위하여 더 유익하리라"(1:22-24). 쉬운 말로 표현하면 이런 뜻이다. '누가 나에게 죽는 게 좋은지 사는 게 좋은지 묻는다면 나는 정말 뭐라고 대답할지 모르겠다. 둘 다 너무 좋다. 죽으면 주님과 함께 있어서 좋고, 살아 있으면 성도들과 교제하고 그들을 양육하며 훈련할 수 있어서, 하나님 나라를 확장할 기회가 있어서 좋다.'

살아도 좋고 죽어도 좋은 이 사람을 누가 불행하게 할 수 있겠는가? 죽음이 두렵지 않은 이 사람을 누가 기죽일 수 있겠는가? 그런데 이것이 왜 사도 바울만의 이야기여야 하는가? 이 이야기는 바로 우리 자신의 고백이자 선언이 되어야 한다. 죽음에 대한 생각을 바꾸라. 마침표로서의 죽음이 아니고 쉼표로서의 죽음을 제대를 앞둔 병사처럼 기대하며 살아가라. 죽음 앞에서 벌벌 떠는 사람들에게 죽음을 극복하는 예수님의 죽음에 대해 말해주라.

자녀에게 성도의 죽음에 대한 확신이 무엇인지 가르쳐주라. 예수님의 죽음으로만 죽음에 대한 두려움을 이길 수 있다.

죄의 집요한 유혹 끊기

죄의 집요한 유혹을 끊어버리는 장비는 예수님의 죽음이다. 예수님의 죽음은 나를 위한(for me) 죽음이자 동시에 나의(of me) 죽음이다. 그런데 예수님이 나를 위해 죽으신 것은 익숙한데, 내가 예수님과 함께 죽은(of me) 죽음에 대해서는 익숙하지 못한 것이 사실이다.

미국에서 노예 해방령이 내려졌을 때, 그럼에도 남부의 많은 노예가 여전히 노예로 살고 있었다. 그들을 위해(for us) 노예 해방령이 선포되었는데 그것이 자신의(of me) 것임을 받아들일 수가 없었던 것이다. 그들은 이미 해방되었는데 해방을 누리지 못한 채 여전히 노예 생활을 하고 있었다.

우리도 그렇지 않은지 생각해봐야 한다. 우리는 언제 죽었는가? 역사적으로 말하면 골고다 십자가에서 예수님과 함께 죽었다. 어떻게 죽었는가? 예수님이 나의 죄를 위해 대신 죽으셨다는 것을 믿는다면, 그것은 예수님이 죽어야 할 죽음이 아니고 내가 죽어야 할 죽음이라는 사실을 인정하는 것이다. 그렇다면 나는 언제 죽은 것인가? 예수님이 죽으실 때 그 안에서 같이 죽었다. 예수님의 죽음은 2000년 전 사건이고 우리는 지금 2000년 후에 살고 있지 않느냐고 물을 수 있다. 그 역사적이고 객관적인 사실이 나의 것으로 주관적으로 적용되는 것은 언제 일어나는 일인가? 예수님을 나의 구세주와 주님으로 믿을 때 그리고 성령으로 세례를 받고 거듭날 때다. 세례받을 때 당신이 받은 질문은 무엇인가? 교회에 빠지지 말라거나 헌금을 잘 내라는 종교 생활에 관한 것이 아니었다. 잘 기억해보라. "당신은 죄인이라는 사실을 믿으십니까? 당신의 죄를 위해 예수님이 십자가에서 죽으셨다는 것을 인정하십니까? 그 죽음이 바로 당신의 죽음이라는 것을 인정하십니까?"였다. 그 고백 때문에 세례를 받은 것이다.

우리는 이 사실을 역사적, 주관적, 경험적으로 누려야 한다. 그것이 로마서 6장의 이야기다. 내가 예수님과 함께 죽었다는 사실을 알고 그렇게 여긴다면, 내 몸을 죄짓는 데 쓰지 않고 하나님을 위해서만 쓰는 것이 마땅하다. 18장에서 죄를 끊어내는 요령을 말한 것이 생각나는가? 마귀가 눈앞에서 죄의 미끼를 흔들며 유혹할 때 눈길을 돌려 십자가를 응시하라고 했다. 첫째, 죄의 대가가 얼마나 끔찍한지 느껴질 때까지 응시하라고 했다. 둘째, 나에게 쏟아부으셔야 할 하나님의 진노, 나의 죄 때문에 나에게 쏟아부으셔야 할 하나님의 심판, 나에게 쏟아부으셔야 할 하나님의 저주를 내가 아닌 그 아들에게 대신 다 쏟아부으신 하나님의 그 끔찍한 사랑이 보일 때까지 십자가를 응시하라고 했다.

죄의 유혹을 끊어버리는 세 번째 요령

이제 지난 장에 이어서 세 번째 요령을 말해주겠다. 마귀가 또 당신 눈앞에 죄를 들이대면 재빨리 시선을 돌려 십자가를 응시해야 한다. '나는 예수님과 함께 십자가에서 죽은 사람이지.' 그것이 마음에 그려질 때까지 십자가를 응시하는 것이다. '아, 참, 난 죽었지. 나 죽었잖아. 예수님과 함께, 이 멍청아'라는 생각이 들 때까지.

당신이 관 속에 누워 있다고 상상해보라. 누가 당신이 평생 노력해도 갖지 못할 엄청난 것을 가져와 눈을 뜨면 그걸 주겠다고 속삭인다면 어떻겠는가? 반응하겠는가? 못 한다. 그때 입만 살아 있다면 이렇게 말할 것이다. '이 멍청아, 나 죽은 거 안 보이냐?' 나를 죄에 대해 죽은 자로 여길 때 죄를 이길 수 있는 것이다. 내가 십자가에 이미 처단된 사실을 인정하지 않는 한 우리는 절대 죄와 싸워 이길 수 없다.

불은 무서운 에너지다. 불을 잘못 다루면 삶이 다 파괴되고 만다. 그러나 불은 그런 파괴적인 에너지만 있는 게 아니다. 불 때문에 음식을 만들어 먹고, 그 불 때문에 추위를 이긴다. 불이 없다면 어떻게 살 수 있겠는가?

크리스천에게 죽음은 그런 것이다. 우리는 죽음을 피할 수 없다. 그러나 그 죽음은 더 이상 성도를 불행하게 하고 파멸시키는 세력이 되지 못한다. 오히려 그 반대다. 예수님의 죽음 안에서 정리된 그 죽음은 우리를 자유롭게 하고 제대로 살게 하는 에너지가 된다. 예수님의 죽음은 죽음의 공포에서 우리를 자유롭게 하고, 죄의 유혹에서 이기게 하는 에너지가 된다. 그 죽음은 나를 위한 죽음이었고, 나의 죽음이었다. 그것을 믿는 믿음으로 예수님의 죽음 에너지를 당신이 사는 삶의 에너지로 전환하는 지혜를 얻기를 축복한다.

성자 하나님과 우리의 구속에 관하여

chapter 20

예수님의 부활

45문 그리스도의 '부활'은 우리에게 어떤 유익을 줍니까?

답 첫째, 그리스도는 부활로써 죽음을 이기셨으며, 죽으심으로써 얻으신 의에 우리로 참여하게 하십니다.¹ 둘째, 그의 능력으로 말미암아 우리도 이제 새로운 생명으로 다시 살아났습니다.² 셋째, 그리스도의 부활은 우리의 영광스러운 부활에 대한 확실한 보증입니다.³

---

1. 롬 4:25, 고전 15:16–18 2. 롬 6:4, 엡 2:4–6, 골 3:1–3, 벧전 1:3 3. 롬 8:11, 고전 15:20–22, 빌 3:20–21

좁여 읽기

"그리스도께서 다시 살아나신 일이 없으면 너희의 믿음도 헛되고 너희가 여전히 죄 가운데 있을 것이요 또한 그리스도 안에서 잠자는 자도 망하였으리니 만일 그리스도 안에서 우리가 바라는 것이 다만 이 세상의 삶뿐이면 모든 사람 가운데 우리가 더욱 불쌍한 자이리라"(고전 15:17-19).

우리는 고백한다. "장사한 지 사흘 만에 죽은 자 가운데서 다시 살아나시며." 이 고백에서 그리스도의 부활의 역사성만큼 중요한 것은 우리와의 상관성이다. 예수 그리스도의 부활이 우리에게 주는 궁극적 유익은 무엇인가?

첫째, 과거와 관련된 유익이다. 예수님의 죽음이 우리를 위해 대신 치르신 죗값이라면, 그분의 부활은 하나님이 발행하신 '지불 완료' 영수증이다. 그분의 부활로 우리는 죄와 죽음의 권세에서 벗어났다.

둘째는 현재와 관련된 유익이다. 예일 대학교 야로슬라프 펠리칸(Jaroslav Pelikan, 1923-2006) 교수의 말이 적절한 대답이 될 것 같다. "예수님이 살아 계시지 않으면 어느 것도 문제되지 않을 것이 없다. 그러나 예수님이 살아 계시다면 어느 것도 문제될 것이 없다."

셋째는 우리의 미래와 관련된 유익이다. 그리스도는 다시 사심으로 부활의 첫 열매가 되셨다. 그 나무가 어떤 복숭아를 맺는 나무일지는 첫 열매로 결정된다. 그리스도의 부활은 우리의 영광스러운 부활에 대한 확실한 보증이 된다.

그러나 거기에는 한 가지 전제 조건이 있다. 그 모든 유익은 부활하여 살아 계신 예수 그리스도에 대한 참 믿음으로 그분과 연합한 사람에게만 해당된다는 것이다. 머리의 지식이 아닌, 입의 암송이 아닌, 가슴의 신뢰로 부활하신 그리스도를 따름으로 견고하고 흔들리지 말며 항상 주의 일에 더욱 힘쓰는 삶을 세우라.

1974년 2월 21일, 오노다 히로오(小野田寬郞)라는 일본군 장교가 30년 동안 숨어 있던 필리핀의 정글에서 나왔다. 그동안 그는 매일 아침 소총을 닦고, 가상의 상관에게 정찰 보고를 하며, 적들을 피해 숨고, 해진 옷을 기워 입으며 지냈다. 한마디로 패잔병의 삶이었다. 젊은 날, 그는 일개 소대를 이끄는 소대장으로 전투 현장에 투입되었지만 전세가 불리해 쫓기다가 필리핀 정글로 들어가게 됐다. 같은 소대의 병사 37명은 다 투항했고, 나머지 두 사람도 견디지 못해 바깥으로 나갔지만 이 사람은 군인 정신으로 끝까지 버티며, 군인의 영광을 지키겠다고 결심했다. 그러나 그것은 명분이고 모양일 뿐이지, 실제는 패잔병의 삶 그 자체였다.

패잔병에게 무슨 기쁨과 평강이 있을까? 불안하고 외로우며 분노하고 좌절하며, 자괴감과 회의에 빠지는 삶의 연속이었다. 오노다 히로오를 이처럼 비참한 패잔병으로 만든 것은 밀림도 아니었고, 적군도 아니었다. 그를 그렇게 비참한 삶으로 몰아넣은 진짜 적은 자기 마음에 있는 의심이었.

'일본이 전쟁에서 졌다.' 승전국 미국은 삐라를 뿌리며 숲에 숨은 게릴라들과 패잔병들에게 알렸다. '전쟁은 끝났다. 일본은 패했고 다시 평화가 왔다.' 그러나 그는 투항하기를 끝내 거부했다. 미국 공군이 자기를 밀림 밖으로 끌어내 죽이려는 심리전일 거라고 해석했기 때문이다. 일본 정부가 나서서 그에게 호소했다. '나와서 투항해라. 이제 끝났다.' 그러나 그는 꿈쩍도 하지 않았다. 심지어 가족까지 동원해 설득했지만 그는 끝까지 나오기를 거부했다. 가족을 동원하고 일본 정부를 빙자해 자기를 잡아 죽이려는 미군의 심리 공작이라고 의심했기 때문이다. 그를 패잔병의 삶에 30년 동안 묶어놓은 것은 의심이었다.

우리는 어떤가? 지난 주간은 어떻게 살았는가? 승리자의 삶을 살았는가, 패잔병 같은 삶을 살았는가? 영적 패잔병의 삶은 돈이 없거나 건강이 나빠서, 일이 꼬이고 관계가 뒤틀려서 오는 것이 아니다. 상황과 환경 때문에 패잔병 같은 삶을 사는 것이 아니다. 생각해보라. 지금보다 훨씬 더 어려웠던 시절도 많았을 것이다. 우리가 영적 패잔병으로 사는 이유는 '의심' 때문이다.

예수님이 지금 살아서 내 곁에 계시고, 내 안에 나와 함께 계시며, 나를 책임지신다는 것을 의심하기 때문에 우리는 영적 패잔병으로 살게 되는 것이다. 많은 크리스천이 예수님이 실체로 살아 계시다는 사실을 모른다. 예배 시간마다 입으로는 "장사한 지 사흘 만에 죽은 자 가운데서 살아나셨음"을 고백하지만 그것을 삶의 실제적인 자산으로 활용하지는 않는다. 예수님이 살아 계시든, 안 살아 계시든 별로 중요하지 않은 것처럼 산다. 예수님의 부활이 자신에게 무슨 유익인지도 잘 모른다.

입으로, 교리로, 머리로, 장사된 지 사흘 만에 죽은 자 가운데서 다시 살아나셨다고 고백은 하지만 그것이 나의 삶과 아무 상관이 없다면 우리는 지금 오노다 히로오처럼 패잔병의 삶을 사는 것이다. "장사한 지 사흘 만에 죽은 자 가운데 다시 살아나시고." 이 고백은 단지 교리적인 고백이 아니다. 이것은 주저앉은 내 삶을 다시 일으켜 세우고, 가라앉은 내 심령을 다시 부흥하게 하며, 가라앉는 내 삶에 다시 활력을 불어넣는 주님의 에너지다. 이것은 크리스천으로서 우리가 매일을 즐기고 누리며 살도록 만들어주는 우리 삶의 힘이다. 그렇게 "죽은 지 사흘 만에 장사된 지 사흘 만에 죽은 자 가운데 다시 살아나시며"라는 고백이 지식이나 의식적 고백이 아니라 우리 삶의 실존적 에너지가 되게 하려면 이 고백의 두 가지 의미를 확실히 붙잡아야 한다.

첫째, 예수 그리스도의 부활, 그 역사성

역사성이라는 말은 쉽게 풀이하면, '진짜다! 진짜 살아나셨다'라고 할 수 있다. 예수 그리스도는 참으로 살아나셨다. 지난 2000년간 마귀가 우리의 복음과 믿음과 구원과 변화와 우리 공동체를 파괴하기 위해 집중적으로 공격한 포인트는 예수님의 부활이다. 예수님의 부활만 없다면 기독교 전체가 무너지기 때문이다. 대들보가 무너지면 지붕이 다 내려앉듯이 예수님의 부활만 제거하면 우리의 믿음, 존재, 교회 공동체는 다 무너져내리고 만다. 그래서 마귀는 항상 예수의 살아 계심을 의심하게 한다. 마귀는 그럴듯한 거짓말을 역사 속에서 가르쳐왔다. 2000년 동안 마귀가 내뱉은 거짓말은 대충 이런 것들이다.

기절설: 예수는 진짜 죽었던 것이 아니라 기절한 상태였는데 바위 속 서늘한 돌 기운에 정신이 다시 돌아온 것이다.

빈 무덤설: 부활의 첫 번째 목격자였던 여인들은 캄캄한 새벽이어서 예수님의 무덤이 아니라 비어 있는 다른 무덤을 보고 와서 예수님이 살아났다고 착각을 한 것이다.

시체 도둑설: 닭 쫓던 개 지붕 쳐다본 격이 된 제자들이 그 민망함을 감추기 위해 예수님의 시신을 훔쳐다가 어디 암매장해두고 예수가 다시 살아났다고 거짓 증언을 한 것이다.

환상설: 사람들이 예수님의 살아난 것을 봤다고 하는데 그것은 예수님을 너무나 사모한 나머지 환상을 본 것이다.

날조설: 부활은 터무니없는 소리다. 예수의 제자들이 거짓말을 만들어 속이고 있는 것이다. 역사적으로 제일 많은 사람을 속인 건 날조설이다.

정신적 부활설: 이것은 현대인이 가장 그럴 듯하다고 믿는 거짓말이다. 이 거짓말에 많은 크리스천도 속고 있다. 예수의 부활을 예수 정신의 부활로 이해하는 것이다. 북한 영어 교과서에 이런 글이 있다. "우리 원수 김일성 장군님은 항상 우리와 함께 계신다." 김일성 묘지가 있는데, 어떻게 그가 언제나 함께 있다는 것인가? 김일성이 정신적으로, 주체사상으로 북한에 살아 있다는 것이다. '서로 사랑하라. 자기를 희생하라.' 예수 그리스도가 그런 사랑의 정신으로만 살아 있다고 믿는 것이 정신적 부활설이다.

우리가 이렇게 믿는다면 우리는 불신자다. 확실히 알아야 한다. 다시 심장이 박동하여 피가 혈관을 타고 흐르고, 신경이 기능하며, 힘줄과 근육이 움직이고, 걸을 수도 있으며, 음식을 먹을 수 있는 예수님의 육체가 살아나신 것이다. 우리는 예수님의 육체적인 부활을 믿는다. 문자적으로 예수님이 살아나셨고, 지금 살아 계시다는 사실을 믿는 것이다. 그럼 그분은 지금 어디에 계신가? 부활하신 지 40일 후 하늘에 오르셨다고 우리가 고백하지 않았는가? 지금 예수님은 하나님 오른편에 계신다. 하늘에 오르신 지 열흘 만에 예수님은 그분이 약속하신 성령으로 이 땅에 다시 오셨다. 지금 우리 안에 모시고 있는 분은 흉터 자국 난 부활체 예수님이 아니고, 영으로 우리 가운데 오신 예수님이다. 왜 그러셔야 했는가? 시간과 공간을 초월하는 영으로 계셔야 언제나 우리와 함께 계실 수 있기 때문이다. 그리고 예수님은 어느 날 다시 오실 것인데, 그분의 손바닥에는 못 자국이 나 있고, 옆구리에는 창 자국 흉터가 선명할 것이다. 예수님이 부활하셨다는 것은 정신이나 영이나 그분이 가르친 교훈이 이어진다는 뜻이 아니다. 어정쩡하게 그렇게 믿는 척하면 안 된다. 그분의 부활은 문자 그대로 육체적인 부활이었고 다시 죽지 않는 영원하고 영화로운 몸의 부활이었다. 예수님은 참으로 다시 살아나셨다. 그것을 기억하는 것이 우리가 장사한 지 사흘 만에 죽은 자 가운데서 살아나심을 고백하는 첫 번째 이유다.

둘째, 예수 그리스도의 부활, 그 상관성

그래서 예수님이 진짜 부활하셨다는 것이 나와 무슨 관계가 있는가? 예수님의 부활이 진짜이든 가짜이든 나와는 별로 상관이 없어 보인다. 당신도 이렇게 생각하고 있지는 않는가? 예수님이 다시 사신 일이 남의 이야기처럼 들리는가? 그래서 45문은 그리스도의 부활이 우리에게 어떤 유익을 주느냐고 묻는다. 다른 말로 이것이 나와 무슨 상관이 있느냐고 묻는 것이다. 답은 세 가지다. 우리의 과거, 현재, 미래와 관련해서 예수님의 죽음과 부활은 나와 절대적으로 상관이 있다. 그래서 부활의 역사성만이 아닌 부활의 상관성도 붙들고 살아야 한다.

과거와 관련한 유익

첫째로 과거와 관련된 유익은 무엇인가? 예수님은 십자가에서 죽으심으로 그분의 보배 피로 우리의 죗값을 다 치르셨다. 그런데 예수님이 만일 십자가에서 죽고 장사 지낸 것으로 끝나고, 다시 살아나지 못하셨다면 어땠을까? 우리는 구원받지 못한다. 영수증이 없기 때문이다. 물건을 사거나 대금을 납부했는데 영수증을 받지 않으면 어떤 일이 벌어지는가? 저쪽에서 받은 일이 없다고 말할 때 법적으로 증명할 길이 없다. 그래서 우리는 반드시 영수증을 주고받는다. 우리가 도무지 해결할 수 없는 죗값을 예수님이 치르셨을 때 그분은 이렇게 말씀하셨다. "다 이루었다"(테텔레스타이, *tetelestai*). 당시 상인들이 대가를 다 치렀을 때 사용하던 상용어다. 십자가의 죽음으로 우리의 죗값을 다 갚으셨을 때, 하나님이 지불 완료 도장을 찍어 우리에게 주신 영수증이 바로 예수님의 부활이다. 예수님의 부활은 그분의 희생이 우리의 모든 죗값을 치르기에 족했다는 하나님의 영수증이다.

건축 용어로 설명하면, 준공 승인이다. 집을 지으면 반드시 이 집이 설계도대로 지어졌고, 들어가 살아도 안전한지 확인해주는 해당 관청의 준공 승인을 받아야 한다. 예수님은 십자가에서 죽으심으로 하나님과 우리가 만나는 다리가 되기 위해 오셨다. 만남의 다리가 완성되었고, 건너가도 안전하며, 저 끝이 하나님께 닿아 있다는 것을 입증할 증거는 무엇인가? 예수님이 다시 살아나신 것이다. 그래서 소위 부활장이라고 불리는 고린도전서 15장에 이런 말씀이 나온다. "그리스도께서 다시 살아나신 일이 없으면 너희의 믿음도 헛되고 너희가 여전히 죄 가운데 있을 것이요 또한 그리스도 안에서 잠자는 자도 망하였으니 만일 그리스도 안에서 우리가 바라는 것이 다만 이 세상의 삶뿐이면 모든 사람 가운데 우리가 더욱 불쌍한 자이리라"(17–19절). 그러나 예수님이 죽은 자 가운데 다시 살아나셨기 때문에 우리는 이렇게 말할 수 있다. "그러므로 이제 그리스도 예수 안에 있는 자에게는 결코 정죄함이 없나니 이는 그리스도 예수 안에 있는 생명의 성령의 법이 죄와 사망의 법에서 너를 해방하였음이라"(롬 8:1–2).

우리는 죽음의 노예였다. 날마다 죽을까 봐 벌벌 떨고, 죽음만 생각하면 절망스럽고 삶의 의미를 잃어버렸던 죽음의 노예였다. 그런 우리가 독침 빠진 말벌을 손에 놓고 장난질하듯이, 죽음 앞에서 찬양하고 죽음 앞에서 위로하며 죽는 날을 제대하는 날처럼 기다릴 수 있는 이 담대함의 근거는 무엇인가? 예수님이 우리를 죄와 죽음에서 해방하셨다는 것이다. 우리는 절대 마침표로 죽음을 맞이하지 않는다. 쉼표로 맞이한다. 제대가 며칠 남지 않은 병사가 제대할 날을 기다리고 사회로 다시 돌아갈 날을 기대하듯이 우리는 죄 앞에서 끊임없이 갈등하는 이 삶을 끝내고 하나님의 영광의 나라에 입장하는 죽음의 날을 쉼표처럼 기다리고 있다. 그런데도 예수님의 부활이 당신과 상관없다고 생각하는가? 아니다. 예수님이 부활하지 않으셨으면 우리는 끝이다.

현재와 관련한 유익

부활의 두 번째 유익은 현재와 관련한 유익이다. 예일대학의 야로슬라프 펠리칸 교수는 "예수님이 살아 계시지 않으면 어느 것도 문제되지 않을 것이 없다"라고 했다. 예수님이 살아 계시지 않는다면, 예수 믿으면 구원받는다는 우리의 복음은 사기다. 그것을 전하는 선교사나 목사는 다 사기꾼이다. 그것을 믿고 구원받았다고 착각하는 모든 성도는 사기극에 낚인 것이다. 살아 있지도 않은 예수님을 살아 있는 것처럼 노래하는 게 무슨 의미가 있는가? 살아 있지도 않은 대상에게 도움을 청하는 기도는 넋두리밖에 안 된다. 예수님이 살아 계시지 않다면, 우리가 서로 사랑해야 할 근거는 무엇인가? 천국의 소망은 무엇이며, 먼저 간 어머니를 다시 만날 수 있을 거라는 마음의 소망은 무슨 근거가 있는가? 한 가지도 문제되지 않을 것이 없다. 그래서 고린도전서 15장 14-15절은 이렇게 말한다. "그리스도께서 만일 다시 살아나지 못하셨으면 우리가 전파하는 것도 헛것이요 또 너희 믿음도 헛것이며 또 우리가 하나님의 거짓 증인으로 발견되리니 우리가 하나님이 그리스도를 다시 살리셨다고 증언하였음이라 만일 죽은 자가 다시 살아나는 일이 없으면 하나님이 그리스도를 다시 살리지 아니하셨으리라."

펠리칸 교수는 이어서 말한다. "그러나 예수님이 살아 계시다면 어느 것도 문제될 것이 없다." 지금 삶이 힘든가? 예수님이 살아 계신다면 문제될 것이 없다. 전능의 손으로 당신을 도우실 수 있는 그분이 살아 계신다면 지금 이 고난을 반드시 돌파할 수 있다. 몸이 점점 쇠약해지고 죽음이 성큼 다가오고 있다고 느끼는가? "부활이요 생명이신"(요 11:25) 예수님이 내 생명을 붙잡고 있는 한 나는 죽지 않는다. 죽음의 과정은 통과하겠지만 다시 살아날 것이다. 삶의 실패로 지금 마음이 지옥 같은가? 예수님이 계시는 한 완전한 실패란 없다. 예수님은 우리에게 패자부활전의 기회를 다시 주시는 분이다. 문제와 상황이 심각한가? 당신이 겁먹는 것은 문제와 상황이 크기 때문이 아니다. 당신과 함께 계신 예수님이 함께 계실지 의심하는 그 마음 때문에 두려운 것이다. 예수님이 살아 계시지 않는다면, 2000년 전에 살다 가신 역사 속의 예수님을 믿는 거라면 우리는 진짜 불쌍한 사람들이다. 예수님이 살아 계시지 않는다면 오병이어로 오천 명을 먹이신 사건이 지금 재정적으로 어려움을 당하는 나와 무슨 상관이 있겠는가? 칼뱅주의 신학의 거두 그레셤 메이첸(J. Gresham Machen, 1881-1937) 박사는 이렇게 말했다. "불과 며칠 사이에 가슴을 치며 통곡하던 무리가 세계의 정복자로 바뀐 것은 무엇일까? 예수님에 대한 그리움일까? 예수님이 물려주신 교훈 때문이었을까? 아니다. 그것은 살아서 그들과 함께 계신 예수님 자신 때문이었다."

예수님이 육체로 다시 살아났다는 해괴한 주장을 견딜 수 없었던 한 열성 바리새인이 있었다. 그 이름은 사울이다. 믿을 수 없는 주장을 하는 이단을 박멸하기 위해 이를 갈며 시리아의 다마스커스까지 원정길에 나섰다. 그리고 도중에 극적으로 누군가를 만나 인생이 뒤집어지고 만다. 크리스천들을 잡아 없애려고 혈안이 되었던 그가 오히려 크리스천이 되어 살아 계신 예수님을 증거하는 것을 삶의 목표로 삼게 된 것이다. 사울이 만난 분은 누구인가? 예수님이시다. 살아 계신 예수님 말이다. 사도 바울의 글을 보면 "그리스도 안에서"(in Christ)라는 표현을 얼마나 많이 쓰는지 모른다. 예수 안에서,

그리스도 안에서, 주 안에서…. 그는 왜 그 말을 입에 달고 살았을까? 예수님이 살아 계시지 않다면 어떻게 그가 예수님과 함께, 예수님을 통해, 예수님 안에서 살 수 있었겠는가?

크리스천의 삶은 예수님이 함께하시는 삶이고 예수님을 모시며 사는 삶이다. 실제 삶의 현장에서 놀라운 지혜와 능력으로 우리 삶에 개입하시는 예수님을 볼 수 있도록 이 땅의 모든 크리스천의 눈에 비늘이 떨어졌으면 좋겠다. 지금 하는 말이 뜬구름 잡는 이야기처럼 들린다면 기도로 실험해보라. 힘들고 어려운 일을 당할 때 눈을 감고 예수님께 이렇게 말씀드려보라. "살아 계신 예수님, 이럴 때 어떻게 해야 하는지 지혜를 주세요. 이 상황을 이겨낼 힘을 주세요." 나는 설교를 준비하거나 사역하다가 잘 안 풀리면 머리를 책상 모서리에 붙이고 기도하며 기다린다. 예수님께 '지혜와 능력'을 구하기 위해서다. 예수님은 내가 상상도 못할 놀라운 지혜와 능력을 주신다. 살아 계신 예수님 덕분에 나는 여기까지 올 수 있었다.

우리가 믿는 예수님은 정보, 교훈, 정신으로 살아 계신 예수님이 아니다. 우리 가운데 현존하시는 실체로서, 성령으로 살아 계신다.

미래와 관련한 유익

부활의 세 번째 유익은 미래와 관련이 있다. 예수님의 부활은 우리 부활의 보증이다. 고린도전서에는 두 가지 보증이 나온다. 하나는 예수님이 살아나셨기 때문에 우리도 반드시 살아난다는 보증이다. 다른 하나는 우리는 반드시 영화로운 몸으로 살아난다는 보증이다.

우리는 죽었다가도 반드시 다시 살아날 것이다. 이것은 희망 사항이 아닌 보증 사항이다. 무슨 근거로 그런 보증을 믿을 수 있는가? 고린도전서 15장 20절에서 바울이 남긴 말이 그 근거다. "그러나 이제 그리스도께서 죽은 자 가운데서 다시 살아나사 잠자는 자들의 첫 열매가 되셨도다."

이 일에 대해 내가 과수원집 아들로서 약간의 권위를 갖고 해줄 말이 있다. 복숭아에는 여러 종류가 있다. 겉도 빨갛고 속도 빨간 복숭아를 홍도라

이 복숭아나무는 어떤 종류의 복숭아를 맺을까? 첫 열매를 맺을 때까지는 알 수 없다.

고 부른다. 겉도 하얗고 속도 하얀 복숭아를 백도라고 한다. 그 둘이 합쳐진 것은 기도백도라고 한다. 겉도 속도 노란 복숭아는 황도라고 부른다. 털이 없는 복숭아도 있다. 천도라고 부른다. 털은 많고 맛도 없고, 크기도 작은 복숭아답지 못한 복숭아도 있다. 개복숭아라고 부른다. 여섯 가지 복숭아에 대해 이야기했는데 그 여섯 가지 복숭아나무의 생김은 다 똑같다. 잎새도 똑같고, 꽃 색깔과 모양도 똑같으며, 성장 과정도 똑같고, 열매 맺는 시기도 똑같다. 즉, 어떤 나무가 홍도나무이고 어떤 나무가 개복숭아나무인지 첫 열매를 볼 때까지는 알 수 없다. 그러나 일단 첫 열매가 맺히는 것을 보면, 해마다 계속해서 처음 맺힌 열매와 같은 종류의 열매가 맺힐 것을 확신할 수 있다. 예수님이 부활의 첫 열매가 되셨으니, 그분께 붙어 있는 우리가 부활할 것은 너무도 당연하지 않는가? 예수님이 살아나셨다면 그분께 붙어 있는 우리도 살아나는 것이 당연하다. 아직까지도 죽을까 봐 벌벌 떨고 있다면, 당신에게 필요한 것은 바로 이 부활의 믿음이다.

또 한 가지 보증은 우리가 영화로운 몸으로 부활한다는 것이다. 성경은 말한다. "죽은 자의 부활도 그와 같으니 썩을 것으로 심고 썩지 아니할 것으로 다시 살아나며 욕된 것으로 심고 영광스러운 것으로 다시 살아나며 약한 것으로 심고 강한 것으로 다시 살아나며 육의 몸으로 심고 신령한 몸으로 다시 살아나나니 육의 몸이 있은즉 또 영의 몸도 있느니라 기록된 바 첫 사람 아담은 생령이 되었다 함과 같이 마지막 아담은 살려 주는 영이 되었나니"(고전 15:42-45).

어떤 사람에게는 다시 산다는 것이 그렇게 반가운 소리로 들리지 않을 수도 있다. 늙어서 쭈글쭈글해 죽었는데 임종 때의 초췌한 모습으로 다시 깨어난다면 얼마나 비참하겠는가? 사고로 다리를 잃었는데 그 모습으로 다시 부활해야 한다면 부활이 그리 달가운 소식이 아닐 수 있다. 솔직히 말해 나는 우리가 몇 살 때의 몸으로 부활할지, 어떤 체격과 외형으로 부활할지 잘 모르겠다. 내가 아는 한 가지는 이것이다. 당신과 나는 상상할 수도 없는 영화롭고 더 좋은 몸, 더 멋진 몸으로 부활할 것이다.

징그러운 애벌레가 영화로운 나비로 깨어나는 장면을 상상해보라. 하나님은 능히 그렇게 하실 수 있는 분이다. 작은 도토리 하나로 어마어마한 참나무를 만드실 수 있다. 하나님은 우리 썩을 몸을 영광스러운 몸으로 다시 살리실 것이다. 중요한 것은 이러한 소망이 희망 사항이 아니라 보증 사항이라는 것이다.

이제 이야기를 정리해보자. 예수님은 진짜 살아나셨다. 실제 육체로 살아나셨고 다시 죽지 않을 영화로운 몸으로 살아나셨다. 그분은 승천하셔서 하나님 우편에 계신다. 언젠가 못 자국 난 모습 그대로 우리에게로 다시 오실 것이다. 지금은 성령으로 우리 가운데 계신다. 때로 지치거나 낙심이 될 수도 있다. 때로 지옥 같은 마음의 갈등이 있을 수 있다. 어떻게 다시 일어나겠는가? 부활하신 예수님이, 죽음을 박차고 일어나신 예수님만이 당신을 일으키실 수 있다.

그러나 내가 위에서 말한 세 가지 유익에는 한 가지 전제가 깔려 있다. 부활하여 살아 계신 예수님을 믿는 믿음이 전제되어야만 한다. 부활하여 살아 계신 예수님을 믿지 않으면 이 세 가지 유익은 아무 의미 없는 공허한 말일 뿐이다. 믿음으로 살아 계신 예수님이 당신의 삶을 다시 일으키는 에너지원이 되는, 그런 복된 믿음의 삶을 살아가기를 축복한다.

성자 하나님과 우리의 구속에 관하여

chapter 21

예수님의 **승천**

46문 "하늘에 오르셨고"라는 말로 당신은 무엇을 고백합니까?

답 그리스도는 제자들이 보는 가운데 땅에서 하늘로 오르셨고,¹ 우리의 유익을 위하여 거기에 계시며,² 장차 살아 있는 자들과 죽은 자들을 심판하러 다시 오실 것입니다.³

47문 그렇다면 세상 끝 날까지 우리와 함께 있으리라는 그리스도의 약속은 어떻게 됩니까?⁴

답 그리스도는 참 인간이고 참 하나님이십니다. 그의 인성(人性)으로는 더 이상 세상에 계시지 않으나,⁵ 그의 신성(神性)과 위엄과 은혜와 성령으로는 잠시도 우리를 떠나지 않습니다.⁶

48문 그런데 그리스도의 신성이 있는 곳마다 인성이 있는 것이 아니라면, 그리스도의 두 본성이 서로 나뉜다는 것입니까?

답 결코 그렇지 않습니다. 신성은 아무 곳에도 갇히지 않고 어디나 계십니다.⁷ 그러므로 신성은 그가 취하신 인성을 초월함이 분명하며, 그러나 동시에 인성 안에 거하고 인격적으로 결합되어 있습니다.⁸

49문 그리스도께서 하늘에 오르심은 우리에게 어떤 유익을 줍니까?

답 첫째, 그리스도는 우리의 대언자(代言者)로서 하늘에서 우리를 위해 그의 아버지 앞에서 간구하십니다.⁹ 둘째, 우리의 몸이 그리스도 안에서 하늘에 있으며,¹⁰ 이것은 머리 되신 그리스도께서 그의 지체(肢體)인 우리를 그에게로 이끌어 올리실 것에 대한 확실한 보증입니다.¹¹ 셋째, 그리스도는 그 보증으로 그의 성령을 우리에게 보내시며,¹² 우리는 성령의 능력으로 말미암아 그리스도께서 하나님 우편에 앉아 계신 위의 것을 구하고 땅의 것을 구하지 않습니다.¹³

---

1. 막 16:19, 눅 24:51, 행 1:9 **2.** 롬 8:34, 엡 4:10, 골 3:1, 히 4:14, 7:24–25, 9:24 **3.** 마 24:30, 행 1:11 **4.** 마 28:20 **5.** 마 26:11, 요 16:28, 17:11, 행 3:21, 히 8:4 **6.** 마 28:20, 요 14:16–18, 16:13, 엡 4:8, 11 **7.** 사 66:1, 렘 23:23–24, 행 7:49, 17:27–28 **8.** 마 28:6, 요 3:13, 11:15, 골 2:9 **9.** 롬 8:34, 요일 2:1 **10.** 엡 2:6 **11.** 요 14:2–3, 17:24 **12.** 요 14:16, 16:7, 행 2:33, 고후 1:22, 5:5 **13.** 빌 3:20, 골 3:1

줄여 읽기

"긍휼이 풍성하신 하나님이 우리를 사랑하신 그 큰 사랑을 인하여 허물로 죽은 우리를 그리스도와 함께 살리셨고 (너희는 은혜로 구원을 받은 것이라) 또 함께 일으키사 그리스도 예수 안에서 함께 하늘에 앉히시니"(엡 2:4-6).

예수님은 제자들이 보는 앞에서 하늘로 올라가셨다. 사랑하는 주님이 떠나시는 것을 본 제자들은 실망과 아쉬움과 슬픔에 사로잡혔는가? 그 반대다. 큰 기쁨으로 원수들의 소굴인 예루살렘에 돌아가 성전에서 하나님을 찬송했다(눅 24:52-53). 이게 무슨 일인가? 제자들의 삶에 새로운 활력과 기쁨을 불어넣은 승천의 축복을 우리도 누릴 수 있는가? 우리는 예수님이 오르신 그 하나님의 나라, 위를 바라보고 살아야 한다. 그래야 거기 예수님이 계시다는 것을 기억할 수 있다. 예수님은 우리의 보호자요, 대언자요, 중보자로서 우리를 위해 간구하고 계신다(롬 8:34). 하늘에 계신 온 우주의 왕이 우리 편이 되신다.

또한 그래야 거기가 내 집이라는 것을 기억할 수 있다. 거기, 예수님이 계신 그곳은 예수님이 우리에게 약속하신 우리의 거처(요 14:2)이자 좌표, 우리가 돌아갈 집이다. 우리는 모두 여행 중인 나그네들이다. 그래야 성령 하나님이 우리를 거기까지 인도하신다는 사실을 기억할 수 있다. 예수님이 하늘에 계신데 어떻게 세상 끝날까지 우리와 함께하실 수 있는가(마 28:20)? 그것은 그분이 보내신 성령을 통해서 가능하다. 성령을 통해 예수님은 시공간의 제약을 받지 않고 우리와 함께하실 수 있다. 그분이 우리를 천국에 이르도록 지도하고 인도하며 보호하고 지켜주신다.

진정 나그네 삶을 즐기기 원하는가? 하늘에 계신 예수님을 생각하며, 그분과 한 방향으로 정렬된 삶의 목적, 원리, 가치, 의미, 기준을 놓치지 않는 삶을 살아야 한다.

몇해 전 동해안에 사역자 수련회를 갔을 때 조그만 배 하나를 빌려 낚시를 했다. 손바닥만 한 광어가 미끼를 무는 손맛에 시간 가는 줄 몰랐다. 그런데 안타깝게도 그날 낚시를 즐긴 사람은 딱 한 사람, 나밖에 없었다. 다른 사역자들은 멀미를 했다. 위로 토하고 밑으로 내보내고, 갑판에 큰대자로 누워 있고, 그야말로 난리였다. 이들의 유일한 바람은 빨리 숙소로 돌아가는 것뿐이었다. 그것도 가능한 빨리! 낚시를 시작한 지 10분도 안 돼 시작된 멀미 행진 덕에 결국은 40분도 못 채우고 낚시를 끝내야 했다. 멀미는 여행을 망치는 주범이다. 멀미가 나면 아무리 좋은 곳에 가도 재미가 없다. 빨리 끝냈으면 좋겠다는 생각뿐이다.

멀미를 하는 이유에 대해 들은 적이 있다. 시각적인 자극과 귀 속에 있는 균형 감각이 충돌해 뇌가 혼동을 일으켜서 나타나는 현상이라는 것이다. 시각적으로 많은 변화가 감지되고 있는데 그것을 귀에 있는 평형 감각이 따라잡지 못해서 멀미를 하게 된다는 것이다.

멀미는 흔들리는 차 안이나 배 위에서만 일어나는 것이 아니다. 우리 삶에도 멀미가 있다. 누구든지 불안정함을 느끼며 산다. 삶이 재미없고 살고 싶은 의욕이 없는 때도 있다. 빨리 끝났으면 좋겠고 삶이라는 배에서 내렸으면 좋겠다고 느낄 만큼 어려운 때도 있다. 어떻게 이런 삶의 멀미를 이길 수 있을까? 이 장에서 다룰 주제에서 그 답을 찾을 수 있다.

이 장에서 다룰 문답의 주제는 예수님의 승천이다. 결론부터 말하면, 삶의 멀미를 이기는 방법은 위를 바라보며 사는 것이다.

세상을 둘러보며 살면 삶이 울렁거린다. 나보다 잘사는 집을 묵상하면 별안간 내가 가난해진다. 나보다 높은 사람을 바라다보면 별안간 저 밑으로 추락하는 것 같다. 나보다 건강한 사람을 생각하면 머지않아 죽을 것같이 아픈 사람처럼 느껴진다. 삶의 멀미를 경험하는 방법은 간단하다. 내 시선을 세상에 두고 사는 것이다.

들여다보고 살면 절망하게 된다. 우리 내면을 연구하고 분석하면 실망하게 된다. 작대기로 시궁창을 휘저으면 밑에 가라앉은 찌꺼기가 다 올라오는 것처럼 내면을 들여다보면 볼수록 심난해진다. 내가 이 정도밖에 안 되나? 내 인격이 이렇게 얄팍한가?

성령 하나님이 예수님의 승천을 통해 우리에게 주시는 메시지는 둘러보거나 들여다보지 말고 우러러보며 살라는 것이다. 예수님이 가셨고 지금 계시는 그곳을 우러러보며 살라. 그곳에 시선을 고정하고 살 때에만 삶의 멀미를 이겨낼 수 있다.

그러나 놀랍게도 그리스도의 승천은 크리스천에게 가장 관심이 적은 주제다. 예수님이 부활 후 40일 동안 이 땅에 계시다가 제자들과 함께 감람산에 오르셨고 그곳에서 하늘로 올라가셨다는 이 엄청난 사건은 2000년 전에 덮여버리고 이제 가장 소외된 주제가 되었다. 유럽에는 그래도 승천 기념 주일이 있고, 예수 승천일을 휴일로 지정해 보낸다. 그러나 우리는 승천 기념일이 언제인지 잘 모른다. 승천은 기독교에서 가장 회자되지 않는 주제 가운데 하나다.

승천, 연결 고리

승천에 대한 믿음은 매우 중요하다. 승천을 모르면 2000년 전에 일어난 예수님의 부활 사건과 오늘을 사는 내가 어떻게 연결되는지 설명할 길이 없다. 그런데 어떻게 보좌에 계신 예수님이 지금 이 자리에 있는 우리와 연관이 있을 수 있는가? 그분이 승천하셨기 때문이다. 예수님은 승천하신 지 열흘 만에 약속대로 성령을 보내주셨다. 신앙생활 초기에 나는 많이 생각했다. '이렇게 좋은 예수님이 우리 집에 계시면 얼마나 좋을까? 대한민국에 계시면 찾아가 뵐 수 있을 텐데.' 그러나 예수님이 지금 육체로 계시다면, 그 육체는 시공간의 제약을 받게 된다. 몸은 한곳에 있으면서 동시에 다른 곳에 있을 수 없기 때문이다. 예수님은 하늘나라에 가시기 전에 제자들에게 말씀하셨다. "그러나 내가 너희에게 실상을 말하노니 내가 떠나가는 것이 너희에게 유익이라 내가 떠나가지 아니하면 보혜사가 너희에게로 오시지 아니할 것이요 가면 내가 그를 너희에게로 보내리니"(요 16:7). 그 말씀대로 예수님은 승천하신 지 열흘 만인 오순절에 성령으로 다시 오셨다. 우리가 지금 믿는 예수님은 영으로 이 땅에 오신 분이다. 구멍 뚫린 손, 옆구리에 흉터가 난 그 몸과 인성은 하늘나라에 계시고 지금 우리에게는 그분의 영이신 성령님이 와 계신 것이다. 그래서 그분은 영으로 우리 각 사람의 삶에 동행하실 수 있게 되었다. 승천은 이렇게 2000년 전 예수님의 부활과 오늘 우리를 연결하는 고리 역할을 한다.

승천은 연결성이라는 측면에서만 중요한 것이 아니다. 날마다 울렁거리는 세상을 살아가면서 멀미로 고생하기 쉬운 우리에게 대단한 의미가 있다.

잠시 예수님이 승천하시는 장면을 상상해보라. 제자들은 감람산에서 예수님의 승천 장면을 목격했다. 한 바위 위에 예수님이 서 계시고 제자들이 그 주변에 서 있었다. 갑자기 예수님이 하늘로 오르신다. 그것을 바라보는 제자들은 놀라 눈이 휘둥그레진다. 혹시 이런 생각을 했을까? '어, 어, 저렇게 가시면 안 되는데…. 그럼 우린 뭐야? 닭 쫓던 개 지붕 쳐다보는 격이 되고 말았네. 아, 우리 진짜 앞으로 어떻게 해야 하지? 이젠 어떻게 되는 거야?' 과연 그들이 그렇게 생각했을까? 그렇게 실망하고 좌절하며 아쉬워하고 안타까워했을까? 아니다. 직후의 이야기를 누가는 이렇게 기록한다. "축복하실 때에 그들을 떠나 [하늘로 올려지시니] 그들이 [그에게 경배하고] 큰 기쁨으로 예루살렘에 돌아가 늘 성전에서 하나님을 찬송하니라"(눅 24:51-53).

예수님이 하늘로 올라가실 때 제자들을 향해 축복하며 가셨다고 누가는 말하고 있다. 그 축복이 무엇이었을까? 그 복이 도대체 무엇이었길래 크고 험한 위협과 공격 속에서도 제자들은 기죽지 않고 담대하게 사역을 감당할 수 있었을까? 바로 그 복이 당신과 내가 누려야 할 복이다.

쉐키나의 영광 속으로

예수님이 하늘로 올라가실 때 구름에 감싸져서 올라가신 것이 아니었다. 성경에는 구름이 그분을 가렸다고 나온다. "이 말씀을 마치시고 그들이 보는 데 올려져 가시니 구름이 그를 가리어 보이지 않게 하더라"(행 1:9). '구름에'와 '구름이'에 무슨 차이가 있을까? '구름이'에서 그 구름은 우리가 하늘에서 보는 뭉게구름이 아니다. 그 구름은 옛날 출애굽 시대에 성막에 임했던 영광의 구름을 말한다. 하나님 영광의 임재의 구름 속에서 하나님이 그분을 받아들이신 것이다. 그러므로 그분이 올라가신 하늘은 저 푸른 하늘(sky)이 아니다. 대기권 밖의 우주(cosmos) 공간도 아니다. 예수님은 금성이나 화성 근처 어디로 가신 것이 아니다. 예수님의 승천이라는 이해할 수 없는 영적 진리를 물리적으로 해석하게 되면 아주 무식한 소리를 하게 된다.

인류 중에 처음으로 대기권 바깥을 여행한 우주 비행사는 소련의 유리 가가린(Yurii Alekseevich Gagarin, 1934-1968)이다. 가가린이 처음으로 유인 우주선을 타고 대기권을 뚫고 나가 지구를 몇 바퀴 돌고 나서 소련에 도착했을 때, 소련 공산당 서기장이었던 흐루시초프가 그를 불러서 물었다고 한다. "거기 가보니 하나님이 있었습니까?" 가가린이 말했다. "하나님은 없던데요." 그 말을 들은 흐루시초프가 기자들 앞에서 말했다고 한다. "유리 가가린이 가서 봤는데 우주에는 하나님이 없다고 합니다." 얼마나 무식한 사고인가?

예수님이 올라가신 하늘은 창공도 아니고 우주도 아닌 천국(heaven)이다. 예수님이 원래 계셨던 곳, 하나님과 함께 계셨던 그 자리, 그분이 오셨던 바로 그곳으로 돌아가신 것이다. 예수님은 말씀하셨다. "내 아버지 집에 거할 곳이 많도다 그렇지 않으면 너희에게 일렀으리라 내가 너희를 위하여 거처를 예비하러 가노니 가서 너희를 위하여 거처를 예비하면 내가 다시 와서 너희를 내게로 영접하여 나 있는 곳에 너희도 있게 하리라"(요 14:2-3). 천국은 어떤 물리적인 공간이 아니다. 우리가 항상 바라보아야 할 곳, 하나님이 계신 보좌, 예수님이 오르신 바로 그분의 나라다. 제자들처럼 험악한 삶의 여건 속에서도 멀미하지 않고 당당하게 살기 위해서는 그분의 나라를 우러러보는 마음의 습관을 확립해야 한다.

우러러보며 살자. 들여다보거나 둘러보며 살지 말고, 우러러보며 살자. 왜 그래야 하는지 그 이유를 네 가지로 정리했다.

거기 우리 왕이 계신다

첫째, 우리의 왕이신 예수님이 거기 계시기 때문이다. 천국은 온 우주를 다스리는 왕이신 예수님이 계신 곳이다. 성경은 만물이 예수님 때문에, 예수님을 위해 창조되었고, 예수님 안에서 지금도 함께 유지되고 있다고 말하고 있다(골 1:16-17). 그 위대한 창조주, 바로 거기 계신 예수님을 향해 우리는 감히 이렇게 말한다. '나의 주 나의 예수님.' 우리를 위해 간구하시는 그분이 계신다. "누가 정죄하리요 죽으실 뿐 아니라 다시 살아나신 이는 그리스도 예수시니 그는 하나님 우편에 계신 자요 우리를 위하여 간구하시는 자시니라"(롬 8:34).

주특기가 거짓말과 고자질인 사탄은 우리에게 손가락질하며 하나님 앞에 고발한다. "하나님, 쟤 좀 보세요. 저 하는 짓 좀 보세요. 저래도 하나님 자식입니까? 저렇게 사는 꼴 보시려고 아들을 십자가에 못 박으셨나요?" 침소봉대하여 우리의 실패를 하나님께 고자질한다. 그러나 염려하지 마라. 그럴 때마다 우리를 위해 간구하시는 변호사가 있다. "그렇지 않습니다. 처음 믿을 때에 비하면 지금 많이 좋아지지 않았습니까? 저 아이의 본심은 그렇지 않습니다. 지금 죄에서 벗어나고 있는 중입니다. 그래서 저 아이를 위해 제가 십자가에 죽지 않았습니까." 천국에 우리 변호사이신 예수님이 계신다. 그러므로 우리는 하늘을 바라보고 살아야 한다.

"만일 우리가 이 세상을 보면 절망할 것이다. 만일 우리 내면을 보면 낙담할 것이다. 하지만 그리스도를 바라본다면 우리는 안식할 것이다."

코리 텐 붐(Corrie Ten Boom, 1892-1983) 여사의 이야기를 들어본 적이 있는가? 네덜란드 사람이었던 코리의 가족은 독일군에게 쫓기고 있던 유대인들을 감춰주었다가 발각되어 유대인 수용소로 끌려갔다. 거기에서 온 가족이 온갖 고문을 당하고 죽었다. 십 대 소녀였던 코리도 벌거벗겨지고 성추행과 성폭행을 당했다. 그러나 그 수용소에서 그녀는 예수님을 만났고 믿음으로 모든 어려움을 이겨냈다. 코리 텐 붐은 이렇게 말했다. "만일 우리가 이 세상을 보면 절망할 것이다. 만일 우리 내면을 보면 낙담할 것이다. 하지만 그리스도를 바라본다면 우리는 안식할 것이다." 우리도 그래야 한다. 눈을 들어 우리 왕이 계신 곳을 바라보아야 한다.

거기가 내 집이다

둘째, 우리가 하늘을 우러러보며 살아야 할 이유는 거기가 내 집이기 때문이다. 예수님이 계신 천국이 우리 집이지 이 세상은 우리 집이 아니다. "허물로 죽은 우리를 그리스도와 함께 살리셨고 (너희는 은혜로 구원을 받은 것이라) 또 함께 일으키사 그리스도 예수 안에서 함께 하늘에 앉히시니"(엡 2:5-6). "함께 하늘에 앉히시니." 성경은 앞으로 될 일을 이미 이루어진 일처럼 확신하며 미래를 과거처럼 말하고 있다. 우리 몸은 지금 여기에 살고 있지만 영적으로는 예수님과 함께 하늘에 있는 하늘 백성이 되었다는 것이다. 바울은 말한다. "그러나 우리의 시민권은 하늘에 있는지라 거기로부터 구원하는 자 곧 주 예수 그리스도를 기다리노니"(빌 3:20). 예수님의 부활이 우리 부활의 보증인 것처럼 예수님의 승천은 우리 승천의 보증이다. 우리는 나그네지만 이리 쫓기고 저리 쫓기며 살아가는 세상의 난민이 아니다. 우리 집이 이 세상이 아니기 때문에 이렇게 살아도 억울하지 않은 것이다. 만약 여기가 우리 집이라면 너무 억울하다. 나는 유학생으로 미국에서 6년을 살았다. 유학생으로 살 때 내가 무슨 결정을 하든, 무슨 물건을 사든, 삶의 어떤 어려움을 당하든 전제는 이것이었다. '여기는 내 집이 아니다.' 이 생각은 내 삶의 모든 영역에 영향을 끼쳤다. '나는 오래지 않아 내 집으로 돌아간다.' 우리는 이 땅이 내 집이 아니라는 사실을 하늘을 우러러볼 때마다 기억해낼 수 있다. 삶이 힘들거든 우러러 하늘을 보라. 거기에 진짜 내 집이 있기 때문이다.

나는 미션 때문에 이 땅에 남겨졌다

셋째, 하늘을 우러러보는 것은 나 자신이 이 땅에서 이루어야 할 목적이 있어서, 미션이 있어서 남겨졌다는 사실을 기억하게 해준다. 예수님은 세상을 떠나시면서 우리에게 가장 중요한 사명을 주셨다. "그러므로 너희는 가서 모든 민족을 제자로 삼아 아버지와 아들과 성령의 이름으로 세례를 베풀고 내가 너희에게 분부한 모든 것을 가르쳐 지키게 하라 볼지어다 내가 세상 끝날까지 너희와 항상 함께 있으리라 하시니라"(마 28:19-20). 그것이 우리가 이 땅에 남은 이유다.

이것은 마치 계주와 같다. 우리가 받은 메시지를 누군가에게 전달해야 하는 것이다. 우리는 우리를 구원한 복음, 우리를 변화시킨 예수님의 메시지를 누군가에게 전달해주는 수평적 전달자다. 그리고 우리 자녀와 다음 세대가 예수님을 직접적이고 개인적이며, 인격적으로 만나 그분과 살아가도록 수직적으로 배턴을 전달해주어야 할 의무가 있다. 예수님을 아는 모든 사람은 예수님을 알려야 할 책임 때문에 이 땅에 있다. 큰 예수님을 자기 속에 모신 작은 예수로서 큰 예수님의 생명이 나를 통해 재현되는 삶을 이 땅에서 살아감으로써, 하나님을 잃어버린 인류가 그분을 찾고 그분과의 관계를 회복하게 할 사명이 있는 것이다. 외국으로 파송된 대사인데 조국에 관해서는 아무 관심도 없고 호화 주택에 살면서 그 나라에서 잘살려고만 한다면 국가에 반역을 저지르는 것이다. 우리는 언젠가 우리 본국 정부인 하늘나라에 소환된다. 그리고 반드시 우리에게 맡겨진 사명에 대해 보고해야 한다. 그때 "잘하였도다 충성된 종아" 하고 칭찬을 받아야 한다. "너는 그곳에서 네게 준 기회와 은혜를 다 낭비하고 왔구나"라는 질책을 받지 말아야 한다. 여기는 내 집이 아니다. 그리고 우리가 이 땅에 있는 이유는 죽어지지 않아서가 아니라 미션 때문이다.

성령이 그곳으로 우리를 인도하신다

우리가 하늘을 우러러보고 살아야 할 마지막 이유는 여기서 거기까지 우리를 인도하실 성령 하나님이 계시기 때문이다. 하늘을 우러러볼 때 그곳에서 오신 성령, 지금 내 곁에 계신 성령이 거기까지 나를 인도하신다는 확신이 든다. 멀미를 방지하는 좋은 방법은 바깥에 나와서 산소를 자꾸 마시는 것이다. 차 창문을 열고 산소를 마시는 것이다. 주님이 약속하셨다. "하늘과 땅의 모든 권세를 내게 주셨으니"(마 28:18). 하늘과 땅의 모든 권세를 손에 쥐신 예수님이 약속하셨다. "내가 너희에게 분부한 모든 것을 가르쳐 지키게 하라 볼지어다 내가 세상 끝 날까지 너희와 항상 함께 있으리라 하시니라"(마 28:20). 그 일이 어떻게 가능할까? 예수님의 신성과 위엄과 성령을 통해 가능하다. 예수님이 말씀하셨다. "그러나 내가 너희에게 실상을 말하노니 내가 떠나가는 것이 너희에게 유익이라 내가 떠나가지 아니하면 보혜사가 너희에게로 오시지 아니할 것이요 가면 내가 그를 너희에게로 보내리니"(요 16:7). 보혜사는 헬라어로 '파라클레토스'인데, '파라'는 '옆에서'라는 뜻이고, '클레오'는 '부르다, 말하다, 인도하다'라는 뜻이다. 마치 모든 걸 다 아시는 길잡이가 내 옆에서 길을 안내하고 인도하는 것처럼 성령은 우리 옆에서 파라클레오 하시는 분이다. 그 성령이 우리와 함께 계시며 우리를 인도하고 가르치며 우리 길을 이끌어가신다.

삶이 불안한가? 삶이 재미없고 고통스러운가? 당신에게 필요한 것은 시선 이동이다. 빨리 고개를 들어 주님 계신 하늘을 우러러보라. 거기서 예수님이 말씀하신다. "얘야, 내가 여기 있다. 나는 다 보고 있고, 다 듣고 있고, 다 알고 있다. 무엇보다 너에게 최상이 무엇인지 알고 있다. 내가 여기 있다. 거긴 네 집이 아니고 여기가 네 집이다. 네가 거기 있는 이유는 미션 때문이다. 어려운 나그네의 삶 속에서도 하나님의 사람으로 하나님을 보여주렴. 그리고 네가 감당할 수 있도록 나의 성령이 네 길을 지금도 인도한단다. 힘들면 고개를 들어 나 있는 이곳을 우러러보거라."

성자 하나님과 우리의 구속에 관하여

chapter 22

예수님의 **통치**

50문 "하나님 우편에 앉아 계시며"라는 말이 왜 덧붙여졌습니까?

답 그리스도는 거기에서 자신을 그의 교회의 머리로 나타내기 위해서 하늘에 오르셨으며,[1] 성부께서는 그를 통하여 만물을 다스리십니다.[2]

51문 우리의 머리 되신 그리스도의 이 영광은 우리에게 어떤 유익을 줍니까?

답 첫째, 그리스도는 성령으로 그의 지체(肢體)인 우리에게 하늘의 은사들을 부어 주십니다.[3] 둘째, 그는 그의 권능으로 우리를 모든 원수들로부터 보호하고 보존하십니다.[4]

---

1. 엡 1:20–23, 골 1:18 2. 마 28:18, 요 5:22 3. 행 2:33, 엡 4:8, 10–12 4. 시 2:9, 110:1–2, 요 10:28, 계 12:5

줄여 읽기

"그의 능력이 그리스도 안에서 역사하사 죽은 자들 가운데서 다시 살리시고 하늘에서 자기의 오른편에 앉히사 모든 통치와 권세와 능력과 주권과 이 세상뿐 아니라 오는 세상에 일컫는 모든 이름 위에 뛰어나게 하시고 또 만물을 그의 발 아래에 복종하게 하시고 그를 만물 위에 교회의 머리로 삼으셨느니라"(엡 1:20-22).

나는 아무것도 아니고, 아무것도 없으며 아무것도 할 수 없다. 우리를 위축시키고 주저앉게 만드는 낮은 영적 자존감. 어떻게 해야 납덩이같이 무거운 낮은 자존감의 무게를 이길 수 있을까? 하나님 우편에 앉으신 예수님의 빛 아래서 나를 보아야 한다.

우리는 사도신경을 통해 예수님이 하늘에 오르사 "전능하신 하나님 우편에 앉아 계신다"라고 고백한다. 이것은 무슨 뜻인가? 권능과 영광의 지위를 얻으신 예수님이 교회의 머리로서 만물을 통치하고 계시다는 뜻이다. 예수님은 만물을 그 손으로 지으시고 그 손안에서 유지하시는 만왕의 왕, 만주의 주님이시다. 온 우주에서 온 나라까지 어떤 이름이나 어떤 권력도 그분의 통치 안에 있다. 그분이 나의 왕이시다. 영원히!

"전능하사 천지를 만드신 하나님 우편에 앉아 계시다"의 의미는 권능과 영광의 지위로, 교회의 머리로서 만물을 통치하고 계시다는 뜻이다. 따라서 우리는 천국에 갈 날만 기다리며 살거나, 재림의 주만 학수고대하며 이 땅에서 보내는 삶의 의미와 책임을 낭비해선 안 된다. 우리는 통치 동역자로서 예수님의 뜻을 이루기 위해 이 땅에 있는 소중한 존재다.

그러나 염려하지 마라. 교회의 머리와 우리의 왕으로, 그분은 우리의 모든 필요를 채우신다. 그리고 의식적으로, 무의식적으로 직면하는 모든 위험과 위협에서 우리를 보호하고 건져내신다.

우리가 그런 사람이다. 이것이 개인적으로, 공동체적으로 우리가 놓치지 말아야 할 영적 자존감의 근거다.

한 사람의 삶에서 자존감은 매우 중요하다.

한 청년이 있었다. 그는 자신을 쥐라고 확신하는 마음의 병을 앓고 있었다. 자신을 쥐라고 생각했기 때문에 가장 무서운 것은 고양이였다. 고양이를 보면 숨을 쉴 수도 없고, 졸도할 정도였다. 많은 사람이 말해주었다. 너는 쥐가 아니고 사람이라고. 그러나 소용이 없었다. 이 청년은 계속해서 쥐로 살았다. 어떤 상담도 치료도 효험이 없는 것을 깨달은 부모는 그를 교회로 데려갔다. 목사님이 청년을 빤히 쳐다보더니 이렇게 말했다. "영락없이 쥐구먼." 그 소리를 듣자 이 청년이 눈물을 흘리며 생각했다. '이제야 나를 제대로 알아봐주는 사람을 만났구나.' 목사님은 그 시점부터 그를 계속 만났고 복음을 전해 드디어 그는 예수님을 믿게 되었다. 예수님을 받아들인 그에게 목사님이 선포했다. "당신은 더 이상 쥐가 아닙니다. 이제부터 하나님의 자녀입니다." 그 선포를 듣더니 청년이 또 눈물을 흘렸다. "아, 저는 이제 쥐가 아니군요. 이제 사람으로 살 수 있군요. 감사합니다." "가서 쥐 생활을 청산하고 사람으로 삶을 시작하십시오." 이 청년이 감격하는 마음을 안고 교회 문을 나섰다. 그런데 청년이 나간 지 30초도 되지 않아 교회로 다시 뛰어들어왔다. 얼굴이 하얗게 질리고 숨을 헐떡거리면서. 목사님이 놀라서 물었다. "왜 그러십니까?" "교회 바깥에 고양이가 있어요." "아니, 이제 더 이상 쥐가 아니고 인간인데 그 고양이를 발로 차버리면 되지 않겠습니까?" 그 말에 이 청년이 대답했다. "혹시 저 고양이가 제가 쥐가 아니라는 사실을 모르면 어떻게 합니까?"

이것이 우리 크리스천의 모습이 아닐까? 우리를 쥐처럼 살게 만드는 요인, 우리를 위축시키고 주저앉게 만드는 요인은 우리 외부에 있지 않다. 외부의 현실 때문에 당신이 좌절하는 것이 아니다. 외부 여건이 좋아져도 또 다른 어려움이 오면 당신의 다리는 버티고 설 힘을 잃고 말 것이다. 우리를 위축시키고 주저앉게 만드는 요인은 우리 내부에 있다. 그 내부에 있는 요인을 나는 영적 자존감이라고 부른다. "나는 할 수 없다. 나는 가진 게 없다. 나는 아무것도 아니다. 아무것도 할 수 없다." 이런 믿음이 쥐 같은 믿음이다. 조금만 어려움이 생겨도 우리는 고양이 같은 현실 앞에 벌벌 떨게 된다.

이 문제를 어떻게 해결할 수 있을까? 오직 하나님 말씀만이 그것을 해결할 수 있다. 우리는 사도신경을 통해 이렇게 고백한다. "전능하신 하나님 우편에 앉아 계시다가." 전능하신 하나님 우편에 앉아 계신 예수님의 빛 아래서 나를 볼 때만 낮은 영적 자존감을 이겨낼 수 있다. 키가 큰 줄 알았는데 나보다 키가 더 큰 사람들 앞에 서면 고목나무에 붙은 매미가 된 것 같다. 말을 꽤 잘하는 줄 알았는데 진짜 말 잘하는 사람 앞에 가면 반벙어리가 된 것 같은 위축감을 느낀다. 다른 사람의 빛 아래서 내 삶을 보고 세상의 빛 아래서 나를 평가할 때, 우리는 한도 끝도 없이 작아지는 쥐가 된다. 오늘 고백하는 사도신경의 내용, "전능하신 하나님 우편에 앉아 계시다가"는 낮은 영적 자존감을 해결하는 묘약이 된다.

세 가지를 말해주고 싶다. 예수님이 누구신지, 예수님이 무슨 일을 하고 계시는지, 지금 당신과 어떻게 관계하고 계신지를 알아야 한다. 그래야 성도로서 제대로 된 영적 자존감을 소유할 수 있다.

예수님이 누구신지를 알라

첫째, 예수님이 누구신지를 알아야 한다. 그래야 우리가 누구인지를 알게 된다. 그래서 우리는 이렇게 고백하는 것이다. "하늘에 오르사 전능하신 하나님 우편에 앉아 계시다가."

많은 사람이 예수님이 하나님 '오른쪽'에 앉아 계신다는 말을 오해한다. 이 오해는 그들이 보아온 그림의 영향이 크다. 2인용 보좌에 오른쪽에는 건장한 노인 하나님이, 왼쪽에는 젊은 예수님이 앉아 있다. 사람들의 이해를 돕기 위해 그림을 보여주지만, 이런 경우 오히려 그림이 이해를 방해한다. 하나님은 영이시다. 영에게 오른쪽, 왼쪽이 무슨 의미가 있는가. 영은 방향도 없고 자리도 없다.

그렇다면 "하나님 우편"에 앉아 계시다는 것은 무슨 뜻일까? 이를 신학적

인 용어로 신인동형론(神人同形論, anthropomorphism)이라고 부른다. 우리가 아이들에게 뭔가를 설명할 때 아이가 알아들을 수 없으면, 그 아이가 이해할 수 있는 개념으로 설명하듯이 하나님에 대한 신비한 사실을 인간이 이해할 수 없기 때문에 인간의 삶의 모습으로 하나님의 모습을 설명하는 것이다. 근동 지방 사람들은 항상 오른손을 사용한다. 오른손은 권능, 힘, 기술, 뛰어남의 상징이다. 왠지 왼손은 오른손보다 열등하고 가치가 적어 보인다. 오른편에 앉으셨다는 말은 하나님 옆에 앉았다는 뜻이 아니다. 근동의 문화적 배경으로 해석하면 하나님의 영광과 권능과 같은 지위를 확보하셨다는 뜻이다. 우리 하나님이 아들 예수님을 높이셔서 자신과 동일한 영광과 권능과 지위를 주셨다는 것이다. 그러면 이 땅에 오시기 전에는 그것이 없었다는 뜻인가? 아니다. 있었다. 그러나 그때에는 영으로만 있었다. 지금은 우리와 똑같은 몸을 가진 상태로 영광과 권능과 지위를 소유하고 계신 것이다.

하나님 우편에 "앉으셨다" 것은 무슨 뜻일까? 예수님이 십자가에서 너무 고생을 하셨기 때문에, 2000년 동안 쉬어도 피곤이 회복되지 않아 지금도 하늘 소파에서 쉬신다는 뜻이 아니다. 그것은 예수님이 왕의 자리, 왕좌에 앉으셨다는 뜻이다. 온 우주 만물의 통치자로 등극하셨다는 것이다. 하나님은 예수님을 모든 것을 다스리는 권세와 능력과 주관자로 세우셨다. 이 세상뿐 아니라 오는 모든 세상에 일컫는 모든 이름 위에 뛰어나게 하시고, 또 만물을 그의 발아래 복종하게 하며, 그분을 만물 위에 교회의 머리로 삼으셨다. 그것이 "하나님 우편에 앉으사"라는 말의 정확한 뜻이다.

예수님은 기독교의 교주가 아니다. 예수님은 불교도나 무슬림이나 다른 이교도들은 안 믿어도 되는 그런 분이 아니다. 예수님은 그분을 구세주와 주님으로 믿은 크리스천만의 구주가 아니시다. 또한 예수님은 인류에게 사랑을 가르친 스승이 아니다. 만물이 그로 말미암아, 그를 위해 창조되었고, 만물이 그의 손안에서 유지되고 있다. 온 우주 만물의 창조주와 소유주로서 그것을 통치하고 유지하며 관리하는 주님이신 것이다. 그래서 우리는 예수님을 찬양할 때 만유의 주라는 말을 쓴다. 이 세상에 존재하는 모든 것 중에 예수님과 관련되지 않은 것은 아무것도 없다. 온 우주 만물, 온 나라, 어떤 이름이나 사람이나 권력도 예수님의 통치권 밖에 있지 않다.

예수님은 왕으로서 영원하고 최종적인 권위로 다스리시는 분이다. 많은 나라가 세계 역사를 이끄는 듯이 허세를 떨었지만, 바벨로니아는 어디에 있고 앗시리아는 어디에 있으며 페르시아는 어디에 있고 로마제국은 어디에 있는가? 대영제국 박물관 안에 있을 뿐이다. 예수님은 모든 역사를 유지하고 모든 만물이 그 발아래 복종하는 왕 중의 왕이시다. 당신과 내가 전능하신 하나님 우편에 앉아 계신 예수님을 신뢰할 때 영적 자존감을 잃지 않고 살아갈 수 있다. 우리의 자존감은 우리를 지으시고 소유하신 예수님 안에서 찾아야 한다. 우리는 만물을 다스리시고 소유한 왕이신 예수님을 나의 주님이라고 부르는 존재다. 예수님이 붙드시는 당신을 누구도 쓰러뜨릴 수 없다. 예수님이 함께하시는 당신을 누구도 가로막을 수 없다. 예수님이 채우시는 당신을 누구도 핍절하게 할 수 없다. 그뿐 아니라 예수님이 지키시는 당신을 누구도 해칠 수 없으며 예수님이 인도하시는 당신을 누구도 감당할 수 없다.

당신이 그런 사람이다.

이 영적 자존감을 유지하려면 어떻게 해야 하는가? 전능하신 하나님 우편에 계신 예수님, 다른 말로 영광과 권능과 지위를 소유하신 하나님, 온 우주 만물의 소유자이자 관리자이며 유지자이자 통치자이신 예수님의 빛 아래서 나를 보아야 한다. 그럴 때 내가 누구인지를 잊지 않게 된다.

예수님이 지금 거기서 무슨 일을 하고 계신지를 알라

"전능하신 하나님 우편에 앉아 계시다가." 그것은 단지 예수님이 누구신지에 대해서만 말하지 않는다. 예수님이 지금 거기서 무슨 일을 하고 계신지도 가르쳐준다. 그것을 알아야 우리가 이 땅에서 무엇을 위해 살아야 하는지를 잊지 않을 수 있다. 안타깝게도 사도신경의 한국말 번역에 약간의 문제가 있다. 우리는 이렇게 고백한다. "하늘에 오르사 전능하신 하나님 우편에 앉아 계시다가." 맨 끝에 '가' 자 하나가 더 붙은 것이 의미의 큰 차이를 만들었다. "전능하신 하나님 우편에 앉아 계시며"라고 해야 한다. '가'와 '며', 그 토씨 하나가 승천과 재림 사이에 있는 이 고백을 괄호 속에 묶는 효과를 낳았다. 이 대목은 우리가 별로 생각하지 않아도 되는 사소한 일이 되어버렸다. '전능하신 하나님 우편에 앉으심', 이 엄청난 고백을 괄호 속에 묶어버린 이 '가' 자 하나가 2000년을 생략해버린 것이다. 승천에서 재림까지, 승천에서 오늘까지 2000년의 세월, 예수님은 지금 저 하늘에서 지친 몸을 회복하시면서 이 땅을 내려다보며 구경하고 계신 것이 아니다. '가' 자를 빼야 한다. 만약 저 하늘에서 하시는 일이 아무것도 없다면 우리도 이 땅에서 할 일이 아무것도 없다. '가' 한 글자 때문에 한국의 많은 크리스천의 신앙이 내세주의적 신앙, 현실 도피적 신앙, 그릇된 종말론, 억지 재림론 등으로 전락했다.

그분이 2000년 동안 하나님 우편에서 하고 계신 일은 괄호 속에 묶어놓고 잊어버려도 될 일이 아니다. 우리는 날마다 '예수님, 언제 오세요.' '빨리 천국에나 가면 좋겠다.' 이러면서 살아야 할 사람이 아니다. 우리가 이 땅에 살아 있는 이유는 주님이 저 위에서 일하시는 것과 똑같은 일을 하기 위해서다. 우리 예수님은 지금 하나님의 영광과 권능과 지위로 만물을 통치하시며 특별히 교회의 머리로 일하고 계신다. 방점은 다시 오시는 데 있지 않다. 우리 신앙은 결코 주님 오시는 날만 기다리고 앉아서, 이 땅의 삶이 끝나고 돌아갈 천국만 고대하는 것이 아니다. 그 '가' 자 하나 때문에 거듭나자마자 천국 가는 것을 생각하고, 이 땅에서 보내는 성도의 삶을 낭비해서는 안 된다. 쉽게 말하면, 그것이 구원파 이단의 핵심이다. 구원받은 우리가 이 땅에 남겨진 것은 이유가 있어서다. 예수님이 승천하셔서 재림하실 때까지 거기 계신 이유와 같은 이유다.

만물의 통치자 예수님은 지금 만물의 주인으로서 계실 뿐만 아니라 교회의 머리로 계신다. 예수님의 전능하신 손안에 두 가지가 들려 있다. 하나는 만물이고 하나는 교회다. 성경은 '예수님이 지금 거기서 무슨 일을 하고 계신가'(엡 1:22-23)를 말한다. 예수님 때문에 교회와 만물은 상관관계가 있는 것이다. 교회는 만물의 작은 일부이거나 큰 세상의 구석에 있는 조그마한 집단이나 주변 세력이 아니다. 개인으로서나 공동체로서나 교회는 세상의 중심이다. 세상은 교회가 전해주지 않으면 하나님을 알 수 없다. 교회가 복음을 세상에 알려줄 때 세상은 하나님을 알 수 있게 된다. 세상은 교회를 통해 구원받고, 하나님은 교회를 통해 세상을 바꾸신다. 그러므로 교회는 세상의 중심이다.

그러나 우리의 이런 엄청난 정체성에 대해 들을 때마저도 이것이 낯설게 느껴지는 이유는 무엇일까? '나는 쥐다'라는 엉뚱한 영적 자존감에 세뇌되어 있기 때문이다. 그렇지 않다. 예수님이 친히 말씀하셨다. "하늘과 땅의 모든 권세를 내게 주셨으니." 만물을 소유하고 다스리며 지배하고 통치하는 권세가 있으신 예수님이 세상 끝 날까지 우리와 함께하겠다고 약속하셨다(마 28:18, 20). 개인으로서 교회인 우리 그리고 공동체로서 교회인 우리를 생각해보라. 예수님을 구세주로 믿는 보이지 않는 전 세계 교회들은 지금 무슨 일을 하고 있는가? 하나님의 나라를 이 땅에 세우고 있다. 우리는 하나님을 잃어버린 인류가 그분을 알도록, 그분의 통치 아래 들어오도록 하나님의 나라를 확장하는 예수님의 동역자로서 이 땅에 남아 있다. 우리는 미션이 있어서 이 땅에 파송된 예수님의 대사다. 그러므로 단 하루, 단 한 시간도 어영부영 보내서는 안 된다. 교회는 역사의 중심이고 우주의 중심이다. 언제 인류의 역사와 우주가 끝나는가? 우리가 믿는 예수님이 이 땅에 다시 오시는 날이다. 그리고 그런 엄청난 분이 우리 교회의 머리가 되신다. 또한 그분은 교회를 통해 만물을 충만하게 하고 계신다. 뒤집어진 세상과 패역한 심령, 어둠에 속한 사람들을 바로잡고 지옥에 갈 사람을 천국으로 돌이키게 하는 하나님의 대사로서, 당신과 내가 이 땅에서 얼마나 중요한 미션을 감당하고 있는지 잊지 말아야 한다.

예수님이 지금 당신과 어떻게 관계하고 계신지를 알라

교회는 세상의 주변적 존재가 아니며 오히려 세상이 교회의 주변적 존재다. 이 말을 개인적인 교회인 당신에게 적용해보라. 당신은 당신이 심긴 작은 세상의 주변적 존재가 아니라 그 세상이 당신의 주변적 존재이다. 당신이 속한 시대, 당신이 속한 작은 세상이 전부 당신과 관련되어 있다. 당신이 축복의 밸브를 잠가버리면 그들은 하나님 없이 힘들게 살다가 죽을 것이다. 그들이 그렇게 비참하게 어둠 속에 살다 영원한 파멸에 들어가지 않게 해야 할 책임이 누구에게 있는가? 바로 당신에게 있다. 그래서 우리는 교회에 오는 것이 아니고 교회로서 세상에 나가야 한다. 당신이 심긴 그 작은 세상은 하늘의 파송을 받은 선교사인 당신에게 맡겨진 선교지다. 그 영광스러운 소명을 잊어버리면 엉뚱한 목표와 가치에 삶을 낭비하게 된다.

사도 바울이 온갖 허세를 떨고 앉아 있는 아그립바 왕과 로마의 중요한 군사 지도자들과 예루살렘의 중요한 종교 지도자들 앞에 섰다. 그 장면을 상상해보라. 가만히 서 있기도 두려운 VIP 모임에, 포승줄로 손발이 묶인 바울이 나와 선다. 그러나 바울은 묶인 두 손을 들고 이렇게 말한다. "바울이 이르되 말이 적으나 많으나 당신뿐만 아니라 오늘 내 말을 듣는 모든 사람도 다 이렇게 결박된 것 외에는 나와 같이 되기를 하나님께 원하나이다 하니라"(행 26:29). 도대체 이렇게 말할 수 있는 영적 자존감의 근거는 어디에서 왔는가? 도대체 바울은 무슨 권세를 가졌기에 왕의 영광과 군사 지도자나 유대 지도자의 권세보다 자신의 처지를 더 높게 여겼을까? 그 자존감의 근거는 만물을 다스리고 교회를 통해 만물을 새롭게 하시는 그리스도를 모시고 있다는 의식과 확신에서 왔다. 그는 자신을 예수님의 축복의 통로라고 인식했다.

'설마, 내가 그렇게 큰 사람인가?' 이런 생각으로 혼란스러운가? 그게 바로 쥐 의식이다. '나는 쥐다. 원래 쥐로 태어났고 지금도 쥐로 살고 또 쥐로 죽을 거다.' 우리는 그런 자존심 상하는 표현은 하지 않는다. 우리에게 익숙한 표현은 따로 있다. '우리는 너무 약해. 주어진 미션이 너무 큰 것 같아. 방해와 장애를 뛰어넘기가 너무 어려워.'

이런 생각이 들더라도 기죽지 말고 살 이유가 있다. 우리의 보호자가 저기 계시다는 것이다. 개인으로서의 교회든 공동체로서의 교회든, 교회는 예수님의 것이다. 교회는 영어로 '처치'(church)인데, 이 말은 독일어로는 '키르케'(kirche)이고, 그리스어의 '큐리아코스'(κυριακός)에서 나왔다. '큐리아코스'는 '주님께 속한 것'(belonging to the Lord)이라는 뜻이다. 우리가 주님께 속해 있기 때문에 주님은 우리를 귀히 여기고 책임져주신다. 그분은 성령으로 우리와 함께하신다. 성령으로 세우신 은사들과 지도자들을 통해 우리가 하나님의 사람으로 날마다 자라갈 수 있게 하실 뿐만 아니라 세상에 대한 축복의 통로로 살아갈 힘이 되어주신다.

로마가 망한다는 건 상상할 수도 없는 일이었다. 바빌로니아가 망한다는 것 역시 상상할 수도 없었다. 교회가 망할 것 같은가? 그렇다. 곧 망할 것 같다. 지난 2000년 동안 교회는 늘 위태로웠다. 바깥으로는 수많은 핍박과 위협에 노출되었고, 내부적으로도 분열과 부패의 어려움이 있었다. 어떻게 봐도 교회는 2000년 동안 지금까지 존속할 수 있는 기관이 아니었다. 그러나 수천 년 동안 수많은 제국이 일어섰다 무너졌지만 교회는 지금도 존속할 뿐만 아니라 전 세계를 변화시키는 일을 하고 있다. 어떻게 그런 일이 가능했는가? 교인들의 열심 때문인가? 아니다. 지금까지 교회가 존속할 수 있었던 단 하나의 이유는 전능하신 하나님 우편에 앉아 계신 예수님 덕분이다. 하나님의 전능과 영광과 권세와 지위로 만물과 교회를 다스리시는 주님, 만물을 다 활용해 교회를 지원하시는 주 예수님이 살아 계시기 때문이다.

혹시 낮은 영적 자존감 가운데 씁쓸한 지난 삶을 살지는 않았는가? '나는 되는 게 없어. 나는 할 수 있는 게 없고 이루어놓은 것도 없어. 나는 잘할 수 있는 게 아무것도 없어.' 끊임없는 궁색함 가운데 자기 삶을 탄식하며 살아오지는 않았는가? 소극적으로 아무것도 시도하려 하지 않고, 피곤에 찌들어 살아오지는 않았는가? 영적 자존감을 회복해야 한다. 믿음의 눈을 들어 하늘의 왕을 바라보라. 만유의 왕이 우리를 돕기 위해 저 하늘에서 다스리고 계신다. 내 안에서 나를 통해 내가 심긴 작은 세상을 변화시키고 구원하며 새롭게 하기 위해 오늘도 주님은 성령으로 우리 삶을 붙들고 계신다. 당신이 그런 사람이다. 이제 큰 소리로 당당하게 외쳐보라. "나는 그런 사람이다!"

성자 하나님과 우리의 구속에 관하여

chapter 23

예수님의 **재림**

52문 그리스도께서 "살아 있는 자들과 죽은 자들을 심판하러 오실 것"은 당신에게 어떠한 위로를 줍니까?

답 내가 어떠한 슬픔과 핍박을 당하더라도, 전에 나를 대신해 하나님의 심판대 앞에 서시사 내게 임한 모든 저주를 제거하신 바로 그분이 심판자로서 하늘로부터 오시기를 머리 들어 기다립니다.[1] 그가 그의 모든 원수들, 곧 나의 원수들은 영원한 멸망으로 형벌하실 것이며,[2] 나를 그의 택함을 받은 모든 사람들과 함께 하늘의 기쁨과 영광 가운데 그에게로 이끌어 들이실 것입니다.[3]

---

1. 눅 21:28, 롬 8:23-24, 빌 3:20, 딛 2:13 2. 마 25:41-43, 살후 1:6, 8-9 3. 마 25:34-36, 살전 4:16-17, 살후 1:7, 10

졸여 읽기

"주께서 호령과 천사장의 소리와 하나님의 나팔 소리로 친히 하늘로부터 강림하시리니 그리스도 안에서 죽은 자들이 먼저 일어나고 그 후에 우리 살아 남은 자들도 그들과 함께 구름 속으로 끌어 올려 공중에서 주를 영접하게 하시리니 그리하여 우리가 항상 주와 함께 있으리라"(살전 4:16-17).

예수님이 이 땅에 오심으로 이미(already) 임한 하나님의 나라는, 그날이 되기까지는 아직(yet) 완성되지 않았다. 이 완성의 날, 죄와 악 때문에 손상된 만물이 에덴동산의 영광과 완전함으로 회복되는 날이 우리 앞에 있다.
그러나 그날이 모든 사람에게 축복과 보상의 날이 되지 못한다.
그날 우리 앞에는 두 권의 책이 펼쳐질 것이다(계 20:11-15).
하나는 하나님 백성의 이름이 기록된 생명책이고 또 하나는 성도들의 모든 삶이 기록된 상급의 책이다. 전자는 어디서 영원을 보낼 것인가가 판결되는 근거라면, 후자는 어떤 영원을 보낼 것인가가 판결되는 근거다. 두 가지 심판 다 오늘의 나의 선택과 관련된다. 전자의 심판의 근거는 구주로 이 땅에 오셔서 우리 죄의 심판을 대신 받으신 예수 그리스도를 나의 구주로 받아들였느냐 배척했느냐다. 후자의 심판의 근거는 하나님이 내게 주신 시간, 물질, 생명의 기회, 은사, 능력 등을 사용해 주님이 나에게 주신 미션을 얼마나 충성스럽게 수행했느냐다.
그날 예수님이 완성하실 그 완성의 세계를 즐길 천국의 주민으로 분류되기 위해서 오늘 내가 해야 할 선택은 예수 그리스도를 나의 구세주로 모시는 길 뿐이다(행 4:12). 그날 예수님이 주실 영광스러운 상급을 받기 위해 오늘 내가 해야 할 선택은 그날 그 "그리스도의 심판대" 앞에 영광스럽게 보고할 가치가 있는 삶에 투자하는 것이다(마 25:14-30).

아마 나의 초등학교, 중학교, 고등학교 친구가 이 책을 읽는다면 이렇게 생각할 것 같다.
"별일이 다 있네. 어떻게 걔가 이런 책을 다 썼냐?"

예수님은 다시 오신다

나도 그렇게 생각한다. 상전벽해(桑田碧海)라는 말이 있다. 뽕나무밭이 변해 푸른 바다가 된다는 뜻으로, 세상일의 변천이 심함을 비유적으로 이르는 말이다. 나도 어리둥절할 만큼 놀라운 현실을 살아가고 있다. 스무 살이 될 때까지 예수님은 나와 아무 상관이 없었다. 예수님은 내게 100원짜리 동전만큼도 가치가 없었다. 내가 한평생 상종하지 않을 거라고 생각했던 그 예수님을 지금은 나의 왕으로 모시고 산다. 나는 그분을 위해 살고, 그분을 기준으로 살며, 그를 의지하고 살고, 그와 함께 살며, 그를 자랑하고 살고, 그를 선포하며 산다. 내 삶은 그야말로 상전벽해다.

내게 일어난 상전벽해의 변화 중 가장 큰 것은 죽음에 대한 생각이다. 스무 살이 될 때까지 나는 죽음의 노예로 살았던 것 같다. 중학교 2학년이 되었을 때, 나는 사람이 죽으면 어떻게 되는지가 너무 궁금했다. 그해 여름, 홍수에 씻겨 내려간 공동묘지에서 나는 그 궁금했던 실상을 볼 수 있었다. 아카시아 뿌리가 구멍이란 구멍은 다 얽히 있어서 떠내려가지 못한 두개골 하나를 얻었다. 두개골을 깨끗이 닦아서 내가 졸업한 중학교에 기증했다. 그때까지도 영웅 심리 때문에 학생들 앞에서 그것을 들고 설쳤던 것이 생각난다. 그 이야기를 들으신 어머니가 말씀하셨다. "너 그런 짓 하면 죄받는다." 나는 능청을 떨며 궤변을 늘어놓았다. "어머니, 이 해골바가지가 강으로 떠내려가서 미꾸라지 집 되는 게 좋겠어요? 아니면 앞길이 구만 리 같은 아이들이 자기 뼈가 어떻게 생겼는지 배울 수 있는 교육 자료가 되는 게 좋겠어요? 아마 이 해골 뼈 주인도 저한테 고마워할걸요."

그런데 공교롭게도 그때부터 나의 내면에 병이 들기 시작했다. 이른바 철학적 사유가 시작된 것이다. '나는 지금 뭘 해야지? 공부해야지. 왜 공부하지? 고등학교 가려고. 고등학교 왜 가지? 대학교 가려고. 대학교는 왜 가지? 취직하려고. 취직 왜 하지? 돈 벌려고. 돈은 왜 벌지? 장가가서 애 낳고 살려고. 왜 장가가고 아이를 낳고 살아야 하지? 그렇게 살다가 죽는 거지, 뭐. 아하! 그렇구나. 그럼 죽은 다음에 어떻게 되지? 땅속에 묻히지. 묻힌 다음에 어떻게 되지? 아카시아 뿌리의 거름이 되겠지.'

그런데 생각해보니 단 한 가지만 확실하고 다 불확실했다. 과연 목표하는 학교에 갈 수 있을지도 불확실하고, 몸이 약한 내가 장가까지 가고 죽을지 그것도 불확실하며, 대학교를 나와도 진짜 돈을 잘 벌 수 있을지 그것도 불확실하고, 몇 살에 죽을지도 불확실하며…. 그런데 확실한 게 딱 한 가지 있었다. 나는 반드시 죽는다는 것. 그 심각한 진리를 나는 너무 일찍 알아버렸다. 이것을 생각하기만 하면 별안간 삶이 무너져내리는 것 같았다. 죽음만 생각하면 별안간 삶의 의미가 사라지는 것이었다. '공부해서 뭐해? 돈 벌어서 뭐해? 집은 사서 뭐해? 훌륭한 사람이 돼서 뭐해? 결국은 아카시아 뿌리의 퇴비가 될 뿐인데.' 스무 살 때까지 내 삶은 참으로 황폐했다. 누구도 내 안에 일어나는 깊은 갈등과 공허를 이해할 수가 없었다. 이야기해봤자, 미친 사람 취급당하는 것 외엔 돌아올 것이 없었다. 왜 살아야 하는지, 뭐 때문에 그렇게 억척스럽게 살아내야 하는지 모른 채 무력한 삶이 지속되었다.

지금은? 지금은 아니다. 스무 살부터 지금까지 40년이 넘는 동안 내 삶은 이 끝 지점 때문에 의미 있고, 이 끝 날 때문에 힘이 있으며, 이 끝 날 때문에 즐겁다. 삶이 긴장을 잃어버리고 탄력을 잃은 듯 늘어지다가도 오늘이 내 인생의 마지막 날일지도 모른다는 생각을 하면 다시 탄력을 회복한다. 엉큼하고 나쁜 생각을 하다가도 이 인생이 내 삶의 마지막일지도 모른다고 생각하면 빨리 제자리로 돌아갈 수 있었다. 내 삶을 단순하고 순결하며 진지하게 만드는 가장 중요한 비밀은 그 끝 날에 대한 의식이었다. 개인적 종말이 되었든 우주적 종말이 되었든 그것은 오늘 내 삶을 의미 있고 풍성하게 만드는 생각이었다.

혹시, 죽음에 대한 나의 이야기가 혐오스럽게 느껴지지는 않았는지 모르겠다. 죽음에 대해서는 생각도 상상도 하기 싫어하며 살아오지는 않았는가? 그랬다면 너무 마음 상하지 않기를 바란다. 당신만 그런 것이 아니다. 세상 사람 대부분이 끝에 대한 이야기를 싫어한다. 옛날에 시골에서 보면 부고는 대문에 꽂아놓지 절대 집 안으로 갖고 들어오지 않았다. 죽음은 나쁜 일이기 때문이다. 대부분 사람이 그렇게 생각한다.

그런데 크리스천 중에도 죽음 저편을 생각하지 않은 채 사는 사람이 많다. 그것 때문에 삶이 탄력을 잃고 긴장을 잃는다. 줄이 늘어진 바이올린을 연주한다면 무슨 생동감 있는 음이 나오겠는가? 분명한 사실을 말해주겠다. 당신이 인정하든 인정하지 않든, 믿든 안 믿든, 수용하든 수용하지 않든, 거부하든 받아들이든 상관없이 그날은 온다. 당신과 나는 반드시 죽는다. 우리가 죽기 전에 예수님이 오신다면 역사가 끝이 난다. 피한다고 그날이 없어지거나, 눈 감는다고 그날이 오지 않는 것이 아니다. 나의 노력으로 그날을 없애버리거나 뒤로 미룰 수도 없다. 끝 날은 반드시 온다. 성경은 이렇게 말한다. "한 번 죽는 것은 사람에게 정해진 것이요 그 후에는 심판이 있으리니"(히 9:27). 죽음이 왜 두려운지 아는가? 죽은 다음에 어떤 일이 벌어질지 모르기 때문이다. 죽는 것으로 끝난다면 두려울 게 하나도 없다. 죽으면 끝이니까. 그러나 죽음은 끝이 아니다. 죽은 후에 심판이 있다고 말한다. 예수님이 다시 오심도 온 우주와 역사의 끝이다. 그분은 이렇게 말씀하셨다. "내가 진실로 속히 오리라"(계 22:20).

개인적 종말이 되었든 우주적 종말이 되었든 우리가 선택해야 할 것은 끝 날을 받아들일지 여부가 아니다. 우리의 선택은 이 종말의 날로 내 삶을 무너지게 만들 것인가, 이 종말의 날로 내 삶을 세울 것인가? 그것뿐이다. 어떻게 이 종말로 오늘의 삶을 긴장감 있고 의미 있으며 아름다운 삶으로 세울 수 있을까? 그것이 당신과 내가 생각해보아야 할 주제다. 이 주제에 대한 하나님의 말씀을 읽어보자.

"주께서 호령과 천사장의 소리와 하나님의 나팔 소리로 친히 하늘로부터 강림하시리니 그리스도 안에서 죽은 자들이 먼저 일어나고 그 후에 우리 살아 남은 자들도 그들과 함께 구름 속으로 끌어 올려 공중에서 주를 영접하게 하시리니 그리하여 우리가 항상 주와 함께 있으리라 그러므로 이러한 말로 서로 위로하라"(살전 4:16-18).

1장에서 말한 대로, 위로는 영어로 '컴포트'(comfort)다. '컴'(com)은 '-을 가지고'라는 뜻이고, '포트'(fort)는 '힘'이라는 뜻이다. 바울은 데살로니가전서 4장 18절에서 지치고 곤한 삶에 힘을 주는 변수는 바로 주님이 오실 그날에 대한 믿음이라고 말하고 있다. 그래서 사도신경에서 우리가 "저리로서 산 자와 죽은 자를 심판하러 오시리라"고 고백하는 대목은 굉장한 의미가 있다. 왜일까? 요리문답 52문의 질문은 이렇다. "그리스도께서 '살아 있는 자들과 죽은 자들을 심판하러 오실 것'은 당신에게 어떠한 위로를 줍니까?" 답은 무엇인가? "나를 그의 택함을 받은 모든 사람과 함께 하늘의…그에게로 이끌어 들이실 것입니다."

나는 스무 살이 될 때까지 예수님과 아무 관계없는 삶을 살았다. 좌청룡우백호 홍동백서를 따지는 유가의 아들로 자랐고, 내 모든 학적부 종교 란에는 유교라고 쓰여 있었다. 그때 예수는 나와 아무 상관이 없었다. 내가 알고 있었던 예수는 인류의 스승, 서로 사랑하라고 가르쳐준 성현일 뿐이었다. 그것도 사대 성현이 누군지를 묻는 시험 문제를 맞히려고 외워놓은 것일 뿐이었다. 예수 믿는 사람들을 향해서 예수쟁이라고 놀리기를 주저하지 않았던 영적 악당이었다. 그런 내가 이제는 이렇게 예수님을 소개한다. 그분은 그렇게 시시한 분이 아니라고. 위인전 세트 한 권의 자리를 채울 그런 위인이 아니라고. C. S. 루이스가 말한 대로, 예수님은 사기꾼이거나 미치광이거나 진짜 하나님의 아들이거나, 셋 중에 하나다. 부끄러운 줄도 모르고 예수님을 모독하며 살았던 나의 이전 삶은 언제라도 얼굴이 달아오르는 민망함으로 남는다.

성경이 말하는 예수는 누구인가? 당신과 내가 숨 쉬고 사는 세계의 창조주시다. 그분이 온 우주 만물을 만드셨을 때 온 우주 만물은 영광스럽고 완전했다. 우리 하나님이 창조를 마치시고 일곱째 날 안식하신 것은, '아 피곤하구나'가 아니라 '다 끝났다'라는 의미다. 화가가 화룡점정(畵龍點睛) 하고 붓을 내려놓으면서 만족하듯이 하나님은 지으신 세상이 의도하신 대로 완전한, 완성된 세상이 되었음을 기뻐하셨다.

우리가 사는 세상은 완전과는 거리가 멀다. 전쟁이 이어지고 끝도 한도 없는 피가 흐른다. 서로 싸우고 해치고 갈라선다. 세상은 망가졌다. 왜 이렇게 망가졌을까? 성경은 그것이 인간의 죄 때문이라고 분명하게 말하고 있다. 인간이 죄를 지을 때 다 망가졌다. 자연과 사회와 인간 모두 망가졌다. 그것은 우리 인간이 세상을 지으신 하나님을 버리고 등짐으로써 초래된 일이다.

그러나 이야기는 그렇게 슬프게 끝나지 않는다. 기쁜 소식이 있다. 세상을 만들고 완성하신 하나님이 죄로 망가진 세상을 구원하기 위해, 특별히 세상을 망가뜨린 주범인 인간의 마음을 고치시기 위해 이 땅에 사람의 몸을 입고 오셨다. 그래서 우리는 그날을 성탄절이라고 부른다. 아무개의 생일이라고 안 하고 '성' 자를 붙이는 이유가 무얼까? 그분이 하나님이시기 때문이다. 예수님이 이 땅에 오셔서 사람이 되신 이유는 당신과 내가 치러야 할 죄의 대가를 그 몸으로 치르기 위해서다. 죽기 위해 이 땅에 오신 것이다. 죽기 위해 사람의 몸을 입으셨고 빌라도가 '나는 그의 죄에 대해 깨끗하다'며 손까지 씻어버린 무죄 선고를 받은 예수님이 로마 시민이면 받지도 않을 가장 극악한 방식으로 십자가에서 죽임을 당하셨다. 왜 그러셨을까? 그것이 우리 죗값을 대신 치르기 위한 방식이었기 때문이다. 예수님이 다시 살아나 하늘에 오르시고 열흘 만에 성령으로 오순절에 다시 오셨기 때문에 시공간의 제약을 받지 않는 우리의 구세주가 되실 수 있었다. 그리고 내 마음을 두드리며 마음이 열리도록 믿음을 주셨고, 그분을 모셔 들이게 하셨다. 그래서 이제 하나님을 우리 아버지라고 부를 수 있게 되었다. 그런데 예수님에 대한 성경의 모든 약속과 계획은 다 이루어졌는데 딱 하나가 남아 있다.

'그분이 다시 오신다'는 사실이다.

그 말은 성경에 1,518번이나 나온다. 신약 성경에 300번 등장하는데 비율로 보면 13마디마다 한 마디씩 예수님이 다시 오신다는 말씀이 나온다. 왜 예수님은 이 말씀을 자주 반복하셨을까? 그것은 우리에게 지금이라는 기회를 낭비하지 말라는 주님의 소원 때문이다. 예수님이 다시 오시는 가장 중요한 의미는 '완성'이다. 태초의 세상, 인간의 죄로 말미암아 망가졌던 그 세상을 완성하는 일이 남았다. 예수님이 오셔서 완성하는 사역은 이미(already) 시작되었지만 아직(yet) 완성되지 않았다. 예수님이 오시는 날 비로소 완성된다. 태초처럼 다시는 죽음이나 슬픔이나 아픔이 없을 것이다. 우리는 그때처럼 싸우거나 외로워하지 않아도 된다. 이런 영광스러운 완성의 날이 바로 그날이다. 그래서 우리는 그날을 오늘을 살아가는 삶의 위로와 힘으로 사용할 수 있는 것이다. 그런데 매우 미안한 말이지만, 그날이 모든 사람에게 다 즐겁고 힘이 되는 날인 것은 아니다. 왜냐하면 그날 예수님이 오시는 목적 때문이다. 그 목적은 무엇인가?

"저리로서 산 자와 죽은 자를 심판하러 오시리라"

심판이라고? 별안간 기분이 나빠지는가? 평가, 재판, 심판, 시험을 받는 일은 언제나 누구에게나 편한 일은 아니다. 만약 이 세상에서 재판, 심판, 시험을 싹 없애버리는 법을 만들면 어떨까? 판사, 교사, 시험관, 심판, 평론가를 다 직위 해제하고 해외로 추방한 후 그 흔적조차 없앰으로써 시험과 평가가 없는 세상을 만드는 것이다. 그러면 세상은 어떻게 될까? 그러면 정말 좋은 세상이 될까? 그 반대다. 오히려 온 세상이 소리 지를 것이다. "안 돼! 시험도 있어야 하고 평가도 있어야 해!"

올림픽 대표 선수 선발전, 사법 고시일, 대학 입시일, 공무원 시험일, 각종 자격증 심사일… 이런 시험을 준비하는 사람들은 그날 때문에 오늘을 살고 있다. 그날을 대비해 오늘을 낭비 없이 살아가고 있는 것이다.

이것을 인생이나 우주 전체의 시각에서 보아도 마찬가지다. 그날 두 가지 재판이 있을 것에 대해서 성경은 말하고 있다.

심판 1, 영원을 어디에서 보내는가?

첫 번째 재판은 구원을 위한 예수님의 자비와 은혜를 끝까지 무시하고 삭제하며 거부한 사람들이 대상이다. 이것은 영원을 어디에서 보낼 것인가가 결정되는 심판이다. 다음 성경 말씀을 보라. "또 내가 보니 죽은 자들이 큰 자나 작은 자나 그 보좌 앞에 서 있는데 책들이 펴 있고 또 다른 책이 펴졌으니 곧 생명책이라 죽은 자들이 자기 행위를 따라 책들에 기록된 대로 심판을 받으니 바다가 그 가운데에서 죽은 자들을 내주고 또 사망과 음부도 그 가운데에서 죽은 자들을 내주매 각 사람이 자기의 행위대로 심판을 받고 사망과 음부도 불못에 던져지니 이것은 둘째 사망 곧 불못이라 누구든지 생명책에 기록되지 못한 자는 불못에 던져지더라"(계 20:12-15).

그날에 예수님은 구원자가 아닌 심판자로 서신다. 그러나 그날 예수님를 구주로 받아들인 사람, 이름이 하나님의 생명책에 기록된 사람은 그 심판을 받지 않는다. 예수님은 말씀하셨다. "내가 진실로 진실로 너희에게 이르노니 내 말을 듣고 또 나 보내신 이를 믿는 자는 영생을 얻었고 심판에 이르지 아니하나니 사망에서 생명으로 옮겼느니라"(요 5:24).

예수 그리스도를 내 구세주와 주님으로 받아들인 사람은 하나님의 아들이 되고 딸이 된다. 그 사람의 이름이 적힌 가족 명부가 바로 어린양의 생명책이다. 지옥이 있다는 것을 말해줌으로써 사람들을 위협하기 위해 이 말을 하는 것이 아니다. 오히려 그 반대다. 그 피할 수 없는 지옥에서 나올 방법을 알려주기 위해 이 말을 하는 것이다.

1,518번이나 반복되는 말, '내가 다시 오리라.' 그렇게 자주 말씀하시면서 왜 이렇게 안 오시는가 하고 의문을 품는 사람도 있을 것이다. 지난 2000년 동안 예수님이 온 세상을 다스리면서도 지금도 기다리고 계신 이유는 바로

당신 때문이다. 그날 당신이 그분을 심판자로 만나지 않기 위해 오늘 해야 할 선택은 하나밖에 없다. 예수님을 구원자로 만나는 것이다. 그날 예수님을 구원자로 만날지 심판자로 만날지 어떻게 아느냐고? 그것은 지금 당신의 대답에 달렸다. 그분이 당신의 구세주이신가? 당신 대답이 '그렇다'이면 당신은 심판에 이르지 않는다. 그러나 당신의 대답이 '아니다'이면 당신은 심판의 대상자. 어떻게 하라는 말인가? 간단하다. 예수님을 자신의 구세주와 주님으로 고백하고, 하나님의 자녀로서 원래 그분이 계획하신 당신의 삶을 회복해가는 것이다. 그것을 우리는 구원이라고 말한다.

심판 2, 어떤 영원을 보내는가?
두 번째 심판 자리는 그리스도의 심판대로서, 그 대상은 오직 구원받은 하나님의 자녀다. 이것은 천국과 지옥행을 결정하는 심판대가 아니고 어떤 영원을 보낼 것인가에 대한 심판이다. 죄의 심판을 면한 것으로 끝나는 심판이 아니다. 그날 우리 삶이 다 공개된다.

성경에는 이런 말씀이 나온다. "그런즉 우리는 몸으로 있든지 떠나든지 주를 기쁘시게 하는 자가 되기를 힘쓰노라 이는 우리가 다 반드시 그리스도의 심판대 앞에 나타나게 되어 각각 선악간에 그 몸으로 행한 것을 따라 받으려 함이라"(고후 5:9-10).

차에 다는 블랙박스는 매우 유용하지만, 문제는 그 블랙박스가 앞에 벌어지는 일만 찍는 것이 아니라, 차 안에서 내뱉는 내 말까지도 다 녹음하고 있다는 것이다. 이처럼 성경은 우리가 남모르는 데서 했던 모든 일이 공개적으로 다 드러나는 날이 온다고 말한다. "그러므로 때가 이르기 전 곧 주께서 오시기까지 아무것도 판단하지 말라 그가 어둠에 감추인 것들을 드러내고 마음의 뜻을 나타내시리니 그때에 각 사람에게 하나님으로부터 칭찬이 있으리라"(고전 4:5). 우리가 과거에 지은 죄도 다 드러나느냐고? 아니다. 주님은 우리가 고백하고 용서를 빌며 끊어버린 죄를 다시는 기억하지 않겠다고 약속하셨다(히 8:12). 그럼 무엇이 드러나는가? 주를 위한 헌신과 희생, 순종과 사랑이 드러난다. 당신은 그날 그것에 대한 상을 받게 된다. 사실 그 자리는 시상을 위한 심판 자리다.

초등학교 때 상을 받았던 장면을 떠올려보라. 이런저런 명분으로 모두 상을 받는데 나는 아무 상도 못 받는다면 어떤 느낌일까? 선생님이 상을 줄 온갖 구실을 생각해보았으나 도무지 상 줄 일이 없어서 당신 혼자만 상을 받지 못하고 서 있었다면, 그것은 정말 수치스러운 일이다. 모든 사람에게 천국은 다 똑같은 장소지만, 모두 똑같은 영광을 누리는 것은 아니다.

성경은 그러한 차이를 명확히 말해준다. "만일 누구든지 금이나 은이나 보석이나 나무나 풀이나 짚으로 이 터 위에 세우면 각 사람의 공적이 나타날 터인데 그 날이 공적을 밝히리니 이는 불로 나타내고 그 불이 각 사람의 공적이 어떠한 것을 시험할 것임이라 만일 누구든지 그 위에 세운 공적이 그대로 있으면 상을 받고 누구든지 그 공적이 불타면 해를 받으리니 그러나 자신은 구원을 받되 불 가운데서 받은 것 같으리라"(고전 3:12-15).

그날 우리 주님은 무엇을 물으실까? 아마도 주님의 첫 번째 관심사는 구원받을 우리가 그분께 받은 미션을 '어떻게 수행했는가'일 것이다. 우리는 반드시 이에 대해 보고해야 한다. "내가 준 생명과 믿음의 기회를, 내가 허락한 교회 공동체, 건강, 물질, 지식, 학식, 지위를 너는 어떻게 사용했느냐?" 주님은 이렇게 물으실 것이다. 그리고 그것을 가지고 당신이 심긴 작은 세상 속에서 얼마나 세상과 예수님을 연결하는 다리로서의 역할을 잘 감당했는지 물으실 것이다. 대사가 외국에 파송되었다가 돌아올 때 대통령이 물을 질문과 뭐가 다르겠는가? 대통령이 대사에게 "그래. 몇 칸짜리 집에 사셨소? 애는 어디까지 공부 시키셨소? 거기서 저축은 얼마나 많이 하셨소?" 이런 것들을 묻겠는가? 대사가 그 나라에 파송되어 살고 있는 목적은 잘 먹고 잘사는 게 아니다. 그런 것은 다 본질이 아니다. 그렇다면 본질이 무엇인가? 본국 정부와 그 나라 사이를 연결하는 일이다.

끝매듭을 의식하고

이제 정리해보자. 예수님이 다시 오시는 날, 우주와 역사는 끝이 난다. 그러면 왜 지금 그날이 오지 않고 있는가? 주님이 두 가지 기회를 우리에게 주셨기 때문이다. 그것은 아직 하나님을 모르는 사람에게는 예수님을 믿을 수 있는 기회, 또 믿는 사람에게는 미션을 성취하도록 주신 기회다.

이 마지막이 얼마나 중요한지에 대해 바느질로 설명해보겠다. 어렸을 때 우리 집에는 딸이 적어 아들인 나도 종종 바느질을 해야 했다. 동생들의 옷 단추가 떨어지면 내가 달아주었다. 바느질을 하면서 내가 제일 처음 배운 것은 바늘에 실을 꿴 후에 반드시 끝매듭을 지어야 한다는 것이었다. 끝매듭 없이 바느질을 하면 어떤 일이 벌어질까? 얼마나 꿰맸든 상관없이 다 풀리고 만다. 바늘이 앞으로 가는 족족 다 풀려 바느질이 헛일이 되고 만다.

헛되지 않은 삶, 의미 있는 삶, 가치 있는 삶을 살기 원한다면, 끝 지점을 의식하고 오늘을 살아야 한다. '오늘이 내 인생의 끝 날일지도 모른다. 오늘이 우주의 종말일지도 모른다.' 늘 종말의 빛 아래서 이런 긴박감과 긴장감을 가지고 살아야 한다. 그럴 때 당신의 삶은 줄이 탱탱한 바이올린처럼 하나님을 미소 짓게 하고 세상을 행복하게 하는 선율이 될 것이다.

성령 하나님과 우리의 성화(聖化)에 관하여

chapter 24

성령을 믿사오며

53문 성령께 관하여 당신은 무엇을 믿습니까?

답 첫째, 성령은 성부와 성자와 함께 참되고 영원한 하나님이십니다.[1] 둘째, 그분은 또한 나에게도 주어져서[2] 나로 하여금 참된 믿음으로 그리스도와 그의 모든 은덕에 참여하게 하며[3] 나를 위로하고[4] 영원히 나와 함께하십니다.[5]

---

1. 창 1:2, 마 28:19, 행 5:3-4, 고전 2:10, 3:16, 6:19 2. 고후 1:21-22, 갈 4:6, 엡 1:13 3. 요 16:14, 고전 2:12, 갈 3:14, 벧전 1:2 4. 요 15:26, 행 9:31 5. 요 14:16-17, 벧전 4:14

좁여 읽기

"내가 아버지께 구하겠으니 그가 또 다른 보혜사를 너희에게 주사 영원토록 너희와 함께 있게 하리니 그는 진리의 영이라 세상은 능히 그를 받지 못하나니 이는 그를 보지도 못하고 알지도 못함이라 그러나 너희는 그를 아나니 그는 너희와 함께 거하심이요 또 너희 속에 계시겠음이라"(요 14:16-17).

죄의 주특기는 깨뜨리는 것이다. 사이를 깨뜨리고, 관계를 깨뜨리며, 공동체를 깨뜨린다. 죄가 깨뜨린 그 관계를 연결하고 붙일 유일한 본드는 성령 하나님뿐이시다.

성령은 우리가 도구로 사용할 '그것' 혹은 '힘'이 아니다. 그분은 아버지와 아들의 본질과 권위와 영광이 동일한 하나님이시다. 성령 하나님은 상관없는 두 관계를 이어주는 전문가시다.

성령 하나님은 혼돈하고 공허한 지구와 전능의 하나님을 이으심으로 창조를 이루어내셨다(창 1:2). 진흙 인형의 콧구멍을 통해 들어오심으로 인간을 인간이 되게 하셨다(창 2:7). 범죄로 말미암아 깨어진 인간과 하나님 사이를 잇기 위해 성령은 구세주를 마리아의 몸 안에 잉태시키셨다. 요단 강 세례를 통해 예수님에게 임하시고(마 3:16), 예수님을 통해 놀라운 일들을 행하셨다(행 10:38). 예수님을 다시 살리신(벧전 3:18) 성령님은 예수님이 부활하고 승천하신 뒤 우리에게 오셨다. 시공간의 제약을 받지 않고 예수님과 우리를 연결하시기 위해서다(마 28:20).

성령 하나님은 2000년 전 일어난 예수님의 죽으심과 부활의 사건과 오늘의 나를 연결하심으로, 우리가 구원받을 수 있게 하신다. 구원받은 우리가 자라가도록 수천 년 전 기록된 성경과 우리를 연결하신다. 성령 하나님은 우리를 그리스도 몸의 다른 지체들과 연결시키신다.

성령 하나님이 우리에게 오신 가장 중요한 목적은 우리를 통해 우리와 함께 우리 안에서 우리가 심긴 작은 세상 속의 사람들과 예수님을 연결하기 위해서다(행 1:8). 그것이 그분의 미션이듯이, 우리의 미션이 되어야 한다.

이시대의 가장 심각한 문제는 '단절'이다. 교제나 소통이 단절되고 관계가 끊기고 있다. 많은 사람 사이에 살고 있지만 각 사람은 외로움에 고통스러워한다. 혹시 외로울까 봐 미리 불안해하기도 한다. 이 단절은 단지 외롭고 불안한 느낌의 문제만이 아니다. 단절되면 개인이나 집단의 기능이 무력화된다. 아무리 좋은 차나 시계나 기계도 부품으로 쪼개놓으면 작동되지 않는 것처럼 우리 삶도 그렇다. 단절이 되면, 우리는 되어야 할 사람이 되지 못하고, 누려야 할 삶을 누리지 못하며, 해야 할 일을 하지 못하게 된다. 많은 사람은 이 단절을 극복해보려고 SNS 활동에 박차를 가한다. 그런데 생각해보라. 페이스북 친구가 천 명이면 외로움이 해결되겠는가? 팔로워가 만 명쯤 된다면 단절된 느낌을 받지 않을 수 있겠는가? 또 여러 모임을 만든다. 동호회, 동창회, 종친회, 후원회…. 이 시간에도 수많은 모임이 만들어지고 있다.

그러나 어떠한 모임이나 SNS로도 이 깊은 단절을 메울 수 없다. 왜냐하면 이 단절의 근원이 우리에게서 나온 것이 아니기 때문이다. 단절은 우리 사회가 산업화되면서 생겨난 현상이 아니며 이미 인류가 에덴동산에 있을 때 시작되었다. 단절을 낳은 것은 죄이고 이것을 통해 우리 삶을 파괴하려는 원수는 바로 마귀다. 죄가 하는 일은 언제나 같다. 쪼개고 깨며 끊어놓는다. 죄가 개입되면 그렇게 친한 친구 사이도 원수로 바뀌고 가정이 깨지며 공동체가 주저앉고 만다. 사회를 망가뜨리고, 사회의 통합과 하나 됨을 깨는 가장 무서운 것도 바로 죄다. 문제는 죄가 우리가 되어야 할 사람이 되지 못하게 하고, 누려야 할 삶을 누리지 못하게 하며, 성취해야 할 삶을 성취하지 못하도록 우리의 기능을 마비시키고 무력화한다는 것이다. 어떤 SNS나 어떤 사랑의 노력이나 어떤 화해의 제스처도 이 깊은 단절을 근원적으로 해결할 수는 없다.

　그러나 좋은 소식이 있다. 죄가 갈라놓은 단절을 원천적으로 붙여놓을 하나님이 보내주신 본드가 있다. 죄와 마귀가 깨뜨린 것을 복구함으로써 인간이 인간 되게 하고, 인간이 누려야 할 영광과 존귀를 누리게 하며, 인간이기 때문에 해야 할 기능을 할 수 있도록 회복시키는 성령 하나님이 계신다. 그래서 우리는 예배 시간마다 이렇게 고백한다.

　"성령을 믿사오며."

성령님은 누구신가?

성령님을 믿는다는 것이 도대체 무슨 의미인가? 성령님을 믿는 것과 내 삶이 무슨 관계가 있는가? 성령님을 믿는다고는 하지만 내 삶이 전혀 그분의 영향을 받지 않는다면 성령님을 믿는 것이 아니다.

　안타깝게도 성령님에 대한 오해가 많다. 왠지 성령님이라고 하면 낯설다. '하나님 아버지!' 이것은 친숙하다. '예수님!' 이 말도 친숙하다. 왜냐하면 우리는 모두 아버지 속에서 태어났고 아버지의 양육을 받았기 때문이다. 아버지 하나님은 육신의 아버지의 렌즈를 통해 이미지를 그려볼 수 있다. 아들 하나님 역시 이해가 된다. 우리 모두 아들이거나 딸, 한 세대의 자녀이기 때문이다. 그런데 성령님은 경험할 방법이 없었다. 그분을 경험할 방법이 없었기 때문에 우리에게 성령님은 낯선 하나님이시다. 더구나 우리가 살고 있는 시대는 과학이 우상이다. 우리가 사는 세상은 과학적으로 계산될 수 없는 것은 존재하지 않는 것처럼 생각하는 풍조가 강하다.

　그렇다면 '과학적'이란 말은 항상 옳은가? 당신과 배우자의 사랑, 당신과 부모의 사랑을 몇 그램이나 몇 도라고 말할 수 있는가? 당신의 삶에 대한 의지는 몇 마력인가? 당신 가정이 화목한 농도는 몇 퍼센트인가? 과학적으로 설명할 수 없는 것이 더 많은 세상을 살면서도 우리는 과학적으로 입증되지 않으면 모두 거절해버리는 이상한 미신 속에 살고 있다. 그런 그릇된 시각 때문에 많은 사람이 성령을 신비한 능력, 초능력 같은 불가사의의 존재로 생각하거나, 착한 귀신 정도로 정리하고 만다. 그러나 더 잘못된 것은 잘못된 학습에서 온다. 오랫동안 교회 생활을 한 사람은 부흥회를 통해서 성령 하나님에 대해 잘못된 생각을 학습해왔다. 한국 교회사에서 부흥사들의 기여는 크지만 역기능도 있는데, 그중 하나가 성도에게 성령님에 대한 잘못된 관념을 심어주었다는 것이다. 성령님을 주로 방언, 예언, 영서, 진동, 입신 같은 신비주의적인 체험과 연결하다 보니 방언을 못 하는 사람, 신비로운 체험을 못 한 사람은 성령이 없는 사람인 것처럼 생각하게 되었다. 한국 교회 부흥기에 부흥사들은 "성령을 받으라"고 외쳤다. 이미 성령이 우리 속에 들어와 계신데 성령을 받으라는 것은 무슨 의미인가? 내가 교회에 나간 지 얼마 되지 않아 친구를 따라 부흥회에 갔던 기억이 난다. 부흥사 목사님이 "자, 전부 손을 내미세요. 이제 성령 나갑니다. 성령을 받으라!" 성령님이 그런 분이신가? 이런 잘못된 관념 때문에 우리는 성령님에 대해 깊이 오해하고 있을 뿐 아니라 성령님이 없어도 별 지장이 없는, 성령님과 내가 어떤 관계인지 전혀 알지 못하는 병든 믿음 가운데 살아가게 되었다.

성령 하나님에 대한 바른 이해가 필요하다. 성령님은 '그것'이 아니고, '그분'이시다. 그분은 기운이나 신비한 느낌이나 어떤 신적 파워가 아니다. 성령님은 성부 하나님, 성자 하나님과 그 권능과 본질과 영광에 있어 동일하신 삼위일체 하나님이시다. 왜 헷갈리느냐 하면 성령은 성부, 성자와 같은 분이셔서 성경에서 그 명칭이 자주 혼용되기 때문이다. 예를 들어, 요한복음 14장 18절에서 예수님은 이렇게 말씀하셨다. "내가 너희를 고아와 같이 버려두지 아니하고 너희에게로 오리라." 이 말씀에서 우리에게로 오시겠다고 한 "내가"는 예수님 자신이시다. 그런데 요한복음 14장 16-17절에서 예수님은 말씀하셨다. "내가 아버지께 구하겠으니 그가 또 다른 보혜사를 너희에게 주사 영원토록 너희와 함께 있게 하리니 그는 진리의 영이라 세상은 능히 그를 받지 못하나니 이는 그를 보지도 못하고 알지도 못함이라 그러나 너희는 그를 아나니 그는 너희와 함께 거하심이요 또 너희 속에 계시겠음이라."

이 말씀은 우리에게 오셔서 영원히 우리와 함께하시고 우리 속에 계실 분이 성령님이라고 말한다. "내가 오리라, 성령이 오시리라." 예수님은 성령님과 자신을 동일한 존재로 표현하고 계신다. 또 이 땅을 떠나실 때도 두 가지를 말씀하셨다. "내가 세상 끝 날까지 너희와 항상 함께 있으리라"(마 28:20). "오직 성령이 너희에게 임하시면 너희가 권능을 받고 예루살렘과 온 유대와 사마리아와 땅 끝까지 이르러 내 증인이 되리라"(행 1:8). 내가 세상 끝 날까지 너희와 함께 있겠다고 하시면서, 또 성령이 너희에게 오시면 그분이 너희와 끝까지 함께 있겠다고 하셨다. 결국 예수님이 자신과 성령을 동일시하고 계심을 알 수 있다. 그러므로 우리 안에 예수님이 계시다고 말하는 것이나 그분의 영인 성령님이 계시다고 말하는 것은 크게 다르지 않다. 예수님이 혼용해서 말씀하심에 따라 우리가 성령을 오해하는 부분도 있지만, 중요한 점은 성령님이 예수님과 동일하신 분이라는 것이다.

초대교회에 첫 번째 사기 사건이 벌어졌다. 아나니아와 삽비라가 밭을 팔아서 일부를 떼어놓고 일부만 가지고 와서 베드로 앞에서 천연덕스럽게 연기를 했다. 마치 자기가 헌신적으로 모든 것을 다 드린다는 듯이 생색을 내며 베드로에게 돈을 건넨 것이다. 그때 베드로는 고맙다는 말 대신 매우 곤혹스러운 질문을 한다. "이게 전부요?" 그때 아나니아는 이렇게 말했어야 했다. "전부는 아닙니다. 제가 사용할 돈을 떼어놓고 한 절반쯤 될 것 같습니다." 그러면 얼마나 영광스러운 헌신이 되었겠는가? 그런데 그는 그렇게 말하지 않고 이렇게 말했다. "예, 이게 전부입니다"(행 5:8). 그러자 그도, 그의 아내도 죽고 만다. 아나니아가 숨을 거두기 직전에 베드로는 이렇게 말한다. "네가 성령을 속이고"(행 5:3). 이어 4절에는 "사람에게 거짓말한 것이 아니요 하나님께로다"라고 말한다. 그러니까 베드로는 성령을 정확하게 하나님과 같은 영광과 권능과 지위를 가지신 하나님으로 인식하고 있었다. 성령님은 하나님이시다.

성령 하나님은 어떤 일을 하시는가?

이 사실은 단지 우리가 믿고 따르는 단순한 교리가 아니다. 이것은 매일의 삶에 결정적인 '관계'와 상관이 있다. 성령님의 두 가지 주특기 때문이다.

성령님의 주특기: 묶기

첫 번째 주특기는 묶으시는 것이다. 깨지고 쪼개지며 나뉜 것을 하나로 붙이고 묶으며 연결하는 것이 성령님의 주특기다. 그것이 어떻게 발휘됐는지를 살펴보라.

"태초에 하나님이 천지를 창조하시니라." 창세기 첫 장 첫 절이다. 그다음은 이렇게 이어진다. "땅이 혼돈하고 공허하며 흑암이 깊음 위에 있고 하나님의 영은 수면 위에 운행하시니라"(창 1:2). 한쪽에는 전능의 하나님이 계시고, 다른 한쪽에는 아무것도 없었던 텅 빈 세상이 있다. 하나님의 영, 성령은 하나님과 공허하고 혼돈한 세상 사이를 연결함으로 이 세상이 창조되게 하셨다.

그 후 하나님은 사람을 지으셨다. 온 우주 만물 중심에 서서 하나님의 통치 동역자로서 세상을 다스리고 지배하며 관리할 그분의 형상을 닮은 인간을 만들기로 작정하셨다. 사람을 만드실 때 하나님은 흙으로 빚으셨다. 이것은 흙덩이었을 뿐이다. 그런데 하나님이 흙덩이의 콧구멍에 성령을 불어넣자 그것이 인간이 되었다. 성령이 본드가 되어 흙덩이 인간이 하나님의 형상을 닮은 특별한 피조물이 된 것이다.

그렇게 지음 받은 특별한 피조물인 인간이 타락했을 때, 그 타락한 인간을 구원하시기 위해 예수님이 이 땅에 오셔야 했다. 아들 하나님은 우리 죄를 담당하기 위해 반드시 인간이 되셔야 했고, 인간으로 태어나기 위해서는 반드시 사람의 몸에서 나셔야 했다. 마리아라는 한 처녀와 아들 하나님 사이를 연결하는 연결자가 바로 성령님이셨다. 그래서 우리는 예수님이 성령으로 잉태하사 동정녀 마리아에게 나셨다고 고백한다. 예수님이 세례를 받으실 때 하늘의 능력과 예수님 사이를 연결하신 분도 성령님이셨다.

성령이 비둘기처럼 예수님께 임하셨고 예수님의 전 생애는 그 성령의 동력으로 충만했다. 최측근으로 예수님의 모든 삶을 지켜보았던 베드로는 고넬료에게 복음을 설명하며 이렇게 말한다. "하나님이 나사렛 예수에게 성령과 능력을 기름 붓듯 하셨으매 그가 두루 다니시며 선한 일을 행하시고 마귀에게 눌린 모든 사람을 고치셨으니 이는 하나님이 함께하셨음이라"(행 10:38). 그러니까 마귀에게 눌린 모든 자를 고치신 것은 하나님이 함께하셔서 이룬 일이라는 것이다. 성령 하나님은 예수님과 아버지 하나님의 능력을 연결하셨다.

예수님은 하늘에 오르고 승천하신 후 열흘 만인 오순절에 성령을 보내셨다. 그 성령은 다시 오겠다고 약속하셨던 예수님 자신의 영이다. 성령이 이 땅에 오셔서 시공간을 초월해 복음을 듣게 하신다. 성령은 성경이나 책자나 문서를 통해, 교회와 전도자를 통해 예수님의 십자가 복음을 듣게 하신다. 예수님의 죽음이 나의 죄를 위해서라는 것, 죄에서 벗어날 길은 예수님의 십자가밖에 없다는 사실을 듣게 하신다. 이것을 신학적인 용어로 성령의 외적 소명 혹은 외소(外召)라고 한다. 우리가 복음을 듣게 된 것 자체가 성령 하나님이 하신 일이다. 그리고 우리는 성령의 동역자로서 복음을 전해야 한다. 복음 듣는 사람을 믿게 하는 일은 나의 문제가 아니다. 다른 사람에게 복음을 전하는 일, 즉 성령의 외적 소명에 참여하는 것이 내 일이다. 예수님에 대해 듣지 못해서 구원 못 받았다는 소리를 듣는 일이 없어야 한다.

복음을 전해보면 사람들이 마음을 쉽게 열지 않는다는 것을 알 수 있다. 그런데 삶이 힘들어지거나 위기가 닥쳤을 때 당신에게 들은 그 복음이 생각나서 그들은 교회 문을 두드린다. '그때 그 사람이 이야기해준 예수님을 믿어봐야겠다. 그 예수가 날 도와줄지도 모른다.' 귓가에도 안 들어오던 이야기를 자기 이야기가 되도록, 그래서 그 복음에 자기 인생을 맡기도록 누가 내면의 작업을 했겠는가? 바로 성령 하나님이 하신 일이다. 그것을 성령의 내적 소명 혹은 내소(內召)라고 부른다. 스무 살이 될 때까지 예수, 교회, 성경과 아무 상관이 없었던 강퍅했던 나였다. 그런데 어느 날 그 예수님의 십자가 사건이 나와 관련이 있다는 말씀에 마음이 열렸다. 내가 한 일이 아니다. 성령 하나님이 하신 일이다. "또 성령으로 아니하고는 누구든지 예수를 주시라 할 수 없느니라"(고전 12:3).

그뿐만 아니라 성령님은 우리의 성장을 주관하시는 분이다. 우리 안에서 우리와 함께 계시면서 날마다 우리가 육적 삶을 떠나 성령에 순종하는 삶을 살도록 이끄신다. 성령님은 우리를 하나님의 사람으로 변화시키기 위해 성경을 기록하셨다(딤후 3:16).

이 성경에 놀라운 신비가 있다. 이 성경책은 한 권으로 보이지만 사실 하나의 도서관이다. 여기에는 66권의 책이 있다. 이 66권의 책은 약 36명의 저자가 머리를 맞대고 나누어서 쓴 책이 아니다. 66권이 기록될 동안 1600년이라는 시간이 흐른다. 저자 중에는 왕도 있고, 목자, 농부, 어부도 있다. 다양한 배경을 가진 다수의 저자가 1600년간 쓰고 죽은 66개의 글이 하나의 이야기를 하고 있다. 그 말은 곧 무슨 뜻일까? 저자가 한 분이라는 뜻이다. 그 저자가 바로 성령 하나님이시다. 그래서 우리는 첫 번째 책 창세기에서도, 맨 마지막 책인 요한계시록에서도 예수님을 볼 수 있다. 또한 성령님은 그분이 기록하신 성경을 깨닫도록 우리를 가르치신다. 우리가 하나님을 만나려면 예수님을 통해서만 가능한데, 예수님을 만나려면 또 성령님을 통해서만 가능하다. 성령님을 만나는 방법은 말씀을 통해서다. 복음이 선포되지 않았거나 복음을 모르는 자리에서 사람들이 구원받는 일은 없다. 성경을 펼 때 우리는 성령님이 계신 방 안으로 들어가는 것과 같다. 즉 성령님이 우리에게 진리를 가르쳐주실 때만 그 말씀을 이해할 수 있는 것이다. 예수님이 하신 말씀을 보라. "그러나 진리의 성령이 오시면 그가 너희를 모든 진리 가운데로 인도하시리니 그가 스스로 말하지 않고 오직 들은 것을 말하며 장래 일을 너희에게 알리시리라"(요 16:13).

성령 하나님은 이렇게 말씀과 우리를 연결해주실 뿐만 아니라 예수 믿는 우리를 하나로 연결하신다. 교회가 어떻게 시작되었는가? 오순절에 성령님이 임하심으로 시작되었다. 붙이고 묶으시는 분이기에, 성령은 우리를 하나로 묶으셨다. 그것이 바로 교회다. 교회는 물리적인 조합이 아니라 화학적인 결합이다. 어디서 어디까지가 내 것이고 또 어디까지가 네 것인지 알 수 없을 만큼 완벽한 하나 됨을 이루기 위해 성령은 교회 안에 직분을 주고 은사를 주신다. 성경이 쓰인 것도 기적이지만, 교회가 존재한다는 사실도 기적이다.

고슴도치는 너무 외롭고 추워서 동료를 부른다고 한다. 동료를 부른 다음에 가까이 오면 왜 나를 찌르느냐고 저리 가라고 한단다. 그래서 고슴도치는 또다시 외로운 단절의 삶을 반복한다. 우리 인간이 그렇다. 외롭지 않으려고 자주 모인다. 그런데 모이면 싸운다. 동창회나 동문회에서도, 종친회에서도 모이면 싸운다. 그런데 교회를 생각해보라. 우리에게 무슨 공통점이 있는가? 우리가 피를 나눈 형제인가, 이윤을 나누는 사업 파트너인가? 나이, 배경, 자라온 환경, 성격이 모두 다르다. 그런데도 다 다른 유리구슬 같은 우리가 한 덩어리가 되어 한 가족을 이루고 서로 보듬고 참아주며 서로 변화될 때까지 기다려준다. 이 교회라는 집단, 그 자체가 참 신비다. 어떻게 우리는 하나 될 수 있는가? 이것을 가능하게 하는 접착제가 계시니 바로 성령님이다.

예수님이 이 땅에 오신 이유, 우리를 통해 이루시려는 일은 무엇인가? 그것은 우리가 심긴 세상에 사는 사람들을 연결하는 것이다. 그것이 바로 성령님이 이 땅에 오신 이유이자 당신과 내 속에 사시는 이유다.

성령님의 주특기: -수 있게 하심

그러나 단순히 찢어진 조각을 묶는 것만이 성령 하나님의 주특기가 아니다. 성령은 결합시키고 연결하심으로 '-수 있게' 하신다. 할 수 있게 하신다. 될 수 있게 하신다. 가질 수 있게 하신다. 누릴 수 있게 하신다. 영어로 하면, 'enabling'이다. 아무리 좋은 최신형 냉장고를 들여놓았다고 해도 전원과 연결하지 않으면 작동되지 않는다. 전원과 플러그를 연결하는 이유는 동력을 얻어 작동할 수 있게 하기 위해서다.

다시 한 번 생각해보자. 성령님은 혼동과 공허 속에 있는 세상과 하나님을 연결함으로 세상을 만드셨고, 흙덩어리와 하나님을 연결함으로 하나님 형상을 닮은 인간을 만드셨다. 성령님은 타락한 인간을 구하실 수 있는 구세주가 되게 하시기 위해 예수님을 마리아에게 잉태되게 하셨다. 그뿐 아니라 성령님은 예수님 십자가의 죽음이 우리와 관련이 있다고 연결하심으로 우리의 구원을 이루신다. 성령님은 우리가 하나님의 말씀을 읽을 때 글자 속에 들어 있는 그분의 음성을 들을 수 있게 하신다. 또한 우리와 다른 사람들을 연결하셔서 우리가 서로 보살피고 지켜주는 공동체가 되게 하시며, 교회 안에 은사를 주셔서 우리 각 사람이 서로 섬기는 하나님의 사람으로 설 수 있게 하신다.

자, 이제는 성령님이 조금 낯설지 않은 하나님으로 다가오게 되었으리라 믿는다. 성령님은 우리에게 얼마나 큰 축복이 되시는가! 물론 구약 시대에도 성령님은 계셨다. 그러나 구약 시대에는 어떤 특정한 사람에게, 어떤 특정한 일을 수행하기 위해, 특정한 시기에만 임하셨다. 그러나 신약의 성도들에게는 예수 그리스도를 구세주와 주님으로 모신 누구든지 성령님이 그 사람 안에 오시게 된다. 우리가 예수님을 모셨다는 것은 단순히 정신 현상이 아니다. 그분의 실체를 받아들인 것이다. 그 실체를 받아들인 모든 사람은 하나님의 자녀가 된다. 하나님의 자녀 됨은 오직 물과 성령으로 거듭날 때만 가능하다. 물과 성령으로 거듭나지 않으면 하나님의 자녀가 될 수 없다.

이 장을 마무리 짓기 전에 확인하고 싶은 것이 있다. 당신은 자신이 정말 죄인이었다고 믿는가? 그 확신은 성령 하나님이 주신 것이다(요 16:8). 예수님의 십자가의 죽음이 당신의 죄를 해결할 유일한 대안이라는 사실을 믿는가? 그것 역시 성령님이 하신 일이다(고전 12:3). 하나님이 아버지라고 믿어지는가? 누가 부인해도 나는 부정할 수 없는 확신으로 하나님이 내 아버지라고 믿고 사는가? 이것이 성령님이 당신 안에 계신 증거다(롬 8:16).

성령님의 사명은 곧 나의 사명

성령 하나님이 우리 안에 사시는 이유는, 우리가 이 거칠고 힘든 세상을 살 때 위로가 되고, 주저앉지 않게 하며, 편안하게 살게 하기 위해서가 아니다. 성령님은 연결하라는 그분의 미션 때문에 우리 안에 들어오셨다. 예수님이 지금까지 이 땅에 계셨다면 많은 사람이 구원받지 못했을 것이다. 그러나 성령 하나님이 그 일을 우리 안에서, 우리와 함께, 우리를 통해 이루고 계신다. 내가 심긴 작은 세상에 사람들과 예수님을 연결하도록 내 안에서 나를 통해 나와 함께 일하고 계신 것이다. 그것이 성령이 이 땅에서 이루려 하시는 미션이다.

그러므로 우리의 미션도 똑같다. 우리가 심긴 작은 세상의 사람들과 예수님을 연결하는 것이다. 잘 생각해보라. 직장에 틈만 나면 줄담배를 피우며 한숨을 쉬고 있는 후배 직원은 없는가? 그 깊은 단절, 그의 탄식을 끊을 수 있는 유일한 대안은 예수님밖에 없다. 당신이 바로 그에게 찾아가서 당신이 만난 예수님, 하나님과의 단절을 해결하신 예수님에 대해 이야기해주어야 한다. 당신 친척 중에 배우자와 사느니 안 사느니 매일 다투는 사람은 없는가? 그 가정에 필요한 것은 돈이 아니다. 근원적인 단절이 서로의 마음을 할퀴고 있는 것이다. 그들에게 필요한 분은 예수님이시다. 예수님께 돌아오기 전에는 그 단절이 해결되지 않을 것이다. 당신이 바로 그들에게 파송된 선교사다. 그 미션 때문에 우리가 이 땅에 살아 있다. 세상이 죄와 마귀가 깨어버린 단절의 고통과 저주에서 벗어날 유일한 길은 당신 안에 계신 성령님과 함께 세상을 예수님과 연결시키는 것뿐이다. 그것을 우리는 전도라고 부른다. 전도는 교인 수를 늘리는 방편이 아니다. 내가 전도라는 말을 잘 안 쓰는 이유는 전도라는 말이 개인의 생명이 달린 중요한 문제인데 겨우 교회 규모를 확장하는 수단으로 전락해버렸기 때문이다. 가장 중요한 것은 하나님과 끊어진 상태를 연결하는 성령의 동역자로서 그들과 예수님 사이를 연결하는 일이다.

성령 충만하지 않은 것이 가장 큰 죄

성령 하나님은 묶고(combine) 힘을 주는(enable) 전문가시다. 그런 점에서 우리의 제일 근원적인 문제가 무엇인지를 정확하게 인식해야 한다. 예수님을 믿지 않는 사람들이 짓는 가장 큰 죄는 하나님의 구원을 거절하고 자신을 하나님으로 삼고 사는 것이다. 반면 이미 구원 얻은 크리스천이 짓는 가장 큰 죄는 안에 하나님을 모시고도 그분을 무시하고 스스로 하나님 행세를 하며 자기 마음대로 사는 것이다. 육을 따라 사는 것이 가장 큰 죄다. 다른 말로, 성령 충만하지 않은 것이 성도가 짓는 가장 큰 죄다. "육신을 따르는 자는 육신의 일을, 영을 따르는 자는 영의 일을 생각하나니 육신의 생각은 사망이요 영의 생각은 생명과 평안이니라 육신의 생각은 하나님과 원수가 되나니 이는 하나님의 법에 굴복하지 아니할 뿐 아니라 할 수도 없음이라 육신에 있는 자들은 하나님을 기쁘시게 할 수 없느니라"(롬 8:5-8).

성령 충만은 신비한 느낌을 말하는 것이 아니다. 내 안에 계신 예수님의 영, 성령께 굴복하고 내 마음대로 살지 않는 것을 말한다. "이 일은 제가 더 잘 알아요. 성령님은 저리 비키세요." 성령 하나님 입장에서 생각해보라. 얼마나 모멸감이 느껴지는 일인가? 나는 많은 날 그렇게 성령을 모멸하면서도 전혀 수치스러운지도 모르고 살았다. 내 안에 계신 성령을 멸시하고 내 마음대로 하나님 행세를 하며 살면서도 그런 삶이 마치 자연스러운 것처럼 뻔뻔했다. 당신과 내가 항상 기도해야 할 것은 성령 충만을 위해서다.

어떤 손이 들어가느냐에 따라서 장갑은 의의 병기가 될 수도 있고 악한 병기도 될 수 있다. 장갑 안에 사람을 죽이는 살인범의 손이 들어간다면 그 장갑은 살인 도구로 전락한다. 장갑 안에 은행 강도의 손이 들어간다면 강도의 도구가 된다. 그러나 장갑 안에 남편과 가족을 사랑해서 맛있는 김치를 버무리는 주부의 손이 들어간다면 얇은 비닐장갑이 온 가족의 행복을 만들어내는 의의 병기가 된다. 내가 장갑이라면, 그 안에 지금 무엇이 들어가 손 행세를 하고 있는가? 성령님이 들어가실 때만 하나님이 기뻐하시는 바른 미션을 이 땅에서 수행하는 바른 삶을 살 수가 있다. 예수님의 영이신 성령님이 당신 속에서, 당신과 함께, 당신을 통해, 당신이 심긴 작은 세상과 하늘나라를 연결하는 일을 이루시길 소망한다.

성령 하나님과 우리의 성화(聖化)에 관하여

chapter 25

교회와 성도의 교제를 믿사오며

54문 '거룩한 보편적 교회'에 관하여 당신은 무엇을 믿습니까?

답 나는 하나님의 아들이[1] 세상의 처음부터 마지막 날까지[2] 모든 인류 가운데서[3] 영생을 위해 선택하신[4] 교회를[5] 참된 믿음으로 하나가 되도록[6] 그의 말씀과 성령으로[7] 자신을 위해 불러 모으고 보호하고 보존하심을[8] 믿습니다. 나도 지금 이 교회의 살아 있는 지체(肢體)이며[9] 영원히 그러할 것을 믿습니다.[10]

55문 '성도의 교제'를 당신은 어떻게 이해합니까?

답 첫째, 신자는 모두 또한 각각 그리스도의 지체로서 주 그리스도와 교제하며 그의 모든 부요와 은사에 참여합니다.[11] 둘째, 각 신자는 자기의 은사를 다른 지체의 유익과 복을 위해 기꺼이 그리고 즐거이 사용할 의무가 있습니다.[12]

---

1. 요 10:11, 엡 4:11-12, 5:25-26 2. 시 71:17-18, 사 59:21, 고전 11:26 3. 창 26:4, 사 49:6, 롬 10:12-13, 계 5:9 4. 롬 8:29-30, 엡 1:3-5, 10-14, 벧전 2:9 5. 시 111:1, 행 20:28, 딤전 3:15, 히 12:22-23 6. 요 17:21, 행 2:42, 고전 3:16, 엡 4:3-6, 13 7. 사 59:21, 롬 1:16, 10:14-17, 엡 5:26 8. 시 129:4-5, 마 16:18, 요 10:16, 28 9. 고전 12:27, 벧전 2:5 10. 시 23:6, 요 10:28, 롬 8:35-39, 고전 1:8-9, 벧전 1:5, 요일 2:19 11. 롬 8:32, 고전 6:17, 12:12-13, 요일 1:3 12. 고전 12:21, 12:31-13:7, 빌 2:2-5

줄여 읽기

"몸이 하나요 성령도 한 분이시니 이와 같이 너희가 부르심의 한 소망 안에서 부르심을 받았느니라"(엡 4:4).

교회 쇼핑이 유행처럼 번지고 있다. 이것은 성도 자신이거나 공동체인 교회에 위협을 가하고 손실을 끼치는 아주 위험한 현상이다. 그렇다면 왜 교회를 소중히 여겨야 하며, 왜 교회에 헌신해야 하는가?

첫째는 교회의 주인은 하나님이시기 때문이다. 아버지 하나님이 선택하시고, 아들 하나님이 그의 피로 구속하셨으며, 성령 하나님이 붙여주신 하나님의 교회를 경시하고 멸시하는 것은 그것을 지으시고 소유하시고 사랑하시는 하나님을 멸시하는 것이다.

둘째는 내가 그 영광스러운 교회의 구성원이기 때문이다. 교회만큼 크고(성삼위 하나님과 직접 연결된), 길며(에덴동산에서 새 예루살렘까지, 영적 출생에서 천국까지), 영광스럽고(예수님이 '회장님'이신), 소중하며(예수님의 핏값으로 사신 사람들로 구성된), 힘 있는(성령이 보호하고 보존하며 일하시는) 모임이 어디 있는가?

셋째는 교회로서 우리는 한 가족이기 때문이다. 우리는 하나님을 아버지로 모시는 한 가족이라는 공통의 기초 위에 서 있다. 또한 세상과 예수님 사이를 연결해야 하는 공통의 미션 때문에 이 땅에 남겨져 있다. 우리는 성령과 그분이 주시는 은사라는 공통의 자산을 교제를 통해 공유한다. 그래서 교회를 떠나서는 하나님 자녀의 삶을 살 수 없다.

예수님은 자신의 생명으로 교회를 사랑하신다. 그 사랑 때문에 교회의 일원이 된 우리도 우리의 생명으로 예수님의 교회를 사랑해야 한다. 그리고 우리 자녀와 다음 세대에게 교회를 사랑하는 것을 우리의 모본으로 가르쳐주어야 한다.

건강한 삶을 유지하기 위해서는 균형이 중요하다. 지출이 수입보다 많으면 얼마 가지 않아 가정 경제가 파산한다. 특별한 체질이 아닌 한, 먹는 것보다 배출하는 것이 적으면 살이 찌게 되어 있다. 격려보다 지적을 많이 하면 아이가 기죽는다. 혼내지 않고 격려만 하면 아이가 버릇이 없어진다. 우리 삶에서 가장 중요한 것은 균형이다.

이 균형은 교회 생활에서도 똑같이 적용되는 원리다. 역사적으로 교회는 마땅히 유지해야 할 균형을 자주 잃어왔다. 중세의 교회가 그 좋은 예다. 중세 교회는 교회를 우상화하고 교회의 권력을 절대화한 나머지 엉뚱한 짓을 많이 했다. 1191년 교황 첼레스티노 3세(Celestine III)는 헨리 4세의 황제 대관식을 거행하며 어떻게 하나님의 대행자의 거룩한 손으로 황제의 관을 씌워줄 수 있겠느냐며 발가락으로 왕관을 집어서 씌워준 적이 있다.[2] 중세 시대에 황제로 옹립되려면, 교황의 발에 키스하는 일이 의식으로 자리 잡기까지 했다. 교회가 세상에 절대적 힘을 행사하는 교회 우상화의 시대에 있었던 일이다.

그런데 현재 우리 시대의 교회는 어떤가? 현대는 중세와 정반대 극단으로 치우쳐 교회 경시 풍조가 충만하게 되었다. 우리는 교회를 쇼핑하는 시대를 살아가고 있다. 지금은 쇼핑이 삶의 한 부분으로 자리 잡혔다. 치약 하나를 사려고 해도 종류가 너무 많아서 어떤 치약을 사야 할지 이것저것 비교하고 고르느라 시간이 걸린다. 라면도 종류가 많아서 어떤 것을 사야 할지 선택해야 한

---

2. John Cumming, *Apocalyptic sketches: or, Lectures on the book of Revelation(on the seven Churches of Asia)*(Arthur Hall, Virtue & Company, 1850), p. 313. https://books.google.co.kr/books?id=u7NbAAAAQAAJ&pg=&redir_esc=y에서 인용.

다. 물건만 쇼핑하는 것이 아니다. 물건을 쇼핑하듯이 병원도 쇼핑을 한다. 이 병원에서 잘 낫지 않으면 다른 병원으로, 이 의사 선생님이 미덥지 않으면, 다른 의사에게 진찰을 받는다. 변호사 역시 쇼핑의 대상이다. 보통 변호사를 선임한다고 하지 않고 변호사를 산다고 하는데, 자기 변호사가 송사에 이길 것 같지 않으면 다른 사람으로 바꾸어버린다.

이렇게 쇼핑 만능 시대를 살다보니 성도에게 교회도 쇼핑의 대상이 되었다. 마음에 안 들면 언제라도 다른 교회로 가면 된다. 교회가 많기 때문에 선택할 수 있는 여지도 많다. 내 생각과 다르면 잘못된 교회이고, 부담을 주거나 불편한 교회는 좋은 교회가 아니다. 그래서 많은 성도가 이 교회 저 교회로 옮겨 다닌다. 처음 1-2년 정도는 새 교회의 신선함을 즐기지만, 몇 년 지나면 그 교회도 빛바랜 사진처럼 식상하고 시시해진다. 교회 안에서 책망을 받거나 충돌이라도 있으면, 또 다른 교회를 찾아가면 된다. 이렇게 교회마저도 쇼핑의 대상이 되어버렸다. 그래서 이 땅에 소위 '가나안 성도'가 늘어가고 있다.

그러나 이 땅에 당신이 찾고 있는 완전한 교회는 결코 존재하지 않는다는 사실을 잊지 말아야 한다. 만약 완전한 교회가 존재한다면 당신은 절대 그 교회에 가지 말아야 한다. 당신 때문에 그 교회가 망가지기 때문이다. 죄인들이 모인 교회가 결코 완전할 수는 없다. 내 기준과 내 이상과 내 생각과 다를 때 교회를 옮기면 된다는 생각은 영적 건강을 위협하는 대단히 위험한 생각이다. 그렇게 교회를 전전하다 보면 마음속에서 예수님의 거룩한 교회는 종교 기관으로 전락하고, 결국 그 사람은 가나안 성도나 무교회주의자가 되고 만다. 그런 사람은 주일에 텔레비전이나 인터넷으로 설교를 듣는 것으로 영적 양식을 삼으려고 한다. 이렇게 교회가 값싸지고 가벼워진 현상은 교회의 존속 여부 이전에, 성도 자신에게 큰 위험과 손실을 초래한다. 왜냐하면 교회는 하늘과 성도를 연결하는 축복의 통로가 되기 때문이다. 내가 공급받아야 할 축복의 수도관을 잘라버리면 그 첫 번째 피해자는 자신이 된다. 곧 그의 삶이 심각하게 훼손되고 마는 것이다. 신앙이 망가지면 결국 가정이 병들고, 가정이 병들면 사회가 망가진다.

그래서 우리는 사도신경에서 이렇게 고백한다. "나는 거룩한 공회를 믿습니다." 영어로는 "holy catholic church"라고 쓴다. 가톨릭(catholic)이라는 말은 단 하나의 '보편적인' 교회라는 뜻이지, 소위 말하는 구교인 로마가톨릭교회가 아니다. 그리고 고백한다. "성도가 서로 교통하는 것을 믿습니다."

왜 교회를 믿는다는 말을 쓸까? 열심히 교회에 출석하고 예배하며 봉사하고 헌금하면 되는 것 아닌가? 무엇 때문에 사도신경은 그 본질적인 신앙고백 안에 교회를 믿는다는 것을 포함해야만 했을까? 우리가 느끼고 보며 듣고 만지며 참여하는 이 교회 밑에는, 마치 빙산 아래 숨겨진 본체 같은, 어마어마한 본질이 있기 때문이다. 왜 교회를 소중히 여겨야 하고, 왜 교회를 사랑해야 하며, 왜 교회에 헌신해야 하는가? 세 가지로 정리해보겠다.

교회는 예수님의 것이기 때문이다

교회를 사랑하고 소중히 여기며, 교회에 헌신해야 할 첫 번째 이유는 교회가 예수님의 것이기 때문이다. 어떤 유치부 아이가 자기는 이다음에 커서 목사가 되겠다고 했다. 그래서 엄마가 물었다. "왜 목사가 되려고 하는데?"

"예배 시간마다 헌금을 하면 목사님이 다 갖잖아." 그 아이 눈에는 헌금을 목사에게 주는 것으로 보였던 것이다. 아이는 목사가 교회의 주인이라고 생각했다.

그러다 아이가 청소년이 되어 입교, 세례를 받을 때 장로가 문답을 하고, 교회의 모든 결정을 당회가 한다는 것을 알면 생각이 바뀐다. '아하, 교회의 주인은 장로님이구나.' 그런데 대학생쯤 되고 공동의회에 참석해서 장로를 선출하는 입장이 되면 교회의 주인은 목사나 장로도 아니고 그들을 초빙하고 선택하는 교인들이라고 생각한다. 교인이 모두 찬성하면 어떤 사안이 이루어지고, 교인이 모두 반대하면 그 사안은 이루어지지 않는다고 믿는다. 하지만 교회는 민주주의 원리에 따라 움직이는 곳이 아니다. 한편으로, 목사가 교회를 자신의 사적인 소유라고 생각한다면 그는 하나님의 소유를 사취하는 정말 간 큰 도둑질을 하는 것이다. 교회의 참 주인 앞에 자행하는 참람한 반역이다. 그렇다고 교회에 헌금한다고 해서 교인들이 주식회사의 주주처럼 교회의 주인 행세를 할 수 있는가? 아니다. 그것도 똑같은 반역이다.

보통 교회에는 창립 멤버가 있다. 그렇다고 그들이 교회를 시작한 것은 아니다. 그들은 지역교회 공동체를 결성함으로 보이지 않는 우주적 교회에 참여한 것뿐이다. 교회를 처음 시작한 분은 우리가 아니라 하나님이시다. 그분이 성도들을 선택하셨다. 예수님은 선택받은 사람들을 위해 십자가에서 못 박혀 죽으시고 그 피로 죽어야 할 사람을 살려내셨으며 지옥에 가야 할 사람을 천국으로 옮겨놓으셨다. 2000년 전에 이루어놓은 구원에 우리를 연결하신 분은 성령님이시다. 그렇게 예수님을 구세주로 믿는 우리가 교회가 된 것이다. 교회의 시작이 우리가 아니라는 사실을 분명히 해야 한다. 그러므로 교회의 주인은 우리 하나님뿐이시다. 우리는 단지 그 우주적인 교회에 초대되어 주님의 공동체에 참여할 수 있게 되었으므로, 우리 같은 존재를 교회에 동참하게 해주신 하나님께 감사해야 한다. 교회를 시작한 분도 하나님이시지만, 교회가 존속되고 유지되게 하는 분도 하나님이시다. 성도의 열심이 교회를 유지하고 존속시킨다고 착각하면 안 된다. 그랬다면 예수님이 교회를 세우시자마자 교회는 이미 없어지고 말았을 것이다.

예수님은 말씀하셨다. "또 내가 네게 이르노니 너는 베드로라 내가 이 반석 위에 내 교회를 세우리니 음부의 권세가 이기지 못하리라"(마 16:18). 교회를 세우셨을 뿐만 아니라 유지하고 보호하며 지키고 보존하시는 분은 바로 하나님이시다. 하나님이 교회의 주인이시다. 그러므로 교회를 멸시하는 것은 하나님을 멸시하는 것이다.

누군가가 당신의 집을 가리키면서 저 집안은 망할 집안이라고 모독한다면 당신은 가만히 듣고 있지 않을 것이다. 세상과 마귀는 교회가 값없고 시시하며 없어져야 할 기관이나 되는 것처럼 헐뜯는다. 그런데 교회의 일원으로서 우리가 교회를 멸시하고 경시하는 것은 누구와 편먹는 것인가? 당신은 교회의 원수인 마귀 편인가? 교회의 주인인 하나님 편인가?

현실 교회는 불합리한 결정을 하기도 한다. 교회는 윤리적으로 나쁜 짓을 한 사람들도 끌어안는다. 사랑이 없는 교회도 있다. 그런데 어떤 교회든 문제없는 교회는 없다. 나는 40년이 넘게 교회의 사역자로 살아왔다. 교회의 불완전함과 연약함, 교인들의 악함과 사역자들의 부도덕한 일에 대해 아주 잘 알고 있다. 그런데도 나는 단 한 번도 교회를 떠나야겠다고 생각한 적이 없다. 그 이유는 교회의 주인이 내가 아니듯이, 교회의 주인은 교인들이 아니기 때문이다. 교회의 주인이 하나님이시기 때문에 나는 여전히 교회를 사랑한다. 교회를 사랑하는 것은 교회의 주인을 사랑하는 것이다. 교회를 존귀하게 여기는 것은 교회를 우리에게 주시고 교회를 이끄시는 주님을 존귀하게 여기는 것이다. 그래서 우리는 교회를 소중히 여기고 사랑하며 교회에 헌신해야 하는 것이다.

내가 그 교회의 일원이기 때문이다

두 번째로 우리가 교회를 사랑하고 소중히 여기며, 교회에 헌신해야 할 이유는 내가 그 교회의 일원이기 때문이다. 세상에는 많은 모임이 있다. 큰 모임도 있고 작은 모임도 있다. 세계열강의 정상 일곱 명이 모이는 G7 회의는 얼마나 크며, 스웨덴의 한림원은 얼마나 명예로운 모임인가? 국회는 얼마나 힘 있는 모임이고 국무회의는 얼마나 중요한 모임인가?

그러나 성도인 당신과 나는 그보다 훨씬 높고 크며 영광스럽고, 훨씬 오래되었으며 더 오래갈 힘 있는 기관의 일원이라는 사실을 잊지 말아야 한다. 교회만큼 큰 모임이 있을까? 모이는 사람도 적고 영향력도 미미한 교회가 많다고 말할 수도 있다. 그러나 그 모든 것을 떠나 교회는 크다. 왜냐하면 성부, 성자, 성령, 크신 하나님이 직접 관여하고 계시기 때문이다. 교회만큼 역사가 긴 모임이 어디에 있겠는가? 교회는 2000년 전 예수님이 오순절에 성령을 보내심으로 시작되었으니 그보다 더 오랜 조직이 있지 않느냐고?

그렇지 않다. 예수님은 이전에 없던 기관을 새로 세우신 것이 아니다. 에덴동산에서부터 교회는 있었다. 하나님 백성 공동체가 에덴동산부터 있었기 때문이다. 그러나 그 교회 공동체가 타락하자 하나님은 타락한 인간을 다시 모을 하나님의 백성 공동체를 세우기 위해 아브라함을 부르신다. 아브라함과 그의 후손으로 이루어진 이스라엘 민족 공동체가 구약의 교회였다. 신약 시대에 우리가 지금 누리고 있는 이 공동체가 교회다. 그리고 우리는 주님이 다시 오시는 날 새 하늘과 새 땅, 영원한 우리의 천국, 하나님의 나라를 기다리고 있다. 다 교회의 다른 이름이다. 이 땅에 이렇게 역사가 긴 기관이 어디에 있는가? 이렇게 크고 오래된 모임의 구성원이 되었다는 것은 당신과 나의 위대한 축복이자 특권이다.

우리가 구성원으로 속해 있는 교회는 단순히 역사가 오래되고 크기만 한 모임이 아니다. 이 땅에 교회만큼 영광스러운 조직은 없다. 왜인가? 교회의 회장님이 예수님이시기 때문이다. 바울은 에베소서 1장 23절에서 이렇게 말했다. "교회는 그의 몸이니 만물 안에서 만물을 충만하게 하시는 이의 충만함이니라." 무슨 뜻인가? 교회는 언제 어디서든 우리의 모든 필요를 채우실 수 있는 만물의 주님이 계시는 곳이라는 뜻이다. 우리가 바로 그런 교회의 일원이다. 예수님을 구주로 믿고 거듭난 날, 이 모임의 회원이 되었지만 이 멤버십의 유효 기간은 없다. 참으로 예수님을 나의 구세주와 주님으로 믿고 있다면 당신의 멤버십은 영원한 천국에 이르기까지 취소되거나 삭제되거나 말소될 수 없다. 당신은 그 영광스러운 공동체의 일원이 된 것이다.

교회만큼 가치 있는 모임이 있을까? 우리 한 사람 한 사람을 얻기 위해 하나님은 그 아들을 파셨다. 그 아들을 대가로 산 당신과 내가 얼마나 가치 있고 비싼 사람들인가? 겉으로 보면 한없이 연약하고 부족해 보여도 교회는 하나님이 아들의 핏값, 그 비싼 값으로 산 사람들로 구성된 모임이다. 교회가 가치 있고 비싼 이유는 건물 때문도, 구성원들의 사회적 신분 때문도, 예산 규모 때문도 아니다. 성도들의 도덕성이나 고결한 인격 때문도 아니다. 교회가 비싼 이유는 하나다. 우리를 사기 위해 치르신 하나님의 대가 때문이다.

　세상에 교회만큼 힘 있는 기관이 어디에 있겠는가? 전능하신 하나님이 함께하고 보호하며 보존하시고 이끄시니 말이다. 자기 집안이나 출신 학교에 대한 비방을 들으면 크게 화를 내면서 왜 하나님의 교회를 멸시하는 일에 대해서는 예사롭게 여기는가? 교회를 경홀히 여기는 것은 하나님뿐 아니라 나 자신의 존재 가치를 가볍게 여기는 것이다. 교회를 소중히 여김으로 자신 또한 소중하게 여길 줄 알아야 한다.

우리는 한 가족이기 때문이다

세 번째 우리가 교회를 사랑하고 소중히 여기며, 교회에 헌신해야 할 이유는 우리가 교회로서 한 가족이기 때문이다. 한 가족이라는 것은 같은 피가 흐르는 공동체 속에 있다는 뜻이다. 교회는 예수님을 믿는 사람들의 동호회가 아니다. 또 믿는 사람들끼리 어울려 노는 것을 교제라고 말하지 않는다. 우리가 서로 사랑할 수 있는 기초가 서로 유익이 되기 때문이 아니다. 내 마음에 들어서 교회 사람과 사귀는 거라면 그것이 세상의 사귐과 다를 바가 있겠는가? 크리스천의 교제란 하나님과 우리 사이에 맺어진 '보이지 않는 교제'를 '보이게 만드는 일'이다.

　그러므로 우리의 교제에는 분명한 기초가 있다. 그것은 하나님과 우리 사이의 교제다. 하나님이 나를 사랑하시고 내가 하나님을 사랑하기 때문에 다른 하나님의 백성과 내가 사귈 수 있는 것이다. 그래서 우리가 성도로서 진정한 교제를 나누고 있다면, 주님께 점점 더 가까이 오고 죄에서는 점점 더 멀어져야 한다.

　또한 우리의 교제에는 목적이 있다. 그것이 무엇인가? 하나님과 교제하지 못하고 죄와 마귀와 세상에 이끌려 파멸로 치닫는 사람들을 하나님과의 교제 공동체로 이끄는 것이다. 성령 하나님이 당신을 통해 이루시려는 일이 바로 그것이다. 교제를 잃어버린 사람을 하나님과의 교제라는 강강술래 춤판에 참여시키기 원하시는 것이다. 이 성령의 소원이 바로 우리 교제의 목표이며 미션이다.

우리 교제의 가장 중요한 자산은 교제실이나 커피 머신이 아니다. 그 자산은 성령님과 성령님의 은사이고 하나님의 말씀이다. 말씀과 성령이 우리 교제의 중심, 기준, 기초여야 한다. 무교회주의는 성경적인 교회관이 아니다. 교회를 다니지 않으면 헌금을 안 내도 되고 봉사를 안 해도 되며 이런저런 스트레스 안 받아도 되니 속이 편할 것 같다. 절대 그렇지 않다. 성도는 교회를 떠나면 살 수도 없고 성도로서의 기능을 할 수도 없다. 당신의 어머니를 생각해보라. 그분이 완전한 어머니였는가? 어머니도 불완전한 인간일 뿐이다. 말로 상처를 주기도 하고, 어머니의 생각대로 내 인생에 대해 충고하려고 한 적도 있다. 그러나 당신은 그 어머니의 젖을 먹고 자랐다. 교회란 그런 곳이다. 키프리아누스(Caecilius Cyprianus, 약 210-258)라는 초대교회의 교부는 말한다. "하나님을 아버지로 모시고 있는 사람에게는 교회라는 어머니가 있다."

주님의 교회 백 배 누리기

교회를 소중히 여겨야 할 세 가지 이유를 살펴보았다. 교회가 주님의 것이기 때문이고, 내가 그 교회의 일원이기 때문이며, 우리가 성령과 말씀 안에서 하나로 붙어 있는 교제를 나누기 때문이다. 그러면 이제 어떻게 이 말을 우리 삶에 적용하고 실천할지를 살펴보자.

첫째, 모여야 한다. 성경은 말한다. "모이기를 폐하는 어떤 사람들의 습관과 같이 하지 말고 오직 권하여 그날이 가까움을 볼수록 더욱 그리하자"(히 10:25). 모이기를 폐하기 위해서는 무슨 일을 할 필요가 없다. 가만히 있으면 그렇게 되는 것이다. 우리는 이미 죄에 기울어져 있기 때문에 힘쓰지 않으면 모이지 않는다. 모이는 것을 우선순위에 두고, 마음을 비워야 하며, 시간을 내고, 안락함을 포기해야 모일 수 있는 것이다. 행동이 반복되면 습관이 되고 습관이 반복되면 성품이 되듯이 모이는 것도 마찬가지다. 한번 교회에 빠져보라. 그러면 이상하게도 그다음 주일에 빠질 일이 반드시 생긴다. 두 번 빠지면 세 번째는 교회에 가기가 싫어진다. "지난주에 왜 안 왔어? 지난주에 말씀이 얼마나 좋았는데. 꼭 자기에게 필요한 말씀이었는데 왜 안 왔어?" 그런 소리 듣기 싫어서 망설이다 또 안 간다. 그러면 세 번이나 같은 행동을 반복했기 때문에 관성이 생긴다. 이런 식으로 모이기를 폐하는 것이 습관이 된다. 성도는 모임을 멀리할수록 주님과 점점 멀어지고 세상과는 점점 더 가까워진다. 결국 그의 믿음은 크리스천의 믿음이 아니고 종교인의 믿음으로 전락하고 만다. 사월 초파일에 연등을 하나 걸고서 자신이 불교도라고 주장하는 종교 생활과 무엇이 다른가? 선데이 크리스천이란 말은 당신이 써서는 안 될 말이다. 일요일 한 시간만 크리스천이면 당신은 도대체 무슨 이유로 이 땅에 있는 것인가? 당신에게 예수님은 주일 예배 시간에 눈도장 한 번 찍고 가는 것밖에 안 되는 시시한 분이신가? 모이기를 폐하면 우리는 미지근한 종교인으로 전락하고 만다. 또한 나를 망가뜨리고 나의 힘을 빼며, 지속되는 교회의 맥을 끊으려는 악한 자와 한 팀이 되는 일이다. 아궁이에 불을 지펴본 사람은 이 말을 이해할 수 있다. 화력을 세게 하려면 불을 끌어모아야 하고, 불을 약화하거나 끄려면 흩어놓아야 한다. 모임을 소홀이 여기는 것은 교회를 주저앉게 하는 가장 큰 원인이다. 주님을 사랑하고 교회를 사랑한다면, 모이기에 힘써야 한다.

둘째, 교회 안에서 성장하고 교회 위에서 성장해야 한다. 미성숙한 사람과 성숙한 사람의 차이를 아는가? 성숙하지 못한 사람의 가장 큰 특징은 언제 어떤 일에서든지 '나 중심'이다. 세상도 교회도 나 중심으로 돌아가야 한다. 나는 조금도 손해를 보지 않고, 내 스케줄은 하나도 조정하지 않으면서 남은 시간에 섬기려 한다. 그러나 성숙할수록 남을 배려한다. 성숙할수록 남의 반응과 상관없이, 주님에 대한 사랑 때문에 몸 된 교회를 지켜나간다. 미숙한 사람은 권리에 집중하지만 성숙한 사람은 책임에 집중한다. 교회가 유지될 수 있는 이유는 권리보다는 책임에 집중하는 사람이 많기 때문이다. 성숙해져라. 그것이 교회를 사랑하는 일이다.

독일 신학자 디트리히 본회퍼(Dietrich Bonhoeffer, 1906-1945)는 "가베(gabe)는 아우프가베(aufgabe)"라는 말을 썼다. 독일어로 '가베'는 '선물'이라는 뜻이다. '아우프가베'는 '과제, 책임'이라는 뜻이다. 하나님이 우리에게 주신 선물, 그것이 건강, 돈, 지위, 은사, 재능, 경험, 훈련, 자식, 여건… 그 무엇이든 내게 주신 모든 좋은 선물은 나 자신의 권리를 위해 주어진 것이 아니다. 그것은 우리에게 과제와 책임이 있기 때문이 주신 것이다. 이 말을 뒤집으면 책임(아우프가베)을 거절한다면 선물(가베)을 주실 필요가 없다는 것이다.

당신의 삶이 어떤 영역에서 팍팍하다면 이 말을 잘 새기고 적용해볼 필요가 있다. 가베가 모자란다면 틀림없이 아우프가베와 연결되지 않았기 때문일 수 있다. 몸이 약하면 주님을 위해 어떻게 몸을 사용할까 연구해보라. 돈이 없으면 주님을 위해 어떻게 더 드릴까 생각해보라. 가베는 아우프가베를 위한 것이다. 아우프가베의 책임을 담당할 때 하나님은 그것을 담당할 가베를 주신다.

예수님은 목숨 바쳐 그분의 교회를 사랑하셨다. 우리도 교회를 사랑해야 한다. 우리 목숨이 다할 때까지 사랑해야 한다. 우리가 교회를 사랑하는 것처럼 우리 자녀가 교회를 사랑할 수 있도록 선배, 부모, 교사로서 모범을 보여야 한다. 그것이 교회가 시시해져가고 있는 이 시대에 우리가 감당해야 할 중요한 책임이다.

성령 하나님과 우리의 성화(聖化)에 관하여

chapter 26

죄의 용서

56문 '죄 사함'에 관해 당신은 무엇을 믿습니까?

답 그리스도께서 하나님의 의를 만족시키셨기 때문에 하나님께서는 나의 모든 죄와[1] 내가 일평생 싸워야 할 나의 죄악된 본성을[2] 더 이상 기억하지 않으십니다. 오히려 하나님께서는 은혜로 그리스도의 의를 나에게 선물로 주셔서[3] 결코 정죄함에 이르지 않게 하십니다.[4]

---

1. 시 103:3, 10, 12, 렘 31:34, 미 7:19, 고후 5:19 **2.** 롬 7:23–25 **3.** 롬 3:23–24, 롬 5:18–19, 고후 5:21, 요일 1:7, 2:1–2 **4.** 요 3:18, 5:24, 롬 8:1–2

좁여 읽기

"그러므로 이제 그리스도 예수 안에 있는 자에게는 결코 정죄함이 없나니 이는 그리스도 예수 안에 있는 생명의 성령의 법이 죄와 사망의 법에서 너를 해방하였음이라"
(롬 8:1-2).

사탄이 하는 짓은 언제나 같다. 우리를 죽이고 멸망시키려는 것, 그것 하나뿐이다. 도구도 같다. 죄다. 방법도 같다. 속이는 것이다. 죄에 대한 사탄의 대표적인 네 가지 거짓말이 있다.

부인: "넌 죄 지은 게 없다."
상쇄: "착한 일을 많이 하면 죄를 상쇄할 수 있다."
강박: "네가 지은 그 죄는 결코 용서받지 못한다."
값싼 은혜: "고백만 하면 무슨 죄든 용서받을 수 있는데 뭘 머뭇거리는가?"

속지 마라. 우리는 하나님이 우리 죄를 용서해주심을 믿는다. 사죄의 객관적 근거는 예수 그리스도의 십자가에서 이루신 대속이다. 예수님은 이 땅에 오셔서 하나님이 우리에게 쏟아부으셔야 할 진노를 '대신'(substitute) 받으셨다. 우리의 죄를 그 아들의 죄로 전가하시고, 그 아들의 의를 우리의 의로 전가하신 '위대한 교환'이 사죄의 객관적 근거이다. 이외에는 죄에서 용서받을 길이 없다.

그러나 그 객관적 사죄의 근거로 모든 사람이 용서를 받는 것은 아니다. 그것과 더불어 믿음으로 그 구원을 내 사건으로 인정하고 받아들이는 주관적 사죄의 근거가 필요하다. "악인은 그의 길을, 불의한 자는 그의 생각을 버리고 여호와께로 돌아오라 그리하면 그가 긍휼히 여기시리라 우리 하나님께로 돌아오라 그가 너그럽게 용서하시리라"(사 55:7).

하나님 백성의 원수 사탄, 그것이 하는 짓은 에덴동산에서나 지금이나 같다. 사탄의 목적은 바뀌지 않았다. 바로 우리를 죽이고 파멸시키는 것이다. 예수님은 말씀하셨다. "도둑이 오는 것은 도둑질하고 죽이고 멸망시키려는 것뿐이요"(요 10:10상). 사탄은 어떤 경우에도 우리의 선이나 복지를 위해 일하지 않는다. 오히려 우리를 파괴하려 한다. 왜인가? 그렇게 해야 우리를 지으신 창조주를 모독할 수 있기 때문이다.

사탄의 도구는 예나 지금이나 달라지지 않았다. 에덴동산에서 썼던 도구를 오늘도 새것처럼 사용하고 있다. 사탄이 우리를 파멸시키기 위해 쓰는 도구는 죄다. 우리가 당하는 모든 삶의 어려움은 다 죄의 결과로 온 것으로, 우리는 죄를 지으면 죄의 노예가 되고, 죄의 노예가 되면 절대로 사람다운 삶을 살 수가 없다. 죄는 하나님이 의도하신 사람으로 사는 삶을 방해한다.

또한 사탄의 전략은 거짓말하는 것이다. 이 장에서는 죄에 대해 사탄이 우리를 속이는 네 가지 거짓말을 폭로하려 한다.

부인

첫째, '너는 절대로 죄인이 아니다.'

성경에는 "만일 우리가 범죄하지 아니하였다 하면 하나님을 거짓말하는 이로 만드는 것"(요일 1:10)라고 분명히 나와 있다. 그러나 사람들은 그렇게 생각하지 않는다. 스피노자(Baruch Spinoza, 1632-1677)는 모든 것이 신이라고 믿는 범신론적 철학자였다. 그는 죄가 원래부터 존재한 것도 아니고 허위의식일 뿐이라고 가르쳤다. 많은 심리학자가 죄책감이 우리 삶에 도움이 안 된다고 주장했다. 그래서 사람들은 자신이 죄인이 아니라고 스스로 최면을 건다. 심리적인 방어 기제(defense mechanism)라는 개념이 있다. 편해지려고 자신에 대한 방어적인 생각을 하는 것이다. 그중 하나가 의도적인 망각이다. 자신이 한 착한 일은 크게 생각하고, 자신이 지은 죄는 축소하고 최대한 빨리 잊어버리려 한다. 그래서 시간이 지나면 내가 얼마나 착한 일을 많이 했는가만 남고 내가 했던 잘못은 다 망각한다. 죄의 장부에는 선한 일이 훨씬 많이 기록되어 있기 때문에 나는 선한 사람이라는 것이다.

그러나 우리가 아무리 가리고 속이며 망각하려 해도 죄는 가려지지 않는다. 우리는 죄 가운데 태어났고 죄를 용서받은 이후에도 죄의 오염 때문에 죄에서 자유로울 수 없다. 속지 마라. 사탄은 우리가 죄를 부인하도록 속인다. "너는 죄 지은 것이 없다. 너만큼 착하게 산 사람이 죄인이라면 이 땅에 죄인 아닌 사람은 아무도 없다."

상쇄

둘째, 상쇄다.

마귀는 이렇게 속인다. "네가 착한 일을 많이 하면 하나님이 네 죄를 상쇄하실 것이다." 상쇄한다는 말은 한쪽이 다른 쪽에 영향을 미쳐서 원래 힘이 없어진다는 뜻이다. 교회 역사에서 사탄은 이 방식으로 엄청나게 많은 성도를 속이는 데 성공했다. 죄를 용서받기 위해 이들은 성지를 순례해야 했다. 예루살렘이나 콘스탄티노플이나 스페인에 있는 성 야고보의 무덤에 다녀오면 죄를 다 용서받는다고 믿었던 것이다. 십자군이 결성되었을 때, 왜 많은 사람이 목숨을 걸고 십자군에 동참했는가? 십자군에 동참하면 자기의 죄와 조상의 죄까지 다 용서받을 수 있다고 믿었기 때문이다. 왜 사람들이 그렇게 많은 면죄부를 샀을까? 그것을 사면 죄를 용서받을 수 있다고 믿었기 때문이다. 유럽에 가면 엄청난 규모의 성당이 많다. 그 성당은 어떻게 지어졌을까? 성당을 지으면 죄를 용서받는다고 믿었기 때문이다. 그래서 유럽의 유명한 성당 구석에는 조그마한 가문 채플이 있는 것을 볼 수 있다. 몇 대 조상까지도 다 죄를 용서받는 대신 성당을 지은 것이다. 속지 마라. 하나님은 그렇게 어리석은 장사꾼이 아니시다. 죄에 대해서는 끝까지 책임을 묻는 의로운 하나님이시다. 선한 일이 조금 있다고 악한 일을 상쇄해주는 일은 그분께 없다.

강박

셋째, 사탄이 자주 하는 거짓말은 강박이다. '너는 절대로 그 죄를 용서받지 못한다.' 강박이란 과거에 지은 큰 죄에 발목이 잡혀 노예로 사는 것을 말한다. 스스로 고통하고 자학하며 심지어 삶을 포기하기도 한다. 정형외과에서 사용하는 어휘 가운데 '환상지 증후군'(phantom limb syndrome)이라는 것이 있다. 예를 들어, 사고를 당하거나 썩어서 손을 잘라냈는데, 뇌는 그 부위가 아직 있다고 착각하여 물건을 집기 위해 없는 손을 내미는 증후군을 말한다. 다리를 절단했을 때도 마찬가지다. 계단을 내려갈 때 다리가 있는 줄 알고 다리를 내밀다가 넘어진다는 것이다. 이것은 아주 오래 지속된다고 하는데 시간이 지나는 것밖에는 고칠 방법이 없다고 한다. 많은 성도가 이미 잘려나간 죄에 대한 고통을 끝까지 기억하며 용서받지 못한다는 강박 속에 갇혀 산다. 사탄의 거짓말이다. 하나님은 이미 그 죄를 용서하셨고 이미 완전히 제거하셨다.

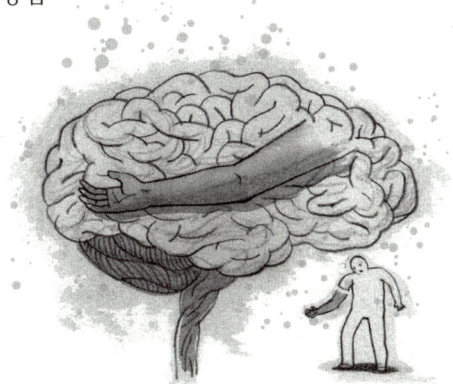

값싼 은혜

넷째, 사탄이 자주 하는 거짓말은 값싼 은혜다. 우리가 죄의 유혹을 받을 때마다 속삭이는 사탄의 말은 거의 동일하다. "뭘 그렇게 망설여? 죄를 지어도 괜찮은 이유가 있잖아. 고백하면 다 용서하신다고 요한일서 1장 9절에 약속하셨잖아. 용서만 빌면 돼. 또 용서해주실 거니까." 많은 크리스천이 하나님이 죄를 다 용서해주실 거라는 어리석은 착각 속에 용감하게 죄를 짓는다. 이것은 은혜가 아니다. 오히려 죄를 용서해주시는 하나님의 은혜를 지렛목으로 삼아 더 큰 죄를 짓게 하고 또 그것을 지렛목으로 삼아 더 큰 죄를 짓게 하여 우리를 평생 죄의 노예로 주저앉게 하려는 사탄의 전략이다. 그러나 이것은 말씀과는 다르다. "여호와라 여호와라 자비롭고 은혜롭고 노하기를 더디하고 인자와 진실이 많은 하나님이라 인자를 천대까지 베풀며 악과 과실과 죄를 용서하리라 그러나 벌을 면제하지는 아니하고 아버지의 악행을 자손 삼사 대까지 보응하리라"(출 34:6상-7).

누구도 죄에서 완전히 자유로울 수 없다. 그러나 진보성과 방향성을 잃어버리지 않도록 주의해야 한다. 진보성과 방향성은 무엇을 의미하는가? 이전에 자주 짓던 죄를 점점 줄이는 것을 의미한다. 죄에서 점점 더 멀어지고 주님께로 점점 더 가까이 가는 방향성이 있어야 한다. 죄 중에 옆에 끼고 살아도 안전한 죄란 없다. 죄는 반드시 나에게 해를 끼친다. 아무리 작은 암세포라도 우리 몸에 심각한 결과를 낳는 것과 같다.

그러므로 죄는 반드시 해결해야 한다. 문제는 죄를 해결할 능력이 우리 안에 있지 않다는 것이다. 깊은 물에 빠졌을 때, 두 손으로 자신의 머리카락을 움켜잡고 아무리 추켜올린다고 물속에서 나올 수 있겠는가? 바깥에서 도움의 손길이 와서 끌어내기 전에는 나올 방법이 없다. 그것이 죄의 현실이다.

그러나 좋은 소식이 있다. 죄에서 자유를 누릴 수 있는 좋은 소식이다. 사도신경으로 우리는 이렇게 고백한다. "죄를 사하여 주시는 것과." 또한 성경 전체를 요약하는 요한복음 3장 16절에 이렇게 쓰여 있다. "하나님이 세상을 이처럼 사랑하사 독생자를 주셨으니 이는 그를 믿는 자마다 멸망치 않고 영생을 얻게 하려 하심이니라." 멸망시키는 것이 무엇인가? 죄다. 하나님은 죄의 문제를 해결하기 위해서 그의 독생자를 보내주셨다. 예수님이 이 땅에 오신 이유는 우리 죗값을 대신 치르기 위해서다. 태어날 때부터 아담과 하와의 원죄로부터 분리되었던 그분, 단 한 번도 죄를 지으신 적이 없었던 예수님이 십자가에서 죽어야 했던 이유는 하나다. 바로 당신과 내가 지은 죗값을 대신 치르기 위해서였다.

사죄의 객관적 근거

사죄에는 객관적 근거가 있고 주관적 근거가 있다. 하나님께는 절대 타협할 수 없는 두 가지 속성이 있다. 하나는 절대 공의다. 다음 말씀을 보라. "범죄하는 영혼은 죽으리라"(겔 18:4). "죄의 삯은 사망이요"(롬 6:23). 하나님은 인정에 끌리는 분이 아니시다. 당신의 딸을 성폭행하여 아이의 몸과 마음을 엉망으로 만들어버린 성폭행범이 판사 앞에 섰다고 상상해보라. 자기가 그럴 수밖에 없었던 어린 시절의 상처를 눈물로 자백할 때, 판사가 이 사람을 너무 불쌍히 여겨 무죄 판결을 내린다면, 당신은 말도 안 되는 일이라고 소리칠 것이다. 그런 판결은 공의를 무너뜨리는 짓이다. 하나님은 죄를 절대로 그냥 넘기지 않는 공의로운 분이시다.

하나님이 공의롭다고 말하는 성경은 또한 하나님은 자비로우시다고 말하고 있다. 우리가 지은 죄는 반드시 벌주셔야 하는데 우리를 너무나 사랑하시기 때문에 벌을 주실 수 없었던 것이다. 도무지 벌을 줄 수 없는 사랑 때문에 딜레마가 발생한다. 그때 하나님은 놀라운 지혜를 발휘하셨다. 대신 죗값을 치르게 하는 것이다. 구약에는 하나님 앞에 짐승 제사를 드렸다. 죄 지은 사람이 짐승을 가지고 제사장 앞에 나온다. 그러면 제사장은 죄 지은 사람과 그가 가져온 동물 위에 각각 손을 얹고 그의 죄를 다 고백하게 한다. 이렇게 그의 죄를 다 짐승에게 옮긴 후 제사장은 짐승을 죽여 피를 다 쏟게 하고, 각을 떠서 그것을 제단에서 불태워버린다. 죄인은 모든 과정을 끝까지 지켜보아야 했다. 죄인은 그 광경을 보며 무슨 생각을 했을까? '아무 죄도 없는 짐승이 나 때문에 저렇게 되었구나. 저 망치는 내 머리를 내리칠 망치였고, 저 칼은 내 목을 찔러야 할 칼이었고, 저 피는 내가 흘려야 할 피였다. 저 고통은 내가 당해야 할 고통의 대신이다. 저 죽음은 내가 죽어야 할 죽음의 대신이다.' 이것은 훗날 우리의 죗값을 대신 지고 죽으실 메시아에 대한 모형이었다. "우리는 다 양 같아서 그릇 행하여 각기 제 길로 갔거늘 여호와께서는 우리 모두의 죄악을 그에게 담당시키셨도다"(사 53:6).

예수님이 오셨을 때 세례 요한은 외쳤다. "보라 세상 죄를 지고 가는 하나님의 어린 양이로다"(요 1:29). 하나님은 우리에게 쏟아부으셔야 할 진노를 그 아들에게 쏟아부으신 것이다. "모든 사람이 죄를 범하였으매 하나님의 영광에 이르지 못하더니 그리스도 예수 안에 있는 속량으로 말미암아 하나님의 은혜로 값없이 의롭다 하심을 얻은 자 되었느니라"(롬 3:23-24).

신학자들은 이것을 설명하기 위해 '위대한 교환'이라는 말을 사용한다. 하나님이 죄인인 내가 받아야 할 모든 진노와 형벌을 아들에게 쏟으시고 그 아들의 의를 나에게 덮으셨다는 것이다. 그 위대한 교환 덕분에 우리는 죄 사함을 받을 수 있는 근거를 갖게 되었다. 펜실베이니아에 스트라우즈버그라는 곳은 남북전쟁이 일어났던 피 흘린 전쟁터였다. 거기에 이런 묘비가 하나 있다고 한다. 한 사람의 이름과 그의 출생과 사망 일자가 있고, 맨 밑에 한 줄이 더 쓰여 있다고 한다. "에이브러햄 링컨을 대신해"(Abraham Lincoln Substitute). 에이브러햄 링컨을 대신해 이 사람이 죽었다는 것이다. 링컨이 노예 해방과 민족 해방과 통일을 위해 수많은 병사가 죽은 것을 잊지 않기 위해 그렇게 쓰게 한 것이 아닌가 싶다.

또 다른 묘비명이 내 마음에 있다. 예수님이 돌아가실 죄패에 "유대인의 왕"이라고 쓰여 있었다. 그것을 나에게 다시 쓰라고 한다면 "양승헌을 대신하여"라고 쓰겠다. 그 죽음은 나를 대신한 죽음이었다. 예수님은 우리 대신 거기서 그렇게 비참하게 돌아가신 것이다.

이것이 우리 사죄의 객관적 근거가 된다. 그러나 예수님이 십자가에서 누구든지 멸망하지 않고 용서받게 하기 위해 십자가에서 죽으셨다고 해서 모든 사람이 자동으로 죄를 용서받는 것은 아니다.

사죄의 주관적 근거

성경은 그 사죄의 조건으로 "저를 믿는 자마다"를 붙이고 있다. 이것이 주관적인 근거다. 믿음으로 저 사건이 내 사건이 되도록 인정하고 받아들일 때, 사죄의 객관적 근거는 주관적인 근거로 바뀌는 것이다. 성경은 말한다. "악인은 그의 길을, 불의한 자는 그의 생각을 버리고 여호와께로 돌아오라 그리하면 그가 긍휼히 여기시리라 우리 하나님께로 돌아오라 그가 너그럽게 용서하시리라"(사 55:7).

예수님이 십자가에서 마련하신 그 역사적이고 객관적인 사건을 나의 주관적인 사건으로 연결하는 방법은 두 동사에 달려 있다. "죄를 등지고" "하나님께로 돌아서는 것"이다. 죄에서 돌아서서 하나님께로 돌아가는 일, 그것이 바로 믿음이다. 죄를 늘 옆에 끼고 살 수는 없다. 언젠가는 그것 때문에 자신의 가치를 잃어버리고, 하나님의 영광을 가리며, 내가 심긴 작은 세상을 불행하게 할 것이다. 하나님께는 소원이 있다. '그 죄에서 빨리 돌아서라. 그리고 내게로 돌아와라.'

내가 묻겠다. 정직하게 대답해보라. 당신은 용서받았다는 것을 확신하는가? 이 질문에 대한 대답이 애매하다면, 당신은 결코 행복한 크리스천으로 살 수 없다. 이 확신이 없다면, 그 숱한 죄의 유혹을 이겨낼 기초도 없다. 그런데 내가 진짜 용서받았는지를 어떻게 알 수 있는가? 세 가지 증거를 말하겠다. 이것은 죄에서 용서받았는지 알게 해주는 증거일 뿐만 아니라 죄 사함에 대한 확신이 생기는 세 가지 근거다.

첫째는 말씀의 증거다. 당신에게 사죄의 확신이 있는가? 그보다 중요한 질문, 당신은 말씀을 근거해 죄 사함을 받았음을 확신하는가? 그것의 근거는 내 기분, 느낌, 행위나 다른 사람과의 비교에서 오는 것이 아니다. 그 확신의 증거는 하나님의 말씀이다.

시편 32편에 보면 이런 놀라운 하나님의 말씀이 있다. "내가 입을 열지 아니할 때에 종일 신음하므로 내 뼈가 쇠하였도다 주의 손이 주야로 나를 누르시오니 내 진액이 빠져서 여름 가뭄에 마름 같이 되었나이다"(3-4절). 이것은 누구의 고백인가? 다윗의 고백이다. 다윗은 벌거벗고 목욕하는 여인을 보는 순간 충동을 참지 못해서 그녀를 데려다가 동침을 한다. 그리고 모든 것이 조용히 끝날 줄 알았는데 얼마 후에 난처한 기별이 왔다. 그 여인이 아이를 뱄다는 소식이었다. 그러자 다윗은 자신의 악행을 은폐하기 위해 얄팍한 수를 쓴다. 전쟁터에 나가 있는 그녀의 남편을 급히 소환해서 그녀와 잠을 자게 하려고 한다. 그래야 그 아기가 자기 씨가 아니고 남편의 씨인 것으로 자연스럽게 묻히기 때문이다. 그러나 이 충직한 남편은 동료들이 목숨을 걸고 전쟁터에서 싸우는데 아내와 자는 것이 마땅하지 않다고 생각해 왕궁 처마 밑에 쭈그리고 앉아서 자고는 전쟁터로 돌아가려고 했다. 다윗은 그의 손에 전쟁 사령관 요압 장군에게 보내는 편지 하나를 들려 보낸다. 그 편지에는 이렇게 기록되어 있었다. "이 편지를 가지고 간 우리아를 적진 깊숙이 몰아넣고 모두 퇴각하시오." 결국 우리아는 그렇게 적진에서 영문도 모른 채 억울하게 죽었다. 다윗은 뻔뻔하게 그 여인을 데려다가 자기 아내로 삼았다. 보통 때보다 더 근엄하게, 평안한 척하며, 아무 일 없는 척 연기를 해도 체한 것처럼 남아 있는 죄책감을 없앨 수는 없었다. 그것을 하나님 앞에 자백하지 않았을 때 자신이 여름 가뭄에 마르는 것처럼 속이 바싹바싹 탔다고(시 32:4) 그는 고백했다. 그런데 그다음 말이 중요하다. "내가 이르기를 내 허물을 여호와께 자복하리라 하고 주께 내 죄를 아뢰고 내 죄악을 숨기지 아니하였더니 곧 주께서 내 죄악을 사하셨나이다(5절). 우리가 용서받았다는 확신은, 생각해보니 그렇게 되었으면 좋겠다는 소망에 근거하지 않는다. 생각해보니 요즘 큰 죄를 지은 것이 없는 것 같다는 경험에 근거하지도 않는다. 그것은 하나님 말씀에 근거한다. 그 근거를 다음 말씀에서 찾을 수 있다.

"동이 서에서 먼 것같이 우리의 죄과를 우리에게서 멀리 옮기셨으며"(시 103:12).

"내가 그들의 악행을 사하고 다시는 그 죄를 기억하지 아니하리라"(렘 31:34하).

"다시 우리를 불쌍히 여기셔서 우리의 죄악을 발로 밟으시고 우리의 모든 죄를 깊은 바다에 던지시리이다"(미 7:19).

"만일 우리가 우리 죄를 자백하면 그는 미쁘시고 의로우사 우리 죄를 사하시며 우리를 모든 불의에서 깨끗하게 하실 것이요"(요일 1:9).

이런 하나님의 약속 때문에 내 죄가 용서받았다고 말할 수 있는 것이다.

두 번째 증거는 죄와의 결별이다. 죄 사함의 은혜가 죄를 더 편하게 짓는 심리적 지렛목이 될 수는 없다. 죄를 용서해주시는 은혜가 있으니, 조금은 편한 마음으로 죄를 지을 수 있겠다고 생각하는 사람은 사죄의 은총이 무엇인지조차 모르는 사람이다. "그런즉 우리가 무슨 말을 하리요 은혜를 더하게 하려고 죄에 거하겠느냐 그럴 수 없느니라 죄에 대해 죽은 우리가 어찌 그 가운데 더 살리요 무릇 그리스도 예수와 합하여 세례를 받은 우리는 그의 죽으심과 합하여 세례를 받은 줄을 알지 못하느냐"(롬 6:1-3).

세례란 연합을 의미한다. 세례는 물속에 들어갈 때 죄와의 연결은 끊어지고 물에서 나올 때 하나님과의 연결이 시작된다는 엄청난 메시지다. 죄와의 결별은 매우 중요하다. 죄를 혐오하고 죄에 대해 알레르기 반응을 보여야 한다. 우리 죄에 대한 책임이 십자가에서 다 끝났다고 해도, 죄의 오염은 여전히 우리 속에 남아 있다. 끊임없이 죄를 생산해내는 육이라는 공장이 우리 안에서 작동될 동안 우리는 언제든지 넘어질 수 있다. 그럴 때마다 우리는 죄를 고백하고 용서를 빌며 거기서 떠나야 한다. 단번에 뽑히면 얼마나 좋겠는가? 그러나 뿌리 깊은 죄가 어떻게 단번에 뽑힐 수 있겠는가? 그러나 반드시 죄를 짓는 빈도를 줄여야 한다. 그리고 결국은 죄의 뿌리를 없애야 한다. 죄에서 떠나지 않으면 그 죄 때문에 우리는 너무 많은 손해를 보게 된다.

마지막은 용서다. '내가 진짜 용서받았는가?' '내가 진짜 용서할 수 있는가?' 이 두 가지는 실상 같은 말이다. 남을 용서하는 것은 내가 용서받은 것에 대한 증거이기도 하지만 용서받은 자의 책임이기도 하다. 마태복음 18장에 보면 예수님이 용서에 대해 일러주신 말씀이 나온다. 1만 달란트 빚진 신하가 있었다. 1만 달란트가 얼마나 많은 돈인지를 알면 예수님의 마음을 읽는 데 도움이 된다. 1달란트는 6천 데나리온이다. 1데나리온은 하루 품삯이다. 하루 일당을 5만 원만 잡는다 해도 1만 달란트란 3조 원에 해당하는 어마어마한 빚이다. 신하는 왕에게 눈물로 자비를 호소한다. 왕은 그를 불쌍히 여겨 3조 원의 어마어마한 빚을 탕감해주었다. 그렇게 용서받은 이 신하가 가벼운 마음으로 집으로 돌아가다 자기에게 100데나리온 빚진 사람을 만났다. 100데나리온은 일당을 5만 원으로 치면 5백만 원이다. 3조 원이 탕감된 사람이 5백만 원 빚진 사람의 멱살을 잡았다. 그리고 조금만 참아달라고 애원하는 그를 감옥에 넣었다. 그것을 알게 된 동료들은 왕에게 이 말도 안 되는 상황을 살펴달라고 청원한다. 왕은 그 이야기를 듣고 그 신하를 다시 감옥에 집어넣었다. 그때 왕의 입을 통해 예수님이 우리에게 하시는 말씀을 들어보라. "이에 주인이 그를 불러다가 말하되 악한 종아 네가 빌기에 내가 네 빚을 전부 탕감하여 주었거늘 내가 너를 불쌍히 여김과 같이 너도 네 동료를 불쌍히 여김이 마땅하지 아니하냐 하고"(마 18:32-33).

우리는 주기도에서 이렇게 기도한다. "우리가 우리에게 죄 지은 자를 사하여 준 것같이 우리 죄를 사하여 주시옵고"(마 6:12). 용서는 사죄의 마땅한 결과이기도 하지만, 우리가 사죄를 받을 조건이기도 하다. 용서받을 수 없는 죄를 용서받은 우리가 용서하지 못할 죄는 없다. 남을 용서하지 않는 것은 나 자신을 미움과 원망의 감옥 속에 가두는 일이다.

죄를 끊는 방법은 굳은 결심을 하는 것이 아니다. 이것은 컵 안의 공기를 빼내는 일과 비슷하다. 컵 안에 있는 공기를 빼내는 방법은 어렵기도 하지만 단순하다. 컵에 물을 가득 채우면 공기는 완전히 빠져나간다. 시편 130편 4절을 보라. "그러나 사유하심이 주께 있음은 주를 경외하게 하심이니이다." 죄를 용서하는 것은 주님의 고유한 권리다. 그러면 사함 받은 우리의 반응은 무엇이어야 하는가? 주를 경외하는 것이다. 주를 경외한다는 말은 주님을 사랑한다는 것이다. 사함 받았으면 사랑해야 한다. 또한 예수님을 사랑할수록 죄에서 멀어진다. 죄를 끊으려고 기를 쓰는 대신, 예수님에 대한 사랑으로 당신의 마음과 생각을 채우는 것이 지혜다.

성령 하나님과 우리의 성화(聖化)에 관하여

chapter 27

몸의 부활과 영생

57문 '육신의 부활'은 당신에게 어떠한 위로를 줍니까?

답 이 생명이 끝나는 즉시 나의 영혼은 머리 되신 그리스도에게 올려질 것입니다.[1] 또한 나의 이 육신도 그리스도의 능력으로 일으킴을 받아 나의 영혼과 다시 결합되어 그리스도의 영광스러운 몸과 같이 될 것입니다.[2]

58문 '영원한 생명'은 당신에게 어떠한 위로를 줍니까?

답 내가 이미 지금 영원한 즐거움을 마음으로 누리기 시작한 것처럼[3] 이 생명이 끝나면 눈으로 보지 못하고 귀로도 듣지 못하고 사람의 마음으로도 생각지 못한 완전한 복락을 얻어 하나님을 영원히 찬양할 것입니다.[4]

---

1. 눅 16:22, 20:37-38, 23:43, 빌 1:21, 23, 계 14:13 2. 욥 19:25-27, 고전 15:20, 53-54, 빌 3:21, 요일 3:2
3. 요 17:3, 롬 14:17, 요일 3:14 4. 요 17:24, 고전 2:9, 고후 5:2-3

졸여 읽기

"그러나 우리의 시민권은 하늘에 있는지라 거기로부터 구원하는 자 곧 주 예수 그리스도를 기다리노니 그는 만물을 자기에게 복종하게 하실 수 있는 자의 역사로 우리의 낮은 몸을 자기 영광의 몸의 형체와 같이 변하게 하시리라"(빌 3:20-21).

예수님이 오신 이유는 그분의 죽음을 통해 죽음의 세력을 잡은 마귀를 멸하시고, 죽기를 무서워하여 한평생 매여 종노릇하는 모든 자를 놓아주기 위해서다(히 2:15). 당신은 정말 그 종노릇에서 벗어났는가? 우리가 고백하는 대로 정말 몸이 다시 사는 것과 영원히 사는 것을 믿는가? 그렇다면 그 사실을 어떻게 알 수 있는가?

두 가지를 보면 된다. 첫째는 죽음에 대한 생각과 태도가 바뀌었는가로 알 수 있다. 보잘것없는 도토리가 거대한 참나무로 변하는 과정에서 결정적인 사건은 그것이 땅에 묻혀 썩는 것이다. 우리에게 죽음은 죄성으로 오염된 이 땅의 지긋지긋한 죄와의 갈등과 씨름판을 나와, 영원한 천국으로 들어가는 관문이 된다. 그러므로 죽음에 매여 사는 노예처럼 육신의 건강이나 죽음에 대한 과도한 불안과 염려와 두려움을 버려야 한다.

둘째는 삶에 대한 생각과 태도가 바뀌었는가로 알 수 있다. 예수님은 말씀하셨다. "영생은 곧 유일하신 참 하나님과 그가 보내신 자 예수 그리스도를 아는 것이다"(요 17:3). 그러므로 영생은 죽어서 누리는 것이 아니다. 영생은 이미 시작되었다. 영생은 오늘의 삶의 압력을 이겨내고 주님이 맡기신 책임을 다할 힘이 된다. 살아서나 죽어서나 우리의 진정하고 유일한 힘, 용기, 소망, 위로는 "살아서나 죽어서나 나는 나의 것이 아니요, 몸도 영혼도 나의 신실한 구주 예수 그리스도의 것"이기 때문이다.

중국의 유명한 사상가인 장자(莊子, 약 BC 365-270)가 젊었을 때 어느 날 매를 사냥하러 나갔다. 그는 나뭇가지 위에 있는 매를 발견하고는 활시위를 있는 힘껏 잡아당겼다. 이제 활줄을 잡은 손을 놓기만 하면 화살이 매의 몸통을 꿰뚫고 나갈 참이었다. 그런데 이 어리석은 매는 죽음이 바로

"내가 그들에게 영생을 주노니 영원히 멸망하지 아니할 것이요 또 그들을 내 손에서 빼앗을 자가 없느니라 그들을 주신 내 아버지는 만물보다 크시매 아무도 아버지 손에서 빼앗을 수 없느니라"(요 10:28-29).

뒤에 있는 줄도 모르고 뭔가를 잡아먹으려고 앞만 노려보고 있었다. 매의 눈길을 쫓아가 보니 밑에 통통한 뱀이 똬리를 틀고 있었다. 그런데 바로 뒤에 있는 죽음의 낌새를 눈치채지 못한 뱀은 무엇엔가 정신이 팔렸었다. 그 눈길을 쫓아가 보니 앞에 있는 개구리가 있었다. 또 개구리가 무엇에 그렇게 열중했나 보니 앞에 있는 딱정벌레를 잡아먹으려고 숨을 고르고 있었다. 어리석은 딱정벌레는 한 치 앞의 죽음도 못 보고 그 앞에 있는 진딧물을 먹으려고 정신이 팔렸다. 그런데 어리석은 진딧물은 바로 뒤에서 딱정벌레가 집게를 벌리고 제 목을 자를 준비를 하고 있는데도 그저 코를 박고 나뭇잎을 갈아 수액을 빨아 먹고 있었다. 장자는 생각했다. '어이구. 어리석고 미련한 것들 같으니.'

이 장면을 보면서 장자는 자신의 어리석음을 깨달았다. 한 치 앞에 있는 죽음도 보지 못하고 그저 삶에 처박혀서 기를 쓰고 앞만 향해 가는 것은 미물만이 아님을 깨달았다. 인간도 마찬가지 모습으로 살고 있음을 보게 된 것이다.

사람들이 제일 듣기 싫어하는 말은 죽음이다. 이 땅에 죽음보다 센 힘은 없다. 죽음 앞에서는 누구나 두 손을 들고 만다. 권세자의 권력, 부자의 재력, 젊은이의 패기, 미녀의 아름다움, 학자의 지혜, 그 어떤 것으로도 죽음의 세력을 피할 수 없다. 그래서 사람들은 죽음을 두려워한다. 실상 우리가 느끼는 모든 두려움의 뿌리는 죽음에 대한 두려움이다.

죽음에 대한 두려움은 죽는다는 것 자체에 대한 두려움이라기보다 죽은 다음에 어떻게 되는지를 모르기 때문에 온다. 사후 세계의 불확실성 때문에 사람들은 죽는 것을 두려워하는 것이다. 그래서 사람들은 아주 오래전부터 죽은 다음에는 이렇게 될 것이다, 저렇게 될 것이다 하면서 많은 이론과 생각을 지어냈다. 유교에서는 사후 세계에 대해 이렇게 말한다. "모른다." 공자에게 한 제자가 물었다. "사람이 죽으면 어떻게 되나요?" 공자가 대답했다. "여보게. 살아서 일도 모르는데 죽은 다음에야 어떻게 알겠는가?" 불교에서는 다르게 말한다. 그들은 어떻게 될 줄 안다고 주장한다. "삶은 전생이 있고 현생이 있으며 내생이 있는데 우리가 지금 이렇게 사람으로 태어난 것은 좋은 사람으로 살았기 때문이다. 그런데 현생에서 악하게 살면 내생에 구더기가 된다. 그러나 구더기도 현생에서 잘살다 보면 내생에 사람으로 다시 태어날 수 있다." 이렇게 불교에서는 사람이 죽으면 돌고 도는 수레바퀴처럼 윤회한다고 믿는다. 도교에서는 우리가 도를 닦아 어떤 경지를 넘어서서 신선이 되면 불로장생한다고 가르친다.

임상적으로 죽었다 살아난 사람들이 자기가 죽었을 당시에 경험했던 다음 세계에 대한 이야기를 책으로 썼다. 그들이 본 지옥과 천국을 말한다. 그런데 그런 책은 사지도 말아야 한다. 왜냐하면 우리가 알아야 할 죽음 다음의 이야기를 정확하게 말해주지 못하기 때문이다. 내가 본 천국 책들의 내용을 살펴보면, 그곳을 경험한 사람마다 다 다른 말을 한다. 미국 사람이 본 천국과 한국 사람이 본 천국이 다르다. 평생 배고픈 삶을 살았던 사람이 죽었다 깨어나면 천국에 먹을 게 엄청 많다고 말하고, 집이 없어서 고생하던 사람이 천국에 갔다가 깨어나면 천국의 집이 으리으리하다고 말한다. 대부분 생전에 들었던 이야기를 투사(投射)했다는 사실을 알 수 있다. 이런 말에 귀 기울이지 마라. 우리를 만드신 하나님만이 우리가 죽으면 어떻게 되는지 가르쳐주실 수 있다.

우리는 사도신경을 통해서 이렇게 고백한다. "몸이 다시 사는 것과 영원히 사는 것을 믿사옵나이다. 아멘".

이 고백은 사도신경의 마지막 대목이다. 죽으면 어떻게 될까? 지금까지 '그걸 어떻게 알아? 죽어봐야 알지.' 정도로 생각했다면, 예수님의 제자보다는 공자의 제자에 가깝다. '내가 최선을 다해 착하게 살았으니까 죽은 다음에는 더 좋은 세상이 오겠지'라고 생각한다면 부처의 제자다운 생각이지 예수님의 제자다운 생각은 아니다. '죽으면 다 끝나고 다 없어지고 정신이나 영향만 살아 있겠지'라는 생각은 그리스 철학자다운 생각이다. 예수님의 제자인가? 그렇다면 이제 그런 근거 없는 이론으로 당신의 오늘을 훼손하지 말아야 한다. 죽음 이후의 삶을 아는 것은 오늘 어떻게 살아야 하는지를 결정짓는 매우 중요한 출발점이 된다.

죽으면 어떻게 될까? 죽으면 어떻게 되는지에 대해 성경은 분명하게 가르쳐준다. 죽음은 소멸을 의미하지 않는다. 죽음은 분리를 말한다. 꽃이 뿌리에서 분리되는 순간 죽듯이, 죽음이란 영혼과 육체가 분리되는 것이다. 영혼과 육체가 분리되는 것은 하나님의 백성이나 마귀의 백성이나, 믿는 사람이나 안 믿는 사람이나 다 똑같이 경험하는 일이다. 그러나 신자와 불신자의 죽음은 그 의미와 과정이 아주 다르다. 예수님이 십자가 죽음을 자신의 죽음으로 믿는 신자의 죽음은 그 진리를 거절한 사람의 죽음과는 근원적으로 다르다. 이제부터 지도 두 장을 그려보겠다.

예수님을 믿은 사람이 가는 길

첫 번째 지도는 예수님을 나의 구세주와 주님으로 믿는 사람에 관한 지도다. 예수님이 이 땅에 다시 오시는 날, 그 이전에 죽은 예수를 믿는 사람의 몸은 무덤 속에 있었다. 실상 그 몸은 그의 영혼이 깃들어 살던 낡고 병든 집이었을 뿐이다. 몸은 그가 온 곳인 자연으로 돌아간다. 그러나 그의 영혼은 천국으로 간다. 예수님이 다시 오실 때까지 살아 있는 하나님의 사람들은 하늘로 들려 올림을 받는다. 그것을 휴거(携擧)라고 부른다. 그러나 휴거 직전에 중요한 일이 벌어진다. 천국에 가 있던 신자의 영혼과 무덤 속에서 자연으로 돌아갔던 몸이 다시 살아나 둘이 만나게 된다. 분리되는 것이 죽음이라면 다시 만나는 것은 부활이다. 이것을 우리는 첫 번째 부활 혹은 생명의 부활이라고 말한다.

예수님을 믿지 않은 사람이 가는 길

그러나 두 번째 지도는 아주 다른 경로를 이야기한다. 이 지도는 끝까지 예수님의 구원을 거절한 불신자에 관한 지도다. 신자와 똑같이, 불신자도 죽으면 영혼과 육체가 분리된다. 그러나 불신자의 영혼은 지옥으로 들어가고 그의 육체는 무덤 속으로 들어간다. 예수님의 재림 때 살아 있는 불신자는 백보좌 심판을 통해 몸과 영혼이 함께 지옥으로 간다. 그리고 그 직전에 죽은 불신자들은 무덤에 들어가 있던 몸과 지옥에 가 있던 영이 다시 결합한다. 그것도 부활이다. 그것을 두 번째 부활 혹은 사망의 부활이라고 부른다.

이것은 내가 곰곰이 생각하며 상상으로 그리는 지도가 아니다. 신학자들이 이렇게 될 거라며 그린 지도도 아니다. 이 지도는 예수님 자신이 우리에게 말씀해주신 것을 정리한 것뿐이다. 예수님이 얼마나 좋은 분이신데, 예수님이 얼마나 사랑이 많은 분이신데, 그분이 진짜 지옥 이야기를 했겠느냐고? 그렇다. 예수님이 지옥에 대해서 말씀하신 이유가 있다. 그리고 내가 당신에게 그 말을 정확하게 전달하고, 당신 또한 자녀에게 이것을 정확하게 가르쳐야 하는 이유가 있다. 그것은 지옥의 두려움으로 겁주려는 것이 아니라, 그들을 그 두려운 지옥에 가지 않게 하기 위해서다.

지옥에서 벗어날 길을 알려주시기 위해 예수님이 오셨다. "또 죽기를 무서워하므로 한평생 매여 종노릇하는 모든 자들을 놓아 주려 하심이니"(히 2:15). 예수님이 오신 이유는 죽음의 노예로 살아가는 사람들을 해방하기 위해서다. 그래서 우리는 이렇게 고백하는 것이다. "몸이 다시 사는 것과 영원히 사는 것을 믿사옵나이다." 어떤 몸, 몇 살 때의 몸으로 부활할지는 모른다. 어떤 모습으로 우리가 완성될지는 모르지만 하나님이 우리를 지으신, 죄의 영향력이 다 없어져버린 완전한 작품으로 우리가 변화될 것만은 확실하다.

"몸이 다시 사는 것과 영원히 사는 것을 믿습니다." 이것은 우리 미래에 대한 단순한 호기심을 충족하기 위해 예수님이 가르쳐주신 말씀이 아니다. 나 역시 사람이 죽으면 어떻게 되는지에 대한 호기심을 채우기 위해 이 말을 전하는 것이 아니다. 오히려 죽은 후에 어떻게 될지 아는지 여부에 따라 오늘의 삶이 엄청나게 달라지기 때문에 이 말을 하는 것이다. 몸이 다시 사는 것과 영원히 사는 것을 믿는 것이 어떤 차이를 낳을까?

죽음에 대한 생각을 교정해준다

우선 죽음에 대한 생각을 고쳐준다. 죽음에 대한 두려움에서 해방된다. 바울의 가르침은 내가 죽음에 대한 생각을 정리하는 데 결정적인 역할을 했다. "나의 간절한 기대와 소망을 따라 아무 일에든지 부끄러워하지 아니하고 지금도 전과 같이 온전히 담대하여 살든지 죽든지 내 몸에서 그리스도가 존귀하게 되게 하려 하나니 이는 내게 사는 것이 그리스도니 죽는 것도 유익함이라 그러나 만일 육신으로 사는 이것이 내 일의 열매일진대 무엇을 택해야 할는지 나는 알지 못하노라 내가 그 둘 사이에 끼었으니 차라리 세상을 떠나서 그리스도와 함께 있는 것이 훨씬 더 좋은 일이라 그렇게 하고 싶으나 내가 육신으로 있는 것이 너희를 위하여 더 유익하리라"(빌 1:20-24).

부모는 자녀를 키우면서 이런 철없는 질문을 한다. "엄마가 더 좋아? 아빠가 더 좋아?" 그런 질문을 받으면, 보통 엄마가 좋다고 말하지만 아빠에게서 얻을 게 있는 아이는 절대 그렇게 말하지 않는다. "둘 다 좋아요." 사도 바울의 대답은 다음 우리의 질문에 대한 머뭇거림이 없는 확신에 찬 대답이었다. "바울 선생님, 선생님은 죽는 게 좋으세요? 사는 게 좋으세요?"

바울의 대답을 내 식으로 풀어보겠다. "그런 질문을 받을 때마다 난 진짜 뭐라고 대답해야 할지 모르겠어. 내가 죽으면 예수님과 함께 영원한 천국을 누리기 때문에 너무너무 좋지. 그런데 살아 있으면 예수님과 함께 다른 사람에게 예수님에 대해 이야기해줄 수도 있고, 그 사람들이 지옥에서 벗어날 복음을 전할 수 있어서 너무 좋지. 죽는 것도 너무 좋고, 사는 것도 너무 좋아." 그래서 그는 "내게 사는 것이 그리스도니 죽는 것도 유익하다"(빌 1:21)라고 말한 것이다.

예수님을 믿는 사람에게 죽음은 형벌이 아니다. 예수님이 우리의 죗값을 치러주셨기에 죽음은 죄의 삯이 아니다. 예수님이 "나를 믿는 자는 죽어도 살겠고 무릇 살아서 나를 믿는 자는 영원히 죽지 아니하리라"고 하셨을 때 영원히 죽지 않으리라고 말씀하신 것은 '우리는 형벌로서의 죽음을 당하지 않는다'는 뜻으로 하신 말씀이다.

우리에게 죽음은 졸업식이자 입학식이다. 마치 추운 바깥에서 현관문을 통과해 포근한 집 안으로 들어오는 것과 같은 과정이다. 지금도 군대에서 많은 젊은이가 제대하는 날을 손꼽아 기다리고 있다. 국방부 시계가 빨리 돌아가서 사회에 나가 꿈도 이루고, 애인도 만나며, 늦잠도 자고, 시간을 자유롭게 쓸 수 있는 삶을 기다리고 있다. 제대가 군인에서 사회인으로 돌아가는 관문이듯, 죽음은 성도가 천국으로 들어가는 관문이다.

도토리는 아주 작다. 그러나 그 도토리 안에는 지붕까지 닿을 수 있는 참나무가 들어 있다. 어느 해 기도원 뒷산에 올라간 적이 있는데 몇 번이나 미끄러져 넘어질 뻔했다. 내 발을 미끄럽게 한 것은 사방에 널린 도토리였다. 땅 속에 묻혀서 거대한 참나무로 자라야 할 도토리들이 구슬처럼 밟혀 날 위협하는 것을 보며 많은 생각을 했다. 그 조그마한 도토리가 거대한 참나무로 자라기 위해 반드시 통과해야 하는 과정이 있다. 땅에 묻혀야 하고 그 속에서 썩어야 하는 것이다.

애벌레는 징그러워 만지기도 싫다. 그러나 그 흉한 애벌레는 얼마 후 아름다운 나비가 된다. 애벌레가 나비가 되는 과정에 절대적으로 없어서는 안 될 일이 하나 있다. 염(殮)하는 것이다. 염이란 죽은 사람의 몸을 씻긴 뒤 옷을 입히고 염포로 단단히 묶는 일이다. 애벌레가 염을 하듯 자신을 번데기 속에 속박하는 과정을 거치지 않으면 멋있고 아름다운 나비로 변화할 수 없다. 이처럼 성도는 죽음이라는 과정을 통과하지 않고는, 절대로 죄를 짓지 않을 수 없는 이 상태에서 벗어날 수 없다.

　죽을 때 우리는 죄를 짓는 삶을 졸업하고 영화로운 삶에 입학하는 것이다. 그렇기 때문에 사도신경의 마지막 고백을 참으로 믿는 사람은 죽음을 두려워하지 않고, 과도하게 건강을 염려하지도 않는다. 요즘 어른들이 쓰는 말 중에 8899234란 말이 있다. 팔팔(88)하게 99세까지 살다가 2-3일 앓고 죽는 것(4)이다. 영원한 미래가 보장된 성도의 소원이 기껏 8899234여서야 되겠는가? 죽음에 대한 생각을 바꿔야 한다. "몸이 다시 사는 것과 영원히 사는 것을 믿는다"라는 고백을 바꾸든지, 죽음에 대한 생각을 바꾸든지 둘 중 하나를 선택해야 한다.

삶에 대한 생각을 교정해준다

몸이 다시 사는 것과 영원히 사는 것을 믿는 고백은 우리 삶에 대한 생각을 바꿔놓는다. 영생은 생명의 길이를 말하는 것이 아니며 영원토록 산다는 뜻도 아니다. 지옥에서도 영원토록 살기 때문이다. 성경이 말하는 영생은 누구와 함께 사는가, 생명의 성격에 초점을 맞춘다. 구약 성경에는 영생이라는 말이 없다. 신약에서 말하는 영생의 구약적인 표현은 "나는 너희 하나님이 되고 너희는 내 백성이 되리라"이다. 쉬운 말로, '너는 내 것이고 나는 네 것이다'라는 뜻이다. 예수님은 "영생은 곧 유일하신 참 하나님과 그가 보내신 자 예수 그리스도를 아는 것"(요 17:3)이라고 정의하셨다. 여기에서 안다는 것은 지식을 소유한다는 뜻이 아니다. 이것은 관계적인 앎을 말한다. 하나님은 나의 하나님이시고 나는 하나님의 것이다. 예수님은 나의 예수님이고 나는 예수님의 것이다. 그것이 영생의 가장 정확한 정의다. 영생은 미래성이 있다. 나는 오늘 밤에라도 죽으면 저 천국에서 깨어날 것을 문자적으로 믿는다. 그 미래의 완전한 천국은 실재한다. 그러나 영생은 미래성만 있는 것이 아니고 현재성도 있다.

　58문의 질문을 보라. "'영원한 생명'은 당신에게 어떠한 위로를 줍니까?"

그리고 답은 이러하다. "내가 이미 지금 영원한 즐거움을 마음으로 누리기 시작한 것처럼 이 생명이 끝나면 눈으로 보지 못하고 귀로도 듣지 못하고 사람의 마음으로도 생각지 못한 완전한 복락을 얻어 하나님을 영원히 찬양할 것입니다." 그러므로 예수님이 나의 주님이 되시고 내가 예수님의 소유가 되는 순간 영생은 이미 시작된 것이다. 몸이 다시 사는 것과 영원히 사는 것을 믿는 우리에게 삶에 대한 의미와 가치도 새로워진다. 영생을 얻은 사람에게는 삶의 목적, 자산, 원리가 모두 예수님이다. 예수님을 위한, 예수님에 의한, 예수님의 삶을 이 땅에서 누리는 것, 그것이 영생을 얻은 크리스천의 삶이다.